Kompetenzmanagement in Organisationen

Serienherausgeber

Simone Kauffeld, Institut für Psychologie, Technische Universität Braunschweig, Braunschweig, Deutschland

Inga Truschkat, Inst. f. Soz.-u. Organisationspädagogik, Stiftung Universität Hildesheim, Hildesheim, Deutschland

Ralf Knackstedt, Institut für BW u. Wirtschaftsinformatik, Stiftung Universität Hildesheim, Hildesheim, Deutschland

Weitere Bände in der Reihe: http://www.springernature.com/series/15234

Joachim Hasebrook
Bernd Zinn
Alexander Schletz
Hrsg.

Lebensphasen und Kompetenzmanagement

Ein Berufsleben lang Kompetenzen erhalten und entwickeln

Mit 42 Abbildungen

Herausgeber
Joachim Hasebrook
zeb.business school
Steinbeis-Hochschule Berlin
Münster, Deutschland

Bernd Zinn
Institut für Erziehungswissenschaft
Universität Stuttgart
Stuttgart, Deutschland

Alexander Schletz
Fraunhofer IAO
Stuttgart, Deutschland

ISSN 2522-8102 ISSN 2522-8110 (electronic)
Kompetenzmanagement in Organisationen
ISBN 978-3-662-55157-8 ISBN 978-3-662-55158-5 (eBook)
https://doi.org/10.1007/978-3-662-55158-5

Die Deutsche Nationalbibliothek verzeichnet diese Publikation in der Deutschen Nationalbibliografie; detaillierte bibliografische Daten sind im Internet über ▶ http://dnb.d-nb.de abrufbar.

Springer
© Springer-Verlag GmbH Deutschland 2018
Das Werk einschließlich aller seiner Teile ist urheberrechtlich geschützt. Jede Verwertung, die nicht ausdrücklich vom Urheberrechtsgesetz zugelassen ist, bedarf der vorherigen Zustimmung des Verlags. Das gilt insbesondere für Vervielfältigungen, Bearbeitungen, Übersetzungen, Mikroverfilmungen und die Einspeicherung und Verarbeitung in elektronischen Systemen.
Die Wiedergabe von Gebrauchsnamen, Handelsnamen, Warenbezeichnungen usw. in diesem Werk berechtigt auch ohne besondere Kennzeichnung nicht zu der Annahme, dass solche Namen im Sinne der Warenzeichen- und Markenschutz-Gesetzgebung als frei zu betrachten wären und daher von jedermann benutzt werden dürften.
Der Verlag, die Autoren und die Herausgeber gehen davon aus, dass die Angaben und Informationen in diesem Werk zum Zeitpunkt der Veröffentlichung vollständig und korrekt sind. Weder der Verlag noch die Autoren oder die Herausgeber übernehmen, ausdrücklich oder implizit, Gewähr für den Inhalt des Werkes, etwaige Fehler oder Äußerungen. Der Verlag bleibt im Hinblick auf geografische Zuordnungen und Gebietsbezeichnungen in veröffentlichten Karten und Institutionsadressen neutral.

Gedruckt auf säurefreiem und chlorfrei gebleichtem Papier

Springer ist ein Imprint der eingetragenen Gesellschaft Springer-Verlag GmbH Deutschland und ist Teil von Springer Nature
Die Anschrift der Gesellschaft ist: Heidelberger Platz 3, 14197 Berlin, Germany

Vorwort der Serienherausgeberschaft

Der demografische Wandel führt zu einer Veränderung der Altersstruktur in Deutschland. Die erwerbsfähige Bevölkerung nimmt ab. Die Belegschaften schrumpfen dabei nicht nur, sie altern auch zunehmend und werden heterogener hinsichtlich ihrer Qualifizierungshintergründe, Kompetenzen und demografischer Merkmale. Eine über die Berufsausbildung hinausgehende, kontinuierliche Kompetenzentwicklung und Qualifizierung von Beschäftigten wird zur zentralen Aufgabe für Unternehmen und öffentliche Institutionen, um ihre Wettbewerbsfähigkeit zu erhalten. Technologische Veränderungen, die zunehmende Digitalisierung sowie Veränderungen in der Arbeitsorganisation führen zu veränderten Aufgabenfeldern.

Die Erhaltung und Förderung von Leistungsfähigkeit und -bereitschaft der Mitarbeitenden wird wichtiger denn je. Die Kompetenzentwicklung und die Förderung der Lernbereitschaft über die Lebensspanne wird zur Aufgabe der Personalentwicklung, der Führungskraft und jeder einzelnen Mitarbeiterin bzw. jedes einzelnen Mitarbeiters. Beides gewährleistet, dass die Mitarbeitenden auch den Anforderungen von Morgen, die vor dem Hintergrund gesellschaftlicher, technologischer und sozialer Veränderungen in den vergangenen Jahren deutlich zugenommen haben, gewachsen sein werden.

Die Effekte des demografischen Wandels sind in verschiedenen Branchen spürbar. Im Fokus stehen im vorliegenden Band in der Reihe *Kompetenzmanagement in Organisationen* der industrielle Dienstleistungsbereich, die Pflege sowie die IT. In vielen Bereichen muss hier ein hoher geistiger und/oder körperlicher Einsatz erbracht werden, der zu Beginn der Berufstätigkeit noch mit beruflichen Herausforderungen und Weiterentwicklungsbestrebungen der Mitarbeitenden kompatibel ist. Mit zunehmendem Alter entsteht aber an vielen Stellen der Wunsch nach physischer und psychischer Entlastung. Die physischen Arbeitsanforderungen und die alltäglichen Stresssituationen passen nicht mehr zu ihren vorhandenen Leistungsvoraussetzungen. Arbeit muss anders gestaltet werden, Aufgaben müssen anders zugeschnitten werden, um Mitarbeitende in unterschiedlichen Lebensphasen gerecht zu werden. Gleichzeitig stellt sich als zentrale Herausforderung, die Kompetenzen der älteren Mitarbeitenden im Unternehmen zu erhalten. Es entsteht die Notwendigkeit für eine Veränderung der beruflichen Tätigkeit der älteren Mitarbeitenden, um einen Austritt aus dem Unternehmen oder einen vorzeitigen Ruhestand zu vermeiden.

Für die Wettbewerbsfähigkeit von Unternehmen werden zukünftig sowohl die Bindung jüngerer als auch älterer Beschäftigter durch lebensphasenorientierte Arbeitsmodelle und Freiräume zu entscheidenden Faktoren. Eine alleinige Konzentration auf die „Jüngeren" wird nicht ausreichen, da sie die demografische Entwicklung außer Acht lässt, nach der diese Altersgruppe verhältnismäßig immer kleiner wird und zukünftig nicht zur Bedarfsdeckung ausreicht. Der vorliegende Band *Lebensphasen und Kompetenzmanagement* widmet sich diesen Herausforderungen. Die einzelnen Beiträge stellen Ergebnisse aus dem BMBF-Förderschwerpunkt „Betriebliches Kompetenzmanagement im demografischen Wandel" vor. Sie diskutieren die spezifischen Bedarfe und Lösungen für verschiedene Branchen und Berufsgruppen. Neben der IT geraten die Pflege und der industrielle Dienstleistungsbereich in den Fokus. Die Darstellungen erlauben, neben spezifischen Einsichten in ein aktuelles, praxisrelevantes und wissenschaftlich fundiertes Thema, hoch spannende Brancheneinsichten.

Simone Kauffeld
Inga Truschkat
Ralf Knacksted
Braunschweig und Hildesheim, im Oktober 2017

Vorwort der Bandherausgeberschaft

Kompetenzen älterer Mitarbeiterinnen und Mitarbeiter werden im Betrieb gehalten, jüngere Mitarbeiter/-innen profitieren von den Erfahrungen älterer, Familiengründung, finanzielle Absicherung und berufliche Karriere werden für beide Elternteile unter einen Hut gebracht: Dies alles und mehr sind Aufgaben einer an Lebensphasen und -ereignissen ausgerichteten Kompetenzentwicklung, um die es in diesem Band *Lebensphasen und Kompetenzmanagement* gehen soll.

Mit den drei Schlagworten „weniger – älter – bunter" beschreibt das Institut der Deutschen Wirtschaft die Auswirkungen des demografischen Wandels auf die Unternehmen in einer Studie, die es im Auftrag des Bundesministeriums für Wirtschaft und Energie 2014 erstellt hat. Der Wandel im demografischen Aufbau der Gesellschaft und in der Arbeitswelt stellt immer neue Anforderungen an die Wirtschaft und Gesellschaft. Das Personal in Unternehmen wird älter und umfasst inzwischen drei oder vier „Generationen" mit teils sehr unterschiedlichen Anforderungen an Personalführung und Arbeitsplatzgestaltung. Zudem müssen Unternehmen mit ihren demografisch heterogenen Belegschaften auf schnell wechselnde Technologien und Märkte reagieren. Das kann nur gelingen, wenn in der ganzen Belegschaft über Alters-, Berufs- und Hierarchiegrenzen hinweg Wissen und Werte vermittelt und Erfahrungen erworben werden können.

Das betriebliche Kompetenzmanagement hat dabei die entscheidende Schlüsselfunktion: Nur mit einer berufsbegleitenden, in den Arbeitsprozess integrierten und professionell unterstützten Kompetenzentwicklung können Leistungs-, Beschäftigungs- und Handlungsfähigkeit der Beschäftigten im gesamten Erwerbsleben gesichert werden. Dazu werden neue Modelle der Arbeitsorganisation, Konzepte für eine lebensphasen- und lebensereignisorientierte Personalpolitik und Strategien für unternehmensspezifisches Kompetenzmanagement benötigt. Heutige Personalentwicklungskonzepte erfordern eine valide Kompetenzdiagnostik, um den individuellen Voraussetzungen und unternehmerischen Bedürfnissen in hohem Maße gerecht zu werden. Innovative Lern- und Transferkonzepte zwischen berufspraktisch erfahrenen, zumeist älteren und berufspraktisch weniger erfahrenen, eher jüngeren Fachkräften erhalten immer mehr Bedeutung, um insbesondere die Optimierung des Wissenstransfers in Unternehmen in sinnvoller Weise zu begleiten und damit die Weitergabe von leistungsrelevanten Wissensbeständen zu verbessern.

Der Band ist im Rahmen des Förderthemas „Kompetenzmanagement im demografischen Wandel" des Bundesministeriums für Bildung und Forschung (BMBF) von der Fokusgruppe entwickelt worden, die sich „Lebensphasenorientiertes Kompetenzmanagement" zum Thema gemacht hat. Drei vom BMBF geförderte Projekte haben sich in dieser Fokusgruppe und bei der Herausgabe dieses Bandes engagiert (in alphabetischer Reihenfolge):
- FacharztPlus – Lebensarbeitsperspektiven für Fachärztinnen und -ärzte in Krankenhäusern (FKZ 02L12A091): Universitätskliniken qualifizieren Fachärzte, stellen medizinische Forschung sicher und erbringen eine hoch spezialisierte

Maximalversorgung. Dieser dreifache Auftrag muss trotz eines wachsenden Facharztmangels bewältigt werden. Ziel des Projektes ist es, geeignete Maßnahmen zu finden, um Fachärztinnen und Fachärzte nach Abschluss ihrer Weiterbildung für einige Jahre an die Klinik zu binden. Hierzu soll die Eignung von karrierebegleitenden Zusatzqualifizierungen und einer an Lebensphasen orientierten, kompetenzbasierten Arbeitsorganisation ermittelt werden. Mithilfe der Managementberatung zeb Vergleiche mit anderen Branchen vorgenommen und praxisbezogene Lösungskonzepte entwickelt. Diese Maßnahmen werden in der Klinik für Anästhesiologie, operative Intensivmedizin und Schmerztherapie des Universitätsklinikums Münster (UKM) umgesetzt. Wirksame Maßnahmen in der Universitätsmedizin Greifswald, Universitätsklinik Rostock und Uniklinik der Rheinisch-Westfälische Technische Hochschule (RWTH) Aachen übernommen.

— FLIP – Flexibilisierung durch dynamisches Personal- und Kompetenzmanagement für wissensintensive Dienstleistungen (02L12A240–02L12A245): Die Informations- und Kommunikationstechnologie-Branche (IKT) mit 1.051.000 Beschäftigten Ende 2017, so Zahlen des Bitkom, verzeichnet ein solides Wachstum und hohes Innovationstempo. Dies stellt die Unternehmen im Bereich Personal- und Kompetenzentwicklung hinsichtlich demografischer Entwicklungen und Fachkräftelücken vor große Herausforderungen. Ziel des Projektes ist die Entwicklung neuer Ansätze zum betrieblichen Kompetenzmanagement, um das verfügbare Potenzial an Kompetenzen in IKT-Unternehmen in neuer Art und Weise zu kombinieren und damit einen Flexibilisierungsgewinn für Unternehmen zu schaffen. Dazu entwickeln, erproben und evaluieren Fraunhofer-Institut für Arbeitswirtschaft und Organisation (IAO), Bitkom, Telekom, Fujitsu und Quality Service Communications (QSC) fundierte Konzepte für ein individuelles und dynamisches Kompetenzmanagement. Personalentwicklungsprogramme werden auf unterschiedliche Altersstrukturen, Qualifizierungen und betriebliche Rollenprofile zugeschnitten und in gemischten Lernarrangements unter Berücksichtigung neuer Medien und Technologien erprobt.

— EPO-KAD – Erschließung des Potenzials älterer Mitarbeiter durch lebensphasenorientiertes Kompetenzmanagement und Arbeitsprozessgestaltung in industriellen Dienstleistungsprozessen (FKZ 02L12A040): Industrielle Dienstleistungen sind im Maschinen- und Anlagenbau ein zentrales Geschäftsfeld geworden, das Maschinen- und Anlagenbauer vor die Herausforderung stellt, neue Kompetenzfelder zu erschließen. Der demografische Wandel stellt Maschinen- und Anlagenbauer zudem vor die Herausforderung, die Beschäftigungsfähigkeit älterer Kompetenzträger zu sichern, neue Karrierewege zu schaffen und Kompetenztransfer sicherzustellen. In EPO-KAD wird ein spezifisches Lern- und Transferkonzept (ServiceLernLab) für Servicetechniker entwickelt. EPO-KAD kreiert Managementkonzepte zur Steuerung einer lebensphasenorientierten Kompetenzentwicklung, entwickelt ein erweitertes Service Blueprinting zur kompetenzbasierten Arbeitsprozessgestaltung und schafft eine Systematik zur Überprüfung der Erfolgswirkung. Im Forschungsverbund arbeiten das International Performance Research Institute (IPRI), das Institut für Erziehungswissenschaft (IfE) der Universität Stuttgart, die TRUMPF GmbH + Co. KG, das IHK Bildungshaus Stuttgart und das Festo Lernzentrum.

Die Beiträge des Bandes gehen jedoch über diese drei Projekte hinaus und stammen aus vielen Schlüsselbranchen, darunter Maschinen- und Anlagenbau, Gesundheitswesen, Telekommunikation, Logistik und IT-Consulting. Ein großes Spektrum an Berufs- und Mitarbeitergruppen wird untersucht, z. B. Servicetechniker/-innen, Krankenhausärzte/-innen, Geschäftsführer/-innen und Betriebsräte. Dabei können ältere Mitarbeiter/-innen im Mittelpunkt stehen, etwa wenn es um Erhalt und Weitergabe von Erfahrungswissen geht, oder jüngere, die nach Abschluss erster Bildungsphasen nach Karriereperspektiven suchen. Groß ist auch das Spektrum untersuchter Methoden: Organisations-Benchmarking, Kompetenzdiagnostik, Lern- und Transferkonzepte, flexible und individuelle Arbeitsorganisation, kompetenzbasierte Einsatzplanung und dynamisches Kompetenzmanagement. Die Beiträge sind im Austausch über innovative Methoden der Kompetenzdiagnostik und -entwicklung über Fach- und Branchengrenzen hinweg entstanden und daher für die Wissenschaft und die Praxis gleichermaßen interessant. Wir hoffen, dass die Leserinnen und Leser sowohl aus der Wissenschaft als auch aus der Praxis interessante Anregungen in den Beiträgen dieses Bandes finden, um eigene Forschungsfragen und Maßnahmen zur Verbesserung eines lebensphasenorientierten Kompetenzmanagements zu entwickeln.

Joachim Hasebrook
Bernd Zinn
Alexander Schletz
Münster und Stuttgart, im September 2017

Die Autorinnen und Autoren

Melanie Baierl
ist Diplom-Psychologin, Mediatorin und Coach und leitet seit dreieinhalb Jahren die Personalentwicklung der QSC AG. Im Rahmen vom BMBF geförderten Projektes „FLIP – Flexibilisierung durch dynamisches Personal- und Kompetenzmanagement für wissensintensive Dienstleistungen" beschäftigt sie sich verstärkt mit der Frage, wie Führungskräfte den digitalen Wandel erfolgreich voranbringen können.

Dominik Baumann
leitet eine Agentur mit Spezialisierung auf Content-Marketing und Employer Branding. Daneben arbeitet er an wissenschaftlichen Projekten des Forschungsclusters HR | Impulsgeber unter Leitung von Prof. Dr. Benedikt Hackl.

Stefanie Brzoska
ist Diplom-Wirtschaftsjuristin und Projektmanagerin im Bereich Bildung und Arbeit beim Digitalverband Bitkom. Ihre Arbeitsschwerpunkte liegen im Bereich des betrieblichen Kompetenzmanagements sowie digitale Lerntrends über die gesamte Bildungskette.

Dr. Ute David
war Leiterin des Schwerpunkts Industrial Services am International Performance Research Institute (IPRI) und verantwortlich für Projekte im Maschinen- und Anlagenbau. Im Rahmen mehrerer Projekte hat Frau David mittelständische und große Unternehmen unterstützt, Serviceprozesse zu optimieren und leistungsbasierte Vergütungskonzepte für Produkt-Service-Lösungen umzusetzen.

Gerd Duffke
ist als Programmleiter innerhalb der Personalentwicklung der TRUMPF GmbH + Co. KG zuständig für Sonderprojekte zum Thema demografischer Wandel sowie für lebensphasenorientierte Weiterbildungskonzepte. Darüber hinaus fungiert er als Scout für Megatrends wie Industrie 4.0.

Dr. Judith Goldgruber
ist Gesundheitswissenschaftlerin und FH-Lektorin (Mag.), die nach mehrjähriger Tätigkeit in Forschung und Lehre an der FH Burgenland als wissenschaftliche Mitarbeiterin die Leitung des Albert Schweitzer Instituts für Geriatrie und Gerontologie der Geriatrischen Gesundheitszentren der Stadt Graz innehat.

Emre Güzel
ist wissenschaftlicher Mitarbeiter in der Abteilung für Berufs-, Wirtschafts- und Technikpädagogik an dem Institut für Erziehungswissenschaften der Universität Stuttgart. Seine Forschungsschwerpunkte umfassen die berufliche Bildung sowie den Hochschulbereich.

Die Autorinnen und Autoren

Prof. Dr. Klaus Hahnenkamp
ist seit Februar 2017 stellvertretender Ärztlicher Vorstand in der Universitätsmedizin Greifswald, Lehrstuhlinhaber der W3-Professur Anästhesiologie der Ernst-Moritz-Arndt-Universität Greifswald, sowie seit November 2014 Direktor der Klinik für Anästhesiologie, Anästhesie, Intensiv-, Notfall- und Schmerzmedizin der Universitätsmedizin Greifswald.

Prof. Dr. Gerd Hartinger
ist Wirtschafts- und Gesundheitswissenschaftler mit langjähriger Managementerfahrung in internationalen Industrie- und Krankenhausorganisationen. Derzeit tätig ist er als Geschäftsführer der Geriatrischen Gesundheitszentren der Stadt Graz, FH-Professor und Unternehmensberater. Im Jahr 2015 wurde er mit dem KlinikAward als „Manager des Jahres" in Berlin ausgezeichnet.

Prof. Dr. Joachim Hasebrook (Hrsg.)
studierte Psychologie und Informatik an der Universität Marburg, war Gründungsvorstand der efiport AG – E-Learning-Firma der Frankfurter Großbanken und danach Leiter der International School of New Media an der Universität zu Lübeck. Heute arbeitet er im Bereich Health Care der Unternehmensberatung zeb und ist akademischer Leiter der zeb. business school.

Juliane Hecke
ist Diplom-Gesundheitsökonomin (Abschluss 2010 an der Universität Bayreuth) und war von 2011–2016 als Consultant, später Senior Consultant bei der Münsteraner Managementberatung zeb im Bereich Health Care tätig. Ihre Beratungsschwerpunkte lagen im Berichtswesen und Personalmanagement/Fachkräftebindung – u. a. mit dem Forschungsprojekt „FacharztPlus". Seit Juli 2016 ist Frau Hecke am Universitätsklinikum Münster (UKM) in der Klinik für Anästhesiologie, operative Intensivmedizin und Schmerztherapie für Berichtswesen und Controlling zuständig.

Matthias Hedrich
ist Diplom-Ingenieur (FH) und hat einen Masterstudiengang absolviert (M. Sc.). Seine Tätigkeitsschwerpunkte liegen im Metall- und Elektrobereich und umfassen die Kompetenzmessung und -modellierung im Bereich der beruflichen Bildung sowie der Untersuchung von innovativen Lehr-Lern-Umgebungen der betrieblichen Aus- und Weiterbildung. Einen weiteren Bereich nehmen Forschungen im Bereich der Förderung von Lernschwachen der elektrotechnischen Grundbildung ein.

Dr. Jürgen Hinkelmann
ist Facharzt für Anästhesie, Intensivmedizin und Notfallmedizin und war lange Jahre Oberarzt am UKM. Er arbeitet heute am Universitätsklinikum Frankfurt und ist als Referent des Vorstandsvorsitzenden und Ärztlichen Direktors verantwortlich für die klinikübergreifende Prozessentwicklung.

Manuel Karczmarzyk
studierte Sport- und Wirtschaftswissenschaften an der Carl von Ossietzky Universität Oldenburg (M. A.), war Leiter eines Therapiezentrums und Gründer der Oldenburger Gesundheitsakademie. Heute arbeitet er als Projektkoordinator in dem vom BMBF geförderten Verbundprojekt „Aufbau berufsbegleitender Studienangebote in den Pflege- und Gesundheitswissenschaften (PuG)".

Prof. Dr. Thorn Kring
ist Professor für Bankmanagement an der Steinbeis-Hochschule Berlin (SHB). Unter dem Dach der SHB ist er einer der akademischen Leiter der zeb.business school und führt das Institut für Ethik, Führung und Personalmanagement mit Sitz in Münster.

Die Autorinnen und Autoren

Prof. Dr. Michael Lister
hat bis 2003 zuerst an der Westfälischen Wilhelms-Universität Münster BWL studiert, und anschließend an der Universität Basel promoviert und habilitiert. Von 2003–2008 war er Inhaber des Lehrstuhls für Finanzen, Banken und Controlling und Prorektor für Forschung an der Wissenschaftlichen Hochschule Lahr. Seit 2008 ist er Inhaber der Lehrstühle für Finanzen, Banken und Controlling sowie für Real Estate an der Steinbeis Hochschule Berlin (SHB). Er ist akademischer Leiter verschiedener Institute der SHB. Seit 2013 ist er Institutsleiter der zeb.business school an der SHB.

Kerstin Löffler
ist Gesundheitswissenschaftlerin (M. A.) mit Expertise im Bereich Gesundheitsmanagement und Gesundheitsförderung. Sie arbeitet als wissenschaftliche Mitarbeiterin am Albert Schweitzer Institut für Geriatrie und Gerontologie der Geriatrischen Gesundheitszentren der Stadt Graz.

Simone Martinetz
ist Diplom-Psychologin und arbeitet seit 2001 als wissenschaftliche Mitarbeiterin am Fraunhofer-Institut für Arbeitswirtschaft und Organisation. Ihre Arbeitsschwerpunkte liegen in den Bereichen Personal- und Kompetenzmanagement sowie in der Analyse und Gestaltung von Arbeit in einer digitalisierten Arbeitswelt.

Dr. Wolfgang Müskens
studierte Psychologie an den Universitäten Düsseldorf und Koblenz-Landau und promovierte anschließend im Bereich der differenziellen Psychologie. Seit 2001 ist er wissenschaftlicher Mitarbeiter an der Carl von Ossietzky Universität Oldenburg. Seine Forschungsschwerpunkte liegen in dem Bereich der Durchlässigkeit zwischen beruflicher und hochschulischer Bildung sowie in der Anrechnung beruflicher Kompetenzen.

Gerold Muhr
Mag., ist Gründer und Gesellschafter der Brand Academy University of Applied Science in Hamburg sowie Mitbegründer der Brand Academy China in Zhuhai.

Prof. Dr. Reinhold Nickolaus
leitet die Abteilung für Berufs-, Wirtschafts- und Technikpädagogik an der Universität Stuttgart. Schwerpunkte seiner Forschungsaktivitäten liegen in den Bereichen der einschlägigen Lehr-Lern-Forschung und der Kompetenzmessung.

Prof. Dr. Diane Robers
ist Forschungsdirektorin des Bereichs Entrepreneurship am Strascheg Institute for Innovation, Transformation and Entrepreneuship (SITE) der EBS Universität für Wirtschaft und Recht in Oestrich-Winkel. Ihre Schwerpunkte in Forschung, Lehre und Beratung liegen in den Bereichen Service-Innovation, strategisches Management, Entrepreneurship und Corporate Entrepreneurship. Im Jahr 2014 wurde sie als Mitglied der Expertengruppe „Innovationsdialog der Bundesregierung" ernannt. Sie dient auch als Beraterin für verschiedene Unternehmen und Verbände, z. B. dem Bundesverband der Deutschen Industrie e. V.

Die Autorinnen und Autoren

Marc Rusch
ist wissenschaftlicher Mitarbeiter (M. Sc.) des International Performance Research Institute (IPRI). Seine Forschungsschwerpunkte liegen in den Bereichen industrielle Dienstleistungen und Industrie 4.0.

Duygu Sari
ist wissenschaftliche Mitarbeiterin am Lehrstuhl für Berufspädagogik mit Schwerpunkt Technikdidaktik (BPT) am Institut für Erziehungswissenschaften der Universität Stuttgart. Ihre Forschungsschwerpunkte umfassen die berufliche Aus- und Weiterbildung in technischen Domänen.

Alexander Schletz (Hrsg.)
arbeitet als Diplom-Soziologe seit 2000 am Fraunhofer-Institut für Arbeitswirtschaft und Organisation in Stuttgart. Seine Arbeitsschwerpunkte liegen in der Dienstleistungsforschung und Arbeitsgestaltung. Er ist Verbundkoordinator des Projektes „FLIP – Flexibilisierung durch dynamisches Personal- und Kompetenzmanagement für wissensintensive Dienstleistungen".

Maren Singer
arbeitet für die Unternehmensberatung zeb und ist Qualitätsbeauftragte der zeb.business school für Kooperationen mit chinesischen Hochschulen.

Philipp Thiele
ist wissenschaftlicher Mitarbeiter und Doktorand im Fachbereich Controlling & Innovation am Strascheg Institute for Innovation, Transformation and Entrepreneurship (SITE) der EBS Universität für Wirtschaft und Recht in Oestrich-Winkel. Seine Forschungsschwerpunkte liegen in den Bereichen des strategischen Controllings und der Personalentwicklung.

Dr. Thomas Volkert
wurde 1963 in Witten an der Ruhr geboren. Ab 1983 Studium der Medizin in Frankfurt am Main. Seit 1993 ist er am Universitätsklinikum Münster, Klinik für Anästhesiologie, operative Intensivmedizin und Schmerztherapie tätig, seit 1998 als Facharzt. Promotion im Jahr 2000. 2005 erfolgte die Ernennung zum Oberarzt für den Bereich Medizinische Dokumentation und Qualitätssicherung. Seit 2016 ist Dr. Volkert Geschäftsführender Oberarzt der Klinik.

Prof. Dr. Olaf Zawacki-Richter
ist seit 2010 Professor für Lernen mit neuen Technologien am Institut für Pädagogik der Universität Oldenburg. Zuvor vertrat er eine Professur für Bildungstechnologie an der FernUniversität Hagen und habilitierte im Fach Erziehungswissenschaften mit dem Schwerpunkt Weiterbildung an der Universität Mainz.

Prof. Dr. Bernd Zinn (Hrsg.)
leitet den Lehrstuhl Berufspädagogik mit Schwerpunkt Technikdidaktik an der Universität Stuttgart. Seine Forschungsschwerpunkte liegen in der beruflichen Aus- und Weiterbildung, Lehr-Lern-Forschung, Kompetenzforschung und Digitalisierung der Arbeit.

Inhaltsverzeichnis

1	**Lebenslang kompetent: Lebensphasenorientiertes Kompetenzmanagement zwischen Anforderung und Überforderung**	1
	Joachim Hasebrook, Bernd Zinn und Alexander Schletz	
1.1	Einleitung: Lebensphasen und Kompetenzentwicklung	2
1.2	Ein Berufsleben lang Kompetenzen erhalten und entwickeln	4
1.3	Phasenkonzepte in der Kritik	5
1.4	Arten von Lebensphasen	5
1.5	Kompetenz und Lebensphase	6
1.6	Aufbau des Bandes	7
	Literatur	13

I Anforderungen an lebensphasenorientiertes betriebliches Kompetenzmanagement

2	**Lebensphasen und darauf bezogene Konzepte zur Förderung der Fach- und Sozialkompetenz**	17
	Bernd Zinn, Reinhold Nickolaus und Gerd Duffke	
2.1	Ausgangssituation im industriellen Dienstleistungsbereich	18
2.2	Ansatzpunkte für ein lebensphasenorientiertes Kompetenzmanagement	19
2.2.1	Lebensphasenorientierte Personalentwicklung	19
2.2.2	Ansatzpunkte für ein Lern- und Transferkonzept	21
2.3	Lern- und Transferkonzept ServiceLernLab	24
2.4	Betriebliche Umsetzung eines lebensphasenorientierten Kompetenzmanagements bei Servicetechnikern/-innen	27
2.4.1	Betriebsspezifische Motivation und Zielsetzung	28
2.4.2	Horizontales Karrieremodell für Servicetechniker/-innen	28
2.4.3	Wirtschaftlichkeitsbetrachtung	31
	Literatur	33
3	**Das unterschätzte Potenzial – Fokussierung auf ältere Mitarbeitende als Erfolgsfaktor für Unternehmen**	37
	Dominik Baumann	
3.1	Einleitung	38
3.2	Große Vielfalt innerhalb und zwischen den Mitarbeitergenerationen	39
3.3	Unterschiede bei der Einstufung von Human-Resource-Maßnahmen für ältere Mitarbeitende	40
3.4	Hohe Motivation und Lernbereitschaft bei älteren Mitarbeitenden	42
3.5	Förderung von älteren Mitarbeitenden durch gezieltes Kompetenzmanagement	43
	Literatur	45

4	**Berufs- und Tätigkeitsmigration in der Dienstleistung: Beschäftigungswandel und lebensphasenorientierte Kompetenzanpassung durch Digitalisierung**	47
	Thorn Kring und Joachim Hasebrook	
4.1	**Berufs- und Tätigkeitsmigration durch Digitalisierung**	48
4.1.1	Trend der Digitalisierung	48
4.1.2	Prognostizierte Beschäftigungseffekte durch Digitalisierung	51
4.1.3	Beschäftigungseffekte durch Digitalisierung für die Dienstleistung in Deutschland	53
4.2	**Digitalisierung und Beschäftigungswandel in der Finanzwirtschaft in Deutschland**	55
4.2.1	Digitalisierung als Beschleuniger des Strukturwandels in der Finanzwirtschaft in Deutschland	56
4.2.2	Kompetenzmanagement in Banken	58
4.2.3	Bildungsbeteiligung verschiedener Altersgruppen	59
4.3	**Handlungsempfehlungen zur Bewältigung von Beschäftigungswandel und Kompetenzanpassung in der Finanzwirtschaft**	61
4.3.1	Verschiedene Lebensphasen in Unternehmen	61
4.3.2	Digitale Kompetenzentwicklung durch digitale Lernformate	63
4.3.3	Lebensphasen- und lebensereignisorientiertes Personalmanagement	67
	Literatur	69

II Branchenspezifische lebensphasenorientierte Umsetzungskonzepte, -erfahrungen und -ergebnisse

5	**Lebensphasenorientierte Förderung fachlicher und sozialer Kompetenzen angehender Servicetechniker/-innen – Ansätze und Effekte**	73
	Reinhold Nickolaus, Emre Güzel, Bernd Zinn und Gerd Duffke	
5.1	**Zur Relevanz von Handlungsprogrammen im Kontext des Kompetenzmanagements**	74
5.2	**Förderung berufsfachlicher Kompetenzen und ihre Effekte**	75
5.2.1	Anlage der Untersuchung	76
5.2.2	Selbst- und Fremdeinschätzungen des Fachwissens	77
5.2.3	Fehlerdiagnosekompetenz	77
5.2.4	Ergebnisse zur berufsfachlichen Kompetenz	79
5.3	**Förderung der Perspektivenkoordination und ihre Effekte**	81
5.3.1	Anlage der Untersuchung	83
5.3.2	Instrument zur Erfassung der Perspektivenkoordination	83
5.3.3	Selbst- und Fremdeinschätzung der Perspektivenkoordination	86
5.3.4	Ergebnisse zur sozialen Grundfähigkeit der Perspektivenkoordination	86
5.4	**Erträge des lebensphasenbezogenen Entwicklungskonzeptes für (ausscheidende) Servicetechniker/-innen**	88
	Literatur	90

6	**Die junge Ärztegeneration im Krankenhaus: Kompetenzbasierte Karrierepfade im Universitätsklinikum**	93
	Jürgen Hinkelmann, Thomas Volkert, Juliane Hecke und Maren Singer	
6.1	Krankenhäuser zwischen Wirtschaftskraft und Ärztemangel	94
6.2	Kampf um Talente	96
6.3	Arbeitsbezogene Werte im Generationenvergleich	98
6.4	Lebensarbeitsphasenorientierung als Ziel	101
6.5	Mitarbeiterzufriedenheit in verschiedenen Phasen der beruflichen Entwicklung	101
6.6	Instrumente zur Schaffung einer Lebensarbeitsperspektive und Erhöhung der Mitarbeiterbindung	102
6.6.1	Mitarbeitergespräche/Mitarbeiterführung	103
6.6.2	IT-Unterstützung bei der Personaleinsatzplanung	104
6.6.3	Kompetenzbasierte Einsatzplanung	104
6.6.4	Fellowship-Programme	105
6.6.5	Arbeitszeitflexibilisierung	105
	Literatur	107
7	**Benchmarking für ein lebensphasenorientiertes Kompetenzmanagement in der Informations- und Kommunikationsbranche**	111
	Melanie Baierl, Stefanie Brzoska, Simone Martinetz, Diane Robers, Alexander Schletz und Philipp Thiele	
7.1	Neue Gestaltungsansätze und Lösungen für ein dynamisches Personal- und Kompetenzmanagement in der demografischen und digitalen Transformation	112
7.2	Methodische Hintergründe und Ansatzpunkte eines Kompetenzbenchmarkings in der ITK-Branche	116
7.3	Umsetzung und Nutzen des Kompetenzbenchmarkings	121
7.4	Praxisbeispiel: neue Gestaltungsansätze für IT-Führungskräfte in der „Sandwichposition" und in hoch dynamischen Umfeldern	124
	Literatur	129
8	**Competence Screening – Instrument zur kompetenzbasierten und lebensphasenorientierten Prozessgestaltung**	131
	Marc Rusch und Ute David	
8.1	Industrielle Dienstleistungen im Maschinen- und Anlagenbau	132
8.2	Bedarf nach einem rollen- und demografieorientierten Kompetenzmanagement im industriellen Dienstleistungsbereich	134
8.3	Competence Screening als innovatives Konzept für das Kompetenzmanagement	136
8.4	Praxisbeispiel „Störung" bei der Werkzeugmaschinen GmbH	141
	Literatur	146

9 Durchlässigkeitsmodelle für lebenslange Kompetenzentwicklung in den Pflegewissenschaften 149
Wolfgang Müskens, Manuel Karczmarzyk und Olaf Zawacki-Richter

9.1 Herausforderungen in der Pflegeausbildung 150
9.2 Den Wandel gestalten: Aufbau berufsbegleitender Studiengänge in den Pflege- und Gesundheitswissenschaften (PuG) 153
9.3 Kompetenzentwicklung in hybriden Bildungsangeboten 155
9.4 Durchlässigkeitsmodelle für den Pflegebereich 156
Literatur 159

10 Auf dem Weg zum Kompetenzzentrum für Altersmedizin und Pflege: Qualitätsmanagement und lebensphasenorientiertes Human Resource Management als wesentliche Unterstützungsfaktoren 163
Kerstin Löffler, Judith Goldgruber und Gerd Hartinger

10.1 Der Gesundheitssektor im Wandel 164
10.2 Kompetenzorientierung im Gesundheitswesen 165
10.2.1 Kompetenzorientierter Personaleinsatz 165
10.2.2 Kompetenzmanagement als Voraussetzung für Qualitätsmanagement 168
10.3 Lebensphasenorientierte Personalentwicklung als Teil eines betrieblichen Gesundheitsmanagements 169
10.3.1 Betriebliches Gesundheitsmanagement 170
10.3.2 Gesundheitskompetenz von Patienten/-innen und Mitarbeitern/-innen als Qualitätskriterium 172
Literatur 174

III Transfer von lebensphasenorientierten Branchenlösungen und Ausblick auf gemeinsame Herausforderungen

11 Lebensphasen und internationale Karriere: Bildungswege und Arbeitsmigration Hochqualifizierter 177
Gerold Muhr, Michael Lister und Joachim Hasebrook

11.1 Arbeitgebermarke und Karrierewege 178
11.2 Braindrain durch Arbeitsmigration in Deutschland 179
11.3 Internationale Karrieren in KMU 180
11.4 Handlungsansätze für KMU 183
11.5 Interkulturelle Bildung und internationale Karriere 185
Literatur 187

12	**Sektorübergreifender, lebensphasenorientierter Kompetenztransfer: Was Krankenhäuser von anderen Branchen lernen können** 189
	Joachim Hasebrook, Jürgen Hinkelmann und Klaus Hahnenkamp
12.1	Gesundheit als Markt und Wirtschaftszweig 190
12.2	Die hoch, aber nicht immer passend qualifizierte Branche 191
12.3	Transfermöglichkeiten 195
12.3.1	Vergleich zwischen deutschen Universitätskliniken 195
12.3.2	Transfer zwischen Ländern und Systemen 196
12.4	**Translation statt Transfer** 196
	Literatur 199

Förderhinweis

Diese Forschungs- und Entwicklungsprojekte wurden mit Mitteln des Bundesministeriums für Bildung und Forschung (BMBF) im Programm „Innovationen für die Produktion, Dienstleistung und Arbeit von morgen" gefördert. Die Verantwortung für den Inhalt dieser Veröffentlichung liegt bei den Autoren.

GEFÖRDERT VOM

Lebenslang kompetent: Lebensphasenorientiertes Kompetenzmanagement zwischen Anforderung und Überforderung

Joachim Hasebrook, Bernd Zinn und Alexander Schletz

1.1 Einleitung: Lebensphasen und Kompetenzentwicklung – 2

1.2 Ein Berufsleben lang Kompetenzen erhalten und entwickeln – 4

1.3 Phasenkonzepte in der Kritik – 5

1.4 Arten von Lebensphasen – 5

1.5 Kompetenz und Lebensphase – 6

1.6 Aufbau des Bandes – 7

Literatur – 13

© Springer-Verlag GmbH Deutschland 2018
J. Hasebrook et al. (Hrsg.), *Lebensphasen und Kompetenzmanagement*, Kompetenzmanagement in Organisationen, https://doi.org/10.1007/978-3-662-55158-5_1

Zusammenfassung

In diesem Band geht es um die Verbindung von Lebensphasen des Menschen und die Entwicklung seiner Kompetenzen vor allem im betrieblichen Umfeld. Als Kompetenz wird in den Beiträgen dieses Bandes meist die Fähigkeit verstanden, in unklaren oder problemhaften Situationen erfolgreich handeln zu können. Nur mit einer berufsbegleitenden, in den Arbeitsprozess integrierten und professionell unterstützten Kompetenzentwicklung können Leistungs-, Beschäftigungs- und Handlungsfähigkeit der Beschäftigten im gesamten Erwerbsleben gesichert werden. Dazu werden neue Modelle der Arbeitsorganisation, Konzepte für eine lebensereignisorientierte Personalpolitik und Strategien für ein unternehmensspezifisches Kompetenzmanagement benötigt.

Die Beiträge in diesem Band sind eingeteilt in drei Bereiche: Teil 1: Anforderungen an lebensphasenorientiertes betriebliches Kompetenzmanagement, Teil 2: Branchenspezifische, lebensphasenorientierte Umsetzungskonzepte, -erfahrungen und -ergebnisse sowie Teil 3: Transfer von lebensphasenorientierten Branchenlösungen und Ausblick auf gemeinsame Herausforderungen.

In diesem Kapitel werden das Konzept der Lebensphasen diskutiert und die einzelnen Buchbeiträge kurz vorgestellt.

1.1 Einleitung: Lebensphasen und Kompetenzentwicklung

In diesem Band geht es um die Verbindung von Lebensphasen des Menschen und die Entwicklung seiner **Kompetenzen** vor allem im betrieblichen Umfeld. Berufsanfängerinnen und -anfänger lernen schnell, dass Wissen allein noch nicht ausreicht, um in der Berufspraxis bestehen zu können. Erfahrung und die damit wachsende Fähigkeit, auch in schwierigen und unklaren Situationen erfolgreich zu handeln, sind erforderlich. Kompetenzen schließen, so verstanden, Wissen und Fertigkeiten mit ein, gehen aber darüber hinaus. Als Kompetenz wird in den Beiträgen dieses Bandes meist die Fähigkeit verstanden, in unklaren oder problemhaften Situationen erfolgreich handeln zu können. Dieses Verständnis von Kompetenz beruht auf Arbeiten von John Erpenbeck und den vielen Forschungsarbeiten, die im Rahmen der Grundlagenforschung zur Qualifikations-Entwicklungs-Management (QUEM) bei der Arbeitsgemeinschaft für Weiterbildungsforschung (ABWF) des Bundesministeriums für Bildung und Forschung geleistet wurden (Übersicht über alle Publikationen unter: ▶ www.abwf.de/publikationen/quem/). Dieses Kompetenzverständnis ist nicht unumstritten, in der Forschung aber weithin akzeptiert. Der Begriff und das Konzept „Kompetenz" sind nicht klar abgegrenzt von anderen wie etwa „Qualifikation", „Befähigung" bzw. „Fähigkeit" oder auch „Organisationskapital" (Moldaschl, 2010). Eine Übersicht über theoretische Ansätze zur Kompetenz (Moldaschl, 2011) umfasst folglich ein weites Feld auf der individuellen Ebene (z. B. kognitive und manuelle Leistungsfähigkeit), auf der organisationalen Ebene (z. B. Prozess-, Anreiz- oder Vertragsgestaltung) und sogar auf regionaler und nationaler Ebene (z. B. Industrieagglomerationen, Innovationsregionen etc.). Diese Weitläufigkeit und Unschärfe des Kompetenzbegriffs führt dazu, dass es keine einheitliche „Kompetenztheorie" geben kann und daher auch keine wissenschaftliche Fundierung von „Kompetenzmanagement". Zum einen wird der Kompetenzbegriff zu wahllos für alle möglichen Tätigkeiten eingesetzt und die Befähigung mit der Bevollmächtigung gleichgesetzt: „Entscheidungskompetenz" kann heißen, dass jemand die Fähigkeit besitzt, auch in schwierigen Situationen zu guten Entscheidungen zu kommen, oder aber, dass sie oder er die Vollmacht hat, Entscheidungen treffen zu dürfen. Noch schwerwiegender aber ist, dass Kompetenz gleichzeitig als Ergebnis und Voraussetzung betrachtet wird (Kompetenzdeterminismus): Ist ein Unternehmen erfolgreich, so wird schnell „Kompetenz" unterstellt, ohne Umstände und ähnlich kompetente, aber erfolglose Unternehmen zu untersuchen (Hasebrook u. Singer, 2015; Moldalschl, 2011).

Ähnlich sieht es bei den Vorstellungen über **Lebensphasen** aus: Wilhelm Noack (2007) listet aus anthropologischer Sicht ein gutes Dutzend unterschiedlicher Modelle für Lebensphasen auf von Edmund Husserl, Karl Jaspers, Martin Heidegger, Jean-Paul Sartre hin zu Arnold Gehlens empirisch, pragmatischer Anthropologie, Adolf Portmann, der ein zoologisch biologisches Bild vom Menschen vertritt, Wolfhart Pannenbergs transzendentale Anthropologie hin zum Homo ludens von Johan Huizinga und Homo symbolicus von Ernst Cassirer. Es drängt sich die Frage auf, um welche Lebensphasen es in diesem Band gehen soll. Neben den philosophischen, anthropologischen, biologischen, psychologischen und soziologischen Phasenmodellen scheint es eine verblüffende Konstanz der Vorstellung von Lebensphasen zu geben, wie ein Blick in das Buch *Die Lebensalter* von 1862 zeigt, das wiederum ein Werk aus dem Jahr 1482 zitiert:

> Zehen jar ein kint,
> Zwanzig jar ein jungling,
> Dreissig jar ein man,
> Virzig jar wolgetan,
> Funfzig jar stilstan,
> Sechzig jar abgan,
> Siebenzig jar die sele beivar,
> Achtzigk jar der welt tor,
> Neunzig jar der kinder spot,
> Hundert jar: nu gnad dir got!
> (Holzschnittbogen von 1482, wiedergegeben in *Die Lebensalter* von Wilhelm Wackernagel, 1862, S. 30)

Die Vorstellung von Lebensphasen gibt – offenbar über Jahrhunderte – Orientierung und eine Vorstellung einer mehr oder weniger regelhaften Abfolge des menschlichen Lebens von Geburt und Kindheit bis ins Alter und zum Tod. Diese allein am Lebensalter und an mehr oder weniger festen Zeitabschnitten orientierte Vorstellung von Lebensphasen passt kaum zum Kompetenzkonzept in diesem Band: Wie sollten Disposition und Fähigkeit zur Selbstorganisation für erfolgreiches Handeln in schwierigen Situationen in festen Zeitabschnitten einfach wie von selbst auftauchen? Ohne Frage gibt es in der Kindheit eine natürlich Reifung, die neue Fertigkeit hervorbringt – und natürlich ist der Kompetenzerwerb von Erfahrungen, also auch vom Lebensalter, abhängig. Aber nicht jeder Lebensabschnitt führt automatisch zu eben den kritischen Erfahrungen, die zur Kompetenzentwicklung wichtig und erforderlich sind. Daher orientieren sich die Beiträge in diesem Band an der Vorstellung von Lebensphasen als **Lebens- und Entwicklungsaufgaben**, also individuell unterschiedlichen und flexiblen Lebensabschnitten, in denen bestimmte Lebensereignisse zu besonderen Aufgaben und Herausforderungen führen, durch die Kompetenzen entwickelt und erweitert werden können.

Wie kann man die Kompetenzen älterer Mitarbeiterinnen und Mitarbeiter im Betrieb halten, wenn Weiterbeschäftigung auf der ursprünglichen Stelle unmöglich ist? Wie können jüngere Mitarbeiter von den Erfahrungen älterer profitieren und vor Überforderung geschützt werden? Wie können Familiengründung, finanzielle Absicherung und berufliche

Karriere für beide Elternteile unter einen Hut gebracht werden? Kurz: Wie kann eine an Lebensphasen ausgerichtete Kompetenzentwicklung im Betrieb aussehen? Diesen Fragen gehen die Forschungsverbünde nach, die in der Fokusgruppe „Lebensphasenorientiertes Kompetenzmanagement" organisiert sind, und aus deren Beiträgen dieser Band entstanden ist.

1.2 Ein Berufsleben lang Kompetenzen erhalten und entwickeln

Mit den drei Schlagworten „Weniger – älter – bunter" beschreibt das Institut der Deutschen Wirtschaft die Auswirkungen des demografischen Wandels auf die Unternehmen in einer Studie, die es im Auftrag des Bundesministeriums für Wirtschaft und Energie 2014 erstellt hat (IDW, 2014). Der Wandel im demografischen Aufbau der Gesellschaft und in der Arbeitswelt stellen immer neue Anforderungen an Wirtschaft und Gesellschaft. Das Personal in Unternehmen wird älter und umfasst drei oder vier „Generationen" mit teils sehr unterschiedlichen kulturellen Hintergründen sowie Anforderungen an die Personalführung und Arbeitsplatzgestaltung. Zudem müssen Unternehmen mit ihren demografisch heterogenen Belegschaften auf schnell wechselnde Technologie- und Marktwechsel reagieren. Das kann nur gelingen, wenn in der ganzen Belegschaft über Alters-, Berufs- und Hierarchiegrenzen hinweg Wissen und Werte vermittelt und Erfahrungen erworben werden können.

Das betriebliche Kompetenzmanagement hat dabei die Schlüsselfunktion: Nur mit einer berufsbegleitenden, in den Arbeitsprozess integrierten und professionell unterstützten Kompetenzentwicklung können Leistungs-, Beschäftigungs- und Handlungsfähigkeit der Beschäftigten im gesamten Erwerbsleben gesichert werden. Dazu werden neue Modelle der Arbeitsorganisation, Konzepte für eine lebensereignisorientierte Personalpolitik und Strategien für ein unternehmensspezifisches Kompetenzmanagement benötigt.

Heutige Personalentwicklungskonzepte erfordern eine valide Kompetenzdiagnostik, um den individuellen Voraussetzungen und unternehmerischen Bedürfnissen in hohem Maße gerecht zu werden. Innovative Lern- und Transferkonzepte zwischen berufspraktisch erfahrenen, zumeist älteren und berufspraktisch weniger erfahrenen, eher jüngeren Fachkräften erhalten immer mehr Bedeutung, um insbesondere die Optimierung des Wissenstransfers in Unternehmen in sinnvoller Weise zu begleiten und damit die Weitergabe von leistungsrelevanten Wissensbeständen zu verbessern.

Die Verbünde in unserer Fokusgruppe forschen in vielen Schlüsselbranchen, darunter Maschinen- und Anlagenbau, Gesundheitswesen, Telekommunikation und ITConsulting. Ein großes Spektrum an Berufs- und Mitarbeitergruppen wird untersucht, z. B. Servicetechniker, Krankenhausärzte, Führungskräfte in der IT-Branche und Betriebsräte. Dabei können ältere Mitarbeiter/-innen im Mittelpunkt stehen, etwa wenn es um den Erhalt und die Weitergabe von Erfahrungswissen geht, oder jüngere, die nach Abschluss erster Bildungsphasen nach Karriereperspektiven suchen. Groß ist auch das Spektrum untersuchter Methoden: Organisationsbenchmarking, Kompetenzdiagnostik, Lern- und Transferkonzepte („LernLabs"), flexible und individuelle Arbeitsorganisation, kompetenzbasierte Einsatzplanung und dynamisches Kompetenzmanagement. Der Erfahrungsaustausch zwischen den verschiedenen Forschungsgruppen hat gezeigt, dass ein Austausch über innovative Methoden der Kompetenzdiagnostik und -entwicklung über Projekt- und Branchengrenzen hinweg nötig und sinnvoll ist.

1.3 Phasenkonzepte in der Kritik

Aber wie lässt sich das Konzept von Lebensphasen mit der Entwicklung von Kompetenzen verbinden? Und hilft die Vorstellung von einer regelmäßigen Abfolge von Lebensphasen beim Kompetenzmanagement oder bereitet sie eher Probleme? Lebensphasenkonzepte zeichnen das Leben als eine regelmäßige Abfolge von Stufen, das eher einem steten Auf und Ab mit möglichen Brüchen und Verschiebungen gleicht. Die überkommene Einteilung der Biografie in Kindheit, Erwachsenenalter und Alter weicht dem Bild einer „Multigrafie", in der verschiedenen berufliche und persönliche Lebensphasen sich überlagern, übersprungen oder wiederholt werden (◘ Abb. 1.1).

Natürlich ist die berufliche Entwicklung nicht allein vom Lebensalter abhängig und verläuft in Abhängigkeit vom Alter quasi „gesetzmäßig": Neben Ausbildung und Berufsinteressen spielen die Art und Möglichkeit bei der Auswahl von Arbeitsstellen sowie die Dauer der Stellenbesetzung eine Rolle. Und diese sind wieder abhängig von einer schier erschlagenden Fülle von Variablen wie Leistungen in einzelnen Schulfächern, Hobbys und Ehrenämter, allgemeine, regionale und fachspezifische Entwicklung des Arbeitsmarkts, Einarbeitung und Förderung am Arbeitsplatz, Anpassungsfähigkeit an Arbeitsumfeld und Team – um nur ein paar zu nennen (Übersicht in Lent u. Brown, 2013).

1.4 Arten von Lebensphasen

Zu den aktuell und aller Wahrscheinlichkeit nach auch zukünftig wirkmächtigsten Variablen, welche die Entwicklung von Lebensphasen individuell dynamisieren, zählt die fortschreitende Digitalisierung vieler Bereiche der Lebens- und Berufswelt. Wenn traditionelle Berufsbilder und Tätigkeitsbereiche durch digitale Technologien und Geschäftsmodelle in kurzer Zeit sowohl verschwinden wie auch neu entstehen werden, ist offenkundig, dass Kompetenzentwicklung und Kompetenzmanagement vor allem flexibel und dynamisch ausgestaltet sein müssen, um eine lebensphasenadäquate Unterstützungsfunktion bieten zu können. Immer weniger erscheinen langfristig ausgelegte Kompetenzmodelle und -entwicklungspfade mit curricularen Vorgaben geeignet, den zunehmenden Anforderungen einer lebensphasenorientierten Entwicklung gerecht zu werden. Somit stellt sich die Frage

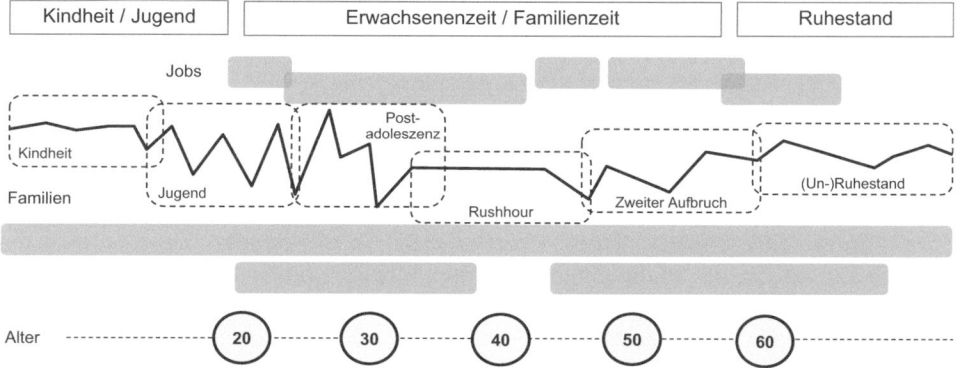

◘ **Abb. 1.1** Von der Biografie in fest gefügten Phasen zur „Multigrafie" mit verschiedenen Berufen und Familien (angelehnt an IDW, 2014)

sowohl an die Beschäftigten selbst als auch an betriebliche Bildungsakteure/-innen, wie diesen Herausforderungen im Sinne einer Selbstbefähigung begegnet werden und wie diese mit den individuellen und organisationalen Entwicklungen in Einklang gebracht werden können.

Der Zusammenhang von individueller und organisationaler Entwicklung lässt sich modellhaft an der Eigendynamik der Unternehmensentwicklung festmachen, die Greiner (1972) vorgeschlagen hat: In der Startphase eine Führungskrise (vom kreativen Team zur geführten Organisation), später eine Autonomiekrise (selbstständiges und nachhaltiges Wachstum nicht nur auf Basis von Kreativität), bei weiterem Wachstum eine Kontrollkrise (weil Führungskräfte immer mehr delegieren müssen), bei weiterem Wachstum eine Bürokratiekrise (Gefahr der Übersteuerung und -regulierung) sowie eine Krise bei weiterem Fortbestehen und Wachstum (ggf. Notwendigkeit, „sich selbst neu zu erfinden", was nur durch Teamgeist und veränderungsbereite Unternehmenskultur gelingen kann). Mit dem Unternehmenswachstum müssen auch die Bildungsakteure/-innen, also in den meisten Fällen federführend die Personalentwicklung, wachsen. Dies hat zu einer enormen Auffächerung der Aufgaben, die effiziente Datenaufnahmen und -verwaltung mit Human-Resources-Informationssystemen auf der einen Seite und Beiträge zur strategischen Personalplanung auf der anderen Seite, geführt. Die Zielstellung, die die Personalarbeit heute prägt, ist nicht mehr die einzelne Person und die Rolle, die sie in der Organisation spielt, sondern Effektivität und Effizienz der gesamten Organisation („organizational effectiveness"; Boudreau u. Ramstad, 2006; Hasebrook et al., 2011b).

1.5 Kompetenz und Lebensphase

Dass ein Zusammenhang zwischen der Entwicklung individueller Kompetenzen und der persönlichen Lebensphase besteht ist offensichtlich. Sowohl in der sozial- und entwicklungspsychologischen Forschung (Oerter u. Montada, 2002) als auch in der berufspädagogischen Forschung (Zinn et al., 2016) werden entsprechende Zusammenhänge betrachtet und im Hinblick auf ihre Implikationen im Bezugsfeld eines adaptiven lebenslangen Lernens analysiert. Eine lebensphasenorientierte Kompetenzentwicklung orientiert sich dabei an der individuellen Lebensphase eines Mitarbeitenden und umfasst informations-, bildungs- und stellenbezogene Personalentwicklungsmaßnahmen, die eine adaptive Förderung der Mitarbeiter/-innen unter Berücksichtigung ihrer differenten Lebensphasen ermöglichen. Eine lebensphasenorientierte Kompetenzentwicklung versteht sich dabei sowohl mitarbeiter- als auch unternehmensorientiert (Graf, 2002).

Um eine Sicherung der Humanressourcen, einschließlich der Absicherung des Erhalts von Kompetenzen im Unternehmen, sicherzustellen, bedarf es daher einer organisationalen Unternehmensperspektive, die eine systematisch, gezielt und langfristig angelegte Förderung und den Erhaltung der Leistungsfähigkeit unter Berücksichtigung der individuellen Lebenslagen, Kompetenzen sowie der Leistungsbereitschaft (u. a. Arbeitsmotivation, Engagement) proaktiv betreibt (Barthel et al., 2010). Im Forschungsrahmen des Bundesministeriums für Bildung und Forschung (BMBF) „Innovationsstrategien jenseits klassischen Managements" (Text der Förderrichtlinie unter: ▶ http://pt-ad.pt-dlr.de/de/175.php) haben wir in mehreren Teilprojekten den Zusammenhang von Organisations-, Team- und Individualkompetenzen untersucht (Lent u. Brown, 2013; Oerter u. Montada, 2002). Es fanden sich keine signifikanten Einflüsse der Individualkompetenzen

Lebenslang kompetent: Lebensphasenorientiertes Kompetenzmanagement ...

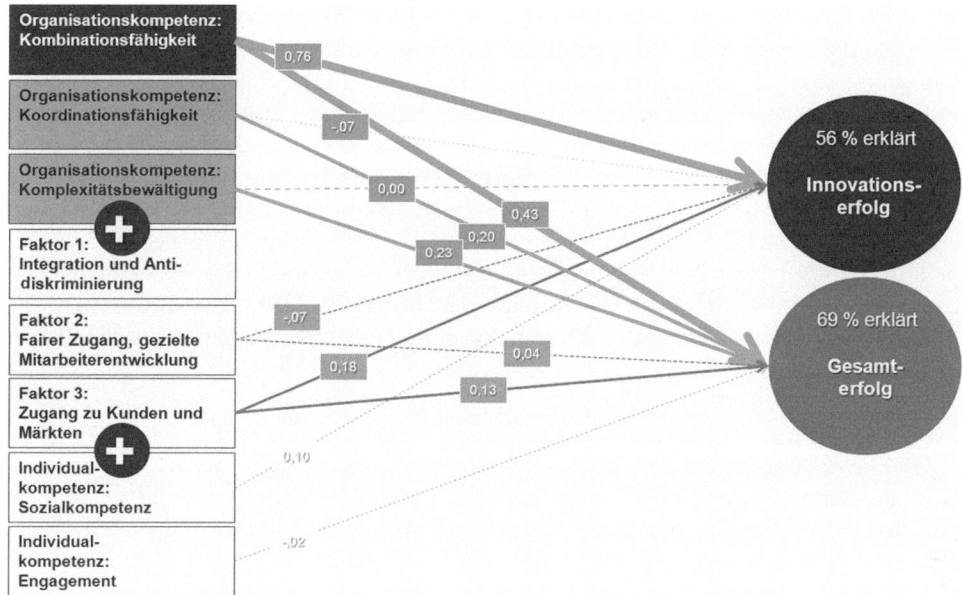

◘ Abb. 1.2 Zusammenhang von Organisations-, Team- und Individualkompetenzen (standardisierte β-Gewichte einer multiplen Regression mit korrigiertem R^2; nach Hasebrook et al., 2011a)

auf den Geschäfts- und den Innovationserfolg der untersuchten Unternehmen, wohl aber Haupteffekte der Organisationskompetenzen „Kombinationsfähigkeit" und „Kooperationsfähigkeit". Wechselwirkungen der Kompetenzfaktoren untereinander und mit Teamkompetenzfaktoren ließen sich nicht feststellen. Kombiniert man Organisations- und Teamkompetenzen so lassen 56 % des Geschäfts- und 69 % des Innovationserfolges aufklären (korrigiertes Bestimmtheitsmaß R^2). Von herausragender Bedeutung ist dabei die Organisationskompetenz „Kombinationsfähigkeit" von Personen und Sachressourcen (◘ Abb. 1.2; Hasebrook et al., 2011a). Auf Lebensphasen bezogen bedeutet dies: Eine lebensereignisorientierte Kompetenzentwicklung ist zunächst eine Unternehmensaufgabe, weil Individualkompetenzen nur im durch die Organisation vorgegebenen Rahmen wirksam werden können. Anders gesagt: Die Entwicklung individueller Kompetenzen ist der Treibstoff, aber nicht der Treiber von Geschäfts- und Innovationserfolg.

1.6 Aufbau des Bandes

Die Beiträge in diesem Band sind eingeteilt in drei Bereiche:
- Teil 1: Anforderungen an lebensphasenorientiertes betriebliches Kompetenzmanagement
- Teil 2: Branchenspezifische lebensphasenorientierte Umsetzungskonzepte, -erfahrungen und -ergebnisse
- Teil 3: Transfer von lebensphasenorientierten Branchenlösungen und Ausblick auf gemeinsame Herausforderungen

Im Folgenden geben wir einen kurzen Überblick über die Beiträgen in diesem Band.

- **Teil 1: Anforderungen an lebensphasenorientiertes Kompetenzmanagement**

Im ersten Beitrag von Zinn, Nickolaus und Duffke mit dem Titel „Lebensphasen und darauf bezogene Konzepte zur Förderung der Fach- und Sozialkompetenz" (▶ Kap. 2) wird ein validiertes Lern- und Transferkonzept zur Förderung der Fach- und Sozialkompetenz von Servicetechnikern sowie ein betriebliches praxiserprobtes horizontales Karrieremodell für Servicetechniker vorgestellt. Zentrale Ausgangspunkte des Beitrags bilden zum einen die zunehmende strategische Bedeutung des Servicesektors und den damit verbundenen erhöhten Bedarf an Servicetechnikern im industriellen Dienstleistungsbereich des Maschinen- und Anlagenbaus. Zum anderen stellt die hohe Fluktuation im Servicesektor, die insbesondere durch die mit dem Alter steigenden beruflichen Belastungssituationen, die hohen Ansprüche an Mobilität sowie die mit dem Alter verbundenen gesundheitlichen Beeinträchtigungen bedingt zu sein scheinen, einen weiteren bedeutsamen Ausgangspunkt dar. Beide Ausgangspunkte bilden das Spannungsfeld für das im Beitrag umfassend beschriebene Lern- und Transferkonzept.

In zweiten Beitrag mit dem Titel „Das unterschätzte Potenzial" (▶ Kap. 3) beschäftigt sich Baumann im Bezugsfeld der betrieblichen Personalentwicklung und der Effekte der demografischen Entwicklung mit der Gruppe älterer Mitarbeiter und deren Potenzialen in Unternehmen. Der Autor geht dabei auf der Basis einer Befragung von Unternehmensvertretern/-innen davon aus, dass ältere Mitarbeiter/-innen deutlich karriereorientierter sind und über Eigenschaften und Kenntnisse verfügen, die sie für Unternehmen in Zukunft nicht nur interessant, sondern unverzichtbar machen.

Im dritten Beitrag von Kring und Hasebrook mit dem Titel „Berufs- und Tätigkeitsmigration in der Dienstleistung: Beschäftigungswandel und lebensphasenorientierte Kompetenzanpassung durch Digitalisierung" (▶ Kap. 4) werden mögliche Effekte der Digitalisierung auf die Beschäftigung und vor dem Hintergrund einer unterstellten latenten Angst des Menschen, dass der technische Fortschritt die Arbeitskraft des Menschen ersetzen könnte, diskutiert. Zudem werden wissenschaftlich fundierte Prognosen zur Berufs- und Tätigkeitsmigration durch Digitalisierung für die Branche der Dienstleistung fokussiert. Abschließend werden im Beitrag Handlungsempfehlungen abgeleitet, wie ein entsprechender Wandel und insbesondere erforderliche Kompetenzanpassungen im Bezugsfeld der Digitalisierung der Arbeitswelt aktiv gestaltet werden können.

- **Teil 2: Branchenspezifische lebensphasenorientierte Umsetzungskonzepte, -erfahrungen und -ergebnisse**

Das ▶ Kap. 5 „Lebensphasenorientierte Förderung fachlicher und sozialer Kompetenzen angehender Servicetechniker/-innen – Ansätze und Effekte" von Nickolaus, Güzel, Zinn, Sari, Hedrich und Duffke knüpft, vom Projektkontext und den konzeptionellen Grundlagen her, an das ▶ Kap. 2 an. Lebensphasenspezifisch ausgerichtete Maßnahmen zur Weiterentwicklung von angesichts aktueller Anforderungen im Maschinen- und Anlagenbau notwendiger Kompetenzen für Servicetechniker werden vorgestellt und die Messung ihrer Effekte im Bereich der Fach- und Sozialkompetenz beschrieben. Es geht dabei zum einem um Ansätze, die sich an Berufseinsteiger/-innen wenden, und zum anderen um solche, die erfahrene Servicetechniker adressieren, die, wenn sie nach längeren Tätigkeitsdauern Alternativen zur Außendiensttätigkeit suchen, in neuen Rollen ihre langjährig erworbenen Kompetenzen für sich selbst und „ihre" Unternehmen weiterentwickeln können. Es wird gezeigt, wie mit dem didaktischen Konzept des „ServiceLernLab" sowie Ansätzen, welche die soziale Fähigkeit der Perspektivenkoordination stärken, positive Entwicklungsimpulse gesetzt werden können und wie dies objektiv, valide reliabel und aufwandsarm gemessen werden kann.

„Die junge Ärztegeneration im Krankenhaus: Kompetenzbasierte Karrierepfade im Universitätsklinikum" ist der Titel des Beitrags von Hinkelmann, Volkert, Hecke, Singer und Hahnenkamp, in dem eindringlich die Herausforderungen an eine den aktuellen und den sich abzeichnenden Entwicklungen im Gesundheitswesen angepasste Personal- und Organisationsentwicklung am Beispiel der fachärztlichen Qualifizierung im Universitätsklinikum Münster beschrieben werden (▶ Kap. 6). Im volkswirtschaftlich höchst bedeutsamen Gesundheitssektor treffen demografische Veränderungen hinsichtlich der zu Versorgenden (mehr und ältere Patienten/-innen mit komplexeren Diagnosen in kürzerer Zeit) mit solchen der Beschäftigten im Gesundheitswesen (Fachkräftemangel, höhere Erwartungen an die Vereinbarkeit und Individualität von Beruf und Familie) zusammen. Mit den Arbeiten des Projektes „FacharztPlus" wird das Ziel verfolgt, Fachärzte/-innen vor dem Hintergrund der genannten Herausforderungen über eine Kombination verschiedener Maßnahmen einer attraktiven Gestaltung der Arbeits- und Karriereperspektive länger an die Klink zu binden, in der sie mit hohem Aufwand qualifiziert wurden. Zu diesen personalwirtschaftlichen Maßnahmen gehören Anleitungen für wertschätzende Mitarbeitergespräche, die Konzeption und Pilotierung einer kompetenzbasierten Einsatzplanungssoftware und eines Simulationstools zur transparenten Optimierung von Personalbesetzungen im Operationsumfeld. Aus diesen Maßnahmenbündeln ergeben sich Impulse sowohl für die Produktivitätssteigerung im Klinikbetrieb also auch für einen längeren Verbleib ausgebildeter Fachärzte/-innen in Universitätskliniken.

Das ▶ Kap. 7 mit dem Titel „Benchmarking für ein lebensphasenorientiertes Kompetenzmanagement in der Informations- und Kommunikationsbranche" von Baierl, Brzoska, Martinetz, Robers, Schletz und Thiele fasst empirische Befunde zur Flexibilisierung und Dynamisierung des Personal- und Kompetenzmanagements in wissensintensiven Dienstleistungsbranchen zusammen. Außerdem wird ein Benchmarking-Instrument vorgestellt, mit dem sich Unternehmen mit den Besten ihrer Größenklasse vergleichen und Anregungen zur Verbesserung personalwirtschaftlicher Instrumente aufnehmen und umsetzen können, um den durch demografische Wandlungen sowie Veränderungen durch Digitalisierung notwendigen Herausforderungen besser beggenen zu können.

Eine innovative Ergänzung bestehender Ansätze des Kompetenzmanagements stellt der Beitrag „Competence Screening – Instrument zur kompetenzbasierten und lebensphasenorientierten Prozessgestaltung" von Rusch und David für den Maschinen- und Anlagenbau vor (▶ Kap. 8). Die deutlich gestiegene Bedeutung industrieller Dienstleistungen für Wertschöpfung und Erfolg dieser wichtigen Branche basiert ganz wesentlich auf fachlichen, aber auch methodischen und besonders sozialen Kompetenzen von Servicetechnikern, die im direkten Kundenkontakt nicht zuletzt dessen Zufriedenheit mit den hybriden Leistungsbündeln der Unternehmen beeinflussen. Dieser starken Bedeutung der Servicetechniker stehen Belastungsmomente gegenüber, die ohne entsprechendes Kompetenz- und Laufbahnmanagement einem langfristigen Verbleib in den Unternehmen sowie einem Transfer wichtigen Erfahrungswissens an jüngere Beschäftigte widersprechen. Das vorgestellte und mit einem Praxisbeispiel illustrierte „Competence Screening" aus dem Projekt EPO-KAD (Erschließung des Potenzials älterer Mitarbeiter/-innen durch lebensphasenorientiertes Kompetenzmanagement und Arbeitsprozessgestaltung in industriellen Dienstleistungsprozessen) kombiniert das im Dienstleistungsumfeld weitverbreitete Service-Blueprinting zur Visualisierung der vorhandenen und zu optimierenden Serviceprozesse mit einer Aggregation der Prozesse zu Aktionen, für die in einem nächsten Schritt Kompetenzbereiche definiert werden, die dann den Aktionen zugeordnet werden, um sie schließlich hinsichtlich der demografisch relevanten Anforderungen zu analysieren. Das im Beitrag dargestellte Praxisbeispiel eines idealtypischen mittelständischen Maschinenbauunternehmens zeigt, wie mit dem Competence

Screening ein effektives und effizientes Kompetenzmanagement unter Berücksichtigung rollen- und demografiespezifischer Aspekte unterstützt werden kann.

Die wachsenden Herausforderungen im Pflegebereich thematisiert der Beitrag „Durchlässigkeitsmodelle für lebenslange Kompetenzentwicklung in den Pflegewissenschaften" von Müskens, Karczmarzyk und Zawacki-Richter mit Überlegungen zur Akademisierung der Pflegeberufe und einem Plädoyer für hybride, verzahnte Bildungswege (▶ Kap. 9). Auch in diesem Beitrag ist der aktuelle und künftig als wachsend prognostizierte Fachkräftemangel wesentlicher Bestandteil der Überlegungen. Im Pflegebereich treffen bekanntermaßen erhöhte und komplexere Anforderungen an die Pflegekräfte mit bislang geringer Attraktivität der Berufe gerade für „Aufstiegsorientierte" zusammen. Die steigenden Anforderungen in der Pflege verlangen immer stärker nach solchen Kompetenzen, die eher in akademischen Bildungswegen angelegt werden. Im Beitrag werden die im Projekt „Aufbau berufsbegleitender Studiengänge in Pflege- und Gesundheitswissenschaften (PuG)" entwickelten, berufliche Weiterbildungen und akademische Qualifizierungen verzahnende Ausbildungen im Pflegebereich vorgestellt. Als Vorteile solcher, die Stärken beider Ausbildungswelten im Pflegebereich kombinierender Lösungen werden kompetenztheoretische Erkenntnisse, Möglichkeiten, den sich (weiter-)qualifizierenden Pflegekräften für ihre jeweilige Situation über den gesamten berufsbiografischen Weg hinweg passende Angebote zur Verfügung zu stellen, und eine hohe Passung von Bedarfen im Pflegesystem sowie der vermittelten Handlungskompetenz dargestellt.

Den Zusammenhängen zwischen einerseits sich verändernden äußeren Rahmenbedingungen und Herausforderungen sowie andererseits internen Anpassungen der Organisations- und Personalentwicklung im Gesundheitswesen geht der Beitrag „Auf dem Weg zum Kompetenzzentrum für Altersmedizin und Pflege: Qualitätsmanagement und lebensphasenorientiertes Human Resources Management als wesentliche Unterstützungsfaktoren" von Löffler, Goldgruber und Hartinger nach (▶ Kap. 10). Am Beispiel der Geriatrischen Gesundheitszentren (GGZ) der Stadt Graz zeigen die Autoren/-innen ihren – mehrfach prämierten – Weg, auf dem das GGZ den Anforderungen alternder und mit den heterogenen Ansprüchen unterschiedlicher Generationen behafteter Belegschaften über eine langjährige, konsequente Verknüpfung von Qualitätsmanagement und Human Resource Management gerecht wird. Eine kompetenzorientierte Personalentwicklung ist dynamisch, gemäß des Steuerungsansatzes der „Balanced Scorecard", verbunden mit nachhaltigem betrieblichem Gesundheitsmanagement und einer differenzierten Angebotsstruktur für die vom GGZ betreute Klientel. Der Leitsatz „Bei uns sind Menschen in besten Händen" bezieht sich so gleichermaßen auf Beschäftigte und Betreute, indem zum einen besonderes Augenmerk auf personalwirtschaftliche Grundsätze wie kompetenzorientierte Teamarbeit und eine hohe Lebensphasenorientierung, die langfristige Beschäftigung in altersgerechten Arbeitsplätzen und differenzierte Fach- und Führungskarrieren gelegt wird. Zum anderen wird bei der Betreuung die Vermittlung von Gesundheitskompetenz, erwiesenermaßen auch unter gesundheitsökonomischen Gesichtspunkten ein effektiver Ansatz, besonderes Augenmerk geschenkt.

- **Teil 3: Transfer von lebensphasenorientierten Branchenlösungen und Ausblick auf gemeinsame Herausforderungen**

Transfers zwischen Branchen sind immer noch sehr selten und zumeist unmittelbar an die Wertschöpfung, z. B. in Lieferketten, regionalen Wirtschaftsclustern oder Kooperationsnetzwerken, gekoppelt. Eine seit vielen Jahren etablierte und genutzte Art des Branchentransfers ist Personalentwicklung durch Bildungsanbieter/-innen, die branchenübergreifende Maßnahmen durchführen. Zunehmend spielt der Transfer nicht nur zwischen Branchen,

Lebenslang kompetent: Lebensphasenorientiertes Kompetenzmanagement …

sondern auch zwischen Kulturen eine überragende Rolle. Dabei liegen kleine und mittlere Unternehmen (KMU) oft zurück, wie Muhr, Lister und Hasebrook in ▶ Kap. 11 darstellen: Auslandsentsendungen nehmen zwar bei KMU zu, werden aber aus Kostengründen immer fokussierter und kürzer. Bei jungen Hochqualifizierten fördern kurze Auslandsaufenthalte die Karriere, bei älteren behindern sie diese (vgl. Katseli et al., 2006). Zudem haben KMU Nachteile gegenüber Großunternehmen durch weniger Produktsparten und Standorte, weniger Karrieremöglichkeiten und oft auch weniger Gestaltungsspielraum. Der Beitrag zeigt besondere Karrierepotenziale auf, die KMU gegenüber Großunternehmen durch individuelle und flexible Karriereangebote und den gezielten Aufbau einer internationalen Arbeitgebermarke nutzen können.

Im abschließenden ▶ Kap. 12 diskutieren Hasebrook, Hinkelmann und Hahnenkamp auf Basis des in ▶ Kap. 6 vorgestellten Verbundprojektes „FacharztPlus", welche Art von Konzept- und Maßnahmentransfer zwischen Organisationen unterschiedlicher Branchen möglich und sinnvoll ist. So werden von Krankenhäusern wirtschaftlicheres Management, mehr Industrialisierung und Digitalisierung im Krankenhaus sowie die Übernahme erfolgreicher Modelle aus den Niederlanden und den skandinavischen Ländern gefordert. Der Beitrag diskutiert, ob sich diese vermeintlichen Erfolgsmodelle anderer Branchen und Länder auf deutsche Krankenhäuser übertragen lassen – und stellt die Frage, ob am Ende mehr Wirtschaftlichkeit die Patientensicherheit und die Qualität der Versorgung bedroht.

> **Fazit**
> Als Herausgeber haben wir die Beiträge dieses Buches angekündigt, ihre Bewertung wollen wir den Leserinnen und Lesern dieses Bandes überlassen. Bei der Zusammenstellung der Beiträge hat sich allerdings eines klar gezeigt: Lebensphasen, verstanden als sich teils überlappende, teils ausschließende, teils häufig oder auch gar nicht vorkommende Abschnitte im biologischen, sozialen und beruflichen Leben eines Menschen, sind ein schwieriges Ordnungskriterium. Zwar gibt es typische Lebensereignisse wie die familiäre Beanspruchung während der Betreuung von Kindern oder alten Eltern. Dies ist aber – je nach individuellem und sozialem Kontext – sehr unterschiedlich zu beurteilen und zunehmend unterschiedlich auf die Lebensalter und Karriereschritte verteilt. Kurz: Der in Phasen gedachte Lebenslauf wird immer mehr als Kontinuum sich wechselnder Ansprüche und Entwicklungen deutlich sichtbar. Es gibt auch alterstypische Entwicklungen, die aber abhängig von den individuellen Voraussetzungen und Beanspruchungen, z. B. im Beruf, deutlich variieren können. Beispiele dafür werden vor allem im zweiten Teil des Buchs herausgearbeitet: Auf der Grundlage eines lebensphasenübergreifenden Transferkonzepts für Fach- und Sozialkompetenzen (▶ Kap. 2) werden Ansätze zum Kompetenztransfer von Servicetechnikern vorgestellt, die Berufseinsteigern/-innen den Berufsanfang erleichtern und zugleich erfahrenen Technikern erweiterte Karriereperspektiven aufzeigen (▶ Kap. 5). Im Gesundheitssektor (▶ Kap. 6) werden kompetenzorientierte Planungs-, Bindungs- und Entwicklungsmaßnahmen vor dem Hintergrund steigender Akademisierung der Heilberufe (▶ Kap. 9) aufgeführt, die sowohl viele Lebensphasen umfassen als auch ganz bestimmte Lebensereignisse, insbesondere Schwangerschaft und Mutterschutz, zum Inhalt haben. Solche Ansätze können, wie in ▶ Kap. 10 gezeigt wird, zu auf Qualitätsnormen basierenden, ganzheitlichen Steuerungs- und Entwicklungsansätzen ausgebaut werden. Solche Ansätze sind vor allem für wissensintensive Unternehmen von Bedeutung (▶ Kap. 7), um vor allem Potenziale älterer Mitarbeiter durch lebensphasenorientiertes Kompetenzmanagement und

Arbeitsprozessgestaltung in Industrie und Dienstleistung besser erschließen zu können (▶ Kap. 8).

Am Anfang dieses Kapitels stand eine altehrwürdige Einteilung in Lebensphasen aus dem Jahr 1482. Das Kapitel soll mit einer anderen Einteilung schließen, die nicht ganz so alt, aber ebenfalls „ehrwürdig" ist. Sie entstammt Jacques Monolog „All the world is but a stage …" (Die ganze Welt ist eine Bühne) aus Shakespeares Schauspiel „As you like it" (vermutlich 1599) und dient in Simon Winchesters wunderbarer Monografie über den Atlantik als Ordnungskriterium für die gewaltige Materialfülle, die der Autor über den Ozean gesammelt und zusammengefasst hat:

> Den Anfang macht: das Kind, das in der Wärt'rin Armen greint und sprudelt. Dann kommt: Der weinerliche Bube, der mit Ranzen und glattem Morgenantlitz wie die Schnecke ungern zur Schule kriecht;
> dann der Verliebte, der wie ein Ofen seufzt, mit Jammerlied auf seiner Liebsten Braut'n;
> dann der Soldat voller toller Flüch' und wie Pardel bärtig, auf Ehre eifersüchtig, schnell zu Händeln, bis in die Mündung der Kanone suchend die Seifenblase Ruhm.
> Und dann der Richter im runden Bauche, mit Kapaun gestopft, mit strengem Blick und regelrechtem Bart, voll weiser Sprüch' und neuester Exempel spielt seine Rolle so. Das sechste Alter macht den besockten, hagern Pantalon, Brill auf der Nase, Beutel an der Seite; die jugendliche Hose, wohl geschont, 'ne Welt zu weit für die verschrumpften Lenden; die tiefe Männerstimme, umgewandelt zum kindischen Diskant, pfeift und quäkt in seinem letzten Ton.
> Der letzte Akt, mit dem die seltsam wechselnde Geschichte schließt, ist die zweite Kindheit, gänzliches Vergessen, ohn' Augen, ohne Zahn, Geschmack und alles. (Winchester, 2012, S. 41f.)

Simon Winchester versteht die Lebensphasen nicht einfach als Altersangaben, sondern als spezifische Entwicklungsaufgaben: Der Säugling steht in seinem Buch für die geologische Entstehungsgeschichte des Atlantiks, der Schuljunge für Forschung und Bildung, der Verliebte für Reisen und Entdeckungen, der Soldat für kriegerische Auseinandersetzungen und Eroberungen, der Richter für internationalen Handel und internationales Recht, das Alter für die Zerstörung von Umwelt und Lebensräumen und schließlich für das geologische Ende des Atlantiks, wenn sich die Kontinentalplatten wieder schließen.

Shakespeares Vorstellung von der „Welt als Bühne" nimmt die eingangs genannten Lebensphasen wieder auf, aber nun verwandelt in Berufe und Lebenseinstellungen. Dies können dominierende Aspekte eines Lebensabschnitts sein, aber auch ganze Lebenswerke. Auf diese Weise erhalten Lebensphasen einen Sinn und passen zu den Beiträgen dieses Bandes: als Entwicklungs- und Lebensaufgaben, die im Laufe eines Erwachsenen- und Berufslebens zu bewältigen sind. Manche kann man umgehen, manche stellen sich öfters, manche kommen sogar zusammen vor. So können Schwangerschaft und Geburt des ersten Kindes mit einem Umzug und einer beruflichen Neuorientierung zusammenfallen. Oder altersbedingte Einschränkungen der beruflichen Leistungen, die entweder gesetzlich (z. B. Einschränkungen bei Nacht- und Schichtarbeiten) oder individuell gegeben sind (z. B. bei chronischen Erkrankungen), zwingen zu einer beruflichen Neuausrichtung und dem Besuch von Bildungsmaßnahmen. Alle Organisationen und Verbünde, egal ob Unternehmen, öffentliche Verwaltung oder Verein, haben den Auftrag, den Menschen, die in ihnen arbeiten, ein Umfeld zu bieten, in dem diese nicht nur ihre Arbeits-, sondern auch ihre Lebensaufgaben in einer komplexer werdenden Welt bewältigen können.

Literatur

Barthel, E., Hanft, A., & Hasebrook, J. (Hrsg.). (2010). *Integriertes Kompetenzmanagement im Spannungsfeld von Innovation und Routine*. Münster: Waxmann.

Boudreau, J. W., & Ramstad, P. M. (2006). Talentship and human resource measurement and analysis: from ROI to strategic organizational change. *Human Resource Planning Journal* 29(1), 25–33.

Graf, A. (2002). *Lebenszyklusorientierte Personalentwicklung. Ein Ansatz für die Erhaltung und Förderung von Leistungsfähigkeit und -bereitschaft während des gesamten betrieblichen Lebenszyklus. Berner betriebswirtschaftliche Schriften* (Bd. 29). Paul Haupt: Bern, Stuttgart, Wien.

Greiner, L. E. (1972). Evolution and revolution as organizations grow. *Harvard Business Review* 50(4), 37–46.

Hasebrook J, Singer M. Exzellenz zahlt sich aus (excellence pays off). Harvard Business Manager, 3/2015, 2-3. Online verfügbar unter: http://www.zeb-bs.de/pdf/Autoren_PDF_HBM_03_15_Exzellenz.pdf. Zugegriffen: 20. September 2017.

Hasebrook, J., Dohrn, S., & Jablonowski, L. (2011a). Diversity Management in Innovationsprozessen. In: E. Barthel, A. Hanft, J. Hasebrook (Hrsg.) Integriertes Kompetenzmanagement – Ein Arbeitsbericht (33-69). Münster: Waxmann.

Hasebrook, J, Stettler, R., & Bollwerk, A. (2011b). Vom Personalcontrolling zu Big HR Data: Trends in der datenbasierten strategischen Personalarbeit. In F. Keuper, D. Schmidt, & M. Schomann (Hrsg.), *Smart Big Data Management* (S. 367–388). Berlin: Logos.

Institut der Deutschen Wirtschaft (IDW). (2014). Lebensphasenorientierte Personalpolitik. Gutachten im Auftrag des Bundesministeriums für Wirtschaft und Energie (BMWi). http://www.bmwi.de/Redaktion/DE/Publikationen/Studien/lebensphasenorientierte-personalpolitik.html. Zugegriffen: 20. September 2017.

Katseli, L. T., Lucas, R. E. B., & Xenogiani, T. (2006). *Effects on migration on sending countries: What do we know? Research programme on: Economic and Social Effects of Migration on Sending Countries. Working Paper No. 250*. Paris: OECD.

Lent, R. W., & Brown, S. D. (2013). Social cognitive model of career self-management: Toward a unifying view of adaptive career behavior across the life span. *Journal of Counseling Psychology* 60(4), 557–568.

Moldaschl, M. (2010). Das Elend des Kompetenzbegriffs. Kompetenzkonstrukte in der aktuellen Unternehmenstheorie. In M. Stephan, W. Kerber, M. Lingenfelder, T. Kessler (Hrsg.) 25 Jahre ressourcen- und kompetenzorientierte Forschung (3-40). Wiesbaden: Gabler.

Moldaschl, M. (2011). Warum Gazellen nachts nicht leuchten – Evolutorische Theorie der Unternehmung statt normativer Modelle des Kompetenzmanagements. In E. Barthel, A. Hanft, J. Hasebrook (Hrsg.) Integriertes Kompetenzmanagement – Innovationsstrategien als Aufgabe der Organisations- und Personalentwicklung (S. 15–52). Münster: Waxmann.

Noack, W (2007). *Anthropologie der Lebensphasen. Grundlagen für Erziehung, soziales Handeln und Lebenspraxis*. Berlin: Frank & Timme.

Oerter, R., & Montada, L. (2002). *Entwicklungspsychologie. Ein Lehrbuch* (5. Aufl.). Weinheim: Beltz.

Wackernagel, W. (1862). Die Lebensalter. Ein Beitrag zur vergleichenden Sitten- und Rechtsgeschichte. Basel: Bahnmaier.

Winchester, S. (2012). *Der Atlantik: Biographie eines Ozeans*. München: Knaus.

Zinn, B., Nickolaus, R., Duffke, G., Güzel, E., Sawazki, J., & Würmlin, J. (2016). Belastungen von Servicetechnikern im Maschinen- und Anlagenbau im Bezugsfeld lebensphasenorientierten Kompetenzmanagements. In Frerichs, F. (Hrsg.), *Altern in der Erwerbsarbeit – Perspektiven der Laufbahngestaltung* (S. 163–182). Wiesbaden: Springer VS.

Anforderungen an lebensphasenorientiertes betriebliches Kompetenzmanagement

Inhaltsverzeichnis

Kapitel 2   Lebensphasen und darauf bezogene Konzepte zur Förderung der Fach- und Sozialkompetenz – 17
Bernd Zinn, Reinhold Nickolaus und Gerd Duffke

Kapitel 3   Das unterschätzte Potenzial – Fokussierung auf ältere Mitarbeitende als Erfolgsfaktor für Unternehmen – 37
Dominik Baumann

Kapitel 4   Berufs- und Tätigkeitsmigration in der Dienstleistung: Beschäftigungswandel und lebensphasenorientierte Kompetenzanpassung durch Digitalisierung – 47
Thorn Kring und Joachim Hasebrook

Lebensphasen und darauf bezogene Konzepte zur Förderung der Fach- und Sozialkompetenz

Bernd Zinn, Reinhold Nickolaus und Gerd Duffke

2.1 Ausgangssituation im industriellen Dienstleistungsbereich – 18

2.2 Ansatzpunkte für ein lebensphasenorientiertes Kompetenzmanagement – 19
2.2.1 Lebensphasenorientierte Personalentwicklung – 19
2.2.2 Ansatzpunkte für ein Lern- und Transferkonzept – 21

2.3 Lern- und Transferkonzept ServiceLernLab – 24

2.4 Betriebliche Umsetzung eines lebensphasenorientierten Kompetenzmanagements bei Servicetechnikern/-innen – 27
2.4.1 Betriebsspezifische Motivation und Zielsetzung – 28
2.4.2 Horizontales Karrieremodell für Servicetechniker/-innen – 28
2.4.3 Wirtschaftlichkeitsbetrachtung – 31

Literatur – 33

© Springer-Verlag GmbH Deutschland 2018
J. Hasebrook et al. (Hrsg.), *Lebensphasen und Kompetenzmanagement*, Kompetenzmanagement in Organisationen, https://doi.org/10.1007/978-3-662-55158-5_2

Zusammenfassung
Die strategische Bedeutung des Einsatzes von Servicetechnikern/-innen im industriellen Dienstleistungsbereich hat in den vergangenen Jahren deutlich zugenommen. Dieser Bereich stellt ein zentrales Geschäftsfeld und einen entscheidenden Wettbewerbsfaktor für Unternehmen im Maschinen- und Anlagenbau dar. Gleichzeitig stellen die wechselnden Arbeitsbedingungen an die Servicetechniker/-innen hohe Ansprüche an Mobilität und Belastbarkeit, ermöglichen nur eine eingeschränkte Vereinbarkeit von Familie und Beruf und führen letztlich dazu, dass erfahrene Servicetechniker/-innen mit zunehmendem Alter die Anforderungen auch vor dem Hintergrund gesundheitlicher Beeinträchtigungen zum Teil nicht mehr erfüllen können. Diese Entwicklung und die hohe Dynamik technologischer Innovationen führen dazu, dass betroffene Unternehmen die Herausforderung, spezifische Personalentwicklungskonzepte im Servicebereich bereitzustellen, bewältigen müssen. Im Beitrag werden hierzu zum einen ein spezifisches Lern- und Transferkonzept zur Förderung der Fach- und Sozialkompetenz von Servicetechnikern/-innen, zum anderen ein betriebliches horizontales Karrieremodell für Servicetechniker/-innen eines Maschinen- und Anlagenbauers vorgestellt.

2.1 Ausgangssituation im industriellen Dienstleistungsbereich

Publikationen zum Thema industrielle Dienstleistungen haben einen gemeinsamen Nenner: Sie alle sagen eine weiterhin wachsende Bedeutung der industriellen Dienstleistungen für den Erfolg und den Umsatzzuwachs der Unternehmen voraus. Die Gewinne im Dienstleistungsbereich des Maschinen- und Anlagenbaus entwickeln sich beständig positiv. Die Erträge aus Serviceumsätzen gehören zu den attraktivsten Ertragsquellen vieler Unternehmen (VDMA, 2008). Jedes zweite Unternehmen plant den personellen Ausbau des Servicebereichs (vgl. z. B. Klimmer u. Schreiber, 2010). Der Ausbau des Dienstleistungsbereichs wird von der Maschinen- und Anlagenindustrie nach der Erschließung neuer regionaler Märkte als zweitwichtigste Strategie zur Verbesserung der Wettbewerbsposition genannt (VDMA, 2012). Nach Angaben der Unternehmensberatung PricewaterhouseCoopers (PwC, 2013) verfügen Unternehmen mit einem innovativen Serviceangebot über eine deutlich bessere ökonomische Stabilität als konkurrierende Unternehmen mit weniger elaboriertem Serviceangebot. Bereichsübergreifend wird der Service im industriellen Dienstleistungsbereich als „Wachstumsmotor und Ertragsmaschine" bezeichnet (PwC, 2013). Servicetechniker/-innen spielen dabei als Repräsentanten ihrer Firma eine herausgehobene Rolle. Sie bestimmen die Qualität der Beziehung zu Kunden/-innen und das Image der Firma wesentlich mit. Servicetechniker/-innen sind mitverantwortlich für die Kundenzufriedenheit und -bindung sowie für den damit verbundenen wirtschaftlichen Erfolg der Unternehmen. Gleichzeitig stellen die zunehmende Bedeutung des Dienstleistungsbereichs, die ansteigende unternehmensspezifische Spezialisierung und die hohe technologische Entwicklungsdynamik die Unternehmen im Maschinen- und Anlagenbau vor die zentrale Herausforderung, Servicetechniker/-innen kontinuierlich aus- und weiterzubilden (vgl. z. B. Horváth u. Seiter, 2012; Zinn et al., 2015). Eine weitere Herausforderung im Bezugsfeld der Beschäftigung von Servicetechnikern/-innen im Maschinen- und Anlagenbau besteht im hohen Zu- und Abgang von Mitarbeitenden. Die kontinuierlich hohen Mobilitäts- und Belastungsanforderungen an die Servicetechniker/-innen führen zu einer erheblichen Fluktuation im Beschäftigungssegment, wodurch wichtige erfahrungsbasierte Kompetenzen oftmals verloren gehen. Für die Servicetechniker/-innen, die über mehrere

Jahre im Servicebereich tätig sind, bedeutet die Arbeitsbelastung nicht nur eine eingeschränkte Vereinbarkeit von Familie und Beruf, sondern führt zum Teil zu gesundheitlichen Beeinträchtigungen, die eine weitere Tätigkeit im Servicebereich verhindern (Zinn et al., 2016b). Insbesondere das Ausscheiden der älteren Mitarbeitenden aus dem Erwerbsleben, die sich im Laufe der Jahre ein bedeutsames Erfahrungswissen über ein breites Spektrum der Produktpalette aufgebaut haben, führt zu Lücken in der Beschäftigtenstruktur, deren Schließung sich für die Unternehmen schwierig gestaltet. Aufgrund der absehbaren Veränderung der Altersstruktur der Mitarbeitenden und der eher sinkenden Verweildauer im Servicebereich werden der ohnehin bereits bestehende Bedarf an gesicherten Instrumenten zum Kompetenz- und Wissenstransfer sowie die Entwicklung alternativer Beschäftigungsmöglichkeiten für ältere Mitarbeitende im (externen) industriellen Dienstleistungsbereich noch dringlicher. Häufig gehen mit dem Ausscheiden von Mitarbeitenden nicht nur wertvolle Kompetenzen für den Servicebereich, sondern das Unternehmen insgesamt verloren (vgl. z. B. Lichtsteiner, 2004).

Zusammenfassend führen die beiden zentralen Herausforderungen zur Notwendigkeit
1. der Entwicklung einer innovativen transferfähigen Aus- und Weiterbildungsstruktur im Servicesegment sowie
2. der Bereitstellung alternativer Tätigkeitsfelder bzw. Rollen für die Servicetechniker/-innen, die den hohen Aufgaben- und Tätigkeitsanforderungen nicht mehr gerecht werden können.

Im Projekt „Erschließung des Potenzials älterer Mitarbeiter durch lebensphasenorientiertes Kompetenzmanagement und Arbeitsprozessgestaltung in industriellen Dienstleistungsprozessen" (EPO-KAD) wurden ein modularisiertes Lern- und Transferkonzept (ServiceLernLab), eine verbesserte Kompetenzdiagnostik und für ältere Mitarbeitende ein horizontales Karrieremodell im Kontext eines lebensphasenorientierten Kompetenzmanagements entwickelt. Die Hauptziele von EPO-KAD liegen darin, den Kompetenztransfer und die Diagnostik im Bezugsfeld des Servicebereichs zu verbessern sowie den fluktuationsbedingten Verlust an wertvollen Kompetenzen durch alternative Aufgaben- und Tätigkeitsfelder für ältere Servicetechniker/-innen zu vermeiden bzw. zu mildern.

Der vorliegende Beitrag berichtet von dem Forschungs- und Entwicklungsprojekt und stellt hierbei in ▶ Abschn. 2.3 das Konzept des ServiceLernLab für (angehende) Servicetechniker/-innen im Maschinen- und Anlagenbau und in ▶ Abschn. 2.4 die betriebliche Entwicklung und Umsetzung eines horizontalen Karrieremodells bei Servicetechnikern/-innen vor. Zuvor werden in ▶ Abschn. 2.2 zentrale Ansatzpunkte für ein lebensphasenorientiertes Kompetenzmanagement und ein innovatives Lern- und Transferkonzept beschrieben. Der Beitrag schließt mit einem Fazit ab.

2.2 Ansatzpunkte für ein lebensphasenorientiertes Kompetenzmanagement

2.2.1 Lebensphasenorientierte Personalentwicklung

Die Erhaltung und Förderung von Leistungsfähigkeit und -bereitschaft der Mitarbeitenden sind in der Personalentwicklung eines Unternehmens seit jeher ein grundlegendes Anliegen. Die Bedeutung dessen hat vor dem Hintergrund gesellschaftlicher, technologischer und sozialer Veränderungen in den vergangenen Jahren deutlich zugenommen. Zentrale Veränderungen, die zu einer höheren Relevanz geführt haben, sind insbesondere der dynamisierende technologische Wandel (z. B. Digitalisierung der Arbeit), die vielschichtigen gesellschaftlichen Veränderungen (z. B. zunehmende Individualisierung), die Globalisierung der Märkte (z. B. Internationalisierung der Dienstleistungen) und die Effekte des demografischen Wandels (z. B. Rückgang des Fachkräfteangebots). Die Unternehmen sehen sich somit einer Vielzahl von gesellschaftlichen, technologischen und sozialen Veränderungen ausgesetzt. Mit der Personalentwicklung sind folgende Ziele verbunden:

» Beabsichtigt ist der Aufbau und die Weiterentwicklung von Kompetenzen und Persönlichkeitsmerkmalen, die zur „Meisterung" beruflicher, aber auch alltäglicher Situationen befähigen; zumindest legt die gegenwärtig feststellbare Zielkongruenz von pädagogischem Anliegen und betrieblichen Interessen, die sich in vermehrten Postulaten nach Kompetenzen mit hohem Transfercharakter, wie Problemlösefähigkeiten, und selbstgesteuertem, reflektiertem Handeln zeigen, dies nahe. (Sonntag, 2006, S. 21)

Bei der Zielprojektion wird deutlich, dass die moderne Personalentwicklung neben den betrieblichen Interessen expressis verbis auch die Interessen der Mitarbeitenden berücksichtigt.

Um die unternehmerischen Interessen mit den Interessen der Mitarbeitenden im Bezugsfeld der sich wandelnden Arbeitswelt übergreifend zu verbinden, müssen spezifische Personalentwicklungskonzepte generiert werden, die in einer wünschenswerten Form den individuellen Bedürfnissen aller Beteiligten in hohem Maße gerecht werden können. In den letzten Jahren haben sich hierzu Personalentwicklungsmodelle etabliert, die sich an den Lebensphasen der Mitarbeitenden orientieren und damit durch bestimmte Merkmale und Merkmalskombinationen (physische Gesetzmäßigkeiten) charakterisiert sind (vgl. z. B. Armutat, 2009; Graf, 2002; Rump et al., 2011). Diese Modelle haben unterschiedliche Benennungen und charakteristische Schwerpunktsetzungen. So stehen beim Modell des „lebensphasenorientierten Human Resource Managements" besonders die individuellen Lebensereignisse einzelner Mitarbeitender im Fokus (Armutat, 2009; ► Kap. 10). Beim Ansatz der „lebensphasenorientierten Personalpolitik" wird die gesamte Lebensarbeitszeit eines Menschen und darüber hinaus der Einfluss der privaten Ereignisse auf die beruflichen Phasen betrachtet (Rump et al., 2011). Und beim „Modell der Lebenszyklen" von Graf (2002) werden die drei Hauptzyklen – biologischer, familiärer und beruflicher Zyklus – im Kontext eines individuellen Lebenszyklus einer Person fokussiert (Graf, 2002).

» [Die] lebenszyklusorientierte Personalentwicklung orientiert sich dabei am individuellen Lebenszyklus eines Mitarbeiters und umfasst alle informations-, bildungs- und stellenbezogenen [Personalentwicklungsmaßnahmen], die zur gezielten Entwicklung sämtlicher Mitarbeiter eines Unternehmens während ihres gesamten betrieblichen Lebenszyklus dienen. Sie versteht sich dabei sowohl mitarbeiter- als auch unternehmensorientiert. (Graf, 2002, S. 34)

Das skizzierte Personalentwicklungsmodell war für das im Projekt entwickelte betriebliche horizontale Karrieremodell für Servicetechniker/-innen orientierungsleitend (► Abschn. 2.4).

Die Maßnahmen zur Milderung der Belastungssituationen und der Berücksichtigung der individuellen Lebenssituation der Mitarbeitenden sind vielfältig und umfassen u. a. die Schaffung familienfreundlicher Strukturen, die Flexibilisierung des Arbeitsortes, eine umfassendere betriebliche Gesundheitsförderung, die Weiterentwicklung der Kompetenzen, die integrative Zusammenarbeit oder eine individuelle Laufbahngestaltung. Bei der Laufbahngestaltung sind zwei grundlegende konzeptionelle Ansätze zu unterscheiden. Zum einen ist zwischen beruflicher und betrieblicher Laufbahngestaltung und zum anderen zwischen vertikaler und horizontaler Laufbahngestaltung zu differenzieren (vgl. z. B. Frerichs, 2016). Die berufliche Laufbahngestaltung fokussiert, ausgehend vom ausgeübten Beruf und etwaigen Tätigkeitsrestriktionen, berufsnahe Entwicklungsoptionen (Jahn u. Ulbricht, 2011). An einem solchen beruflichen Wechsel setzt die betriebliche Laufbahngestaltung an und intendiert, vor dem Hintergrund des individuellen Kompetenzprofils der Betroffenen und der betrieblichen Interessen, den Fachkräften im Unternehmen eine Tätigkeitsmischung bzw. -erweiterung zu ermöglichen. Mit einem veränderten Aufgaben- und Tätigkeitsfeld soll ein Belastungswechsel oder eine Entlastung von belastenden Aufgaben erfolgen (Behrens, 2009). Während die vertikale Laufbahngestaltung primär das Karriere- und Aufstiegsmanagement innerhalb von Führungslaufbahnen umfasst (Regnet, 2004), fokussieren horizontale Laufbahnen, die auch als Expertenlaufbahnen bezeichnet werden, eine Spezialisierung der Fachkraft auf bestimmte Tätigkeitsbereiche. Im Zuge zunehmender beruflicher Spezialisierungen und der Veränderungen in der Arbeitswelt hin zu flachen Hierarchien, die mit der Übernahme weitergehender fachlicher Verantwortung sowie begrenzten Tätigkeitsdauern verbunden sind, nimmt die Relevanz horizontaler Laufbahnen zu, um Fachkräften adaptive Entwicklungs- und Entlastungsmöglichkeiten im angestammten Arbeits- und Tätigkeitsfeld zu ermöglichen (Morschhäuser, 2006).

Zusammenfassend geht es aus der Unternehmensperspektive um eine langfristige Sicherung der Humanressourcen, einschließlich der Absicherung des Erhalts von Kompetenzen im Unternehmen, und aus der Perspektive der Mitarbeitenden um eine systematische, gezielt und langfristig angelegte Förderung und Erhaltung der Leistungsfähigkeit, insbesondere der individuellen Kompetenzen und der Gesundheit sowie der Leistungsbereitschaft (u. a. Arbeitsmotivation, Engagement). Bei der Wahl geeigneter Personalentwicklungsmaßnahmen sollte damit ein lebensphasenorientiertes Kompetenzmanagement den individuellen Lebenszyklus der Mitarbeitenden berücksichtigen, eine gezielte (Weiter-)Entwicklung aller Mitarbeitenden eines Unternehmens während der gesamten Dauer der Zugehörigkeit zum Unternehmen gewährleisten und hierbei ein adaptives Lern- und Transferkonzept für verschiedene Altersgruppen beinhalten, das den unterschiedlichen Potenzialen und Lernbedürfnissen der Mitarbeitenden gerecht werden kann.

2.2.2 Ansatzpunkte für ein Lern- und Transferkonzept

Im folgenden Abschnitt werden die zentralen Ansatzpunkte für das entwickelte Lern- und Transferkonzept (ServiceLernLab) für Servicetechniker/-innen im Maschinen- und Anlagenbau betrachtet. Um spezifische Ansatzpunkte für die strukturelle und inhaltliche Ausrichtung des ServiceLernLab zu ermitteln, wurde aufbauend auf dem Forschungsstand eine systematische Untersuchung mit einem multiplen methodischen Ansatz durchgeführt:
1. Eine Stellenanzeigenanalyse (Walliser, 2014; Demel, 2014)
2. Eine Interviewstudie mit Servicetechnikern/-innen, Einsatzplanenden und Führungskräften im Front- und Back-Office-Bereich (Albus, 2014; Sautermeister, 2014)
3. Eine teilnehmende Beobachtung im industriellen Dienstleistungsbereich (Güzel, 2014a, b; Sawazki, 2014a, b; für einen Überblick siehe auch Zinn et al., 2016b).

Die Befunde der drei Studien belegen, dass Servicetechniker/-innen im Maschinen- und Anlagenbau über ein fundiertes firmenspezifisches Fachwissen im Bereich der Automatisierungstechnik verfügen und hierbei insbesondere gute Kenntnisse und Fähigkeiten zur Fehlerdiagnosekompetenz besitzen müssen, die es ihnen ermöglichen, in bekannten und unbekannten technischen Anlagen und Systemen komplexe kundenspezifische Lösungen zu generieren oder effizient Störungsursachen zu diagnostizieren und zu beheben. Zudem sind Servicetechniker/-innen in ihrem beruflichen Alltag in unterschiedlicher Weise auf die Zusammenarbeit mit verschiedenen Beteiligten angewiesen. Die Beteiligten werden dabei oftmals aufgrund von Erwartungsdiskrepanzen, Zielkonflikten etc. von den Servicetechnikern/-innen nicht nur unterstützend, sondern oftmals auch belastend erlebt (Zinn et al., 2015). Servicetechniker/-innen benötigen daher auch elaborierte soziale Kompetenzen, insbesondere im Bereich der Perspektivenübernahme (Kanning, 2009; Zinn et al., 2015). Servicetechniker/-innen müssen demnach fähig sein, für ihre eigenen Ziele und Interessen einzutreten (Offensivität), ohne dabei die Ziele und Interessen der beteiligten Interaktionsperson zu missachten (soziale Orientierung). Dieser Ausgleich differenter Interessen verlangt von Servicetechnikern/-innen Sensibilität sich selbst und dem eigenen Verhalten gegenüber, aber auch gegenüber den Reaktionen anderer auf dieses Verhalten (Reflexibilität). Dies lässt sich nur durch die Kontrolle und Steuerung des eigenen Verhaltens (Selbststeuerung) erreichen (Kanning, 2007).

Die Studienergebnisse zeigen zudem, dass sich die Interessen der Servicetechniker/-innen mit der Zeit verändern. Die Ergebnisse veranschaulichen, dass ihre anfänglichen Motivationsmomente zum Berufseinstieg (z. B. die Welt bereisen zu können, das selbstständige Arbeiten) im Laufe der Berufstätigkeit in den Hintergrund treten. Für Servicetechniker/-innen sind mit zunehmendem Alter eine lebensphasenorientierte Arbeitsgestaltung und ein Angebot alternativer beruflicher Rollen von zentraler Relevanz (Zinn et al., 2016b). Vor dem Hintergrund dieser Befunde scheint es sinnvoll, dass das Konzept des Service-LernLab eine individuell differenzierte Förderung der fachlichen Kompetenzen ermöglicht, die Entwicklung der Fehlerdiagnosekompetenz begünstigt und im sozialen Bereich die Facette der Perspektivenübernahme in den Fokus der Kompetenzförderung rückt.

Da des Weiteren davon auszugehen ist, dass bei angehenden (jüngeren) Servicetechnikern/-innen nur eingeschränkte spezifische Kompetenzen im Servicebereich vorliegen und erfahrene (ältere) Servicetechniker/-innen über ein komplexes (spezifisches) Erfahrungswissen verfügen und damit in ihrem Tätigkeitsbereich eine hohe Expertise besitzen, sollte für das Lern- und Transferkonzept ein strukturierter und im Konzept zentral verankerter Austausch zwischen jüngeren und älteren Servicetechnikern/-innen eingebunden werden. Denn ein solcher Austausch könnte in hohem Grade förderlich für die Entwicklung der spezifischen Kompetenzen der jungen Servicetechniker/-innen sein.

Orientiert an der Wirksamkeit didaktischer Konzepte stellt sich im Anschluss an den Forschungsstand als lerntheoretische Grundlage des Lern- und Transferkonzepts eine Kombination aus kognitivistischen (Erwerb von deklarativem Wissen, Ausbilden von prozeduralem Wissen) und konstruktivistischen (individuelles Erleben, Erfahrung, Erprobung) lerntheoretischen Ansätzen als am geeignetsten dar (vgl. z. B. Gruber et al., 1999). Zur Gestaltung von Lernumgebungen, die kognitivistische und konstruktivistische Ansätze integrieren und einen geleiteten Aufbau von sowohl deklarativem als auch prozeduralem Wissen und eigenständige Explorationen ermöglichen, bieten sich insbesondere die Ansätze des „Cognitive Apprenticeship" (Collins et al., 1989), die „Anchored Instruction" (Bransford et al., 1990; CTGV, 1993) und der Cognitive-Flexibility-Ansatz (Spiro et al., 1988) an. Verschiedene Studien belegen zudem domänenübergreifend, dass

Expertenleistungen auf umfangreiches und differenziertes bereichsspezifisches Wissen, die Nutzung komplexer Wissenseinheiten beim Verstehen einer Problemsituation, die fallbasierte Organisation von Wissen, eine tiefe Verarbeitung von Problemlöseanforderungen, eine starke und problemadäquate Vernetzung der Wissensstrukturen, eine vorhandene Proceduralisierung von Wissen und eine flexible Verfügbarkeit von komplexen Informationsverarbeitungsstrategien zurückzuführen sind (vgl. z. B. Krems, 1994). Da sich die unmittelbare Anbindung des Trainings an einen Anwendungskontext bereits in anderen Studien als günstig erwiesen hat (vgl. z. B. Hasselhorn, 1992; Mähler u. Hasselhorn, 2001; Nüesch u. Metzger, 2010), sollte sich das Training an konkreten beruflichen Problemstellungen von Servicetechnikern/-innen orientieren.

Speziell zur Förderung der **Fehlerdiagnose- und Transferfähigkeit** bei technischen Fachkräften liegen mit den Arbeiten der Forschergruppe um Sonntag einzelne Interventionsstudien vor (im Überblick: Sonntag u. Schaper, 1997). Als problematisch erweisen sich in diesen Studien vor allem die unbefriedigenden Transferleistungen. Das heißt, es gelingt häufig nicht, die in spezifischen technischen Systemen entwickelten Fehlerdiagnosestrategien auf andere technische Systeme zu übertragen. Im Anschluss an Bendorf, der die Ergebnisse der Transferforschung zusammenfasst, ist davon auszugehen, dass sich für die Transferleistung folgende Merkmale als günstig herausstellten: eine möglichst tiefe Durchdringung des relevanten Wissens, wobei sich ein problemorientierter Wissenserwerb für den Transfer als vorteilhafter zeigt als faktenorientiertes Lernen, authentische Anwendungsaufgaben, wobei zu beachten ist, dass eine rein kontextualisierte Information den Transfer behindern kann, multiple Kontexte zur Flexibilisierung des Wissens, abstrakte Problemrepräsentationen, die vom Konkreten zum Abstrakten erworben werden, ein hohes Ausmaß gemeinsamer Elemente von Lern- und Transferaufgaben, Metakognitionen, die den Lernenden die Möglichkeit geben, ihre Lern- und Lösungsstrategien zu überwachen, zu reflektieren und zu verbessern, die Motivation, die aufzubringen ist, um sich mit der Lösung auseinanderzusetzen, und relevante Vorerfahrungen der Lernenden, die aktiviert werden müssen (Bendorf, 2002, 161ff.; Nickolaus, 2014, 39f.). Vor diesem Hintergrund scheint es förderlich, authentische Problemstellungen aus zentralen servicetechnischen Tätigkeitsfeldern unter Vorgabe berufstypischer Arbeitsmittel und inhaltlicher Anforderungen in die Lernumgebung zu implementieren.

Ein methodisch-didaktischer Ansatz, welcher den genannten Anforderungen Rechnung tragen könnte, ist die **Lernfabrik** (z. B. Lamancusa et al., 1997, Abele et al., 2010, für einen Überblick siehe auch Zinn, 2014). Im Ansatz der Lernfabrik werden den Lernenden durch authentische berufliche Aufgabenstellungen und berufsspezifische Arbeitsmittel reale Arbeitsbedingungen simuliert. Flankiert wird die Lernumgebung von Informations-, Demonstrations- und Kommunikationselementen. Da die Verknüpfung von Theorie und Praxis in der Lernfabrik unter weitestgehend authentischen Bedingungen stattfindet, ergeben sich gegenüber traditionellen Aus- und Weiterbildungsansätzen neben den Integrationsvorteilen eines in sich geschlossenen Lernraums umfassendere Möglichkeiten, auf die Milderung der Transferproblematik hinzuarbeiten (vgl. z. B. Cachay et al., 2012).

Um die sozial-kommunikativen Kompetenzen von Servicetechnikern/-innen und den kooperativen Austausch zwischen erfahrenen und weniger erfahrenen Servicetechnikern/-innen zu unterstützen, scheint vor dem Hintergrund der allgemein positiven Erfahrungen mit Fallbearbeitungen in der Weiterbildung von Lehrkräften (vgl. z. B. Digel, 2010, 2012; Goeze et al., 2010) das **kooperative videofallbasierte Lernen** grundsätzlich geeignet. Ein großes Potenzial wird in der Weiterbildungsforschung der Arbeit mit (authentischen) Fällen zugeschrieben (vgl. z. B. Digel, 2010, 2012; Goeze et al., 2010).

> Videographierte Fälle bieten ein realistisches Abbild komplexer Praxissituationen, die ohne Handlungsdruck zeitlich und örtlich flexibel in formalen, non-formalen und selbstgesteuerten Lernprozessen im Eigenstudium oder im Austausch mit anderen analysiert werden können. (Digel, 2012, S. 43)

Das meistens in Kleingruppen instruierte videofallbasierte Lernen soll den Schulungsteilnehmenden des Servicebereichs ermöglichen, im transaktiven Diskurs Wissen zu konstruieren und dabei analytische Kompetenzen zum Interaktionsverhalten im Fallgeschehen aufzubauen. Die Diskussion mit anderen und der reflexive Austausch von unterschiedlichen Perspektiven zum Fall können zu Veränderungen der individuellen Verarbeitungsprozesse führen bzw. die Wahrnehmung und Analyse des Fallgeschehens positiv stimulieren (Digel, 2012).

Auf der Basis dieser skizzierten Erkenntnisse zur Lehr-, Lern- und Transferforschung wurde das im folgenden Abschnitt beschriebene Lern- und Transferkonzept (Service-LernLab) entwickelt.

2.3 Lern- und Transferkonzept ServiceLernLab

Das ServiceLernLab stellt ab auf ein technikdidaktisches Konzept, das dazu dient, angehenden Servicetechnikern/-innen authentische Problemstellungen aus dem Aufgaben- und Tätigkeitsbereich von Servicetechnikern/-innen im Maschinen- und Anlagenbau in einer möglichst realen Lernumgebung zugänglich zu machen. Charakteristisch ist, dass das ServiceLernLab

a. sowohl den praxis- und anwendungsnahen als auch den individuellen bedarfsbezogenen fachlich-systematischen Kompetenzaufbau unterstützt,
b. den fachlich-methodischen und den sozial-kommunikativen Kompetenzaufbau fördert und
c. einen strukturierten Austausch des Erfahrungswissens im Feld zwischen erfahrenen und weniger erfahrenen Servicetechnikern/-innen ermöglichen soll.

Das ServiceLernLab mit seinen einzelnen Strukturelementen ist in ◘ Abb. 2.1 dargestellt.

Das Konzept ist modularisiert aufgebaut und rekurriert innerhalb der sieben Module auf unterschiedliche lerntheoretische und methodische Ansatzpunkte sowie verschiedene Sozialformen und Interaktionspersonen. Die inhaltlichen Schwerpunkte liegen im Bereich fachlich-methodischer Kompetenzen in der Automatisierungstechnik auf der Fehlerdiagnosekompetenz und im Bereich der sozial-kommunikativen Kompetenzen auf der Perspektivenübernahme bzw. der Perspektivenkoordination (▶ Abschn. 2.2.2). Zur Absicherung der Angemessenheit der Lerninhalte zur Fehlerdiagnosekompetenz und der Perspektivenübernahme wurden während der Entwicklungsphase des ServiceLernLab umfangreiche Expertenbefragungen im servicetechnischen Sektor durchgeführt (Zinn et al., 2015). Wie bereits in ▶ Abschn. 2.2.2 dargestellt, soll im ServiceLernLab insbesondere auch der wechselseitige Wissenstransfer zwischen Theorie und Praxis sowie zwischen erfahrenen und weniger erfahrenen Servicetechnikern/-innen strukturell unterstützt werden. Während hierzu in den Modulen „Fachwissen" und „fachliche Fähigkeiten" (Module 3, 4) das fachlich-systematische Wissen im Zentrum steht, fokussieren die Module „Realmodell", „Simulation" und „Expertenlernen" (Module 1, 2, 5) einen Kompetenzerwerb im Kontext realer Problemstellungen von Servicetechnikern/-innen im Bereich der Automatisierungstechnik. Im Folgenden sind die einzelnen Module im Überblick beschrieben:

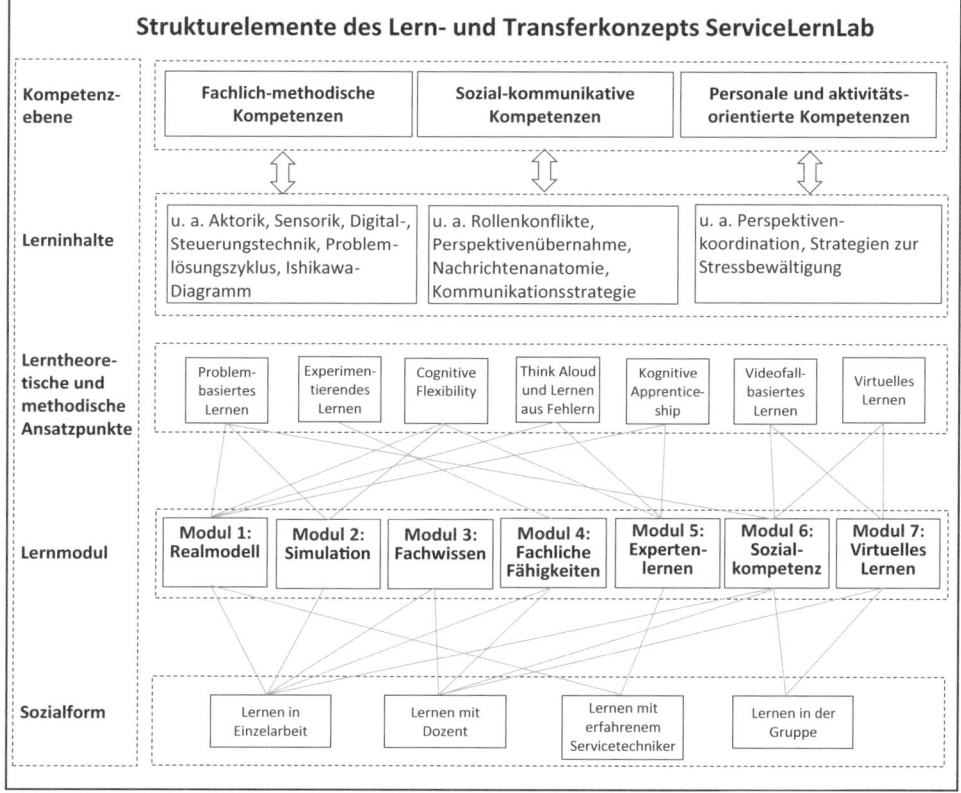

◘ Abb. 2.1   Strukturelemente des Lern- und Transferkonzepts ServiceLernLab

- **Modul 1: Realmodell**

Das Modul 1 fokussiert das kooperative problembasierte Lernen an einer realen industrienahen Automatisierungsanlage. In die präparierte Anlage sind verschiedene Fehler integriert, deren Ursachen ausschließlich im Steuerungsprogramm (Software) liegen und unterschiedliche Komplexitätsniveaus umfassen (Walker et al., 2015, S. 230ff.). Die Aufgabe der Schulungsteilnehmenden besteht bei der Modulbearbeitung darin, ausgehend von einem vorgegebenen Störungsprotokoll die Störungsursache zu identifizieren und einen Behebungsvorschlag zu benennen. Die Bearbeitung der Fehlerfälle in der Lehr-Lern-Situation erfolgt idealerweise in Zweierteams durch erfahrene und weniger erfahrene (angehende) Servicetechniker/-innen (Transfertyp 1). Im Rahmen dessen können die erfahrenen Servicetechniker/-innen, insbesondere mit dem Ansatz des Cognitive Apprenticeship, den weniger erfahrenen die Vorgehensweise von Fachleuten bei der Fehlerdiagnose zunächst modellhaft darstellen. Erwartet wird von der bewussten Strategiethematisierung im Anschluss an die Ergebnisse von Sonntag u. Schaper (1997; ► Abschn. 2.2.2), dass damit auch ein Strategietransfer begünstigt wird (Transfertyp 2).

- **Modul 2: Simulation**

Das Modul 2 greift auf das steuerungstechnische Realmodell aus Modul 1 zurück und stellt dieses in einer hochauthentischen Computersimulation dar (Walker et al., 2015, S. 230 ff.). Die Simulation beinhaltet die gleichen Fehler wie das Realmodell. Zentrale

Vorteile beim Lernen mit der Simulation werden insbesondere in der Option des zeitlich und räumlich flexiblen Lernens sowie, vor dem Hintergrund der beschränkten Anzahl an verfügbaren Realmodellen (bei der Erprobung), in der mit den Simulationen verbundenen Möglichkeit des Einzellernens und der Umsetzung des Cognitive-Flexibility-Ansatzes mit der Variation der Fehler im Simulationsprogramm gesehen.

- **Module 3 und 4: Fachwissen und fachliche Fähigkeiten**

Die Module 3 und 4 beinhalten vor dem Hintergrund der heterogenen fachlichen Ausgangsbedingungen der Schulungsteilnehmenden grundlegende Inhalte zur Automatisierungstechnik (z. B. Pneumatik, Sensorik, Aktorik, Messtechnik, Digitaltechnik, speicherprogrammierbare Steuerungstechnik [SPS-Technik]). Das Lernen in den Modulen erfolgt personenbezogen an themenspezifischen E-Learning-Stationen in Einzelarbeit sowie in Kleingruppen oder fehlerfallbezogen mit allen Schulungsteilnehmenden zur Förderung des spezifisch methodisch-systematischen Vorgehens bei der Fehleranalyse an komplexen technischen Systemen (z. B. allgemeine Fehlerbehebungszyklus, Entwicklung eines Ishikawa-Diagramms).

- **Modul 5: Expertenlernen**

Das Modul Expertenlernen umfasst einen strukturierten Kompetenztransfer zwischen jungen (weniger erfahrenen) und erfahrenen Servicetechnikern/-innen. Methodisch erfolgt dies bereits in der gemeinsamen Bearbeitung von Fehlerfällen an einem steuerungstechnischen Realmodell innerhalb des Moduls 1 (s. o.). Im Modul 5 wird der Kompetenztransfer hingegen mittels videofallbasiertem Lernen an unternehmensspezifischen Maschinen unterstützt. Hierzu wurden Videovignetten erstellt, in denen erfahrene Servicetechniker/-innen reale Fehlerfälle an komplexen Maschinen und im situativen Kontext des Unternehmens beheben und dabei ihre Vorgehensweise im Sinne des Loud-Thinking (vgl. z. B. Dörner, 1981) und Cognitive Apprenticeship (Collins et al., 1989) kommentieren und erklären. Die Videovignetten sind didaktisch in eine geschlossene E-Learning gestützte Schulungseinheit eingebunden und mit Leitfragen und für die Fehleranalyse und Problembehebung zusätzlichen Informationen (u. a. Maschinendaten, Kenndaten zu Bauteilen, Bearbeitungspositionen) angereichert (Hedrich u. Zinn, 2016).

- **Modul 6: Sozialkompetenz**

Das Modul 6 zielt primär auf die Perspektivenübernahme der Schulungsteilnehmenden im Anschluss an Selman et al. (1986). Inhaltlich liegt der Fokus des Moduls auf der Förderung der Perspektivenkoordination (Güzel et al., 2016; Selman, 1986), ergänzt durch flankierende Inhalte zur sozialen Rolle, Kommunikation und zum Stressmanagement. Das Konzept zur Sozialkompetenzförderung beinhaltet die Methode der Dilemma-Diskussion (Mischo, 2004; Mischo et al., 2004), ist ebenfalls grundlegend an konstruktivistischen und kognitivistischen lerntheoretischen Grundannahmen orientiert (Gruber et al., 1999) und folgt einem handlungsstrukturellen Ablauf: Erkennen einer problemhaltigen Anforderungssituation, Situationsanalyse und Konkretisierung der Handlungsanforderungen, Erschließung von Handlungsmöglichkeiten und Entwicklung eines Handlungsplans, dessen Umsetzung und Auswertung sowie die Stabilisierung (Bauer-Klebl, 2004, S. 84; Güzel et al., 2016). Charakteristisch ist zudem, dass die Schulungsteilnehmenden die Lerninhalte nicht nur in Form eines Vortrags, Rollenspiels oder Gruppenpuzzles erlernen und reflektieren, sondern auch anhand von (authentischen) Videovignetten zu typischen

Anforderungssituationen aus dem Alltag der Servicetechniker/-innen, z. B. Dilemmata zur Perspektivenübernahme. Zentrale Vorteile dieses Verfahrens werden u. a. in der hohen Authentizität, der Möglichkeit der Wiederholung einzelner und Selektion bestimmter Sequenzen sowie der standardisierten Wiederholbarkeit der gesamten Situation gesehen. Bei der Erstellung der Videovignetten wurden reale Dilemma-Situationen von Servicetechnikern/-innen auf der Basis der Aufgaben- und Tätigkeitsfeldanalysen und der sich hieraus ergebenden Anforderungssituationen, in denen sich Servicetechniker/-innen im Spannungsfeld der Fremd- und Eigenansprüche verhalten müssen (s. o.), innerhalb (realer) situations- und kontexttypischer Bedingungen nachgestellt und videografiert. Die Videovignetten wurden ebenfalls im Rahmen einer Expertenbefragung mit erfahrenen Servicetechnikern/-innen und Führungskräften von Serviceabteilungen im Maschinen- und Anlagenbau (n = 15) validiert.

- **Modul 7: Virtuelles Lernen**

Beim Modul 7 handelt es sich technologisch um eine virtuelle 3D-Lern- und Arbeitswelt, die sowohl asynchrone Selbstlern- als auch synchrone Teamlernanwendungen mit und ohne tutorielle bzw. Expertenunterstützung und Kollaboration in verteilten virtuellen Teams unterstützt. Räumlich zählen zu der virtuellen Lern- und Arbeitsumgebung ein Foyer, ein größeres Auditorium und drei Arbeitsräume für Gruppenarbeiten. Die Umgebung ermöglicht ein orts- und zeitunabhängiges Lernen und Arbeiten und beinhaltet verschiedene Schnittstellen zur (Lern-)Medienintegration (u. a. Videovignetten, Präsentationen). Für eine weitergehende Beschreibung zur Entwicklung und Evaluation des Moduls wird auf Zinn et al. (2016a) sowie Zinn (2016) verwiesen. Das Modul soll insbesondere die Möglichkeit eines zeitlich und räumlich flexiblen Lernens, auch innerhalb einer Follow-up-Schulung, ermöglichen.

Das Lernkonzept integriert damit unterschiedliche, aus dem allgemeinbildenden Bereich entlehnte und auch im beruflichen Bereich als wirkungsvoll nachgewiesene Ansätze. So werden bei der eigenständigen Bearbeitung problemorientierter fachlicher Aufgaben die den Problemlöseprozess behindernden Fehlkonzepte der Lernenden durch die Think-Aloud-Methode (Dörner, 1981; Ericsson u. Simon, 1980) offengelegt und in Orientierung an das Lernen aus Fehlern (Oser et al., 1999) als Lerngelegenheit aufgegriffen. Das Training erfolgt anhand servicetechnischer Aufgaben und sieht in Anlehnung an den Cognitive-Apprenticeship-Ansatz (Collins et al., 1989) u. a. die Phasen des Modellierens („Modelling") durch den Trainingsleitenden (und die erfahrenen Servicetechniker/-innen) sowie die bedarfsgerechte Unterstützung („Scaffolding" und „Fading") der Lernenden bei der selbstständigen Bearbeitung problemhaltiger Fachaufgaben vor.

2.4 Betriebliche Umsetzung eines lebensphasenorientierten Kompetenzmanagements bei Servicetechnikern/-innen

In diesem Abschnitt wird, aufbauend auf den Ausführungen in ▶ Abschn. 2.2.1 zu einer lebensphasenorientierten Personalentwicklung, das betriebliche horizontale Karrieremodell für Servicetechniker/-innen des Hochtechnologieunternehmens TRUMPF GmbH + Co. KG vorgestellt. Das Unternehmen zählt zu den weltweit größten Anbietern von Werkzeugmaschinen und ist auf die Bereiche Werkzeugmaschinen, Laser und Elektronik für industrielle Anwendungen spezialisiert.

2.4.1 Betriebsspezifische Motivation und Zielsetzung

Wie oben bereits skizziert, verändert der demografische Wandel die Altersstruktur der erwerbstätigen Bevölkerung. Belegschaften schrumpfen nicht nur, sie altern auch zunehmend. Beides ist auch ein grundlegend strukturelles Problem für die Unternehmen im Maschinen- und Anlagenbau. Die Effekte des demografischen Wandels sind bei Servicetechnikern/-innen im industriellen Dienstleistungsbereich besonders spürbar (▶ Abschn. 2.1). Hinzu kommt, dass Servicetechniker/-innen einen hohen geistigen und körperlichen Einsatz erbringen müssen (Zinn et al., 2016b). Während servicetechnische Mitarbeitende zu Beginn der Berufstätigkeit nach beruflichen Herausforderungen und Weiterentwicklung streben, wächst mit zunehmendem Alter der Wunsch nach physischer und psychischer Entlastung. Mit zunehmendem Alter passen die physischen Arbeitsanforderungen und die alltäglichen Stresssituationen meist nicht mehr zu ihren vorhandenen Leistungsvoraussetzungen (Zinn et al., 2016b). Gleichzeitig stellt sich die zentrale Herausforderung, die Kompetenzen der Servicetechniker/-innen für das Unternehmen zu erhalten. Es entsteht die Notwendigkeit für eine Veränderung der beruflichen Tätigkeit der älteren Servicetechniker/-innen, um einen Austritt aus dem Unternehmen oder einen vorzeitigen Ruhestand zu vermeiden. Vor dieser Ausgangsproblematik entwickelte das Unternehmen TRUMPF betriebsspezifische Instrumente und Methoden. Zum einen sollten junge Mitarbeitende für den Servicesektor gewonnen werden, zum anderen ältere und erfahrene Servicemitarbeitende und deren umfangreiches Erfahrungswissen im Unternehmen gehalten werden. TRUMPF entwickelte innerhalb des Projektes EPO-KAD in dem Teilprojekt „Fit for Service" alternative Beschäftigungsbereiche und neue Rollen für (ältere) Servicetechniker/-innen. Ziel ist, diesen Mitarbeitenden neue berufliche Perspektiven und horizontale Karrieremöglichkeiten zu eröffnen sowie ihre Leistungsfähigkeit und Gesundheit zu erhalten.

Ausgangspunkt für die Entwicklung eines horizontalen Karrieremodells bei TRUMPF war auch, dass in der Vergangenheit die älteren Servicemitarbeitenden meist vom Außen- in den Innendienst des Unternehmens wechselten. Bestand die Option des Wechsels nicht, blieb als Alternative häufig nur eine Neuorientierung. Die Mitarbeitenden gingen damit in ein anderes Unternehmen oder in den vorzeitigen Ruhestand. Beide Alternativen bedeuten den Verlust wertvollen spezifischen Erfahrungswissens für das Unternehmen. Mit der Möglichkeit einer „zweiten Karriere" soll dem entgegengewirkt werden. Darüber hinaus soll das Erfahrungswissen der Servicetechniker/-innen an junge nachfolgende Mitarbeitende im oben beschriebenen ServiceLernLab weitergegeben werden (▶ Abschn. 2.3). Die wichtigsten Ziele sind damit die Sicherung der spezifischen Kompetenzen im Unternehmen und die Erhaltung der Beschäftigungsfähigkeit und Gesundheit der Mitarbeitenden. Erreicht werden soll dies durch eine lebensphasenorientierte Laufbahngestaltung und eine kompetenzbasierte Weiterbildung und Qualifizierung älterer Servicetechniker/-innen.

2.4.2 Horizontales Karrieremodell für Servicetechniker/-innen

Auf der Basis betriebsspezifischer ökonomischer Bedarfsanalysen wurden neben dem klassischen Innendienst vier neue Tätigkeitsfelder bzw. Rollen im Servicebereich ermittelt, in denen sich ältere Servicemitarbeitende weiterentwickeln und neu orientieren können. Im Einzelnen sind es die Rollen in folgenden Bereichen, deren Tätigkeitsbereich/Besonderheit kurz umrissen wird:

1. **Produktionsbegleitung und Applikationsberatung:** Erörterung der technischen Machbarkeit von Kundenanforderungen, Vermeidung von Fehlberatung; zusätzlicher Umsatz z. B. mit Options-, Funktionserweiterungen
2. **Installationsleitung:** Verkürzung der Installationszeit, Reduzierung von Nachbesserungen, Vermeidung von Schadensersatz bei z. B. verzögertem Produktionsanlauf
3. **Trainer/-in und Weiterbildender bei Kunden/-innen:** erhöhte Kundenbindung durch optimale Nutzung von TRUMPF-Produkten, Aufwandsreduktion für Gewährleistung/Kulanz durch z. B. reduzierte Fehlbedienung
4. **Praxisausbildende:** schnellere und bessere Qualifizierung neuer Servicetechniker/-innen, Übernahme von Patenschaften für junge Servicetechniker/-innen und damit Reduktion externer Schulungskosten

Im Anschluss an die reine Servicetätigkeit im Feld sind alle vier Rollen für den industriellen Dienstleistungsbereich des Maschinen- und Anlagenbaus sehr gut geeignet, da die entsprechenden Mitarbeitenden ihre Erfahrungen, ihr vorhandenes Potenzial und ihre im praktischen Feld erworbenen spezifischen Kompetenzen voll einbringen können. Als erfahrene Servicetechniker/-innen kennen sie sich mit den unterschiedlichen Produkten des Unternehmens aus und können passgenau beraten und ausbilden. Durch die jahrelange Erfahrung im Umgang mit Kunden/-innen verfügen sie über notwendige Sozialkompetenzen und sind in der Lage, ihren Erfahrungsschatz zu teilen. Solche Fähigkeiten sind auch in der Rolle als Installationsleitung gefragt. Diese plant und berät im Vorfeld, koordiniert und organisiert Baustellen und verantwortet die Abnahme von Maschinen bei dem Kunden/der Kundin. Zudem ist sie eingebunden in die Ausbildung von Installateurfachkräften und zukünftigen Mitarbeitenden in der Installationsleitung. Als Trainer/-in und Weiterbildender angehender Servicemitarbeitender können die erfahrenen Kräfte zudem ihr Erfahrungswissen informell, aber dennoch strukturiert weitergeben. Durch den direkten und gezielten Austausch bleiben Kompetenz und Erfahrung im Unternehmen erhalten. Welche Rolle die Mitarbeitenden einschlagen bzw. ihnen von der Personalentwicklung als Alternative vorgeschlagen wird, hängt in erster Linie von dem Bedarf des Kunden/der Kundin ab, aber auch von den individuellen Bedürfnissen und Wünschen der Beschäftigten. So besteht z. B. die Möglichkeit, die Tätigkeit im Service auf Basis eines Lebensphasenarbeitszeitmodells lediglich zu reduzieren und parallel in der Nähe des Wohnortes z. B. in der Applikationsberatung zu arbeiten.

Der adäquate Einsatz von erfahrenen Servicetechnikern/-innen in den neuen Rollen schont deren Physis und bringt dem Unternehmen qualitative und quantitative Vorteile. In der ◘ Abb. 2.2 ist angelehnt an Graf (2002) die lebensphasen- und kompetenzbasierte Laufbahngestaltung für Servicetechniker/-innen bei TRUMPF dargestellt.

Aus Kundensicht bietet das entwickelte horizontale Karrieremodell einen multiplen Mehrwert für das Unternehmen und gleichzeitig für die Mitarbeitenden: Die alternativen Rollen ermöglichen neue Angebots- und Dienstleistungsmöglichkeiten gegenüber der Kundschaft. Insgesamt steigt die Serviceleistung, Reaktionszeiten werden kürzer, und insgesamt wird die Zufriedenheit der Kunden/-innen steigen. TRUMPF möchte den älteren Mitarbeitenden damit eine altersgerechte Beschäftigung ermöglichen und sie so an das Unternehmen binden. Gleichzeitig sollen ihr Sachverstand und ihre wertvollen

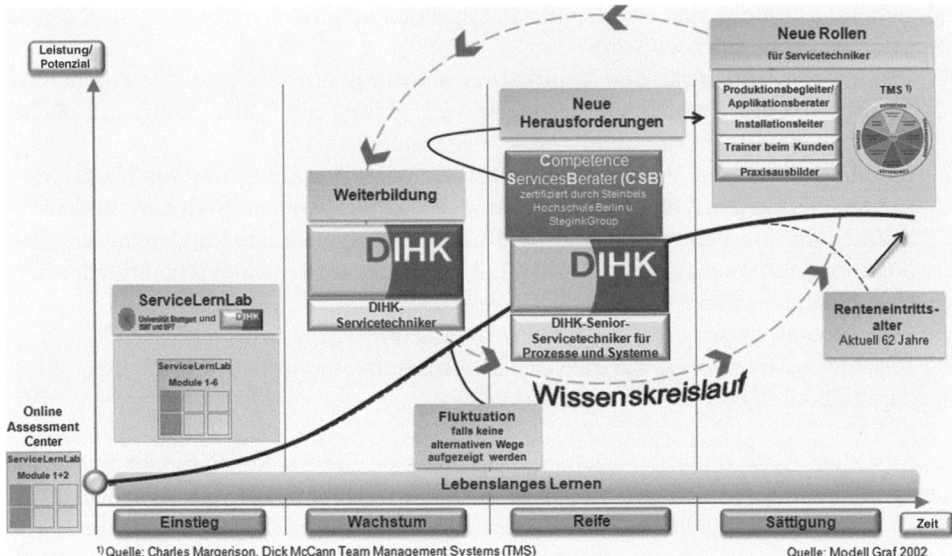

● Abb. 2.2 Lebensphasen- und kompetenzbasierte Laufbahngestaltung für Servicetechniker/-innen beim Unternehmen TRUMPF

● Abb. 2.3 Ziele und Vorteile für Kunden/-innen, Unternehmen und Servicetechniker/-innen

Erfahrungen für das Unternehmen bewahrt werden. Durch die gezielte Weiterentwicklung und den Transfer von Kompetenzen will das Unternehmen damit insbesondere nachhaltig Kundenzufriedenheit, die Produktivität und die Attraktivität als Arbeitgebender sichern (● Abb. 2.3).

Realisieren lassen sich die neuen, altersgerechten Beschäftigungsmodelle vor allem durch die passende Fortbildung der Mitarbeitenden, welche entscheidend für den Erfolg ist. Beim Hineinwachsen in ihre neuen Aufgabenfelder müssen die Servicemitarbeitenden optimal unterstützt werden. Fachliche und überfachliche Weiterbildungsmaßnahmen müssen daher gemeinsam in Kooperation zwischen den individuellen Mitarbeitenden und der Personalentwicklung festgelegt werden. Je nach Aufgabe sind dabei häufig unterschiedliche methodische oder soziale Kompetenzen gefordert, die die Mitarbeitenden bislang nicht oder nicht in diesem Ausmaß benötigten und spezifische Weiterbildungen erfordern. Zugeschnitten auf die einzelnen Mitarbeitenden muss das Unternehmen daher multiple Maßnahmen zur zielgerichteten Kompetenzentwicklung im neuen Tätigkeitszuschnitt (bzw. der neuen Rolle) innerhalb des erweiterten Servicebereichs bieten. Gleichzeitig müssen entsprechende Maßnahmen auch einer Kosten-Nutzen-Betrachtung standhalten, sie müssen wirtschaftlich sein.

2.4.3 Wirtschaftlichkeitsbetrachtung

Aus betriebswirtschaftlicher Perspektive eines Unternehmens muss der Nutzen der Maßnahmen im Weiterbildungsbereich fassbar gemacht und in Zahlen deutlich werden (vgl. z. B. Loebe u. Severing, 2007). Bei der spezifischen Wirtschaftlichkeitsbetrachtung der Einrichtung horizontaler Karrieremodelle für Servicetechniker/-innen ist dabei zu berücksichtigen, dass die Mitarbeitenden zum Teil bis zu 30 Jahre Erfahrung in dieser Tätigkeit haben. Ein genereller Vorteil des damit verbundenen umfangreichen Erfahrungswissens ist es, dass langjährige Servicetechniker/-innen auch die komplexen spezifischen Prozesse des Unternehmens bestens kennen und darüber hinaus oft vertrauensvolle Beziehungen zu den Kunden/-innen aufgebaut haben. Dies kann bei (neuen) innovativen Kundenprojekten von Vorteil sein. Im Einzelnen werden folgende Vorteile bei den im Projekt entwickelten vier Rollenzuschnitten gesehen:

1. **Installationsleitung:** Die Servicetechniker/-innen haben in ihrer Laufbahn unzählige, zum Teil hoch komplexe Anlagen installiert und in Betrieb genommen. Dadurch bringen sie sehr gute Voraussetzungen für die Rolle als Installationsleitung mit. Sie fungieren als Bindeglied zwischen der Layoutentwicklung und dem Vertrieb und sind kompetente Ansprechpersonen für Kunden/-innen vor Ort. Zentrale Pluspunkte sind, dass die Installationszeit von Maschinen und Anlagen verkürzt wird und Nachbesserungen vermieden werden können. Zudem kann davon ausgegangen werden, dass der Produktionsanlauf pünktlicher erfolgen kann und damit die Kundenzufriedenheit insgesamt höher ist.
2. **Produktionsbegleitung und Applikationsberatung:** Diese Mitarbeitenden erörtern die individuelle technische Machbarkeit von spezifischen Kundenanforderungen und sollen Fehlberatungen vermeiden. Zusätzlichen Umsatz generieren die Produktionsbegleitung und Applikationsberatung z. B. durch die Empfehlung von weiteren Optionen und Funktionserweiterungen im Kontext des firmenspezifischen Einsatzes der Produktionsmaschinen. Ein zentraler Vorteil wird darin gesehen, dass eine optimale Unterstützung der Kunden/-innen bei bestmöglicher Ressourcenausnutzung realisiert werden kann und sich dies mittelfristig positiv auf die individuellen Reaktionszeiten und Maschinennutzungsraten bei der Kundschaft auswirkt.
3. **Trainer/-in und Weiterbildender bei Kunden/-innen:** Diese Rolle unterstützt die optimale Nutzung der Maschinen und erhöht die Kundenbindung, gleichzeitig reduziert sie Aufwendungen für Gewährleistung und Kulanz, die beispielsweise durch Fehlbedienung der Mitarbeitenden des Kunden/der Kundin verursacht werden.

4. **Praxisausbildende:** Der strukturelle Einsatz von Praxisausbildenden insbesondere im Zusammenhang mit der systematischen Weitergabe von Erfahrungswissen ermöglicht eine schnellere und bessere Qualifizierung neuer (jüngerer) Servicetechniker/-innen und senkt die Schulungskosten. Die Praxisausbildenden übernehmen eine Patenschaft für jüngere Mitarbeitende. Dadurch wird der systematische und maschinen- und anlagenspezifische Wissenstransfer an Nachwuchsservicetechniker/-innen gezielt unterstützt und gefördert.

Vor dem Hintergrund der zahlreichen rollenspezifischen Vorteile und auf der Basis der unternehmensspezifischen Erfahrungen zur ökonomischen Bewertung der neuen Aufgaben- und Tätigkeitszuschnitte unter Berücksichtigung der Aufwendungen für die Maßnahmen zur individuellen Weiterbildung wird bei einer überschlägigen Kalkulation des qualitativen Nutzens der neuen Rollen für das Unternehmen ein Verhältnis zwischen Zusatznutzen zu Zusatzaufwand von 2:1 zugrunde gelegt.

Darüber hinaus wird, bedingt durch den Einbezug des oben dargestellten Service-LernLab und einer ergänzenden Zertifizierung der Weiterbildung der Industrie und Handelskammer (IHK) für den Kompetenzerwerb der Servicetechniker/-innen, mit positiven Auswirkungen bei der Neueinstellung gerechnet. Insbesondere wird davon ausgegangen, dass die Rekrutierungsdauer junger Servicetechniker/-innen sinkt und die Effizienz des Auswahlprozesses steigt. Eine langfristige unternehmensspezifische Perspektive und diverse Weiterentwicklungsmöglichkeiten nach der Servicetechnikertätigkeit können die Attraktivität im Servicebereich fördern und letztlich auch die Qualität der sich Bewerbenden erhöhen. Durch den Einsatz der ehemaligen Servicetechniker/-innen in neuen Rollen, die auf deren Wissen und Erfahrung bauen, wird eine qualitative Arbeits- und Angebotsgestaltung gewährleistet. Langfristig wird unterstellt, dass sich damit auch die Beschäftigungsfähigkeit der Servicetechniker/-innen insgesamt verlängert und das individuelle Gesundheitsempfinden der Mitarbeitenden im Servicebereich merklich verbessert wird.

> **Fazit**
> Wie eingangs in der Ausgangssituation dargestellt, hat die strategische Bedeutung des Einsatzes von Servicetechnikern/-innen im industriellen Dienstleistungsbereich des Maschinen- und Anlagenbaus in den vergangenen Jahren deutlich zugenommen. Der Bedarf an weiteren Mitarbeitenden und die Anforderungen an die Beschäftigten im betrachteten Tätigkeitssegment steigen. Gleichzeitig ist dieser Beschäftigungsbereich neben den allgemeinen gesellschaftlichen, wirtschaftlichen und technologischen Bedingungen des Arbeitsmarktes auch durch bereichsspezifische Besonderheiten wie insbesondere die hohe Mitarbeiterfluktuation und die mit dem Alter zunehmenden gesundheitlichen Belastungen der Servicetechniker/-innen geprägt. Um Unternehmen im Maschinen- und Anlagenbau im Kontext ihrer spezifischen Herausforderungen zu unterstützen, wurde das Lern- und Transferkonzept ServiceLernLab entwickelt und erprobt. Das Lern- und Transferkonzept, das berufspraktisch erfahrene, zumeist ältere und berufspraktisch weniger erfahrene, eher jüngere Fachkräfte zusammenbringt, soll den spezifischen Kompetenztransfer zwischen den Personengruppen in sinnvoller Weise begleiten und damit die Weitergabe von leistungsrelevanten Kompetenzbeständen verbessern.

Im Rahmen des vorgestellten Projektes EPO-KAD wurde das ServiceLernLab im Hinblick auf seine Wirkungseffekte zur Entwicklung des Fachwissens, der Fehlerdiagnosekompetenz und der Perspektivenkoordination untersucht. Die ersten empirischen Ergebnisse der Wirkungsstudien deuten darauf hin, dass das Fachwissen und die Fehlerdiagnosekompetenz mit einem mittleren bis starken Effekt (Zinn et al., 2015) und die Perspektivenkoordination mit einem kleinen bis mittleren Effekt innerhalb einer fünftägigen Intervention gefördert werden konnten (Güzel et al., 2016). Für die ausführlichen Ergebnisse zu den im Projekt durchgeführten Interventionsstudien wird an dieser Stelle auf den Beitrag „Lebensphasenorientierte Förderung fachlicher- und sozialer Kompetenzen angehender Servicetechniker/-innen – Ansätze und Effekte" verwiesen (▶ Kap. 5).

Das praxiserprobte horizontale Karrieremodell für Servicetechniker/-innen zielt auf eine betriebliche Laufbahngestaltung und den (partiellen) Verbleib im angestammten Beruf ab. Verbunden mit einem temporären Tätigkeitswechsel innerhalb der skizzierten Rollen im Servicebereich setzt das Modell einer lebensphasenorientierten Arbeitsgestaltung für Servicetechniker/-innen durch die Übernahme weniger belastender Arbeitsaufgaben auf eine physische und psychische Entlastung der älteren Servicetechniker/-innen. Gleichzeitig sind die definierten Rollen als Produktionsbegleitung und Applikationsberatung, als Installationsleitung, als Trainer/-in und Weiterbildender bei Kunden/-innen sowie als Praxisausbildende partiell mit neuen Dienstleistungsangeboten verbunden und wirken daher auch aus ökonomischer Perspektive und individueller Bildungsperspektive für das Unternehmen und die Mitarbeitenden attraktiv. Die ersten formativen Befunde zur Umsetzung des Karrieremodells zeigen, dass zahlreiche ältere Servicetechniker/-innen ein ausgeprägtes Interesse an den alternativen beruflichen Optionen zeigen.

Sowohl das ServiceLernLab als auch das horizontale Karrieremodell für Servicetechniker/-innen können im Servicesegment als Grundgerüst dienen und unternehmensspezifisch weiterentwickelt werden. Im industriellen Dienstleistungsbereich des Maschinen- und Anlagenbaus und im Kontext der Digitalisierung der Arbeitswelt scheint hierbei insbesondere der Einbezug virtueller Lern- und Arbeitsumgebungen von Interesse. Die Anreicherung bestehender Weiterbildungs- und Dienstleistungsangebote um effiziente Elemente virtueller Lern- und Arbeitsumgebungen hat das Potenzial, neue räumlich und zeitlich flexible Dienstleistungen bereitzustellen, beispielsweise durch eine effektivere Unterstützung von Kunden/-innen bei der Fehlerbehebung und Wartung oder den Einsatz innerhalb eines unternehmensspezifischen Customer Self-Service. Hierdurch könnte sowohl die Wertschöpfung von Unternehmen erhöht als auch dem individuellen Bedürfnis nach Entlastung der Servicemitarbeiter/-innen, beispielsweise durch flexiblere Arbeitszeitgestaltung, weitergehend entsprochen werden.

Literatur

Abele, E., Tenberg, R., Wennemer, J., & Cachay, J. (2010). Kompetenzentwicklung in Lernfabriken für die Produktion. *Zeitschrift für wirtschaftlichen Fabrikbetrieb* 105(10), 909–913.

Albus, A. (2014). Entwicklung eines Testteils zur Erhebung der sozialen Perspektivenübernahme bei Servicetechnikern. [Bachelorarbeit]. Stuttgart: Universität Stuttgart.

Armutat, S. (2009). Controlling. In S. Armutat (Hrsg.), *Lebensereignisorientiertes Personalmanagement. Eine Antwort auf die demografische Herausforderung. Grundlagen, Handlungshilfen, Praxisbeispiele. DGFP-Praxis Edition* (Bd. 91, S. 75–79). Bielefeld: W. Bertelsmann.

Bauer-Klebl, A. (2004). Die Förderung von Sozialkompetenzen in der Lehrerbildung. In M. Pilz (Hrsg.), *Sozialkompetenzen zwischen theoretischer Fundierung und pragmatischer Umsetzung* (S. 81–100). Bielefeld: Bertelsmann.

Behrens, B. (2009). Lebensphasenorientiertes Personalmanagement – Leistungs- und Beschäftigungsfähigkeit nachhaltig sichern. In M. Klaffke (Hrsg.), *Strategisches Management von Personalrisiken: Human Ressource Management in volatilen Zeiten. Konzepte, Instrumente. Best Practice* (S. 117–138). Wiesbaden: Gabler.

Bendorf, M. (2002). *Bedingungen und Mechanismen des Wissenstransfers, Lehr- und Lern-Arrangement für die Kundenberatung in Banken.* Wiesbaden: Deutscher Universitäts-Verlag GmbH.

Bransford, J. D., Sherwood, R. D., Hasselbring, T. S., Kinzer, C. K., & Williams, S. M. (1990). Anchored instruction: Why we need it and how technology can help. In D. Nix, & R. Spiro (Eds.), *Cognition, education and multimedia* (pp. 115–141). Hillsdale, NJ: Erlbaum Associates.

Cachay, J., Wennemer, J., Abele, E., & Tenberg, R. (2012). Study on action-oriented learning with a Learning Factory approach. *Procedia – Social and Behavioral Sciences* 55, 1144–1153.

Collins, A., Brown, J. S., & Newman, S. E. (1989). Cognitive apprenticeship: Teaching the craft of reading, writing and mathematics. In L. B. Resnick (Ed.), *Knowing, learning and instruction: Essays in honor of Robert Glaser* (pp. 453–494). Hillsdale, NJ: Erlbaum.

Cognitive and Technology Group at Vanderbilt (CTGV). (1993). Anchored instruction and situated cognition revisited. *Educational Technology* 33(3), 52–70.

Demel, D. (2014). Anforderungen an soziale und personale Kompetenzen in Stellenanzeigen im gewerblich-technischen Bereich – Ergebnisse einer Stellenanzeigenanalyse. [Bachelorarbeit]. Stuttgart: Universität Stuttgart.

Digel, S. (2010). Interaktionsprozesse beim fallbasierten Lernen – Eine Betrachtung sozialer, struktureller und kognitiver Dimensionen von Fallarbeit in Gruppen. In J. Schrader, R. Hohmann, & S. Hartz (Hrsg.), *Mediengestützte Fallarbeit – Konzepte, Erfahrungen und Befunde zur Kompetenzentwicklung von Erwachsenenbildnern* (S. 263–284). Bielefeld: W. Bertelsmann.

Digel, S. (2012). Kooperatives fallbasiertes Lernen. Die Bedeutung von Gruppenprozessen für die Kompetenzentwicklung Lehrender. *REPORT* 35(3), 42–52.

Dörner, D. (1981). Über die Schwierigkeiten menschlichen Umgangs mit Komplexität. *Psychologische Rundschau* 32, 163–179.

Ericsson, K. A., & Simon, H. A. (1980). Verbal reports as data. *Psychological Review* 87(3), 215–251.

Frerichs, F. (2016). Demografischer Wandel in der Erwerbsarbeit – Anforderungen an die Arbeits- und Laufbahngestaltung. In F. Frerichs, F. (Hrsg.), *Altern in der Erwerbsarbeit – Perspektiven der Laufbahngestaltung.* Wiesbaden: Springer VS.

Goeze, A., Schrader, J., Hartz, S., Zottmann, J., & Fischer, F. (2010). Case-Based Learning with Digital Videos: Does it Promote the Professional Development of Teachers and Trainers in Adult Education? In R. Egetenmeyer, & E. Nuissl (Eds.), *Teachers and Trainers in Adult Education and Lifelong Learning. European and Asian Perspectives* (pp. 187–198). Bielefeld: Peter Lang.

Graf, A. (2002). *Lebenszyklusorientierte Personalentwicklung. Ein Ansatz für die Erhaltung und Förderung von Leistungsfähigkeit und -bereitschaft während des gesamten betrieblichen Lebenszyklus, Berner betriebswirtschaftliche Schriften* (Bd. 29). Bern, Stuttgart, Wien: Verlag Paul Haupt.

Gruber, H., Mandl, H., & Renkl, A. (1999). *Was lernen wir in Schule und Hochschule: Träges Wissen?* (Forschungsbericht Nr. 101). München, Ludwig-Maximilians-Universität.

Güzel, E. (2014a). *Protokoll einer teilnehmenden Beobachtung des Außendiensteinsatzes eines Servicetechnikers zur Störungsbehebung von Defekten Werkzeugmaschinen eines mittelständischen Unternehmens.* Stuttgart: Universität Stuttgart.

Güzel, E. (2014b). *Protokoll einer teilnehmenden Beobachtung von Servicetechnikern im Back-Office Bereich zur Störungsbehebung von Defekten Werkzeugmaschinen eines mittelständischen Unternehmens.* Stuttgart: Universität Stuttgart.

Güzel, E., Nickolaus, R., Zinn, B., Würmlin, J. & Sari, D. (2016). Soziale Kompetenzen von angehenden Servicetechnikern – Relevanz, Förderung und Ausprägungen. *Zeitschrift für Berufs- und Wirtschaftspädagogik* 112(4), 555–583.

Hasselhorn, M. (1992). Metakognition und Lernen. In G. Nold (Hrsg.), *Lernbedingungen und Lernstrategien. Welche Rolle spielen kognitive Verstehensstrukturen?* (S. 35–63). Tübingen: G. Narr.

Hedrich, M., & Zinn, B. (2016). Entwicklung und formative Evaluation eines Konzepts zur Unterstützung des Transfers von Erfahrungswissen bei Servicetechniker mittels videofallbasiertem Lernen. *Journal of Technical Education (JOTED)* 4(3), 253–284.

Horváth, P., & Seiter, M. (2012). Steuerung des Transformationsprozesses zum Lösungsanbieter. *Schmalenbachs Zeitschrift für betriebswirtschaftliche Forschung, ZfBf-Sonderheft* 65, 25–44.

Jahn, F., & Ulbricht, S. (2011). „Mein nächster Beruf" – Personalentwicklung für Berufe mit begrenzter Tätigkeitsdauer: Teil 1: Modellprojekt in der stationären Krankenpflege. *Iga-Report* 17.

Kanning, U. P. (Hrsg.). (2007). *Förderung sozialer Kompetenzen in der Personalentwicklung*. Göttingen: Hogrefe.

Kanning, U. P. (2009). *Diagnostik sozialer Kompetenzen*. Göttingen: Hogrefe.

Klimmer, M., & Schreiber, P. (2010). Erfolgreich durch professionelles Servicemarketing. *ServiceToday* 4, 6–8.

Krems, J. (1994). *Wissensbasierte Urteilsbildung: diagnostisches Problemlösen durch Experten und Expertensysteme*. Bern: Huber.

Lamancusa, J. S., Jorgensen, J. E., & Zayas-Castro, J. (1997). The Learning Factory – A New Approach to Integrating Design and Manufacturing into the Engineering Curriculum. *Journal of Engineering Education*, 103–112.

Lichtsteiner, R. A. (2004). Die Leistung älterer Mitarbeitender. In M. von Cranach, H.-D. Schneider, E. Ulich, & R. Winkler (Hrsg.): *Ältere Menschen im Unternehmen. Chancen, Risiken, Modelle* (S. 149–161). Bern: Haupt.

Loebe, H., & Severing, E. (Hrsg.). (2007). *Handlungshilfen für Bildungsberater. Wirtschaftlichkeit von Weiterbildung* (Bd. 24). Bielefeld: Bertelsmann.

Mähler, C., & Hasselhorn, M. (2001). Lern- und Gedächtnistraining bei Kindern. In K. J. Klauer (Hrsg.), *Handbuch Kognitives Training* (S. 407–429). Göttingen: Hogrefe.

Mischo, C. (2004). Fördert Gruppendiskussion die Perspektiven-Koordination? *Zeitschrift für Entwicklungspsychologie und Pädagogische Psychologie* 36(1), 30–37.

Mischo, C., Arnold, R., & Clausen, M. (2004). Förderung sozialer Kognitionen in der Schule: Zur Wirksamkeit einer Kurzintervention. *Psychologie in Erziehung und Unterricht* (2), 151–161.

Morschhäuser, M. (2006). *Reife Leistung. Personal- und Qualifizierungspolitik für die künftige Altersstruktur*. Berlin: Edition Sigma.

Nickolaus, R. (2014). *Didaktik-Modelle und Konzepte beruflicher Bildung*. Baltmannsweiler: Schneider Verlag Hohengehren.

Nüesch, C., & Metzger, C. (2010). Lernkompetenzen und ihr Zusammenhang mit motivationalen Überzeugungen und Lernleistungen in der kaufmännischen Berufsausbildung. *Zeitschrift für Berufs- und Wirtschaftspädagogik* 106(1), 36–51.

Oser, F., Hascher, T., & Spychiger, M. (1999). Lernen aus Fehlern. Zur Psychologie des „negativen" Wissens. In W. Althof (Hrsg.), *Fehlerwelten. Vom Fehlermachen und Lernen aus Fehlern* (S. 11–41). Opladen: Leske + Budrich.

PricewaterhouseCoopers Aktiengesellschaft Wirtschaftsprüfungsgesellschaft (PwC). (2013). Serviceinnovation: Wachstumsmotor und Ertragsmaschine. Paradigmenwechsel in Sicht: Dienstleistungen werden Kerngeschäft. http://www.pwc.de/de/consulting/management-consulting/assets/serviceinnovation-wachstumsmotor-und-ertragsmaschine-vf.pdf. Zugegriffen: 20. September 2017.

Regnet, E. (2004). Mit 40 – war das schon alles? Fach- und Führungskräfte im mittleren Lebensalter. In Deutsche Gesellschaft für Personalführung (DGfP). (Hrsg.), *Personalentwicklung für ältere Mitarbeiter* (S. 55–66). Bielefeld: Bertelsmann.

Rump, J., Eilers, S., & Wilms, G. (2011). *Lebensphasenorientierte Personalpolitik. Strategien, Konzepte und Praxisbeispiele zur Fachkräftesicherung*. Wiesbaden: Springer Gabler.

Sautermeister, S. (2014). *Analyse von Anforderungen der sozialen Perspektivenübernahme bei Servicetechnikern*. [Bachelorarbeit]. Stuttgart: Universität Stuttgart.

Sawazki, J. (2014a). *Protokoll einer teilnehmenden Beobachtung von Servicetechnikern im Back-Office-Bereich zur Störungsbehebung von Defekten Werkzeugmaschinen eines mittelständischen Unternehmens*. Stuttgart: Universität Stuttgart.

Sawazki, J. (2014b). *Protokoll einer teilnehmenden Beobachtung des Außendiensteinsatzes eines Servicetechnikers zur Störungsbehebung von defekten Werkzeugmaschinen eines mittelständischen Unternehmens*. Stuttgart: Universität Stuttgart.

Selman, R., Beardslee, W., Schultz, L., Krupa, M., & Podorefsky, D. (1986). Assessing adolescent interpersonal negotiation strategies: Toward the integration of structural and functional models. *Developmental Psychology* 22, 450–459.

Sonntag, K. (2006). *Personalentwicklung in Organisationen* (3. Aufl.). Göttingen: Hogrefe.

Sonntag, K, & Schaper, N. (1997). *Störungsmanagement und Diagnosekompetenz, Leistungskritisches Denken und Handeln in komplexen technischen Systemen.* Zürich: vdf, Hochschulverlag an der ETH Zürich.

Spiro, R. J., Coulson, R. L., Feltovich, P. J., & Anderson, D. (1988). Cognitive flexibility theory: Advanced knowledge acquisition in ill-structured domains. In V. Patel (Ed.), *Proceedings of the 10th Annual Conference of the Cognitive Science Society.* Hillsdale, NJ: Erlbaum.

Verband Deutscher Maschinen- und Anlagenbau e.V. (VDMA) (2008). *Maschinenbau in Zahl und Bild. VDMA Volkswirtschaft und Statistik 2008.* Frankfurt am Main: VDMA.

Verband Deutscher Maschinen- und Anlagenbau (VDMA). (2012). *Maschinenbau in Zahl und Bild. VDMA Volkswirtschaft und Statistik 2012.* Frankfurt am Main: VDMA.

Walker, F., Link, N., & Nickolaus, R. (2015). Berufsfachliche Kompetenzstrukturen bei Elektronikern für Automatisierungstechnik am Ende der Berufsausbildung. *Zeitschrift für Berufs- und Wirtschaftspädagogik* 111(2), 222–241.

Walliser, J. (2014). Untersuchung der Aufgaben- und Tätigkeitsbereiche von Servicetechnikern im industriellen Dienstleistungsbereich. [Bachelorarbeit]. Stuttgart: Universität Stuttgart.

Zinn, B. (2014). Lernen in aufwändigen technischen Reallernumgebungen – eine Bestandsaufnahme zu berufsschulischen Lernfabriken. *Die berufsbildende Schule* 66(1), 23–26.

Zinn, B. (2016). Virtuelle Lern- und Arbeitsumgebungen im Bezugsfeld von Industrie 4.0. *Berufsbildung – Zeitschrift für Praxis und Theorie in Betrieb und Schule* (159), 11–13.

Zinn, B., Güzel, E., Walker, F., Nickolaus, R., Sari, D., & Hedrich, M. (2015). ServiceLernLab – Ein Lern- und Transferkonzept für (angehende) Servicetechniker im Maschinen- und Anlagenbau. *Journal of Technical Education* 3(2), 116–149.

Zinn, B., Guo, Q., & Sari, D. (2016a). Entwicklung und Evaluation der virtuellen Lern- und Arbeitsumgebung VILA. *Journal of Technical Education* 4(1), 98–125.

Zinn, B., Nickolaus, R., Duffke, G., Güzel, E., Sawazki, J., & Würmlin, J. (2016b). Belastungen von Servicetechnikern im Maschinen- und Anlagenbau im Bezugsfeld lebensphasenorientierten Kompetenzmanagements. In F. Frerichs (Hrsg.), *Altern in der Erwerbsarbeit – Perspektiven der Laufbahngestaltung* (S. 163–182). Wiesbaden: Springer VS.

Das unterschätzte Potenzial – Fokussierung auf ältere Mitarbeitende als Erfolgsfaktor für Unternehmen

Dominik Baumann

3.1 Einleitung – 38

3.2 Große Vielfalt innerhalb und zwischen den Mitarbeitergenerationen – 39

3.3 Unterschiede bei der Einstufung von Human-Resource-Maßnahmen für ältere Mitarbeitende – 40

3.4 Hohe Motivation und Lernbereitschaft bei älteren Mitarbeitenden – 42

3.5 Förderung von älteren Mitarbeitenden durch gezieltes Kompetenzmanagement – 43

Literatur – 45

Zusammenfassung

Das betriebliche Kompetenz- und Talentmanagement ist in vielen Organisationen auf die Generationen X und Y ausgerichtet, also auf die derzeit größte Altersgruppe und die jüngere Nachfolgegeneration. Jedoch wird bei der Konzentration auf bestimmte Mitarbeitergruppen ein wichtiges Erfolgspotenzial systematisch unterschätzt: ältere Mitarbeitende, die „Know-Bodies" unserer Arbeitswelt. Sie sind deutlich karriereorientierter als unternehmensseitig vermutet und verfügen über Eigenschaften, Kenntnisse und Potenziale, die sie für Unternehmen in Zukunft nicht nur interessant, sondern unverzichtbar machen. Dazu trägt auch die demografische Entwicklung bei, nach der die Erwerbsbevölkerung immer älter und zahlenmäßig immer kleiner wird.

3.1 Einleitung

Wenn im Unternehmenskontext vom demografischen Wandel und damit verbundenen Herausforderungen wie dem Fachkräftemangel gesprochen wird, dann wird der Ruf nach innovativen Ansätzen im Personalmanagement laut, insbesondere für das Recruiting oder das Employer Branding (Arbeitgebermarkenbildung). Eher selten werden dagegen Maßnahmen in Bezug auf das Kompetenz- und Talentmanagement in Unternehmen thematisiert. Und auffallend ist auch, dass bei der Betrachtung der einzelnen Mitarbeitergenerationen neben der größten Altersgruppe, der Generation X, vermehrt die Nachfolgegeneration Y (und die noch nicht ganzheitlich erforschte Generation Z) in den Fokus rückt (vgl. Grothe, 2014; Hesse u. Mattmüller, 2015). Dagegen geraten ältere Mitarbeiter/-innen der sogenannten Babyboomer-Generation unternehmensseitig aus dem Blickfeld. Doch warum ist das so?

Der demografische Wandel ist ein viel diskutiertes Thema in Wissenschaft, Politik und Öffentlichkeit, wirkt er sich doch auf ganz unterschiedliche gesellschaftliche Bereiche aus. Er wird von folgenden Faktoren angetrieben, die sich auf die Größe, das Alter und die Zusammensetzung der Bevölkerung auswirken:
1. Geburtenstatistik
2. Lebenserwartung
3. Wanderungssaldo

Veränderungen in der Zusammensetzung der Bevölkerung bedeuten gleichermaßen auch Veränderungen bei der Erwerbsbevölkerung und nehmen großen Einfluss auf den Arbeitsmarkt und seine Teilnehmenden. Entsprechend lohnt sich ein Blick in die Zukunft. Aktuellen Prognosen zufolge wird die Erwerbsbevölkerung bis ins Jahr 2030 bereits deutlich abnehmen, wohingegen das Durchschnittsalter gleichzeitig zunehmen wird (vgl. hierzu Hackl u. Gerpott, 2015; Hackl et al., 2017; Wilke, 2016).

Der demografische Wandel bedeutet also kurz gesagt, dass die Teilnehmenden am Arbeitsmarkt tendenziell immer älter und immer weniger werden. Hält man sich das vor Augen, dann drängt sich eine Frage auf: Warum sollten sich Unternehmen vorwiegend darauf konzentrieren, was sie für die jungen, nachrückenden Generationen tun können? Anders gefragt: Warum sollten sie nicht gerade auch die (tendenziell wachsende) Zielgruppe der älteren Mitarbeitenden stärker berücksichtigen? Damit ist nicht gemeint, dass Personalmaßnahmen auf eine bestimmte Zielgruppe konzentriert und mithin die bisherige Fokussierung lediglich verlagert werden soll. Vielmehr geht es darum, eine ganzheitliche Betrachtung aller Mitarbeitergruppen anzustellen und keine Mitarbeitergeneration dabei zu vernachlässigen. Genau dies kann mit einem an den einzelnen Lebensphasen der Mitarbeiter/-innen orientierten, betrieblichen Kompetenzmanagement erreicht werden.

3.2 Große Vielfalt innerhalb und zwischen den Mitarbeitergenerationen

In der Literatur werden in der Regel drei große Generationen unterschieden (Hackl u. Gerpott, 2015):
1. Babyboomer (51–65 Jahre)
2. Generation X (31–50 Jahre)
3. Generation Y (18–30 Jahre)

Stellenweise wird auch bereits eine neue Nachfolgegeneration (Generation Z) erwähnt, wobei der bisherige Forschungsstand noch zu jung ist, um näher auf diese Gruppe eingehen zu können. Die Unterteilung in drei große Generationen suggeriert eine Trennung, welche die Realität nur vereinfacht widerspiegelt. Denn häufig werden nur grundlegende Einstellungen der einzelnen Generationszugehörigen erfasst. Dabei herrscht sowohl innerhalb als auch zwischen den einzelnen Altersgruppen eine große Heterogenität im Sinne einer Vielfalt von Einstellungen und Erwartungshaltungen vor (Hackl u. Gerpott, 2015; Hackl et al., 2014). Insofern legt die Betrachtung der einzelnen Generationen nahe, auch die generationsübergreifenden sozialen Milieus zu thematisieren. Das Markt- und Sozialforschungsinstitut Sinus beispielsweise nimmt seit Anfang der 1980er-Jahre eine Zielgruppensegmentation in Deutschland vor, nach der die Bevölkerung in soziale Milieus, die sogenannten Sinus-Milieus, eingeteilt wird. Hierbei werden Werte und Orientierungen der Menschen sowie die soziale Lage berücksichtigt, wodurch ein vielfältiges Bild der soziokulturellen Wirklichkeit in Deutschland entsteht.

Diese Vielfalt wird zwangsläufig zu einer Individualisierung des Personalmanagements führen müssen, möchte man als Unternehmen die Motivation und Zufriedenheit seiner Mitarbeiter hochhalten (Hackl u. Gerpott, 2015; Hackl et al., 2014). Und diese Individualisierung sollte auch vor älteren Mitarbeitenden nicht haltmachen. Denn es lohnt sich nicht nur, auch dieser Mitarbeitergruppe Perspektiven aufzuzeigen. Es besteht gewissermaßen die Notwendigkeit, sie zu berücksichtigen, wenn man den demografischen Entwicklungen Rechnung tragen möchte, statt sie wegen mangelnder Leistungsfähigkeit sowie altersbedingten Fehlzeiten aus Krankheitsgründen abzuschreiben und irgendwann mit dem „goldenen Handschlag" zu verabschieden. Bei einer Gegenüberstellung der Vor- und Nachteile älterer und jüngerer Mitarbeitergruppen zeigt sich, dass sie, entgegen vorherrschender Klischees, sehr gut abschneiden. So überzeugen ältere Mitarbeiter/-innen etwa durch Erfahrungswissen, Arbeitsdisziplin, Loyalität oder Belastungsfähigkeit (Olesch, 2015, S. 71ff.). Berücksichtigt man außerdem, dass tendenziell die Stellenbesetzungsdauer steigt und gleichzeitig die Beschäftigungsdauer, Loyalität und Mitarbeiterzufriedenheit sinken (Hackl u. Gerpott, 2015), werden nicht nur Mitarbeiter/-innen im Unternehmen, sondern auch ältere Mitarbeitende auf dem Arbeitsmarkt zunehmend interessant für Unternehmen.

3.3 Unterschiede bei der Einstufung von Human-Resource-Maßnahmen für ältere Mitarbeitende

Betrachtet man die Ergebnisse jüngerer Studien, so lassen sich daraus wichtige Erkenntnisse für das Kompetenzmanagement von Unternehmen in Bezug auf ihre älteren Mitarbeiter/-innen ableiten. Wir beziehen uns an dieser Stelle auf Befragungen, die im Rahmen des Projektes „Gewinnung und Bindung hochqualifizierter Mitarbeiter" durchgeführt wurden und bei denen sowohl die Unternehmens- als auch die (generationenspezifische) Mitarbeiterperspektive erfasst wurde (Hackl et al., 2014).

Die Gruppe der Befragten bestand aus insgesamt 662 Unternehmensvertretern, die sich zu 56 % aus Personen in Human-Resource-Leitungspositionen, zu 20 % aus Mitgliedern der Geschäftsführung, zu 13 % aus weiteren Führungskräften und zu 11 % aus weiteren Personen unterschiedlicher Bereiche zusammensetzte. Zu den untersuchten Unternehmen gehören sehr unterschiedliche Branchen: Die höchsten Anteile nahmen mit 21 % der Maschinenbau, mit 18 % die Automobilindustrie und mit 15 % das Gesundheitswesen ein. Im Schnitt stammten 24 % der Mitarbeiter/-innen aus der Generation Y, 50 % aus der Generation X und 26 % aus der Generation der Babyboomer (Hackl u. Gerpott, 2015, S. 39f.).

Den Forschungsgegenstand bildete die Individualisierung von Personalmaßnahmen unter generationenspezifischer Betrachtung. Untersucht wurden 23 Maßnahmen aus den fünf Human-Resource-Schwerpunktbereichen „Personalentwicklung", „Vereinbarkeit von Beruf und Privatleben", „Vergütung/Jobsicherheit", „Karriereförderung" und „Kultur/soziale Aspekte". Die Unternehmensvertreter/-innen wurden nach den einzelnen Maßnahmen befragt und darum gebeten, jeweils deren Relevanz für jede Mitarbeitergeneration einzuschätzen. Die Skala war dreistufig und reichte von 1 (niedrigste Relevanz) bis 3 (höchste Relevanz). Im Ergebnis zeigten sich deutliche Unterschiede bezüglich der Eignungseinschätzung von Personalmaßnahmen für die unterschiedlichen Mitarbeitergenerationen. Eine Übersicht hierzu liefert ◘ Abb. 3.1.

Wie sich zeigt, liegt der Fokus von Human-Resource- und Unternehmensverantwortlichen eindeutig auf der Generation X. Für Mitarbeiter/-innen dieser Generation werden zahlreiche Personalmaßnahmen aus allen untersuchten Bereichen als relevant eingestuft. Ähnlich verhält es sich mit der Generation Y, wobei hier einzelne Schwerpunktbereiche auszumachen sind. Insbesondere werden Maßnahmen zur Karriereförderung und zur Personalentwicklung als relevant erachtet.

Ein deutlich anderes Bild zeigt sich bei den Einschätzungen hinsichtlich der Babyboomer. Hier wird lediglich „Arbeitsplatzsicherheit" als geeignete Personalmaßnahme eingestuft. Der Großteil der sonstigen Bewertungen weicht signifikant negativ von denen der anderen beiden Generationen ab. Mit anderen Worten: Human-Resource- und Unternehmensverantwortliche halten Personalmaßnahmen in allen betrachteten Schwerpunktbereichen als wenig relevant für die Zielgruppe der älteren Mitarbeitenden. Entsprechend werden sie im Kompetenz- und Talentmanagement kaum oder überhaupt nicht berücksichtigt. Doch deckt sich die Arbeitgeber- mit der Mitarbeitersicht? Und findet diese Form von Nicht-Berücksichtigung zu Recht statt, oder ist sie ein Anzeichen für die systematische Unterschätzung einer Zielgruppe?

Im Rahmen des Projektes „Gewinnung und Bindung hochqualifizierter Mitarbeiter" wurde neben der Unternehmens- auch die Arbeitnehmerperspektive untersucht. Befragt wurden insgesamt 665 Personen, von denen 48 % zur Generation Y, 34 % zur Generation

Das unterschätzte Potenzial – Fokussierung auf ältere Mitarbeitende als ...

Schwerpunkt	Maßnahme	18–30 J.	31–50 J.	50+ J.
Personal-entwicklung	Persönliche Weiterbildung	1,27	1,33	2,24
	Regelmäßiges Feedback	1,34	1,44	2,08
	Fachliche Weiterbildung	1,42	1,27	1,98
	Führungskraft als Personalentwickler	1,82	1,50	2,09
Vereinbarkeit von Beruf und Privatleben	Vereinbarkeit Beruf und Familie	1,72	1,23	2,33
	Betriebliche Kinderbetreuung	1,69	1,27	2,68
	Flexible Arbeitszeiten	1,52	1,32	1,77
	Maßnahmen zur Frauenförderung	1,72	1,47	2,44
Vergütung / Jobsicherheit	Leistungsorientierte Vergütung	1,38	1,31	1,99
	Nichtfinanzielle Zusatzanreize	1,72	1,42	1,73
	Individuelle Vertragsgestaltung	1,84	1,54	2,02
	Mitarbeiterbeteiligung am Unternehmenserfolg	1,70	1,39	1,67
	Arbeitsplatzsicherheit	2,13	1,53	1,27
Karriere-förderung	Internationaler Einsatz	1,21	1,75	2,53
	Attraktive Karrieremöglichkeiten	1,26	1,36	2,50
	Talentpool für interne und externe Kandidaten	1,37	1,63	2,64
	Strukturierte Laufbahnen für High Potentials	1,31	1,45	2,56
	Herausfordernde Aufgaben / Job Rotation	1,36	1,55	2,40
Kultur / soziale Aspekte	Wertorientierte Führung	1,56	1,31	1,68
	Förderung Unternehmenskultur	1,51	1,47	1,71
	Corporate Social Responsibility	1,97	1,77	1,79
	Selbstorganisierte Arbeitsgruppen	1,41	1,45	2,01
	Flache Hierarchien	1,46	1,52	2,00

● > 1,8
◐ 1,41–1,8
○ 1,0–1,4

Skala von 1–3
(1 = sehr geeignet)

◘ **Abb. 3.1** Generationsspezifische Eignungseinschätzung von Personalmaßnahmen aus Sicht von Unternehmen (modifiziert nach Hackl u. Gerpott, 2015, S. 77)

X und 18 % zur Generation der Babyboomer gehörten. Auch diese Gruppen wurden gebeten, die Relevanz einzelner Human-Resource-Management-Schwerpunkte und daraus abgeleiteter Personalmaßnahmen einzuschätzen.

Insbesondere interessierte der Vergleich der Sichtweisen von älteren Mitarbeitern/-innen (zwischen 51 und 65 Jahren) und den Unternehmensvertretern/-innen (Führungskräfte und Personalverantwortliche). Während sich die Ergebnisse für die Schwerpunktbereiche „Vereinbarkeit von Beruf und Privatleben" sowie „Kultur/soziale Aspekte" annähernd deckten, zeigten sich deutliche Unterschiede bei der Betrachtung der übrigen Personalmaßnahmen. Eine Übersicht zu den Ergebnissen bietet ◘ Abb. 3.2.

So messen ältere Mitarbeiter/-innen Maßnahmen zur Personalentwicklung wie „persönliche Weiterbildung", „regelmäßiges Feedback", und „fachliche Weiterbildung" eine größere Relevanz bei, als unternehmensseitig angenommen. Ähnlich verhält es sich mit Maßnahmen zur Karriereförderung wie „attraktive Karrieremöglichkeiten", „Talentpool für interne und externe Kandidaten", „Laufbahnen für High Potentials" und „herausfordernde Aufgaben". Hingegen spielt der Schwerpunktbereich „Vergütung" für ältere Mitarbeiter eine deutlich geringere Rolle, als von Human-Resource- und Unternehmensverantwortlichen vermutet. Dies trifft insbesondere auf Maßnahmen wie „nichtfinanzielle Zusatzanreize" und „Beteiligung am Unternehmenserfolg" zu, wo sich ebenfalls signifikante Unterschiede zeigten.

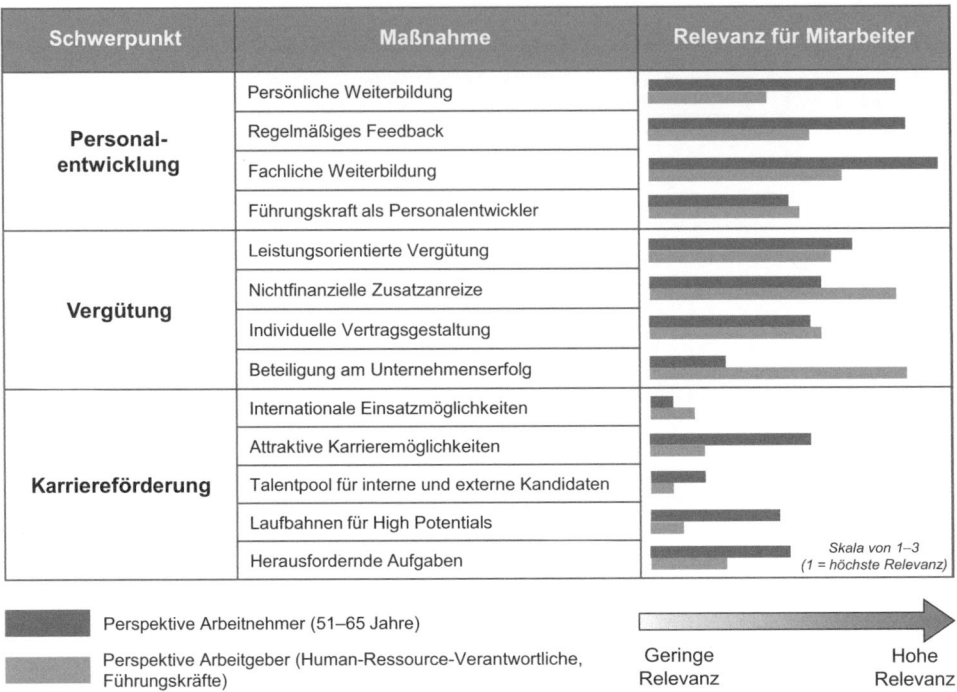

◘ Abb. 3.2 Relevanz von Personalmaßnahmen aus Sicht von älteren Mitarbeitenden und Arbeitgebern/-innen (nach Hackl et al., 2014)

3.4 Hohe Motivation und Lernbereitschaft bei älteren Mitarbeitenden

Insgesamt sind ältere Arbeitnehmer/-innen damit deutlich karriereorientierter als bisher angenommen. Es besteht der Wunsch, einen Weg zu beschreiten, der fort vom Sicherheitsdenken und hin zu vertikalen Karrieremöglichkeiten führt. Damit steigen auch die Erwartungen vonseiten dieser Zielgruppe an ihr Unternehmen. Für die Human-Resource-Bereiche und das Kompetenzmanagement bedeutet dies, dass sie vermehrt für eine aktive Förderung und die Schaffung von Freiräumen für die berufliche Entfaltung von älteren Mitarbeitenden sorgen müssen. Das Bild von alternden Mitarbeitern/-innen, die die Zeit bis zu ihrer Rente absitzen, ist eindeutig überholt. Dennoch funktioniert die Human-Resource-Management-Logik in der Mehrheit der befragten Unternehmen noch immer so (Hackl et al., 2014).

Eindeutige Ergebnisse lieferten die Studienergebnisse auch im Hinblick auf die Lernbereitschaft und Motivation von älteren Mitarbeitenden. Hier traten bei der Auswertung der Studiendaten deutliche Zusammenhänge zutage. So bestand ein signifikanter Zusammenhang zwischen Lernbereitschaft von älteren Mitarbeitenden zum einen sowie unternehmenskulturellen Aspekten und (nichtmonetärer) Mitarbeiterbeteiligung zum anderen. Die Lernbereitschaft fällt demnach dann besonders hoch aus, wenn die kulturellen Merkmale und die Mitarbeiterbeteiligung im Unternehmen ebenfalls hoch ausgeprägt sind.

Daneben wirkt sich ein weiterer Faktor im Zusammenhang mit älteren Mitarbeitern/-innen positiv auf Unternehmen aus: die Mitarbeitermotivation. Wie sich beim Projekt

„Gewinnung und Bindung hochqualifizierter Mitarbeiter" zeigte, können ältere Mitarbeiter/-innen nicht nur tendenziell immer länger arbeiten, sie wollen es auch. Und mehr noch: Sie wollen sich weiterentwickeln, sie wollen lernen und sie wollen etwas bewegen. Die Ergebnisse der Studie wiesen folgerichtig einen direkten Zusammenhang zwischen Motivation und Leistungsfähigkeit der Mitarbeitergeneration 50+ auf.

3.5 Förderung von älteren Mitarbeitenden durch gezieltes Kompetenzmanagement

Wissen ist der entscheidende Faktor für die Eignung von Mitarbeitern/-innen und wird es auch zukünftig sein. Entsprechend hoch ist die Bereitschaft zu und die Notwendigkeit von lebenslangem Lernen im Unternehmenskontext zu gewichten. Dass auch ältere Mitarbeiter/-innen diese Bereitschaft mitbringen, ist ein starkes Argument dafür, das Kompetenzmanagement des eigenen Unternehmens auch auf diese Zielgruppe auszurichten. Ganz abgesehen davon, dass ältere Mitarbeiter/-innen ohnehin bereits über einen reichlichen Erfahrungsschatz verfügen, der umso höher ist, je länger sie sich bereits im Unternehmen befinden.

In Bezug auf „Lernen" und „Motivation" können Unternehmen durch ein auf ältere Mitarbeiter/-innen angepasstes Kompetenzmanagement viel bewirken. Denn um die Lernbereitschaft und Motivation von Mitarbeitern hoch zu halten – und damit auch deren Leistungsfähigkeit –, müssen sie das tun können, was sie auch tun möchten. Und dafür benötigen Mitarbeiter/-innen (egal welchen Alters) Entscheidungsspielräume und die Möglichkeit zur Selbstverantwortung. Wird diese Richtung vonseiten des Unternehmens und des Human Resource Managements verfolgt, dann können die Arbeitsstelle – auch von älteren Mitarbeitenden – zur Sinnstelle und das Potenzial einer unterschätzten Zielgruppe voll ausgeschöpft werden (Hackl et al., 2017).

Für die Wettbewerbsfähigkeit von Unternehmen werden ältere Mitarbeitende zukünftig zu einem entscheidenden Faktor. Die alleinige Konzentration auf die „Jüngeren" lässt die demografische Entwicklung außer Acht, nach der diese Altersgruppe verhältnismäßig immer kleiner wird und zukünftig nicht zur Bedarfsdeckung ausreicht. Sie ist insofern sogar gefährlich für die Zukunftsfähigkeit von Unternehmen, da sie eine Entwicklung propagiert, nach welcher junge Talente im „Beförderungsstau" und ältere Mitarbeitende in der „Karrierefalle" stecken (Hackl et al., 2014).

Viel hängt also davon ab, welche Bedeutung ältere Mitarbeiter/-innen in der Organisation einnehmen und wie sie ihre Kenntnisse und Stärken einbringen können. Mitarbeiter/-innen über 50 Jahren bleiben im Schnitt mehr als 10 Jahre in einem Unternehmen und können mit ihrem Know-how einen erheblichen Beitrag zur Unternehmensentwicklung leisten. Dazu verhilft ihnen ihre große Berufs- und Lebenserfahrung, die sie zu wahren Know-Bodies in einem leistungs- und wissensgetriebenen Wirtschaftssystem machen. Diese Faktoren nehmen Einfluss auf die Leistungsfähigkeit der gesamten Organisation und damit auf den unternehmerischen Erfolg.

Um das Potenzial älterer Mitarbeitenden zu nutzen, können Unternehmen respektive ihre Human-Resource-Bereiche konkrete Maßnahmen einsteuern. Dazu gilt es, das betriebliche Kompetenz- und Talentmanagement auf alle Altersgruppen auszuweiten, damit auch ältere Mitarbeitende berücksichtigt und gefördert werden, die über hohe fachliche und soziale Kompetenzen, eine ausgeprägte Leistungsmotivation und Karriereansprüche verfügen. Um der Heterogenität innerhalb und zwischen den einzelnen

Mitarbeitergenerationen Rechnung zu tragen, können überdies leistungs- und lebensphasenbezogene Konzepte ausgearbeitet werden, die dem Einzelnen in jeder Lebenssituation attraktive, motivierende Entwicklungsperspektiven aufzeigen. Dabei müssen sich Unternehmen mit veränderten Erwartungshaltungen auseinandersetzen, wie der Forderung nach mehr Freiheit zur Selbstentwicklung und nach vertikalen Karrierewegen.

Beispiel
Die Möglichkeiten für eine passgenaue Förderung älterer Mitarbeiter reichen von individuellen Personalentwicklungsmaßnahmen bis hin zu neuen Karrieremodellen, die über das Rentenalter hinausgehen. Durch projektbezogene Consulting-Einsätze oder intergenerationales Mentoring etwa können Unternehmen noch länger von ihren Know-Bodies profitieren.

Der berühmte Kampf um die Talente wird zukünftig nicht mehr nur um die „High Potentials", sondern um die Know-Bodies dieser Arbeitswelt geführt. Damit fällt der Bindung und Einbindung von älteren Mitarbeitern/-innen eine große Bedeutung zu, um der Gefahr der Abwerbung von unersetzbaren Leistungsträgern/-innen zu begegnen, welche in vermeintlich fortgeschrittenem Alter durchaus dazu bereit sind, sich eine neue Herausforderung zu suchen (Hackl et al., 2014). Entscheidend wird also sein, wie es Unternehmen schaffen, ihre Leistungs- und Wissensträger/-innen zu fördern und deren Potenziale voll auszunutzen.

Unternehmen suchen stets nach den „Besten", aber erkennen sie diese auch, wenn sie bereits in ihren eigenen Reihen sind? Und wird ausreichend dafür gesorgt, dass sie im Unternehmen bleiben? Es gilt, auch den Blick nach innen zu schärfen und besonders gute Mitarbeitende in der eigenen Organisation auszumachen, die sich bislang unterhalb des Radars des Human Resource Managements befunden haben. Gemeint sind diejenigen Mitarbeiter/-innen, die bestens ausgebildet sind, die Erfahrung haben, die gut vernetzt und eingearbeitet sind, deren Potenziale noch nicht voll ausgeschöpft sind und die mit gezielten Maßnahmen noch besser werden können – kurzum: ältere Mitarbeiter/-innen, die als „Know-Bodies" für den Erfolg eines Unternehmens die perfekten Voraussetzungen mitbringen.

Fazit
Der demografische Wandel bringt Herausforderungen für und Anforderungen an das Personalmanagement von Unternehmen mit sich. Dazu zählt die Berücksichtigung von Erwartungen der unterschiedlichen Mitarbeitergenerationen an die Personalentwicklung und Karriereförderung. Hierbei dürfen auch und gerade ältere Mitarbeitende nicht außen vor gelassen werden. Denn jüngere Studien belegen, dass sie über eine hohe Motivation und Lernbereitschaft verfügen und damit auch im fortgeschrittenen Berufsalter deutlich karriereorientierter sind, als unternehmensseitig angenommen wird. Zudem steigt ihre körperliche und mentale Fitness kontinuierlich an. All das, verbunden mit ihrer großen Lebens- und Berufserfahrung, macht sie zu Leistungs- und Wissensträgern/-innen, die für den Erfolg von Unternehmen zukünftig unverzichtbar sind. Um das Potenzial dieser unterschätzten Mitarbeitergruppe auszuschöpfen, muss das Human Resource Management von Unternehmen sein betriebliches Kompetenz- und Talentmanagement entsprechend ausrichten, um auch ältere Mitarbeiter/-innen gezielt zu fördern.

Literatur

Grothe, M. (Hrsg.) (2014). *Personalmarketing für die Generation Internet. Explore – Elaborate – Enable – Establish – Enter*. Berlin: Erich Schmidt Verlag.
Hackl, B., & Gerpott, F. (2015). *HR 2020. Personalmanagement der Zukunft*. München: Vahlen.
Hackl, B., Hasebrook, J., & Gerpott, F. (2014). Vom „Nobody" zum „Know-Body". Wie Personaler ältere Mitarbeiter missverstehen. *HR Performance* 22, 26–28.
Hackl, B., Wagner, M., Attmer, L., & Baumann, D. (2017). *New Work – Auf dem Weg zur neuen Arbeitswelt. Management – Impulse, Ideen, Praxisbeispiele, Studien*. Wiesbaden: Springer Gabler.
Hesse, G., & Mattmüller, R. (Hrsg.). (2015). *Perspektivwechsel im Employer Branding. Neue Ansätze für die Generationen Y und Z*. Wiesbaden: Springer Gabler.
Olesch, G. (2015). *Der Weg zum attraktiven Arbeitgeber. Employer Branding in der Unternehmenspraxis*. Freiburg: Haufe-Lexware.
Wilke, C. B. (2016). Demografie und Arbeitsmarkt. *Wirtschaftsdienst* 3, 220–222.

Berufs- und Tätigkeitsmigration in der Dienstleistung: Beschäftigungswandel und lebensphasenorientierte Kompetenzanpassung durch Digitalisierung

Thorn Kring und Joachim Hasebrook

4.1　Berufs- und Tätigkeitsmigration durch Digitalisierung – 48
4.1.1　Trend der Digitalisierung – 48
4.1.2　Prognostizierte Beschäftigungseffekte durch Digitalisierung – 51
4.1.3　Beschäftigungseffekte durch Digitalisierung für die Dienstleistung in Deutschland – 53

4.2　Digitalisierung und Beschäftigungswandel in der Finanzwirtschaft in Deutschland – 55
4.2.1　Digitalisierung als Beschleuniger des Strukturwandels in der Finanzwirtschaft in Deutschland – 56
4.2.2　Kompetenzmanagement in Banken – 58
4.2.3　Bildungsbeteiligung verschiedener Altersgruppen – 59

4.3　Handlungsempfehlungen zur Bewältigung von Beschäftigungswandel und Kompetenzanpassung in der Finanzwirtschaft – 61
4.3.1　Verschiedene Lebensphasen in Unternehmen – 61
4.3.2　Digitale Kompetenzentwicklung durch digitale Lernformate – 63
4.3.3　Lebensphasen- und lebensereignisorientiertes Personalmanagement – 67

Literatur – 69

© Springer-Verlag GmbH Deutschland 2018
J. Hasebrook et al. (Hrsg.), *Lebensphasen und Kompetenzmanagement*, Kompetenzmanagement in Organisationen, https://doi.org/10.1007/978-3-662-55158-5_4

Zusammenfassung

Der Diskurs über die Auswirkungen der Digitalisierung auf die Beschäftigung ist durchzogen von der alten Angst des Menschen, der technische Fortschritt könnte die Arbeitskraft des Menschen ersetzen und ihn als Produktionsfaktor abschaffen. Auch in der Branche der Dienstleistung wird diskutiert, welche Auswirkungen Digitalisierung haben wird. Nicht wenige warnen davor, dass Arbeitsplätze umfassend bedroht sein könnten und negative Beschäftigungseffekte zu erwarten sind. Exemplarisch sei auf eine Studie der ING-DiBa (2015) verwiesen, der zufolge 59 % der Arbeitsplätze in Deutschland in der jetzigen Form bedroht seien. Folgt man der Studie, seien insbesondere Dienstleistungsberufe im Verkauf und der Gastronomie, Bürokräfte allgemein und gering qualifizierte Hilfsarbeiter von dieser Entwicklung betroffen.

In diesem Beitrag werden weitere, wissenschaftlich fundierte Prognosen zur Berufs- und Tätigkeitsmigration durch Digitalisierung für die Branche der Dienstleistung näher untersucht und kritisch gewürdigt. Der Finanzwirtschaft als eine Teilbranche, die aktuell einem besonders starken Strukturwandel unterworfen zu sein scheint, wird dabei spezielle Aufmerksamkeit gewidmet. Anhand branchenspezifischer Studien wird herausgearbeitet, welchen Anpassungsbedarf die Digitalisierung in dieser Branche auslöst und in welcher Form mit einem Beschäftigungswandel in der Finanzdienstleistung zu rechnen ist. Es werden Handlungsempfehlungen abgeleitet, wie dieser Wandel und insbesondere erforderliche Kompetenzanpassungen aktiv gestaltet werden können. Dabei wird das Konzept der „Lebensphasen" zum einen im kompetenzbiografischen Sinne als zeitlich abgrenzbare Abschnitte in der persönlichen Kompetenzentwicklung verstanden (Erpenbeck and Heyse 2007). Zum anderen bezieht es sich auf den Lebenszyklus von Produkten und Unternehmen, der durch die Digitalisierung beschleunigt und unvorhersehbar wird (Streeck, 2011).

4.1 Berufs- und Tätigkeitsmigration durch Digitalisierung

Auslöser der aktuellen Debatte um Berufs- und Tätigkeitsmigration in der Dienstleistung sind die Vielzahl technologischer Innovationen sowie das hohe Tempo, in dem sich diese Entwicklungen vollziehen. Der Trend der Digitalisierung prägt das aktuelle Wirtschaftsgeschehen, lässt neue Geschäftsmodelle entstehen und stellt etablierte auf den Prüfstand. Inwiefern mit diesem Trend Effekte für die Berufs- und Tätigkeitsmigration zu erwarten sind, wird nachfolgend diskutiert.

4.1.1 Trend der Digitalisierung

Die Bedeutung digitaler Innovationen variiert in Abhängigkeit von Branche und Tätigkeitsstruktur. Fast alle verändern die Tätigkeiten und Arbeitsabläufe in den Unternehmen. Um den Zusammenhang von Digitalisierung und Beschäftigung in der Dienstleistungsbranche dazustellen, berücksichtigt dieser Beitrag fünf verschiedene Dimensionen der Digitalisierung:
1. Mobilität
2. Vernetzung
3. Lifestyle
4. Smart Data
5. Automatisierung

Die **mobile Verfügbarkeit des Internet** stellt eine zentrale Dimension dar. Mobile Endgeräte wie Smartphones und Tablets prägen ein stark verändertes Kundenverhalten. Der Nutzungsgrad mobiler Endgeräte liegt in der deutschen Bevölkerung bereits jenseits der 90 % (vgl. Wittmann et al., 2014, S. 41). Digitale Applikationen bieten den Kunden/-innen Zugang zu einer umfassenden Informationsbasis sowie neuartige Vertriebswege, ausgehend von einer virtuellen Ladentheke bis hin zu Portalen, auf denen das erworbene Produkt oder die in Anspruch genommenen Dienstleistung bewertet werden können. Alles ist mobil verfügbar, zunehmend vernetzt und ändert sich immer schneller: Die Hälfte der mobilen Apps sind schon nach drei Monaten nicht mehr aktuell (Flurry Blog, 2014). Tätigkeiten im Vertrieb von Dienstleistungen sind ohne diese mobile digitale Komponente nicht mehr denkbar. Die Transformation der Beschäftigung insbesondere in filialgestützten Dienstleistungsunternehmen ist bereits in vollem Gange.

Eine zweite Dimension stellt die zunehmende **digitale Vernetzung der Kundschaft** dar. Kunden/-innen schließen sich zu virtuellen Communitys zusammen und tauschen Informationen aus. Im Internet entstehen Vergleichsportale, über die Dienstleistungen vermittelt und die durch Kunden/-innen bewertet und empfohlen werden können. Die Sharing Economy ist eine weitere Facette dieser Dimension. Man ist, was man teilt. Handwerkerleistungen werden in der Nachbarschaft untereinander vermittelt, Werkzeuge, Autos und Wohnungen werden geteilt. Abgebildet werden diese Dienstleistungen über digitale Prozesse und Applikationen. Ihre Bedeutungszunahme erfahren sie aufgrund ihrer mobilen dezentralen Verfügbarkeit. Klassische Dienstleister/-innen werden ersetzt oder sind gefordert, ihre Aktivitäten anzupassen. Längst ist die Vernetzung unter dem Stichwort „Enterprise 2.0" in die Unternehmen eingezogen (Back et al., 2012) und stellen damit Führung und Organisation vor neue Herausforderungen, weil verschiedenen Entwicklungsstadien eines Unternehmens – Start-up bis zum etablierten Routinebetrieb – nebeneinander bestehen (Graffenberger et al., 2011).

Der Austausch in digitalen Communitys lässt einen neuen **digitalen Lifestyle** entstehen, eine dritte Dimension der Digitalisierung mit Auswirkungen auf die Dienstleistung. Den Kern dieses Lebensstils bilden die in digitalen Medien und speziell in den sozialen Netzwerken geschaffene Nutzerprofile. Es wird kommuniziert, persönliche Informationen werden eingestellt, Lebensläufe und aktuelle Aktivitäten geteilt. Kunden/-innen kreieren ihre digitale Identität. Zu diesem digitalen Lifestyle gehört auch die verstärkte Nutzung von Smart Devices. Kunden/-innen sind „always-on", nicht nur um zu kommunizieren oder erreichbar zu sein, sondern auch um über Applikationen auf Convenience-Leistungen in ihrer unmittelbaren Umgebung aufmerksam gemacht zu werden und diese zu nutzen. Für die Dienstleistung eröffnet der digitale Lifestyle einen neuen Kommunikations- und Vertriebskanal, lässt Nachfrage nach neuen, digital unterstützten Dienstleistungen entstehen und fordert angepasste Tätigkeiten in der Dienstleistungsbranche.

Über ihren digitalen Lifestyle hinterlassen Kunden/-innen als Internetnutzer digitale Spuren und gewähren Dienstleistungsunternehmen Einblicke in ihre Konsumpräferenzen. Innovationen auf dem Gebiet von **Smart Data**, die systematische Erschließung von Massendaten zur Optimierung von Geschäftsabläufen und Entscheidungsprozessen, bilden daher eine weitere wichtige Dimension der Digitalisierung für die Dienstleistung. Smart Data bietet die Grundlage für die Entwicklung der bereits benannten Smart Devices und ermöglicht Dienstleistungsunternehmen eine sehr individuelle Ansprache ihrer Kunden/-innen. Einerseits schaffen diese technischen Möglichkeiten neue Tätigkeitsfelder in der Markt- und Datenanalyse. Andererseits verdrängen Algorithmen basierte Entscheidungsprozesse den Menschen aus angestammten Tätigkeitsbereichen.

Als fünfte Dimension der Digitalisierung wird in diesem Beitrag die **Automatisierung** berücksichtigt werden. Analog zum Begriff der Industrie 4.0 könnte diese Facette mit Dienstleistung 4.0 überschrieben werden. Diese Bezeichnung impliziert, dass die am Produktionsprozess einer Dienstleistung beteiligten Komponenten über Sensoren und Netzwerke selbstständig miteinander kommunizieren. Menschliche Aktivitäten werden durch Maschinenkommunikation ersetzt. Komplexe Softwarelösungen werden eingesetzt und internetbasierte Kommunikationstechniken sorgen für eine Vernetzung über die verschiedenen Wertschöpfungsstufen hinweg (vgl. DIHK, 2015). Augenscheinlich wird diese Entwicklung durch Online-Plattformen und Selbstberatungslösungen ebenso wie durch einen Ausbau der digitalen Infrastruktur in den Backoffice-Bereichen von Dienstleistungsunternehmen. Auch Innovationen auf dem Gebiet der Robotik erobern nach der Industrie nun auch die Dienstleistung. Menschenähnliche Androiden übernehmen das Begrüßen, Bedienen und Beraten in Hotels, erkennen Gesichter, lesen Emotionen, reagieren auf Stimmungen und lernen ständig dazu (Hasebrook, 2017; Menn, 2015). Günstige Weltmarktpreise für Sensoren, die verfügbaren Rechnerleistungen sowie die Vernetzung und der damit verbundene Zugriff auf große Datenmengen ermöglichen und beschleunigen die Entwicklungen auf diesem Gebiet. Kognitive Computer erlauben zunehmend die Automatisierung von „Wissensarbeit", also Aufgaben in Planung, Entscheidung und Kontrolle, die bislang Menschen vorbehalten schienen (Bitkom, 2015). Seit einigen Jahren bereits in der Praxis gebräuchliche Beispiele sind automatisierte Bewertung von Kreditanträgen und Kreditratings (vgl. Anderson, 2007) sowie automatisiertes Fonds- und Anlagemanagement (Übersicht in Ogiela, 2013).

Bereits diese kurzen Einblicke in Facetten der Digitalisierung machen deutlich, dass sich neue Anforderungen an Berufsgruppen herausbilden und Tätigkeitsstrukturen verändert werden. Dies betrifft sowohl den Mitarbeiterlebenszyklus vom „mobile Recruiting" und „active sourcing" von Bewerbern/-innen und Interessierten in sozialen Netzwerken bis zur Einbindung erfahrener älterer Mitarbeiter/-innen auch nach dem Ruhestand etwa durch virtuelle „Communities of Practice" (z. B. Nagendra, 2014). Dies schlägt sich auch in der Wahrnehmung der Digitalisierung in der deutschen Wirtschaft nieder. Alle Wirtschaftszweige in Deutschland fühlen sich von dem Trend der Digitalisierung in hohem Maße betroffen. In einer Umfrage der IHK (DIHK, 2015) gaben 94 % der befragten Unternehmen an, dass die Digitalisierung ihre Geschäfts- und Arbeitsprozesse beeinflusst. In der Dienstleistung beträgt dieser Anteil 96 %. In Bezug auf die zu erwartenden wirtschaftlichen Effekte erwarten 34 % eine positive Wirkung, 8 % hingegen einen rückläufigen Umsatz. Hier gehört der Mittelstand eher zu den Skeptikern. Über alle Branchen hinweg besteht hingegen eine große Einigkeit darüber, dass mit der Digitalisierung ein großes Potenzial an Innovationen verbunden ist: 74 % der Unternehmen wollen ihre innovativen Tätigkeiten ausweiten.

In diesem Beitrag sollen zwei mit der Digitalisierung in Verbindung stehende Effekte besonders betrachtet werden: der Kompetenzanpassungseffekt sowie der Beschäftigungseffekt. Dass die Digitalisierung neue Kompetenzen von Mitarbeitern/-innen fordert und die Unternehmen ihre Aktivitäten in der Weiterbildung daran anpassen müssen, wird von einer Mehrheit in der deutschen Wirtschaft bestätigt. Die Unternehmen sehen einen gestiegenen Informations- und Beratungsbedarf bei Beschäftigten aller Hierarchiestufen, hervorgerufen durch den Komplexitätsgrad und das Facettenreichtum neuer technischer Möglichkeiten. Weiterhin sehen 80 % der Unternehmen einen erhöhten Bedarf an spezifischer Weiterbildung. Im Fokus stehen kompetenzbasierte Weiterbildungsaktivitäten vor dem Hintergrund der Digitalisierung, der Wandel hin zum Einsatz digitaler

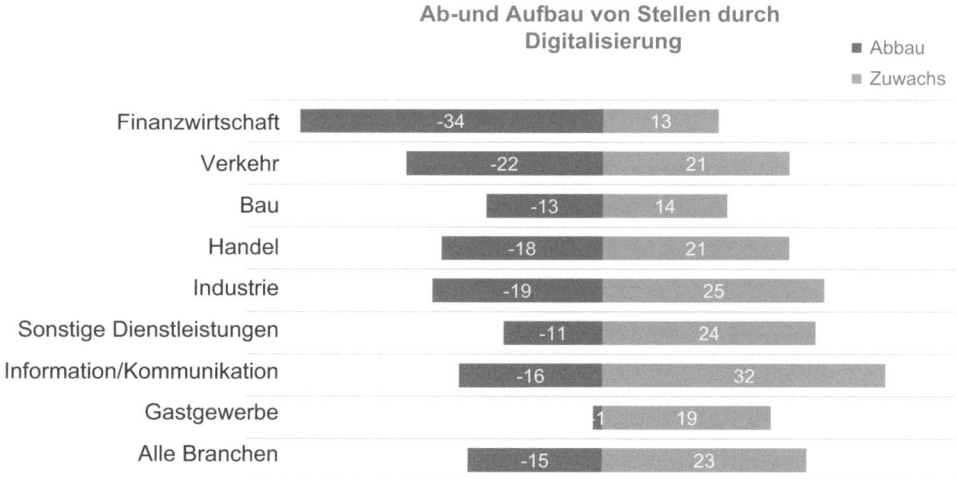

◘ **Abb. 4.1** Einfluss der zunehmenden Digitalisierung auf die Anzahl der Mitarbeiter/-innen in verschiedenen Branchen (Zahlenangaben nach DIHK, 2015, S. 13)

Lernformate sowie der Ausbau von Konzepten eines lebenslangen Lernens. Die Notwendigkeit einer Kompetenzanpassung an die Herausforderungen der Digitalisierung scheint vor dem Hintergrund dieses Meinungsbildes der deutschen Wirtschaft unstrittig.

In Bezug auf einen zu erwartenden Beschäftigungseffekt zeigt sich hingegen ein differenzierteres Meinungsbild. Über alle Branchen hinweg ist eine durchaus positive Erwartungshaltung zu erkennen. Mit einem negativen Beschäftigungseffekt rechnen lediglich 15 % der befragten Unternehmen, 62 % erwarten keine Veränderungen und 23 % erwarten sogar einen Ausbau ihrer Personalkapazitäten.

Allerdings zeigen sich signifikante Unterschiede in den Erwartungshaltungen einzelner Branchen (◘ Abb. 4.1). Gastgewerbe, die Branche für Informations- und Kommunikationsdienstleistungen sowie sonstige Dienstleistungen weisen einen positiven Beschäftigungssaldo aus. In der Finanzwirtschaft hingegen wird mit einem deutlich negativen Beschäftigungseffekt gerechnet. Die Digitalisierung scheint dort als Beschleuniger des laufenden Strukturwandels zu wirken. 34 % rechnen mit einer Reduzierung ihrer Beschäftigten, während lediglich 13 % ihren Personalbestand erhöhen wollen.

Inwiefern dieser erwartete Beschäftigungseffekt in der Finanzwirtschaft tatsächlich auf den Trend der Digitalisierung zurückgeführt werden kann oder in Verbindung mit vorhandenen Überkapazitäten sowie wirtschaftlichen Belastungen aus Regulierung und Niedrigzinsumfeld gesehen werden muss, gilt es nachfolgend herauszuarbeiten.

4.1.2 Prognostizierte Beschäftigungseffekte durch Digitalisierung

Dass technische Innovationen zu veränderten Arbeitsbedingungen führen, ist kein neues Phänomen. Vielmehr haben alle Innovationen in Abhängigkeit von Diffusionsgeschwindigkeit und -umfang stets Gewinner und Verlierer in der Arbeitswelt und zumindest vorübergehend steigende Lohnungleichheit bewirkt (Greenwood, 1999). Solide wissenschaftlich fundierte Studien, die diesen Beschäftigungseffekt beleuchten, gibt es hingegen wenige. Um einen Überblick zum aktuellen Diskurs zu bieten, orientiert sich dieser Beitrag an einer viel beachteten Studie von Frey und Osborne (2013) zu den Beschäftigungseffekten der Digitalisierung in den USA, einer Kurzexpertise des ZEW (2015), die diese Studie auf die deutsche Wirtschaft überträgt, sowie auf ein Gutachten des Instituts der deutschen Wirtschaft (IDW; Hammermann u. Stettes, 2015).

Bei einem Blick in die Wirtschaftsgeschichte lässt sich erkennen, dass technologischer Wandel in der Vergangenheit trotz kurzfristiger negativer Auswirkungen langfristig nicht mit negativen Beschäftigungseffekten in Verbindung gebracht werden kann. Frey und Osborne (2013) legen dar, wie sich Arbeitsbedingungen und Berufsfelder durch neue Technologien zwar geändert, Menschen sich mit ihren Fähigkeiten aber immer wieder erfolgreich an die neuen Situationen angepasst haben. Über Bildung und das Erlernen neuer Kenntnisse waren sie stets in der Lage, ihren komparativen Vorteil gegenüber dem Produktionsfaktor Maschine aufrechtzuerhalten. Mit Blick auf die Digitalisierung gehen die Autoren jedoch davon aus, dass die Menschen zukünftig dieses Rennen gegen die Maschinen verlieren könnten. Mit Entwicklungen auf den Gebieten der künstlichen Intelligenz, der Robotik oder des maschinellen Lernens sehen Frey und Osborne (2013) die Maschinen auf Tätigkeitsfelder vordringen, die bislang nur mit menschlichen Fähigkeiten ausgefüllt werden konnten. So sehen sie nicht mehr lediglich manuelle, sondern zunehmend auch kognitive Tätigkeiten durch den Einsatz digitaler Technologien bedroht.

Auf Basis von Expertenschätzungen und beruflichen Tätigkeitsstrukturen untersuchen die Frey und Osborne (2013) die Automatisierbarkeit von Berufen in den USA. Sie gehen dabei davon aus, dass Routinetätigkeiten durch Maschinen ersetzt und auch ausgewählte Nichtroutinetätigkeiten unter Einsatz digitaler Technologien substituiert werden können. Als wenig wahrscheinlich sehen sie hingegen die Substituierbarkeit von Tätigkeiten, die auf Fähigkeiten beruhen, Komplexität und unstrukturierte Situationen zu bewältigen. Nicht von der Digitalisierung „gefährdet" sind ihrer Ansicht nach Tätigkeiten, die Kreativität oder soziale Intelligenz voraussetzen. Auf Grundlage dieser Sicht von Tätigkeiten definieren Frey und Osborne (2013) Tätigkeitsprofile, die sich zwischen den Berufsgruppen unterscheiden, für die Beschäftigten innerhalb einer Berufsgruppe jedoch als gleich angenommen werden. Für Berufsgruppen mit diesen Tätigkeitsprofilen wurden Experten/-innen um ihre Einschätzung der Automatisierbarkeit gebeten.

Im Ergebnis rechnen Frey und Osborne (2013) mit zwei großen Automatisierungswellen und damit verbundenen Beschäftigungseffekten. Von einer ersten Welle sehen sie in den kommenden 10–20 Jahren rund 47 % der Beschäftigten in den USA betroffen. Automatisiert werden in dieser Welle jene Berufe mit hoher Automatisierungswahrscheinlichkeit. Nach Überwindung technischer Engpässe und mit fortschreitender Entwicklung künstlicher Intelligenz sehen die Autoren in einer zweiten Welle, die um 2030 einsetzen kann, weitere 33 % der Beschäftigten von einer Automatisierung ihrer Berufe bedroht. In dieser Welle übernehmen die Computer auch kreative Tätigkeiten, werden fähig, menschliche Emotionen nachzuahmen, und finden sich besser in komplexen Situationen zurecht.

In weiteren Analysen stellen Frey und Osborne (2013) ferner heraus, dass die Automatisierungswahrscheinlichkeit einer Berufsgruppe mit dem Lohn- und Qualifizierungsniveau korreliert. Niedrige Lohngruppen sowie Geringqualifizierte sehen sich demnach mit einer vergleichsweise höheren Substitutionsgefahr konfrontiert.

Das Projektteam des ZEW (2015) überträgt diese Studie auf die deutsche Wirtschaft in einem ersten Schritt berufsbasiert und nimmt in einem zweiten Schritt eine tätigkeitsbasierte Übertragung vor. Mit dem zweiten Schritt wird dem Umstand Rechnung getragen, dass nicht Berufe oder Berufsgruppen, sondern Tätigkeiten digitalisiert und automatisiert

Berufs- und Tätigkeitsmigration in der Dienstleistung: Beschäftigungswandel ...

werden. Berufsbasiert arbeiten in Deutschland gemäß Studiendesign des ZEW 42 % der Beschäftigten in Berufen mit einer hohen Automatisierungswahrscheinlichkeit (USA: 49 %). Ausgewertet auf Ebene der Tätigkeiten sind hingegen nur noch 12 % der Beschäftigten betroffen (USA: 9 %). Der Unterschied liegt darin begründet, dass in der Studie von Frey und Osborne (2013) Beschäftigte in den Berufsgruppen mit hoher Automatisierungswahrscheinlichkeit auch schwer automatisierbare Tätigkeiten ausüben. Differenziert nach Lohngruppen und Qualifizierungsniveau werden die Ergebnisse von Frey und Osborne auch in der Studie des ZEW bestätigt. Für Geringqualifizierte und Geringverdiener/-innen fällt die Automatisierungswahrscheinlichkeit im Verhältnis höher aus.

Die tatsächlichen Beschäftigungseffekte durch Digitalisierung in Deutschland scheinen vor dem Hintergrund dieser Expertise deutlich geringer auszufallen, als die Ergebnisse der Studie von Frey und Osborne (2013) erwarten lassen. Das Gutachten des IDW bestätigt diese Einschätzung und führt dazu weitere Studienergebnisse als Beleg an (Hammermann u. Stettes, 2015). Demnach kommen auch Graetz und Michaels (2015) in ihrer Studie zu den Effekten des Einsatzes von Industrierobotern zu dem Ergebnis, dass die Gesamtzahl der geleisteten Arbeitsstunden von dieser technischen Innovation nicht betroffen ist und somit nicht von einem Beschäftigungsrückgang ausgegangen werden kann.

Zusammenfassend stellen diese Studien heraus, dass aus dem Trend der Digitalisierung nicht automatisch auf einen Beschäftigungsrückgang, also einen Ersatz menschlicher Arbeit durch die künstliche Intelligenz von Maschinen geschlossen werden kann. Ebenso deutlich zeigen die Studien jedoch auch auf, dass die Digitalisierung sehr wohl Beschäftigungseffekte in Bezug auf die Zusammensetzung des Arbeitsmarktes in Branchen und Berufen bewirken wird. Davon sieht man insbesondere Geringqualifizierte sowie Arbeitnehmer/-innen betroffen, die einfache und damit leicht automatisierbare Routinetätigkeiten ausführen.

4.1.3 Beschäftigungseffekte durch Digitalisierung für die Dienstleistung in Deutschland

Die in der Studie von Frey und Osborne (2013) prognostizierten Effekte sind nur mit großer Vorsicht zu interpretieren, weil neben Unklarheit aufgrund des gewählten Forschungsdesigns auch gesellschaftliche, rechtliche und ethische Hindernisse, die einer rasanten Entwicklung der Digitalisierung entgegenstehen, nicht berücksichtigt werden. Die bereits erwähnte Studie des ZEW (2015) weist z. B. darauf hin, dass die zugrunde gelegten Experteneinschätzungen offenbar die Automatisierungseinschätzung von Tätigkeiten kurzerhand auf ganze Berufe ausweiten und daher selbst personennahen Dienstleistungen, die voraussichtlich kaum oder nur sehr langsam automatisiert werden können, attestieren, dass sie durch Digitalisierung wegfallen werden. Auch werden gesellschaftliche, rechtliche und soziale Anpassungsprozesse kaum berücksichtigt, sodass kritisch zu hinterfragen ist, inwiefern Anpassungen von Tätigkeitsbildern einen möglichen Rückgang von Beschäftigung kompensieren könnte.

Nicht alles, was technisch möglich ist, ist auch wirtschaftlich sinnvoll oder rechtlich sowie gesellschaftlich umsetzbar. Wirtschaftlich wird eine Substitution nur dann einen Sinn ergeben, wenn die relativen Faktorpreise für den Einsatz digitaler Technologie unter denen der menschlichen Arbeit liegen. Selbst bei weiterhin sinkenden Preisen für digitale Technologie dürfte unklar bleiben, wann entsprechende Gewinnschwellen erreicht werden können. Rechtlich steht einer Digitalisierung und Automatisierung von Tätigkeiten insbesondere das Gewähren einer hinreichenden IT-Sicherheit entgegen. 59 % der Unternehmen in der deutschen Wirtschaft sehen in den hohen Anforderungen an die IT-Sicherheit, 50 % in bestehenden rechtlichen Unsicherheiten ein Hemmnis in der Digitalisierung von Geschäftsprozessen (vgl. DIHK, 2015, S. 8). Wenn Algorithmen menschliche Entscheidungen substituieren, resultieren daraus schließlich neben rechtlichen Haftungsfragen auch ethische Fragestellungen, wie man es beispielsweise in der Diskussion um das autonome Fahren verfolgen kann. Wie rasant sich die Digitalisierung in veränderten Tätigkeitsstrukturen niederschlagen und Beschäftigungsverhältnisse verändern wird, erscheint damit ungewiss. Prognosen, die diese Effekte ausblenden, zeichnen in der Folge ein wahrscheinlich zu negatives Bild im Hinblick auf zu erwartende Beschäftigungseffekte.

Schließlich ist zu berücksichtigen, dass ein technologischer Wandel nicht automatisch zu einem Rückgang der Beschäftigung führen muss, sondern stattdessen die Beschäftigten ihre Tätigkeitsstrukturen an die neue Situation anpassen. Studien zeigen Ausweich- bzw. Anpassungsprozesse, bei denen Beschäftigte vermehrt auf schwer automatisierbare Tätigkeiten ausweichen (vgl. Autor et al., 2003; Spitz-Oener, 2006, zitiert nach ZEW, 2015, S. 19). Arbeitsplätze und Tätigkeitsprofile werden verändert, ohne dass sie beseitigt werden. Es kommt zu einer Anpassung des Aufgabenspektrums menschlicher Arbeit, verbunden mit höheren Qualifizierungsanforderungen, nicht aber zu einem Beschäftigungsrückgang. Von diesen Ausweichbewegungen dürften insbesondere Unternehmen aus jenen Branchen betroffen sein, die einen hohen Anteil an klassischen Büro- und Verwaltungstätigkeiten, Aufgabengebiete aus dem Finanz- und Rechnungswesen oder einfache Verkaufs- und Servicetätigkeiten aufweisen (◘ Abb. 4.2; ▶ Exkurs: Effekte für die Berufs- und Tätigkeitsmigration.

In der deutschen Finanzwirtschaft als Teilbranche der Dienstleistung scheinen Beschäftigungswirkung und Notwendigkeit einer Kompetenzanpassung in Folge der

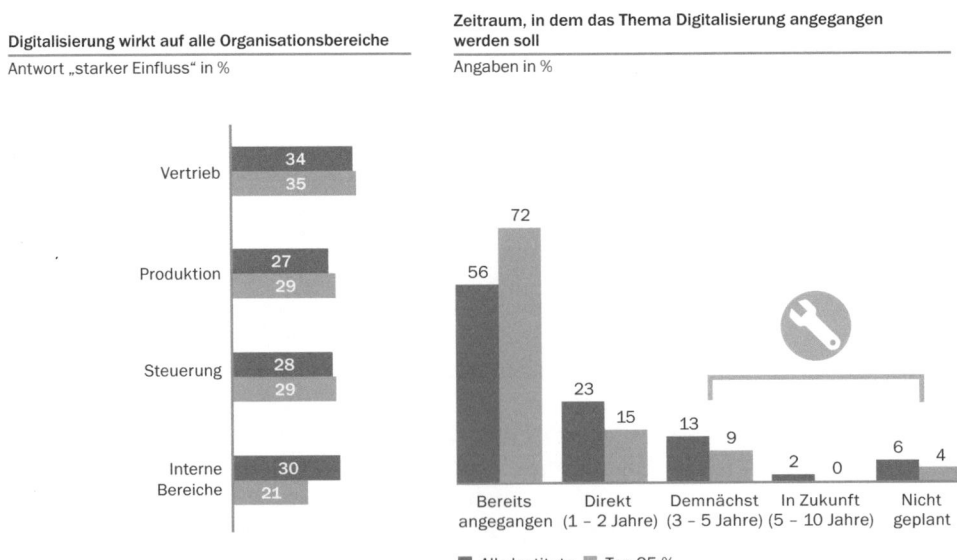

◘ Abb. 4.2 Wirkung und Umsetzung der Digitalisierung (zeb.HR-Studie 2015)

Digitalisierung als besonders stark ausgeprägt. Wodurch dieser Beschäftigungswandel gekennzeichnet ist und wie sich Unternehmen dieser Branche den damit verbundenen Herausforderungen stellen können, wird daher nachfolgend näher betrachtet. Dabei steht eine an Lebensphasen und Lebensereignissen orientierte Personalarbeit im Vordergrund.

> **Exkurs**
>
> Effekte von Digitalisierung auf Berufs- und Tätigkeitsmigration
> Zusammenfassend lassen sich auf Basis der einbezogenen Studien (Frey u. Osborne, 2013; Hammermann u. Stettes, 2015; ZEW, 2015) folgende Effekte für die Berufs- und Tätigkeitsmigration in der Dienstleistung festhalten:
> - Beschäftigungseffekte:
>   - Ein signifikanter Beschäftigungsrückgang ausgelöst durch die Digitalisierung ist für die deutsche Wirtschaft in ihrer Gänze betrachtet nicht zu erwarten.
>   - Für die Finanzwirtschaft wirkt die Digitalisierung als Beschleuniger des laufenden Strukturwandels, wodurch sich der in der Branche erwartete Personalabbau erklären ließe.
>   - Es ist zu erwarten, dass sich die Beschäftigungsstruktur durch die Digitalisierung verändern wird. Einfache Routinetätigkeiten unterliegen einer hohen Automatisierungswahrscheinlichkeit. Im Prozess der Digitalisierung und Automatisierung werden sich Tätigkeitsbilder voraussichtlich anpassen, neue Technologien werden als Arbeitsmittel genutzt, Mensch und Maschine komplementär im Geschäftsprozess eingesetzt.
> - Kompetenzanpassungen:
>   - Von der Automatisierung betroffene Beschäftigte werden ihre Tätigkeitsstrukturen anpassen (müssen). Unternehmen sind gefordert, entsprechende Weiterbildungsstrukturen bereit zu stellen, um diesen Anpassungsprozess zu unterstützen.
>
> Der Trend der Digitalisierung befördert gemeinsam mit Globalisierung und einem zu beobachtenden Strukturwandel – insbesondere in der Finanzwirtschaft – den Trend zur Höherqualifizierung.

4.2 Digitalisierung und Beschäftigungswandel in der Finanzwirtschaft in Deutschland

Unternehmen der Finanzwirtschaft befinden sich aktuell in einem herausfordernden Marktumfeld. Spätestens seit dem Zusammenbruch von Lehman Brothers und der anschließenden Finanz- und Vertrauenskrise sehen sich Unternehmen der Branche einem hohen Anpassungsdruck ausgesetzt. Anforderungen der Regulierungsbehörden müssen umgesetzt werden, was insbesondere in kleinen und mittleren Instituten zu hohen Kostenbelastungen führt. Das aktuelle Niedrigzinsumfeld sorgt zudem für wirtschaftlichen Druck auf der Ertragsseite der Banken. Margen schrumpfen und verschärfen den Konsolidierungsdruck in der Branche. In dieser Marktsituation wirkt die Digitalisierung wie ein Beschleuniger erforderlicher Anpassungsprozesse (Lister u. Menninghaus, 2016).

Inwiefern dieses Marktumfeld erklären kann, dass insbesondere Vertreter/-innen der Finanzwirtschaft starke Beschäftigungs- und Kompetenzanpassungseffekte durch die Digitalisierung erwarten, wird nachfolgend erörtert. Anhand ausgewählter Ergebnisse empirischer Studien werden Einblicke zum Status quo der Personalsituation in den Banken vermittelt. Herausforderungen auf strategischer Ebene sowie in Bezug auf notwendige Kompetenzanpassungen und eine Anpassung der Personalarbeit werden herausgearbeitet.

4.2.1 Digitalisierung als Beschleuniger des Strukturwandels in der Finanzwirtschaft in Deutschland

Die Digitalisierung hat einschneidende Veränderungen in der Finanzwirtschaft angestoßen. Traditionelle Geschäftsmodelle, insbesondere jene der Filial- und Flächenbanken, werden auf den Prüfstand gestellt. Innovative Anbieter/-innen der Finanztechnologie (Fintech) treten in den Markt ein und greifen die Banken mit digitalen Dienstleistungen an der Schnittstelle zu Kunden/-innen an. Sie setzen neue Standards im Management von Kundenbeziehungen und sorgen für eine Beschleunigung der digitalen Transformation von Geschäftsprozessen. Zwei Dimensionen der Digitalisierung betreffen die Banken dabei in besonderer Weise: Zum einen verändert Digitalisierung das Verhalten der Bankkunden/-innen, zum anderen verändern sich die Prozesse und Arbeitsmittel in den Banken.

Treibende Kraft eines veränderten Kundenverhaltens ist die Nutzung mobiler Endgeräte und darüber angebotener Dienstleistungen. Digitale Applikationen ergänzen das klassische Bankgeschäft und deren Anbieter treten zunehmend in direkten Wettbewerb zu etablierten Finanzinstituten. Bargeldtransaktionen werden zunehmend durch elektronische, internetbasierte Zahlungen abgelöst. Number26 bietet das schnell eröffnete und kostenlose Girokonto, wie es sich digital affine Kunden/-innen wünschen, Paypal setzt die Banken im Zahlungsverkehr unter Druck, IDnow bietet den rechtskonformen digitalen Vertragsabschluss in weniger als fünf Minuten. Kunden/-innen tätigen ihre Bankgeschäfte von beliebigen Orten aus, mobil und flexibel (Übersicht unter: ▶ https://www.fintech-hub.eu/). Klassische Servicetätigkeiten der Mitarbeiter/-innen am Bankschalter, insbesondere im Zahlungsverkehr, werden zunehmend obsolet. Vertriebs- und Kommunikationskanäle konvergieren in ein Omni-Kanal-System. 85 % der im IHK-Unternehmensbarometer befragten Unternehmen aus der Finanzwirtschaft wollen daher auf diesem Gebiet mit digitalen Innovationen punkten (vgl. DIHK 2015, S. 14). Tätigkeiten werden in den digitalen Raum verlagert, um sich an das veränderte Kommunikations- und Nachfrageverhalten der Kundschaft anzupassen.

Entwicklungen, die in der Hotel- und Gastronomiebranche bereits zum etablierten Standard gehören, halten Einzug in der Finanzwirtschaft. Kunden/-innen tauschen sich in sozialen Netzwerken oder auf spezifischen Finanzportalen über Finanzdienstleistungen aus oder bewerten in Anspruch genommene Dienstleistungen. Sie greifen auf Crowd-Finance-Lösungen zurück, durch die die Hausbank als bisheriger Intermediär ausgeschaltet wird.

Beispiel

Im Juli 2016 schrieb das Handelsblatt unter den Titel „Der Reiz der jungen Wilden", dass Deutschlands Banken einen Exodus vor allem junger Talente zu agilen und interessanten Start-up-Unternehmen erleben (Osman et al., 2016). Interessante Tätigkeiten und Arbeitsplätze wandern zu neuen, technologiegetriebenen Finanzdienstleistern, den Fintech-Unternehmen, aus. Während die Zahl der im Bankensektor Beschäftigten mit der Zahl der Banken und Bankfilialen deutlich sinkt, steigt die Anzahl der Fintech-Unternehmen und der Menschen, die für diese arbeiten: Zurzeit arbeiten mehr ausgebildete Bankkaufleute außerhalb als innerhalb von Banken. Während traditionelle Bankhäuser verstärkt in die Automatisierung von Verwaltungsabläufen und Bearbeitung von Kundendaten investiert haben, wenden Fintech-Unternehmen vergleichsweise viel Geld für die Arbeitsplätze ihrer Mitarbeiter/-innen auf (Lünendonk, 2012). Ein Hauptgrund für die defensive Investitionsstrategie traditioneller Bankhäuser ist der enorme Anstieg regulatorischer Auflagen, die auf das Geschäftsgebaren internationaler Großbanken zielen, aber eben auch kleine und regionale Banken in gleicher Weise betreffen.

Das durch die Digitalisierung veränderte Kundenverhalten drängt die Banken, ihre bisherigen Aktivitäten im Vertrieb zu überprüfen und anzupassen. Im Ergebnis werden Geschäftsprozesse verstärkt digitalisiert und die Arbeitsmittel in den Banken an das zunehmend digitale Bankgeschäft angepasst – die zweite Dimension der Digitalisierung, mit der sich Unternehmens der Finanzwirtschaft konfrontiert sehen.

Prozesse, insbesondere an der Kundenschnittstelle werden standardisiert, digitalisiert und automatisiert. Der Kunde wird stärker denn je in den Prozess der Dienstleistungserstellung integriert. Lösungen im Omni-Kanal-Banking lassen Arbeit und Kommunikation verschmelzen. Die Systeme unterstützen Selbstberatung und Online-Produktabschlüsse durch die Kunden/-innen. Über eine End-to-End-Automatisierung werden auch Tätigkeiten im Backoffice digitalisiert und vom Mensch auf die Maschine verlagert. Selbst im Beratungsgeschäft ersetzen oder ergänzen algorithmenbasierte Empfehlungen zuvor von Menschen getroffene Entscheidungen. Dies gilt sowohl für das Anlage- und Wertpapiergeschäft (z. B. Robo-Advisor) als auch für das Scoring im Kreditgeschäft (z. B. Kreditech).

Beispiel
Verlorenes Kundenvertrauen, eine unübersichtliche Vielfalt an Anlageprodukten und der Trend zum Selbermachen per App sorgten im Online-Banking für neue Standards. Nun ändert sich auch die private Vermögensverwaltung von Grund auf durch „Robo-Advice". Hinter diesem Begriff verbirgt sich die digitale Vermögensverwaltung. Aktuelle Entwicklungen zeigen, dass diese zukünftig zum Standardangebot eines Finanzdienstleisters gehören wird (Heiden u. Pfannemüller, 2016).

Bei einem Robo-Advice durchläuft der Kunde via App oder auf der Webpage des Anbieters eine voll automatisierte Anlageberatung. Diese beginnt mit den Kundendaten, die zu einer Risikoklassifizierung des Kunden/der Kundin führt, die in Deutschland gesetzlich vorgegeben ist. Technisch sind Robo-Advisors so aufgebaut, dass es zu den verschiedenen Fragen Standardantworten gibt, hinter denen eine Wenn-dann-Logik implementiert ist, sodass die verschiedenen Kombinationen von Kundenantworten letztlich jeweils auf ein bestimmtes Risikoprofil verweisen. Hinter jedem Risikoprofil befindet sich nun ein standardisierter Anlagevorschlag. Visualisiert wird dieser Prozess für die Kunden/-innen in einer Simulation mit Anlageübersicht, verschiedenen Risiko-Rendite-Kennzahlen und einer prognostizierten zukünftigen Wertentwicklung des Anlagevorschlags. Ein Kaufbutton schließt den Auswahlprozess ab.

Diese Entwicklungen deuten an, dass durch die Digitalisierung in der Finanzwirtschaft bereits eine Tätigkeitsmigration ausgelöst worden ist, ohne dass diese Entwicklung derzeit mit fundierten Studienergebnissen belegt werden könnte. Eine umfassende Studie des Bundesinstituts für Berufsbildung (BiBB) aus dem Jahr 2014 zeigte das Ausmaß der Veränderung in der Beschäftigtenstruktur: Während die Zahl der in Banken und Sparkassen Beschäftigten in den letzten 10 Jahren um etwa 15 % gesunken ist, stieg die Beschäftigtenzahl bei alternativen Finanzdienstleistungen im selben Zeitraum um mehr als 15 % (Frank et al., 2014).

Die Digitalisierung wirkt als Beschleuniger im Transformationsprozess der Finanzwirtschaft (▶ Exkurs: Transformationsprozess der Finanzwirtschaft). Die Banken stehen von der Herausforderung, einen grundsätzlichen digitalen Wandlungsprozess einzuleiten, sofern nicht schon geschehen. Den Mitarbeitern/-innen ist dabei der existierende Handlungsdruck deutlich vor Augen zu führen und sie sind für die erforderlichen Anpassungsprozesse zu sensibilisieren. Unter strategischen Gesichtspunkten müssen traditionelle Geschäftsmodelle auf den Prüfstand gestellt werden. Ausgehend von den Erwartungen der zunehmend digital agierenden Bankkunden/-innen sind Dienstleistungs- und Produktportfolios zukunftsorientiert auszurichten. Stellen- und Tätigkeitsprofile sind schließlich differenziert zu analysieren und anzupassen, um die Organisation der Bank zukunftsfähig auszurichten.

> **Exkurs**
>
> Transformationsprozess der Finanzwirtschaft
> - Beschäftigungseffekte:
>   - Einfache Tätigkeiten ohne Kundenkontakt sowie einfache Servicetätigkeiten, die automatisiert und/oder von den Kunden/-innen übernommen werden können, werden am stärksten vom Abbau betroffen sein.
>   - Einfache Beratungstätigkeiten im stationären Vertrieb werden verdrängt und mobilisiert.
> - Kompetenzanpassung:
>   - Mehrwertdienste und das Omni-Kanal-Geschäft nehmen deutlich zu und sorgen für einen erhöhten Qualifizierungsbedarf im Direktservice.
>   - Ansprüche an „digitale Kompetenzen" der Mitarbeiter/-innen nehmen in allen Funktionsbereichen einer Bank erheblich zu und verlangen nach spezifischen Weiterbildungs- und Qualifizierungsmaßnahmen.

4.2.2 Kompetenzmanagement in Banken

In der wohl größten Personalstudie deutschsprachiger Kreditinstitute, der zeb.HR-Studie (vgl. Hasebrook u. Singer, 2015), wurden insgesamt 908 Personen aus 579 Instituten zu aktuell relevanten Personalthemen befragt. Die Digitalisierung der Arbeit wurde dabei als eines der wichtigen Themen von den Teilnehmenden der Studie beleuchtet. Die Ergebnisse der zeb.HR-Studie 2015 zeigen allerdings, dass Personal und Organisation in den Banken bislang kaum auf den digitalen Wandel vorbereitet sind. Selbst das Problembewusstsein erscheint nur begrenzt ausgeprägt. Vergleichbar mit dem IHK-Barometer zur Digitalisierung glaubt zwar die Mehrheit der Institute, dass alle wesentlichen Leistungsbereiche – Vertrieb, Produktion und Steuerung – von der Digitalisierung betroffen sind. Aktiv mit den Auswirkungen der Digitalisierung beschäftigt haben sich jedoch erst etwas mehr als die Hälfte der Institute. In der Online-Befragung zur zeb.HR-Studie wurde die Qualität des Personalmanagements anhand von Indikatoren erhoben. In der Online-Befragung zur zeb.HR-Studie wurde die Qualität des Personalmanagements entsprechend der Vorgaben der European Foundation for Quality Management (EFAM) anhand von Indikatoren erhoben. Es zeigte sich, dass es bei 25 % der Qualitätsbesten bereits über 70 % sind. Gut ein Fünftel der Banken (21 %) hat noch keine konkreten kurzfristigen Pläne (◘ Abb. 4.2).

Untersucht man den Status der Kompetenzen, die mit der Digitalisierung an Bedeutung gewinnen, und die Aktivitäten der Banken in der systematischen Entwicklung dieser Kompetenzen, zeigt sich ebenfalls ein ernüchterndes Bild (◘ Abb. 4.3).

Mehr als die Hälfte der Banken (59 %) sehen Defizite im Bereich der digitalen Kompetenzen. Dabei stufen sich die Mitarbeiter/-innen selbst nicht als Verweigernde gegenüber dem Digitalisierungstrend ein, sondern zeigen sich offen gegenüber Vorbereitung und Weiterbildung zu diesem Thema. Bemängelt wird stattdessen eine nicht hinreichende Unterstützung durch das Personalmanagement beim Umgang mit den Herausforderungen der Digitalisierung. Folgt man dieser Einschätzung, werden spezifische Bildungsmaßnahmen im Kontext der Digitalisierung nur in einer Minderheit der Banken in ausreichendem Maße angeboten. Es besteht ein Kompetenzdefizit, das Banken daran hindert, sich erfolgreich den Herausforderungen der Digitalisierung zu stellen.

Die Banken sind daher vor die Aufgabe gestellt, die Kompetenzen ihrer Mitarbeiter/-innen sowie ihr systematisches Kompetenzmanagement an die neuen Anforderungen

Berufs- und Tätigkeitsmigration in der Dienstleistung: Beschäftigungswandel …

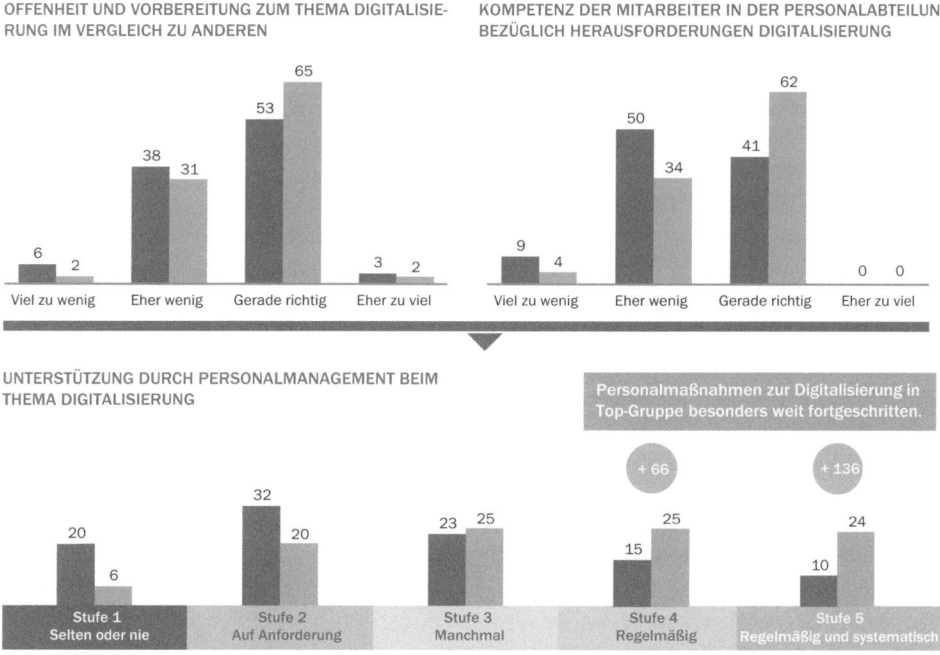

Abb. 4.3 Veränderungsbereitschaft, Kompetenz und Unterstützung des Personals zum Thema Digitalisierung (zeb.HR-Studie 2015)

eines digitalisierten Bankgeschäfts anzupassen. Dabei scheint es geboten, digitale Kompetenzen über alle Funktionsbereiche hinweg zu entwickeln. Dass hier ein akuter Bedarf in der Finanzwirtschaft besteht, bestätigen auch die Einschätzungen im IHK-Barometer. 52 % der dort befragten Unternehmen aus der Finanzwirtschaft sehen einen wesentlichen Qualifizierungsbedarf, um die anstehenden digitalen Veränderungsprozesse meistern zu können (vgl. DIHK, 2015, S. 17).

Allerdings würde man den Anforderungen der Digitalisierung nicht hinreichend gerecht, würde man in der Personalentwicklung zukünftig ausschließlich auf den Ausbau digitaler Kompetenzen fokussieren. Stattdessen verdeutlichen die Studien zu Beschäftigungseffekten der Digitalisierung, dass mit den veränderten Beschäftigungs- und Tätigkeitsstrukturen ein genereller Qualifizierungsbedarf einhergeht. Mitarbeiter/-innen werden in einer solchen Situation darauf drängen, ihren Qualifikationsstand zu heben, um zukünftig komplexere Tätigkeiten in der Bank übernehmen und ihre Beschäftigung damit langfristig sichern zu können. Für die Banken bedeutet dies, dass auch für diese Beschäftigtengruppen eine gezielte Kompetenzentwicklung zu realisieren ist, sofern man sich nicht von diesen Mitarbeitergruppen durch Personalabbau trennen möchte.

4.2.3 Bildungsbeteiligung verschiedener Altersgruppen

Aus dem Trend der Digitalisierung lassen sich nicht nur Forderungen an wesentliche zukünftige Kompetenzen und Fähigkeiten der Mitarbeiter/-innen ableiten. Der Trend betrifft darüber hinaus auch unmittelbar die Ausgestaltung der Lernformate in der

Kompetenzentwicklung. Digitale Lernformate erweitern das Repertoire, auf das in der Personal- und Kompetenzentwicklung der Banken zurückgegriffen werden kann.

Verbunden mit dem Ziel, Lernprozesse effektiv und effizient zu gestalten, sind Banken gefordert moderne Lernarchitekturen zu entwickeln, in denen digitale und weitere zukunftsorientierte Kompetenzen ausgebildet werden können. Einsatzpotenziale digitaler Lernformate sollten dabei systematisch ausgeschöpft werden.

Weiterhin sollten die Lernformate auf die altersspezifischen Lernpräferenzen ausgerichtet werden. Der Einsatz digitaler Lernformate stellt an sich noch keinen Wert dar. Vielmehr scheinen die Personalabteilungen gefordert, die Kompetenzentwicklung und die Auswahl der Lernformate auf die spezifischen Anforderungen der Mitarbeiter/-innen auszurichten. Die mit der Digitalisierung verbundenen Herausforderungen werden sich nur dann bewältigen lassen, wenn es gelingt, eine Lernumgebung zu schaffen, in der erforderliche Kompetenzen über alle Altersstufen hinweg ausgebildet und vermittelt sowie Erfahrungen erworben und weitergegeben werden können.

An dieser Stelle weisen Unternehmen aus der Finanzwirtschaft gegenüber Unternehmen anderer Branchen Defizite auf. Eine Studie von Göbel und Zwick (2011) zeigt, dass es industriellen Betrieben deutlich besser als der Finanzdienstleistungsbranche gelingt, die nachlassende Leistungsfähigkeit älterer Mitarbeiter/-innen zu kompensieren oder aufrechtzuerhalten. Die zeb.HR-Studie 2015 zeigt zudem, dass auf die zukünftig stärkeren Alterskohorten vergleichsweise wenig Weiterbildungsmaßnahmen entfallen (◘ Abb. 4.4).

Der größte Teil der Weiterbildung (39 %) betrifft die Altersgruppe der 18- bis 30-Jährigen. Nur 11 % der Maßnahmen entfallen auf Mitarbeiter/-innen, die älter als 50 Jahre sind. Von einer systematischen Qualifizierung der Alterskohorten jenseits der 40

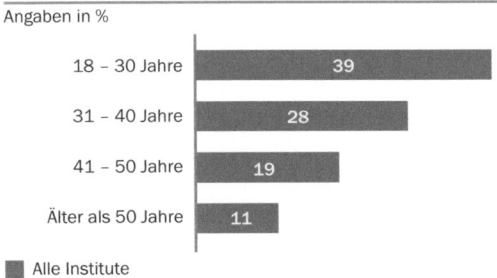

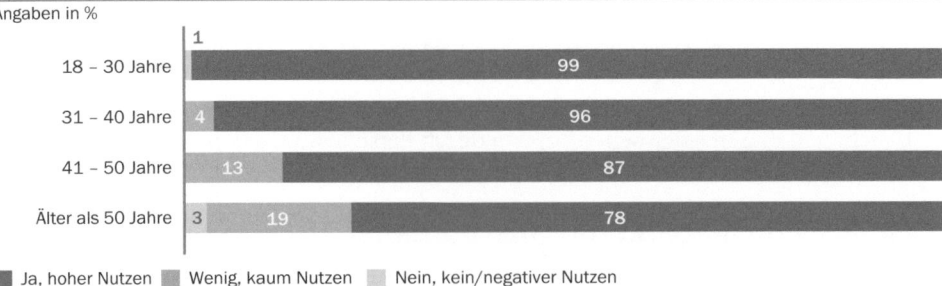

◘ **Abb. 4.4** Beteiligung und Nutzeneinschätzung für die Weiterbildung unterschiedlicher Altersgruppen (zeb.HR-Studie 2015)

Jahre kann kaum gesprochen werden. Diese erscheint jedoch vor dem Hintergrund der Anforderungen neuer Technologien zwingend erforderlich.

Die Banken setzen sich durch den Fortbestand dieser Defizite in der Kompetenzentwicklung und Weiterbildung zwei wesentlichen Gefahren aus. Zum einen gehen sie das Risiko ein, dass ohne gezielte altersspezifische Lernformate ältere Mitarbeiter/-innen von den Entwicklungen auf dem Gebiet der Digitalisierung überrollt werden. Ohne spezifische Maßnahmen werden sie ihre Kompetenzen nicht an die veränderten Tätigkeitsprofile ihrer Stellen anpassen können. Zum anderen droht den Banken ohne den Einsatz geeigneter altersübergreifender Lernformate der Verlust von Erfahrungswissen, wenn die älteren Mitarbeiterkohorten aus dem Erwerbsleben ausscheiden und die Banken verlassen. Alter und Lebensphasen der Mitarbeiter/-innen sollten daher bei der Ausgestaltung von Weiterbildungsmaßnahmen berücksichtig werden, um eine durch die Digitalisierung geforderte Kompetenzanpassung zu unterstützen.

4.3 Handlungsempfehlungen zur Bewältigung von Beschäftigungswandel und Kompetenzanpassung in der Finanzwirtschaft

Die Digitalisierung verändert die Finanzwirtschaft. Die Analyse der Effekte von Digitalisierung auf Beschäftigung und Kompetenzanforderungen zeigen, dass sich ausgehend von einem veränderten Kundenverhalten die Geschäftsmodelle, Tätigkeitsstrukturen, Stellenanforderungen und Kompetenzprofile in den Banken verändern. Nachfolgend werden analog zu den dargestellten Herausforderungen Handlungsempfehlungen abgeleitet, die Banken als Impuls dienen können, die notwendige digitale Transformation erfolgreich zu gestalten.

4.3.1 Verschiedene Lebensphasen in Unternehmen

Die Digitalisierung fordert von den Banken einen grundlegenden Digital-Change-Prozess, verbunden mit einer konsistenten Vorgehensweise bei Anpassung von Strategie, Struktur und Kultur (◘ Abb. 4.5).

Eine Umfrage bei rund 100 Entscheidern/-innen der europäischen Bankwirtschaft, die das Beratungsunternehmen zeb (2017) unter dem Titel „zeb digital pulse check" durchgeführt hat, ergab einen hohen Entwicklungsbedarf und spezifische Handlungsempfehlungen für Banken im Umgang mit Digitalisierung:
− Auf strategischer Ebene sind die Banken gefordert, das eigene Geschäftsmodell für die digitale Zukunft weiterzuentwickeln. Klarheit in Vision und Strategie, eine hohe Zustimmung und Identifikation der Führungskräfte sowie deren Rolle als digitale Vorbilder lassen sich als Erfolgsfaktoren der digitalen Transformation anführen. Das Verständnis für die digitalen Kunden/-innen muss über alle Altersstufen bei den Mitarbeitern/-innen wesentlich verbessert werden.
− Anpassungsbedarf in den Tätigkeitsstrukturen müssen in die Aufgabenbereiche und Handlungsfelder der Mitarbeiter/-innen übersetzt werden, um sie für jeden einzelnen relevant zu machen. Konkret sollten die Banken neue, digitale Tätigkeiten in die bestehenden Stellenprofile einarbeiten, angepasste Kompetenzprofile entwickeln und entsprechende Entwicklungsprogramme aufsetzen. Dem durch die Digitalisierung

◘ Abb. 4.5 Digital-Change-Prozess in den Organisationsstrukturen von Banken

hervorgerufenen Entwicklungsbedarf sollte aus Sicht des Personalmanagements ganzheitlich begegnet werden. Betroffen sind alle Personalprozesse von der Personalplanung über das Recruiting, den Personaleinsatz, die Kompetenzentwicklung bis zur Sicherung der Wissensbasis im Unternehmen. Den unterschiedlichen Altersstufen der Mitarbeiter/-innen ist dabei entsprechend ihrer Lebensphasen Rechnung zu tragen.

- Für die Umsetzung digitaler Strategien erscheinen ferner innovationsfreundliche Organisationsstrukturen vorteilhaft. Hierarchien sollten netzwerkartigen Organisationsformen weichen oder zumindest von modernen Formen der Projektorganisation überlagert werden. Agile Arbeitsweisen sollten genutzt und die funktionsbereichsübergreifende Zusammenarbeit gefördert werden. Über den Einsatz digitaler Teamarbeitsformen können Mitarbeiter/-innen an das Arbeiten in einer digitalen Bankenwelt herangeführt werden. Dies fördert nicht zuletzt auch den Wissensaustausch zwischen Mitarbeitern/-innen unterschiedlicher Alterskohorten. Der Einstieg kann über Webinare als Ersatz für Präsenzmeetings erfolgen und über das Aufsetzen interner „Communities of Practice" als Arbeits- und Lernplattform intensiviert werden.

Noch ist nicht abzusehen, auf welches Zielbild Banken in ihrer digitalen Transformation zusteuern. Statt konkreter Zielvorgaben und dem Erreichen klar umrissener Meilensteine ist in diesem Transformationsprozess vielmehr Agilität gefragt. Der Weg zur digitalen Arbeit führt über digitale Arbeit.

Beispiel

In Kooperation mit einem verbandsnahen IT-Dienstleister haben Banken ein Konzept entwickelt, um institutsübergreifend digitale Innovationsprozesse anzustoßen und parallel in den beteiligten Instituten umzusetzen. Die gewählte Arbeitsstruktur orientiert sich dabei an drei Grundprinzipien:

1. Fachkenntnis vor Hierarchie: Teams mit wechselnder, themenbezogener Besetzung statt fester Projektgruppen nutzen agile Arbeitsformen wie „Cloud Working" und „flexibles Sourcing" und setzen dabei neue digitale Arbeitsmittel ein. Die wechselnde Besetzung der Teams erlaubt Führung auf (Teil-)Zeit, sichert themenbezogenen innovativen Input von Kompetenzträgern/-innen und erhöht die Einsatzflexibilität in Nachfolgeprojekten.

2. Partizipation: Alle Mitarbeitergruppen sind in der Phase der Zielsetzung sowie in die Steuerung der Projekte eingebunden. Mitarbeiter- und Organisationsziele stehen gleichberechtigt neben geschäftsstrategischen Zielen. Kunden/-innen oder externe Experten/-innen werden bei Bedarf hinzugezogen. Zielfindung und die Bewertung der Zielerreichung werden von altersgemischten Teams übernommen, sodass insbesondere ältere und erfahrene Mitarbeiter/-innen an den digitalen Transformationsprozessen partizipieren können. Der Wissensaustausch über die Generationen wird in beide Richtungen gefördert. Ältere geben ihr Erfahrungswissen an Jüngere weiter, die jüngere Generation bringt insbesondere ihre digitalen Kompetenzen in den Austauschprozess ein.
3. Sukzessive Digitalisierung der Arbeit: Neue Kommunikations- und Arbeitsmittel werden in der konkreten Projektarbeit eingeführt und erprobt. Die Projektgruppen geben einander Feedback, teilen ihre Erfahrungen bezüglich der digitalen Arbeitsmitte und stellen einen systematischen Wissens- und Erfahrungsaustausch innerhalb und zwischen den Banken sicher.

Darüber hinaus setzt die Finanzwirtschaft derzeit auf ein verstärktes Experimentieren mit digitalen Arbeitsformen, um den Digital Change auch kulturell zu bewältigen. Banken suchen die Kooperation mit Fintech-Unternehmen, gründen eigenständig digitale Laboratorien oder wenden intern kollaborative Arbeitsformen wie BarCamps (offene Tagungs- oder Workshopformate) oder Hackathons (Soft- und Hardwareentwicklungsveranstaltungen) an, um digitale Dienstleistungen oder Produkte zu entwickeln und zu testen. Der Weg scheint in diesen Arbeitsformen ein Teil des Zieles zu sein: Das Sammeln von Erfahrungen im Kontext digitaler Arbeitsformen ist für die Bewältigung digitaler Anpassungsprozesse ebenso relevant wie die in den Prozessen entwickelten digitalen Leistungen. Banken umfassen dann verschiedene Lebensphasen eines Unternehmens vom Start-up mit BarCamp und Hackathon bis zu sicherheitsorientierten, hoch regulierten Dienstleistungen etwa im Zahlungsverkehr.

4.3.2 Digitale Kompetenzentwicklung durch digitale Lernformate

Verbunden mit der Digitalisierung sowie den Anforderungen an Dienstleistungsunternehmen und speziell an Banken sind die Kompetenzen ihrer Mitarbeiter/-innen gemäß angepasster Stellen- und Anforderungsprofile in einer digitalen Dienstleistungsgesellschaft zukunftsorientiert auszubilden. Der durch die Digitalisierung ausgelöste Beschäftigungswandel untermauert den Bedarf an einer grundsätzlichen Höherqualifizierung im Kontext technologischer Entwicklungen. Wenn einfache Tätigkeiten durch den Einsatz digitaler Lösungen automatisiert und ersetzt werden, sind insbesondere für derzeit gering qualifizierte Mitarbeiter/-innen Programme aufzusetzen, die ihnen die Übernahme komplexerer Tätigkeiten in einer Bank ermöglichen. In Banken sind diese Programme insbesondere für Servicekräfte und jene Büro- und Backoffice-Mitarbeiter/-innen zu entwickeln, für deren Tätigkeit eine hohe Automatisierungswahrscheinlichkeit prognostiziert wird.

Grundsätzlich ist die Personalentwicklungsabteilung gefordert, alle Mitarbeiter/-innen für ein produktives Agieren in einer digitalen Bankenwelt zu befähigen. Dazu sind insbesondere die digitalen Kompetenzen der Mitarbeiter/-innen über alle Alters- und Hierarchiestufen sowie über alle Funktionsbereiche hinweg auszubilden und zu vertiefen. Altersspezifische Lerncharakteristika sind dabei zu berücksichtigen. Digitale Kompetenzen, die zu einer Teilhabe in einer digitalen Arbeitswelt befähigen, lassen sich einer Empfehlung des Expertengremiums des Bundesministeriums für Bildung und Forschung (BMBF) zum

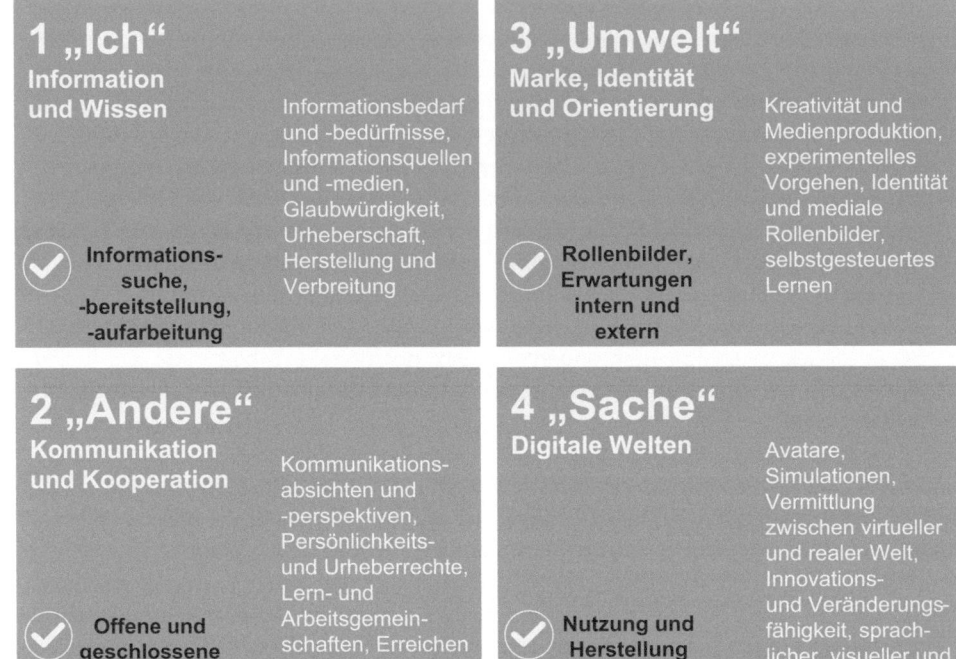

Abb. 4.6 Vier Ebenen der Kompetenzentwicklung für Teilhabe, Innovations- und Veränderungsfähigkeit in einer digitalen Arbeitswelt

Thema „Kompetenzen in einer digital geprägten Kultur" (BMBF, 2012) folgend nach vier Ebenen differenziert betrachten und ausbilden (Abb. 4.6):

- Auf dem ersten Entwicklungsfeld „Information und Wissen" sollte es darum gehen, Informationsbedarf erkennen und spezifische Informationen aufbereiten, bewerten und weitergeben zu können. Mitarbeiter/-innen sollten in die Lage versetzt werden, sich in interaktiven Prozessen adressatengerecht, situationsbezogen und verantwortlich zu beteiligen, um Informationen verbreiten zu können.
- Das Entwicklungsfeld „Kommunikation und Kooperation" adressiert Kompetenzen im sozialverantwortlichen Umgang mit anderen Menschen und deren Kommunikationsabsichten. Sich in virtuellen Gemeinschaften und Teams sicher bewegen und einbringen zu können, um gemeinsam gesteckte Ziele zu erreichen, steht im Entwicklungsfokus.
- Das Entwicklungsfeld „Marke, Identität und Orientierung" adressiert Kompetenzen, die Mitarbeitende zeigen, die sich mit Rollenbildern in digitalen Medien auseinanderzusetzen wissen, die ihre Person in digitalen Welten angemessen und wirkungsvoll darstellen können und sich über digitale Arbeitsmittel zu artikulieren verstehen.
- Auf dem Feld der „Produktion in digitalen Welt" finden sich schließlich jene Kompetenzen, die Mitarbeitende auszeichnen, die in der Lage sind, sich Fähigkeiten anzueignen, um über komplexe IT-Anwendungen innovativ tätig sein zu können.

Zudem umfasst dieses Feld jene Kompetenzen, die die Mitarbeitenden in die Lage versetzen, Anforderungen aus der stofflichen Welt in die digitale zu transformieren und Ergebnisse der digitalen Welt für das reale Geschehen greifbar zu machen.

Diese Programme zur Entwicklung digitaler Kompetenzen schaffen die erforderliche Grundlage, damit Mitarbeiter/-innen digitale Arbeitsmittel und Arbeitsformen zu beruflichen Zwecken nutzenstiftend einsetzen können.

Transferiert man die Empfehlungen des BMBF auf den Tätigkeitsbereich einer Bank, benötigen die Mitarbeiter/-innen Informationen und ein Grundwissen darüber, welche digitalen Innovationen für Banken allgemein und ihr Tätigkeitsfeld im Speziellen von Bedeutung sind. Sie sollten ferner in die Lage versetzt werden, sich über das Experimentieren in digitalen Arbeitsumgebungen mit neuen Arbeitsmitteln und deren produktivem Einsatz in den Geschäftsprozessen einer Bank vertraut zu machen. Ferner sind mit den Mitarbeitern/-innen Leitlinien für den Umgang mit digitalen Medien im beruflichen wie auch für den privaten Kontext zu thematisieren und zu vereinbaren. Mitarbeiter/-innen sollten hier insbesondere für IT-Sicherheitsfragen im Kontext des Bankgeschäfts sensibilisiert werden. Dies betrifft sowohl die Kommunikation in sozialen Netzwerken als auch das Nutzen beruflicher IT-Infrastruktur innerhalb und außerhalb der Bank (z. B. im Rahmen von Homeoffice-Lösungen).

Effektivität und Effizienz im Kompetenzmanagement können gesteigert werden, wenn verstärkt auch auf digitale Lernformate zurückgegriffen wird. Dazu zählen die bereits angesprochenen kollaborativen Arbeitsformen, die über die Integration weitere Web-2.0-Technologien ergänzt werden können. Wie die Learning-Delphi-Studie des mmb Instituts (2013) gezeigt hat, erfreuen sich Blended Learning Konzepte, virtuelle Klassenräume und der Einsatz von Apps für das mobile Lernen wie auch das Integrieren von Wikis oder sozialen Netzwerken einer wachsenden Beliebtheit bei Unternehmen.

Beispiel: SALT-Projekt
Die Akademie der Sparda Banken (Sparda Akademie) hat zusammen mit der Steinbeis-Hochschule Berlin (SHB) ein Konzept entwickelt, wie Techniken des Web 2.0 in der kaufmännischen Bildung eingesetzt werden können, um gezielt den nachhaltigen Erfolg von vertriebsorientierten Anteilen der Weiterbildung zu fördern (Darstellung in Hasebrook u. Rodde, 2012). Dabei bestand ein wesentliches Ziel der SHB darin, die Wirksamkeit kooperativer, flexibler Lernumgebungen (Web 2.0) und deren Kombinierbarkeit mit herkömmlichen Lernumgebungen (z. B. Seminaren) nachzuweisen.

An der Bedarfserhebung beteiligten sich 693 Mitarbeiter-/innen der Sparda-Banken bzw. deren Verbundpartner DEVK (Versicherung) und monega (Fondsgesellschaft). Die Befragten sollten einschätzen, wie wichtig und wie nützlich bestimmte Web-2.0 Anwendungen (z. B. Blog, Wiki) für die betriebliche Bildung sind. Erfasst wurden u. a. das Alter sowie die Gehaltsstufe als Indikator für die Hierarchiestufe und das Berufsalter einschließlich des Status „Auszubildender". Besserverdienende und besonders Auszubildende halten Web 2.0 zwar für wichtig, nicht jedoch für besonders nützlich. Als wichtig und auch nützlich wird Web 2.0 bei der höchsten Altersstufe (ab 60 Jahren) und den unteren Tarifgruppen eingeschätzt. Eine Interpretation dieser Ergebnisse könnte sein, dass Besserverdienende weniger an Einführung und Erlernen neuer Technologien interessiert sind. Auszubildende sehen in der ihnen bekannten Web-Technologie eher ein Freizeit- als ein Arbeits- oder Lernangebot.

Ältere sehen angesichts des sich vollziehenden Wandels die Notwendigkeit, sich daran zu beteiligen.

Nach der Bedarfserhebung wurden wie geplant drei Lernszenarien als Pilotkurse abgestimmt, in Form von Social Software realisiert und die Ergebnisse evaluiert:
1. Ein Training für Auszubildende zur Verbesserung der Teamarbeit
2. Ein Training für Vertriebsmitarbeiter-/innen zur Verbesserung ihres Umgangs mit der Betriebssoftware Prisma
3. Ein spezifisches Training für gehobene Individualkundenberater-/innen, die in der Weiterbildung anderer Mitarbeiter/-innen tätig sind.

Durch den Einsatz von Social Software als Lernumgebung im Vergleich zu herkömmlichen Seminaren konnten beispielsweise der Zeit- und Kostenaufwand zur Einführung einer neuen Vertriebssoftware halbiert und die Nutzungsquote um 30 % erhöht werden.

Insgesamt 79 Mitarbeiter-/innen aus Sparda-Banken nahmen an den Kursen und davon 41 an der abschließenden Evaluation teil. Unterschieden wurden die Bewertung der Lernvorbereitung (Vorfeld), der Lerndurchführung (Lernfeld) und des Lerntransfers (Funktionsfeld). Die Beurteilung des Vorfelds und des Lernfelds wirken sich signifikant auf die Zufriedenheit, Weiterempfehlung und den Wunsch nach mehr Web-2.0-Lernangeboten aus. Beide Faktoren treten aber auch in Wechselwirkung: Bewerten die Teilnehmer das Vorfeld des Kurses positiv, dann kann ihr Gesamturteil zum Kurs durch gute Erfahrungen im Lernprozess kaum noch verbessert werden. Bewerten sie hingegen das Vorfeld negativ, verbessert eine positive Lernerfahrung im Lernprozess das Gesamturteil so deutlich, dass es zur besten Bewertung insgesamt führt. Lernzufriedenheit entwickelt sich sich also vor allem im Lernfeld (Hasebrook u. Rodde, 2012).

Eine weitere Ausbaustufe könnte schließlich das „Social Workplace Learning" darstellen (Erpenbeck et al., 2016). In diesem Konzept werden dem selbstorganisierten Aufbau von Wissen, der Kompetenzentwicklung anhand realer Praxisfälle sowie dem Social Learning, d. h. der Reflexion von Erfahrungswissen mit Lernpartner/-in aus dem Unternehmen eine besondere Aufmerksamkeit gewidmet. Mehr selbstorganisiertes Lernen ermöglicht die Anpassung an altersspezifische Lerncharakteristika. Die Reflexion realer Problemsituationen im Lernprozess unterstützt die Weitergabe von Wissen zwischen den Mitarbeitergenerationen und damit altersübergreifendes Lernen. „Social Workplace Learning" bietet somit gute Voraussetzungen, um ein lebensereignisorientiertes Personalmanagement zu unterstützen. Kompetenzentwicklung in diesen Systemen setzt voraus, dass Mitarbeiter/-innen in ihrem Arbeitsumfeld oder in Projekten Herausforderungen schöpferisch verarbeiten und auf diesem Wege zu neuen Motivationen und Emotionen gelangen. Aufgabe des Kompetenzmanagements besteht darin, einen Ermöglichungsrahmen zu schaffen und laufend zu optimieren, der die Kompetenzentwicklung im laufenden Prozess der Arbeit ermöglicht. Personalentwickler/-innen, Trainer/-innen oder Dozenten/-innen übernehmen in diesem Prozess die Aufgabe einer Lernbegleitung. Es werden soziale Lernplattformen gestaltet, in denen beispielsweise Web-2.0-Techniken eingesetzt werden, um Kommunikation unter den Lernenden zu ermöglichen und zu fördern. Nutzer/-innen können auf diesen Plattformen Informationen und Lehrmaterial konsumieren (z. B. über Lernfilme, Wikis, Podcasts) oder untereinander in Austausch treten (z. B. über Chats oder das Erstellen eigener Beiträge). Insbesondere das Lernen und der Austausch unter den Nutzern/-innen (d. h. das Peer-to-Peer-Lernen) werden dabei gefördert. Die Lernenden erhalten laufend Rückmeldung zu ihren Lernfortschritten und werden in der Selbstorganisation

Berufs- und Tätigkeitsmigration in der Dienstleistung: Beschäftigungswandel …

ihrer Lernprozesse unterstützt. Das System wird dabei so ausgestaltet, dass die Lernenden ihren Lernprozess im Kontext ihrer Arbeit – unabhängig von Ort und Zeit und abgestimmt auf ihren individuellen Lernbedarf – organisieren können.

4.3.3 Lebensphasen- und lebensereignisorientiertes Personalmanagement

Einhergehend mit einer Anpassung von Strategie, Tätigkeitsstruktur und Kompetenzmanagement verlangt die Digitalisierung in Verbindung mit der zu beobachtenden Altersstruktur in Banken schließlich eine Personalarbeit, die die Lebensphasen der Mitarbeiter/-innen und deren altersspezifische Lernpräferenzen ganzheitlich berücksichtigt. Dies gilt insbesondere vor dem Hintergrund einer ungünstigen, weil überalterten Beschäftigtenstruktur in Banken sowie den nur unzureichenden Investitionen in lebenslanges Lernen der Mitarbeitenden aus den Alterskohorten jenseits der 40 Jahre (Hasebrook u. Singer, 2015). Personalarbeit muss neben Kompetenzentwicklung eine effektive sowie effiziente Arbeitsorganisation sicherstellen.

Einen Ansatz, um diesen Anforderungen gerecht zu werden, bietet das lebensereignisorientierte Personalmanagement (berufundfamilie gGmbH, 2015; vgl. ▶ http://www.berufundfamilie.de/). Dieses beruht auf einem Stufenplan, der empfiehlt, in einem ersten Schritt die altersstrukturbedingte Ausgangslage eines Unternehmens zu analysieren, vorhandene Personalmaßnahmen zu evaluieren und sich an Benchmarks in Bezug auf altersgerechte Personalpolitik zu orientieren. Auf einer zweiten Stufe soll ein betriebliches Angebot an Personalmaßnahmen altersgerecht ausgebaut werden. Die empfohlenen Maßnahmen für sich genommen sind dabei nicht neu. Sie umfassen beispielsweise die flexible Ausgestaltung von Arbeitszeitmodellen, den Einsatz altersgemischter Teams oder von Paten- und Mentorenmodellen ebenso wie Konzepte zur Unterstützung eines lebenslangen Lernens. Neu und pointiert ist hingegen die Forderung, dass die Maßnahmen in ihrer Kombination unterschiedliche Lebensentwürfe der Generationen berücksichtigen und am individuellen Bedarf des einzelnen Mitarbeitenden orientiert sein sollten.

Beispiel
Erste Schritte zur Anpassung der Arbeitsorganisation und einer stärkeren Umsetzung einer lebensereignisorientierten Personalarbeit unternimmt eine Sparkasse, die verschiedene Arbeitsorganisationsmodelle zur zeitlichen, räumlichen und inhaltlichen Flexibilisierung anbietet:

- Für eine Verbesserung der zeitlichen Flexibilität wird die bestehende Gleitzeitregelung auf eine quartalsweise Betrachtung umgestellt. Zusätzlich wird die Arbeitszeitgrenze der Teilzeitmodelle nach unten aufgeweicht, und es werden neue Modelle eingeführt, um sich den veränderten Öffnungszeiten anzupassen. Außerdem wird für die Mitarbeiter/-innen ein Modell „UrlaubsPlus" entwickelt. Mitarbeiter/-innen haben die Möglichkeit, entweder 11 oder 21 zusätzliche Urlaubstage durch den Verzicht auf das 13. Monatsgehalt zu erwerben. Als weiteres Angebot gibt es eine Öffnungsklausel für unbezahlten Urlaub. Mitarbeiter/-innen können damit maximal 6 Monate unbezahlten Urlaub am Stück nehmen.
- Hinsichtlich der räumlichen Flexibilität wird ein „Home Office light" angeboten. Alle Mitarbeiter/-innen können pro Jahr bis zu 6 Arbeitstage im Homeoffice leisten.

E-Learning und Selbstlernen decken davon 2 Tage ab. Funktionsbezogen wird die Lern- und Arbeitsleistung gemessen. Für das „Home Office light" wird keine zusätzliche technische Ausstattung angeschafft. Homeoffice-Tage werden rechtzeitig vorher mit der zuständigen Führungskraft abgestimmt.
- Zu Steigerung der inhaltlichen Flexibilität wird eine Personalreserve als Springer- und Qualifizierungspool eingerichtet, um geplante und ungeplante Vertretungszeiten abzudecken. Diese Personalreserve sorgt für eine Reduzierung von Personalüberhängen in den einzelnen Bereichen und hilft, kurzfristige Kapazitätsanforderungen, z. B. bei Krankheitsausfällen und Spitzenbelastungen, auszugleichen. Die Personalreserve wird dabei nicht als „Reservetruppe" verstanden, sondern dient als Qualifizierungsplattform und bietet die Möglichkeit für interne Praktika in anderen Bereichen.

Personalpolitik sollte diesem Konzept folgend individuell und nicht für alle Mitarbeitergruppen einheitlich gestaltet werden. Maßnahmen zur Förderung einer altersgerechten Unternehmenskultur, beispielsweise im Führungsverhalten oder in der internen Kommunikation, auf einer dritten Stufe sowie Aktivitäten zur Sicherung der Nachhaltigkeit des lebensereignisorientierten Personalmanagements auf einer vierten Stufe runden den von der Initiative berufundfamilie gGmbH (2015) empfohlenen Stufenplan ab (◘ Abb. 4.7).

	Zeitflexibilität erhöhen	Arbeit altersgerecht organisieren	Miteinander der Generationen fördern	Personal altersgerecht gewinnen und entwickeln	Gesundheit erhalten	Beruf und Pflege vereinbaren	Bürgerschaftliches Engagement unterstützen
Ausgangslage analysieren	Altersstrukturanalyse						
	Belegschaftsstrukturbefragung						
	Bestandsaufnahme und Evaluierung vorhandener personalpolitischer Maßnahmen						
	Benchmarking in Bezug auf altersgerechte Personalpolitik						
	Bestandsaufnahme vorhandendes Arbeitszeitmodell und Nutzung	Analyse des Arbeitsplatzes, der -mittel und -prozesse	Befragungen von Fokusgruppen	Personalbedarfsanalyse	Krankenstandsanalyse	Befragungen zu aktuellen und erwarteten Pflegeaufgaben	Ermittlung des vorhandenen Engagements
		Alterssimulationen		Kompetenz- und Potenzialanalysen		Recherche zu Beratungs- und Pflegeangeboten	Recherche zu regionalen Ehrenamtsstrukturen
		...		...			
Betriebliche Angebote ausbauen	Gleitzeit/ Vertrauensarbeitszeit	Förderung von Teamarbeit	Altersgemischte Teams	Förderung lebenslanges Lernen	Aktive Pause und Ruheraum	Enttabuisierung des Themas Pflege	Freistellung fürs Ehrenamt
	Reduzierte Arbeitszeiten	Vertretungsregelungen	Paten-/ Mentorenmodelle	Altersübergreifende Lerngruppe	Kurse zum Stressmanagement, Konfliktbewältigung etc.	Zeitflexibilität (siehe erste Spalte)	Teilnahme an sozialen Gemeinschaftstagen
	Job-Sharing	Anpassung Arbeitsinhalte an reduzierte Arbeitszeiten	Tandemmodelle	Mitarbeitergespräche/ Zukunftsgespräche	Ergonomieschulung	Notfallpläne/ Vertretungsregelungen	Social Sponsoring
	Arbeitszeitkonten/ Zeitwertkonten	Job-Enrichment/ Job-Enlargement	Planung und Gestaltung von Übergabeprozessen	Weiterbildungsangebote mit altersgerechter Didaktik	Förderung von Bewegung, Sport und Entspannung	Interne/externe Information und Beratung für Pflegende	Förderung von Schulpatenschaften älterer Beschäftigter
	Zusatzurlaub/ Sonderurlaub	Belastungssteuerung/ Job-Rotation	Nutzung von Instrumenten zur (Erfahrungs- und) Wissensweitergabe	Horizontale Karrierewege ermöglichen	Gesundes Essen in derKantine/Ernährungsberatung	Kompetenzseminare für Pflegende	Unterstützung von Nachbarschaftshilfe
	Telearbeit/ Mobiles Arbeiten	Reduktion von Arbeitsbelastungen	Nachfolgeplanungen	Planung von Karriere- und Ruhestandswegen	Betriebsärztliche (Vorsorge-)Untersuchung	Vermittlung von Senioren- und Pflege-Services	Aufbau/Unterstützung von Generationsnetzwerken
	...	...	...	...	...	...	...

◘ **Abb. 4.7** An Lebensereignissen orientierter Stufenplan für Personalmaßnahmen (zeb.HR-Studie 2015)

> **Fazit**
> Digitalisierung wird zu einem Beschäftigungswandel in der Dienstleistung und speziell in der Finanzwirtschaft führen. Tätigkeitsprofile und Anforderungen an die Kompetenzen der Mitarbeiter/-innen aller Alterskohorten werden sich damit einhergehend verändern. Unternehmen aus der Dienstleistung und insbesondere den Banken sollten reagieren, indem sie Agilität im digitalen Transformationsprozess beweisen und über das Experimentieren mit digitalen Arbeitsformen die Kompetenzen ihrer Mitarbeiter/-innen zukunftsfähig gestalten. Ein lebensereignisorientiertes Personalmanagement, das altersspezifisches Kompetenzmanagement mit altersgemischten Lernformaten verbindet, bietet dazu ein passendes Rahmenkonzept. Wie die exemplarische Nennung einzelner Personalmaßnahmen in diesem Konzept andeuten, legt es das Modell darauf an, ein individuelles Personalmanagement zu realisieren. Das Erfordernis, das Lernen zwischen den verschiedenen Altersgruppen unter den Beschäftigten zu fördern, wird dabei aber nicht vernachlässigt. Insbesondere mit Blick auf die alters- und generationsspezifischen Erfahrungswerte und Präferenzen im Umgang mit digitaler Technologie scheint dies auch empfehlenswert. Banken schaffen über den Einsatz altersgemischter Projektteams oder gezielter Paten- oder Mentorenprogramme die Voraussetzung, dass einerseits Erfahrungswissen von älteren an jüngere Mitarbeiter/-innen weitergegeben werden kann. Andererseits bieten diese Maßnahmen Gelegenheiten, dass jüngere Mitarbeiter/-innen mit einer höheren Affinität zu digitalen Medien ältere Mitarbeiter/-innen an den Umgang mit digitalen Arbeitsmitteln heranführen und sie bei der Ausbildung digitaler Kompetenzen als Lernbegleitung unterstützen können.
> Lebensereignisorientiertes Personalmanagement versetzt Unternehmen aus der Dienstleistung und insbesondere den Banken somit in die Lage, die durch die Digitalisierung geforderte Kompetenzanpassung zielgerichtet und angepasst auf die Lebensphasen, das Alter und die Lernpräferenzen ihrer Mitarbeiter/-innen zu unterstützen.

Literatur

Anderson, R. (2007). The credit scoring toolkit. Theory and practice for retail credit risk management and decision automation. Oxford.

Autor, D. H., Levy, F., Murnane, R. J. (2003). The skill content of recent technological change: an empirical exploration. *The Quaterly Journal of Economics* 118(4), 1279–1333.

Back, A, Gronau, N., & Tochtermann, K. (2012). *Web 2.0 in der Unternehmenspraxis: Grundlagen, Fallstudien und Trends zum Einsatz von Social Software im Unternehmen*. München: Oldenbourg Wissenschaftsverlag.

berufundfamilie gGmbH (2015). Arbeit und Alter: Mehrwert für Unternehmen und Beschäftigte. Mit dem Stufenplan „Arbeit und Alter" für Arbeitgeber (S. 20f.). http://berufundfamilie.de/images/dokumente/Stufenplan_Beruf_und_Pflege.pdf. Zugegriffen: 20. September 2017.

Bitkom (2015). *Kognitive Maschinen. Meilenstein in der Wissensarbeit. Bitkom Leitfaden*. Berlin: Bitkom.

Bundesministeriums für Bildung und Forschung (BMBF) (2012). Kompetenzen in einer digital geprägten Kultur. Medienbildung für die Persönlichkeitsentwicklung, für die gesellschaftliche Teilhabe und für die Entwicklung von Ausbildungs- und Erwerbsfähigkeit. Bonn: BMBF.

Erpenbeck, J., & Heyse, V. (2007). *Die Kompetenzbiografie. Wege der Kompetenzentwicklung*. Münster: Waxmann.

Erpenbeck, J, Sauter, W., & Sauter, S. (2016). *Social Workplace Learning, Kompetenzentwicklung im Arbeitsprozess und im Netz in der Enterprise 2.0*. Wiesbaden: Springer Gabler.

Flurry Blog (2014). Benchmarking the half life decay of mobile apps. http://flurrymobile.tumblr.com/post/115191376315/benchmarking-the-half-life-and-decay-of-mobile. Zugegriffen: 20. September 2017.

Frank, I., Hackel, M., Helmrich, R., & Krekel, E. M. (2014). *Entwicklungen und Perspektiven von Qualifikation und Beschäftigung im Bankensektor. Wissenschaftliche Diskussionspapiere des Bundesinstituts für Berufsbildung (BiBB)* (Heft 151). Berlin: Bundesinstitut für Berufsbildung (BiBB).

Frey, C. B., & Osborne, M. A. (2913). The future of employment: How susceptible are jobs to computerization? Oxford Martin School, Oxford. http://www.oxfordmartin.ox.ac.uk/downloads/academic/The_Future_of_Employment.pdf. Zugegriffen: 20. September 2017.

Göbel, C., & Zwick, T. (2011). Age and Productivity – Sector Differences. ZEW – Centre for European Economic Research. Discussion Paper No. 11-058. ftp://ftp.zew.de/pub/zew-docs/dp/dp11058.pdf. Zugegriffen: 20. September 2017.

Graetz, G., & Michaels, G. (2015). *Robots at Work. CEP Discussion Paper No. 1335.* Centre for Economic Performance, London.

Graffenberger, M., Ulrich, J., Rauch, M. (2011). Der Clusterbegriff in Theorie und Praxis. Fraunhofer MOEZ Working Paper. www.imw.fraunhofer.de/content/dam/moez/de/documents/Working_Paper/WP%202011%20Nr2_Der%20Clusterbegriff%20in%20Theorie%20und%20Politik_final.pdf. Zugegriffen: 20. September 2017.

Greenwood, J. (1999). The Third Industrial Revolution: Technology, Productivity, and Income Inequality. Ecenomic Review. www.jeremygreenwood.net/papers/3rdIR.pdf. Zugegriffen: 20. September 2017.

Hammermann, A., & Stettes, O. (2015), *Fachkräftesicherung im Zeichen der Digitalisierung – Empirische Evidenz auf Basis des IW-Personalpanels 2014, Gutachten des IDW.* Köln: IDW.

Hasebrook, J. (2017). Computer als Lernpartner und Denkwerkzeuge. In J. Erpenbeck, & W. Sauter (Hrsg.) Handbuch Kompetenzentwicklung im Netz. Bausteine einer neuen Lernwelt (S. 45–66). Stuttgart: Schäffer-Poeschel.

Hasebrook, J., & Rodde, S. (2012). Improving the appetite for learning with SALT: Social Sales Training in Retail Banking. In T. Bastiaens, & G. Marks (Eds.), Proceedings of E-Learn: World Conference on E-Learning in Corporate, Government, Healthcare, and Higher Education 2012 (pp. 604–610). http://www.learntechlib.org/p/41656. Zugegriffen: 20. September 2017.

Hasebrook, J., & Singer, M. (2015). Exzellenz zahlt sich aus. *Harvard Business Manager* 3, 11–12.

Heiden, M. K., & Pfannemüller, L. (2016). Robo Advice: Bald Standardangebot eines Finanzdienstleister. https://bankinghub.de/innovation-digital/robo-advice-investment-zukunft. Zugegriffen: 20. September 2017.

Deutscher Industrie- und Handelskammertag (DIHK). (Hrsg.). (2015). Wirtschaft 4.0: Große Chancen, viel zu tun, IHK-Unternehmensbarometer zur Digitalisierung. Berlin, Brüssel: DIHK.

ING-DiBa (2015). Die Roboter kommen. Folgen der Automatisierung für den deutschen Arbeitsmarkt, Economic Research, April. https://www.ing-diba.de/pdf/ueber-uns/presse/publikationen/ing-diba-economic-research-die-roboter-kommen.pdf. Zugegriffen: 20. September 2017.

Institut für Medien- und Kompetenzforschung (mmb Institut) (2013). Ergebnisse der Trendstudie MMB Learning Delphi 2013. Essen: mmb Institut.

Lister, M., & Menninghaus, W. (2016). Perspektiven deutscher Kreditinstitute 2016. *Die Bank* 1, 26–31.

Lünendonk (2012). Zukunft der Banken 2020: Trends, Technologien, Geschäftsmodelle. Lünendonk Trendstudien, Kaufbeuren: Verfügbar unter: https://www.de.cgi.com/sites/default/files/files_de/white-papers/LUE_Bankenstudie_f221012.pdf. Zugegriffen: 20. September 2017.

Menn, A. (2015). Digitale Dienstboten. Artikel vom 23.03.2015. *Wirtschaftswoche* 13.

Nagendra, A. (2014). Paradigm Shift in HR Practices on Employee Life Cycle Due to Influence of Social Media. Procedia Economics and Finance, 11, 197–207.

Ogiela, L. (2013). Data management in cognitive financial systems. *International Journal of Information Management*, 33(2), 263–270

Osman, Y., Maisch, M., & Drost. F. (2016). Der Reiz der jungen Wilden. Artikel vom 14.07.2016. *Handelsblatt*, 26–27.

Spitz-Oener, A. (2006). Technical change, job tasks, and rising educational demands: Looking outside the wage structure. *Journal of Labor Economics* 24, 235–270.

Streeck, W. (2011). *Taking capitalism seriously: Toward an institutionalist approach to contemporary political economy. Max-Planck-Institut für Gesellschaftsforschung Discussion Paper 10/15.* Köln: Max-Planck-Institut für Gesellschaftsforschung.

Wittmann, M., Wittmann, G., Stahl, E., & Weinfurtner, S. (2014). *Digitalisierung der Gesellschaft 2014, aktuelle Einschätzungen und Trends.* Regensburg: ibi research.

zeb (2017). Digital Pulse Check 2.0. Digital Performance Indicator europäischer Banken. https://www.zeb.de/sites/default/files/zeb.digital_pulse_check_2017.pdf. Zugegriffen: 20. September 2017.

Zentrum für Europäische Wirtschaftsforschung (ZEW). (2015). *Übertragung der Studie von Frey/Osborne (2013) auf Deutschland, Kurzexpertise Nr. 57.* Mannheim: ZEW.

Branchenspezifische lebensphasenorientierte Umsetzungskonzepte, -erfahrungen und -ergebnisse

Inhaltsverzeichnis

Kapitel 5   Lebensphasenorientierte Förderung fachlicher und sozialer Kompetenzen angehender Servicetechniker/- innen – Ansätze und Effekte – 73
Reinhold Nickolaus, Emre Güzel, Bernd Zinn und Gerd Duffke

Kapitel 6   Die junge Ärztegeneration im Krankenhaus: Kompetenzbasierte Karrierepfade im Universitätsklinikum – 93
Jürgen Hinkelmann, Thomas Volkert, Juliane Hecke und Maren Singer

Kapitel 7   Benchmarking für ein lebensphasenorientiertes Kompetenzmanagement in der Informations- und Kommunikationsbranche – 111
Melanie Baierl, Stefanie Brzoska, Simone Martinetz, Diane Robers, Alexander Schletz und Philipp Thiele

Kapitel 8   Competence Screening – Instrument zur kompetenzbasierten und lebensphasenorientierten Prozessgestaltung – 131
Marc Rusch und Ute David

Kapitel 9 **Durchlässigkeitsmodelle für lebenslange Kompetenzentwicklung in den Pflegewissenschaften – 149**
Wolfgang Müskens, Manuel Karczmarzyk und Olaf Zawacki-Richter

Kapitel 10 **Auf dem Weg zum Kompetenzzentrum für Altersmedizin und Pflege: Qualitätsmanagement und lebensphasenorientiertes Human Resource Management als wesentliche Unterstützungsfaktoren – 163**
Kerstin Löffler, Judith Goldgruber und Gerd Hartinger

Lebensphasenorientierte Förderung fachlicher und sozialer Kompetenzen angehender Servicetechniker/-innen – Ansätze und Effekte

Reinhold Nickolaus, Emre Güzel, Bernd Zinn und Gerd Duffke

5.1 Zur Relevanz von Handlungsprogrammen im Kontext des Kompetenzmanagements – 74

5.2 Förderung berufsfachlicher Kompetenzen und ihre Effekte – 75
5.2.1 Anlage der Untersuchung – 76
5.2.2 Selbst- und Fremdeinschätzungen des Fachwissens – 77
5.2.3 Fehlerdiagnosekompetenz – 77
5.2.4 Ergebnisse zur berufsfachlichen Kompetenz – 79

5.3 Förderung der Perspektivenkoordination und ihre Effekte – 81
5.3.1 Anlage der Untersuchung – 83
5.3.2 Instrument zur Erfassung der Perspektivenkoordination – 83
5.3.3 Selbst- und Fremdeinschätzung der Perspektivenkoordination – 86
5.3.4 Ergebnisse zur sozialen Grundfähigkeit der Perspektivenkoordination – 86

5.4 Erträge des lebensphasenbezogenen Entwicklungskonzeptes für (ausscheidende) Servicetechniker/-innen – 88

Literatur – 90

© Springer-Verlag GmbH Deutschland 2018
J. Hasebrook et al. (Hrsg.), *Lebensphasen und Kompetenzmanagement*, Kompetenzmanagement in Organisationen, https://doi.org/10.1007/978-3-662-55158-5_5

Zusammenfassung

Im Mittelpunkt dieses Beitrags stehen Effekte von Förderprogrammen zur berufsfachlichen und sozialen Kompetenz. Gefördert wurde bei (angehenden) Servicetechnikern/-innen vor allem die Fehlerdiagnosekompetenz in steuerungstechnischen Anlagen und das dafür notwendige Sachwissen sowie die soziale Fähigkeit der Perspektivenkoordination, die letztlich in allen sozialen Interaktionsprozessen von zentraler Bedeutung ist und bei Servicetechnikern/-innen im Anschluss an die im Vorfeld durchgeführten Anforderungsanalysen neben den fachlichen Kompetenzen Voraussetzung für die Leistungserstellung ist. Die Evaluation der Föderansätze, die modularisiert aufgebaut sind, erbrachte für die berufsfachlichen Kompetenzen bei einer Schulungsdauer von drei Tagen starke Kompetenzzuwächse. Im Bereich der Perspektivenkoordination werden mittlere Kompetenzzuwächse mit einer zweitägigen Schulung erzielt. Das heißt, die Föderansätze erbringen in relativ kurzen Schulungen auch praktisch bedeutsame Effekte. Durch den parallelen Einsatz von testbasierten Kompetenzmessungen und Selbst- sowie Fremdeinschätzungen war es möglich, auch der Frage nachzugehen, inwieweit mit den verschiedenen Verfahren verlässliche Aussagen über Kompetenzausprägungen gewonnen werden können. Dabei erweisen sich vor allem im Bereich der sozialen Kompetenz sowohl die Selbst- als auch die Fremdeinschätzungen als untauglich, um verlässliche Daten zu gewinnen. Das im Rahmen des Projektes entwickelte Instrument zur Erfassung der Perspektivenkoordination scheint auch für den Praxiseinsatz tauglich. Ergänzend wird im Beitrag an einem Beispiel illustriert, inwieweit sich die im Unternehmen entwickelten neuen Rollen für erfahrene Servicetechniker/-innen als vorteilhaft erweisen. Die dazu vorgenommenen, eher konservativen Schätzungen weisen diese neuen Rollen sowohl in einer ökonomischen Perspektive als auch für die perspektivische Entwicklung der Servicetechniker/-innen als vorteilhaft aus.

5.1 Zur Relevanz von Handlungsprogrammen im Kontext des Kompetenzmanagements

Der Schwerpunkt folgender Ausführungen liegt auf den Effekten der Förderkonzepte, die in ▶ Kap. 2 vorgestellt wurden. Berichtet werden Effekte zur
a. berufsfachlichen Förderung,
b. Förderung der Perspektivenkoordination als eine zentrale und grundlegende soziale Kompetenzfacette und
c. Akzeptanz und Wirksamkeit des lebensphasenbezogenen Entwicklungskonzeptes für (ausscheidende) Servicetechniker/-innen.

Innerhalb des Gesamtprojektes werden damit Handlungsprogramme und deren Effekte thematisiert, die einerseits im Kontext der Personalentwicklung direkt auf eine Stimulation zentraler Kompetenzen (angehender) Servicetechniker/-innen zielen, und andererseits sowohl für das Unternehmen als auch die Servicetechniker/-innen bedeutsame Weiterentwicklung der Servicetechniker/-innen im Anschluss an ihre aktive Servicetätigkeit in den Blick nehmen. Während es bei den Handlungsprogrammen zur Kompetenzentwicklung darum geht, im Bereich fachlicher und sozialer Kompetenzen Voraussetzungen für einen möglichst effektiven Einsatz der Servicetechniker/-innen im Außendienst zu optimieren, geht es bei der Weiterentwicklung im Anschluss an die Servicetätigkeit darum, die im Zuge der Servicetätigkeit aufgebauten Kompetenzen im Unternehmen weiter zu nutzen und den Servicetechnikern/-innen attraktive Entwicklungsoptionen verfügbar zu machen.

Im Mittelpunkt der berufsfachlichen Tätigkeiten von Servicetechnikern/-innen stehen die Reparatur, Wartung und ggf. die Inbetriebnahme technischer Anlagen (vgl. Zinn et al., 2015). Besonders herausfordernd erweisen sich in aller Regel die Fehlerdiagnosen, die häufig unter starkem zeitlichem Druck vorzunehmen sind, da Stillstandszeiten von technischen Anlagen mit Produktionsausfällen und in der Folge mit erheblichen Kosten verbunden sind. Diese Konstellation führt dazu, dass nicht nur fachliche sondern ebenso soziale Kompetenzen erforderlich werden, da die Leistungen eingebettet in einen sozialen Kontext erbracht werden müssen. Besonders bedeutsam erachten wir in diesem Kontext die Perspektivenkoordination, die eine zentrale Voraussetzung darstellt, um in den häufig angespannten Situationen adäquat handeln zu können. Vor diesem Hintergrund scheint es angezeigt, die Kompetenzförderung nicht allein auf die fachlichen Kompetenzen auszurichten, sondern ebenso die Weiterentwicklung sozialer Kompetenzen zu betreiben. Dies gilt umso mehr, als der größte Teil der Servicetechniker/-innen angesichts der hohen Belastungen und den Schwierigkeiten, die beruflichen und familiären Verpflichtungen zufriedenstellend zu koordinieren, lediglich 8–10 Jahre im Beruf verbleibt. Im Folgenden skizzieren wir jeweils kurz die Förderansätze und stellen im Anschluss zentrale Ergebnisse vor.

5.2 Förderung berufsfachlicher Kompetenzen und ihre Effekte

Entwickelt wurde im Rahmen des Projektes ein „ServiceLernLab", in welches u. a. ein dreitägiges Schulungselement zur Förderung des Fachwissens und der Fehlerdiagnosekompetenz integriert war. Genutzt werden in diesem Förderkonzept verschiedene, in anderen Segmenten positiv evaluierte Ansätze, wie z. B. der Cognitive-Apprenticeship-Ansatz. Inhaltlich wurde die Schulung so angelegt, dass zunächst das notwendige Basiswissen aktualisiert oder auch partiell erweitert wurde und im Anschluss an einer komplexen industrienahen Modellanlage eine Einführung in die Fehlerdiagnose erfolgte.

Realisiert wurde die Schulung berufsfachlicher Kompetenzen in folgenden Modulen (ausführlicher Zinn et al., 2015; vgl. ▶ Abschn. 2.3):

- Im Modul 1 (Realmodell) stand das kooperative problembasierte Lernen an einer realen industrienahen Automatisierungsanlage im Mittelpunkt, die in einem vorgelagerten Projekt zunächst für diagnostische Zwecke entwickelt wurde, sich jedoch ebenso für didaktische Zwecke eignet. Umgesetzt wurden verschiedene Fehler, deren Ursachen ausschließlich im Steuerungsprogramm (Software) liegen und unterschiedliche Komplexitätsniveaus umfassen (vgl. Walker et al., 2015, S. 230ff.). Die Aufgabe der Schulungsteilnehmenden bestand bei der Modulbearbeitung darin, ausgehend von einem vorgegebenen Störungsprotokoll die Störungsursache zu identifizieren und einen Behebungsvorschlag zu benennen. Die Bearbeitung der Fehlerfälle in der Lehr-Lern-Situation erfolgt idealerweise in Zweierteams mit erfahrenen und weniger erfahrenen (angehenden) Servicetechnikern/-innen, wobei die erfahrenere Fachkraft im Anschluss an den Cognitive-Apprenticeship-Ansatz die Diagnosestrategien modellierte.
- Im Modul 2 wurde mit einer Simulationsvariante der Automatisierungsanlage gearbeitet, die hoch authentisch ist und für die gezeigt werden konnte, dass zumindest in diagnostischen Aufgabenstellungen die gleichen Fähigkeiten wie mit der Realanlage angesprochen werden. Mit diesen Simulationen wird vor allem die Möglichkeit eröffnet, auch eigenständig, ggf. losgelöst von der formellen Lernsituation, Fehler in der Anlage eigenständig zu explorieren und in multiplen Anforderungskontexten die Strategieanwendung zu erproben.

- Die Module 3 und 4 sind dem Aufbau des für die Diagnoseprozesse notwendigen Fachwissens gewidmet. Notwendig scheinen diese Module vor allem aufgrund der heterogenen Voraussetzungen der Schulungsteilnehmenden. Behandelt werden Inhalte aus der Automatisierungstechnik (z. B. Aktorik, Sensorik, Pneumatik, Digitaltechnik, SPS-Technik, Messtechnik). Das Lernen in den beiden Modulen erfolgt bedarfsbezogen, zum Teil auch individualisiert in verschiedenen didaktischen Settings (E-Learning-Stationen, Einzelarbeit, Kleingruppenarbeit) und schließt zudem die Förderung eines methodisch-systematischen Vorgehens bei der Fehleranalyse an komplexen technischen Systemen (z. B. allgemeiner Fehlerbehebungszyklus, Entwicklung eines Ishikawa-Diagramms) ein.
- Das Modul 5 zielt auf einen strukturierten Kompetenztransfer zwischen weniger erfahrenen und erfahrenen Servicetechnikern/-innen. Dabei wird ebenfalls auf das Realmodell aus Modul 1 und den Cognitive-Apprenticeship-Ansatz zurückgegriffen (vgl. Collins et al., 1989).

5.2.1 Anlage der Untersuchung

Genutzt wurde ein längsschnittliches Design mit drei Messzeitpunkten zu Beginn und am Ende der Schulung sowie einer Testung am Ende des zweiten Schulungstages, womit auch die Testbelastung zu den einzelnen Testzeitpunkten reduziert werden sollte. Erhoben wurden das Fachwissen und die Fehlerdiagnosekompetenz im Rückgriff auf Vorarbeiten im Projekt „Kompetenzmodellierung und Kompetenzmessung bei Elektroniker/-innen für Automatisierungstechnik" (KOKO EA; Walker et al., 2015, S. 230ff.) sowie dem Kooperationsprojekt „Einfluss der betrieblichen Ausbildungsqualität auf die Fachkompetenz in ausgewählten Berufen" (AQUAKOM) zwischen dem BiBB und der Abteilung Berufs- Wirtschafts- und Technikpädagogik (BWT) der Universität Stuttgart, da die dort entwickelten Instrumente bei der einbezogenen Untersuchungsgruppe eine reliable und valide Kompetenzabschätzung erwarten ließen. Neben den testbasierten Abschätzungen der fachlichen Teilkompetenzen wurden zu Beginn und am Ende der Schulung auch Selbsteinschätzungen erhoben. Fremdeinschätzungen (durch Ausbildende bzw. Vorgesetzte) wurden lediglich zu Beginn der Schulungsmaßnahme erfasst, da nicht zu erwarten war, dass diese Personengruppe Schulungseffekte abschätzen kann. Zudem wurden am Ende jedes Tests auch die Motivation, inhaltliche Relevanzzuschreibung und Überforderung in Anlehnung an Prenzel et al. (1996) erfasst. Durchgeführt wurden fünf Schulungsdurchgänge mit 10–18 Schulungsteilnehmenden. Einen Überblick zur Stichprobe gibt ◘ Tab. 5.1.

Der größte Teil der Schulungsteilnehmenden bestand aus Auszubildenden gegen Ende der Ausbildung bzw. aus angehenden Servicetechnikern/-innen, partiell waren auch Bachelor-Studierende der Berufsakademie Baden Württemberg und praktizierende Servicetechniker/-innen einbezogen.

Die Testaufgaben des Fachwissenstests decken die Inhaltsbereiche SPS, Digitaltechnik und Pneumatik ab. Für die Bearbeitung des Fachwissenstests waren keinerlei Hilfsmittel erlaubt. In ◘ Abb. 5.1 ist ein Beispielitem aus dem Bereich der Digitaltechnik dargestellt.

Die verwendeten Items im Fachwissenstest wurden ihrer Güte entsprechend selektiert. Von 44 mussten 8 Items aufgrund von Boden- und Deckeneffekten (5 % ≤ Lösungsquoten ≥ 95 %) bzw. negativen Trennschärfen ausgeschlossen werden. Die Reliabilität

Tab. 5.1 Zusammensetzung der Stichprobe in den Einzelschulungen

Status der Teilnehmenden	Schulung 1	Schulung 2	Schulung 3	Schulung 4	Schulung 5
Auszubildende der Mechatronik (am Ausbildungsende)	7	13	5		18
Auszubildende zur Elektronikfachkraft für Geräte und Systeme (am Ausbildungsende)			6		
Auszubildende zur Elektronikfachkraft für Automatisierungstechnik (am Ausbildungsende)				18	
Bachelor-Studierende (Mechatronik, Elektrotechnik)	3		1		
Bachelor-Studierende Betriebswirtschaftslehre (BWL)			1		
Servicetechniker/-innen			3		

erreicht sowohl im Eingangs- als auch im Abschlusstest gute Werte (Tab. 5.2). Es wird angenommen, dass den Teilnehmenden genügend Zeit zur Bearbeitung der Aufgaben in den beiden Tests gewährt wurde. Folglich werden die Tests wie Powertests behandelt und fehlende Werte als Falschantworten verrechnet.

5.2.2 Selbst- und Fremdeinschätzungen des Fachwissens

Um die Güte der Selbst- und Fremdeinschätzungen zu optimieren, wurden die jeweiligen Anforderungen relativ detailliert abgebildet. Einzuschätzen war beispielsweise, wie sicher sich die Teilnehmenden selbst beim Erstellen von Logikschaltungen beurteilen (fünfstufige Likert-Skala: 1 = gar nicht sicher bis 5 = sehr sicher). In gleicher Weise wurde bei den Ausbildenden bzw. den Vorgesetzten bei der Erhebung der Fremdzuschreibungen verfahren. Administriert wurden je 37 Items, die inhaltlich in den Selbst- und Fremdzuschreibungen übereinstimmten.

5.2.3 Fehlerdiagnosekompetenz

Die Erfassung der Fehlerdiagnosekompetenz erfolgte über die auch im Schulungskontext eingesetzte Simulation (Abb. 5.2). Die im Projekt KOKO EA durchgeführte Validierung dieses Testinstruments erbrachte zwischen den Testleistungen in der realen Anlage und

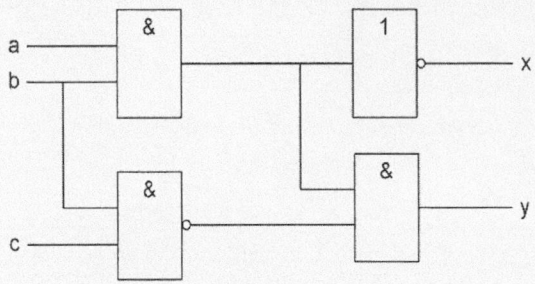

Abb. 5.1 Beispielitem des Fachwissenstests mit Teilnehmerantwort

Tab. 5.2 Reliabilitäten (Cronbachs α), Mittelwerte (MW) und Standardabweichungen (SD) der Tests zur Erfassung des Fachwissens und der Selbst- und Fremdeinschätzungsskalen

	α	MW	SD	Anzahl Items	Gültige Fälle
Eingangstest (ET)	0,84	50,8 %	16,9 %	36	60
Abschlusstest (AT)	0,82	61 %	14 %	36	66
Selbsteinschätzung zu Beginn	0,89	3,33	0,37	37	67
Selbsteinschätzung am Ende	0,93	3,61	0,32	37	68
Fremdeinschätzung	0,97	3,62	0,44	37	52

den Testleistungen in der Simulation Korrelationen zwischen 0,94 und 0,99, sodass von einer guten kriterialen Validität ausgegangen werden kann (vgl. Walker et al., 2014).

Die Teilnehmenden wurden zur Abschätzung der Fehlerdiagnosekompetenz mit 4 komplexen Fehlerfällen konfrontiert, deren Schwierigkeitsgrad im Anschluss an die vorausgegangenen Untersuchungen deutlich variierte. Ergänzend kamen 8 Teilkompetenzitems zum Einsatz, für die im Vorfeld gezeigt werden konnte, dass sie in Bezug auf die durch die komplexen Fehlerfälle erfasste Leistung als konvergent valide interpretiert

Lebensphasenorientierte Förderung fachlicher und sozialer Kompetenzen …

Abb. 5.2 Screenshot der simulierten industrienahen Automatisierungsanlage (vgl. Walker et al., 2015). Links oben: Steuerungseinheit (SPS); links unten: Bedienfeld (Touchpanel); rechts: Abbildung der Automatisierungsanlage, in der durch Mausklicks Zustände der Aktoren und Sensoren vergrößert und angezeigt werden. Des Weiteren kann das Steuerungsprogramm in Echtzeit (Schaltfläche „Simatic") eingeblendet und beobachtet werden

Tab. 5.3 Reliabilitäten (α), Mittelwerte (MW) und Standardabweichungen (SD) der Tests zur Erfassung der Fehlerdiagnosekompetenz

	α	MW	SD	Anzahl Items	Gültige Fälle
Eingangstest	0,63	34,4 %	17,5 %	10	70
Abschlusstest	0,60	49,9 %	17,6 %	10	68

werden können (vgl. Abele et al., 2014, S. 176; Walker, 2014). Implementiert wurden auch hier ausschließlich Softwarefehler. Ausgangspunkt der Fehlerdiagnosen waren Störungsprotokolle, in welchen auch die individuellen Lösungsschritte dokumentiert werden sollten.

Die Reliabilität erreicht noch akzeptable Werte (Tab. 5.3). Begünstigt ist die noch nicht völlig zufriedenstellende Reliabilität vermutlich durch die große Heterogenität der Probandengruppe (vgl. Bühner, 2006, S. 132).

5.2.4 Ergebnisse zur berufsfachlichen Kompetenz

5.2.4.1 Entwicklung des Fachwissens

Unterstellt wurde, dass die Schulung einen substanziellen Effekt für den Wissenszuwachs hat und zugleich eine Reduktion der Eingangsunterschiede möglich wird (H1).

Bezogen auf die Gesamtgruppe ergibt sich ein signifikanter und deutlicher Zuwachs zwischen dem Eingangs- und Ausgangstest (Tab. 5.4). In dieser sowie allen nachfolgenden Rechnungen für verbundene Stichproben wurde der voraussetzungsarme und nichtparametrische Wilcoxon-Test durchgeführt. Cohens d erreicht einen Wert von $d = 0{,}66^{***}$. Bei einem Wert von $d = 0{,}2$ spricht man von einem kleinen Effekt. Ein Wert von $d = 0{,}5$ steht für einen mittleren und $d = 0{,}8$ für einen starken Effekt (vgl. Cohen, 1988). Das bedeutet, die Schulung war effektvoll und erbrachte einen Wissenszuwachs, der angesichts der kurzen

Tab. 5.4 Effektstärken im Fachwissen in der Gesamtgruppe und den einzelnen Schulungsgruppen.

	Gesamt n = 71	Gruppe 1 n = 10	Gruppe 2 n = 13	Gruppe 3 n = 12	Gruppe 4 n = 18	Gruppe 5 n = 18
Cohens d	0,66***	0,78**	0,89***	0,63**	0,33*	0,80***
Anmerkung: *p <0,05, **p <0,01, ***p <0,001						

Interventionszeit beachtlich war. Innerhalb der Schulungsgruppen variiert die Effektstärke zwischen 0,33 und 0,89 (Tab. 5.4), die Zuwächse sind jedoch selbst in den einzelnen Schulungsgruppen trotz der geringen Fallzahl signifikant.

Mit dem Wissenszuwachs ist zugleich eine Harmonisierung beobachtbar (SD_{ET} = 16,9 %, SD_{AT} = 14 %). Damit wird H1 durchgängig gestützt.

Ergänzend anzumerken bleibt, dass sich auch ein Effekt der Schulung für die Selbsteinschätzungen des Fachwissens ergibt, der mit einem d = 0,42 (p <0,001) allerdings etwas geringer ausfällt als im Falle der testbasierten Daten.

5.2.4.2 Entwicklung der Fehlerdiagnosekompetenz

Auch für die Fehlerdiagnosekompetenz wurde ein substanzieller Zuwachs erwartet, da die Intervention vor allem auf diese Kompetenzfacette ausgerichtet war. Des Weiteren war auch hier eine Harmonisierung der Leistungsstände zu erwarten (H2).

Erwartungskonform ergibt sich für die Fehlerdiagnosekompetenz bezogen auf die Gesamtgruppe ein starker Kompetenzzuwachs, der noch etwas höher ausfällt als im Falle des Fachwissens (d = 0,89). Damit wird Teil 1 von H2 gestützt. Die erwartete Harmonisierung zeigt sich jedoch nicht, die Standardabweichung erreicht für die Gesamtgruppe im Eingangs- und Abschlusstest nahezu identische Werte (SD = 17,5 %). Die Korrelationen zwischen den Testergebnissen im Eingangs- und Abschlusstest fallen erwartungskonform hoch aus. Im Falle des Fachwissens wird ein Korrelationskoeffizient (r) von 0,85 (p <0,001) und im Falle der Fehlerdiagnosekompetenz ein r von 0,57 (p <0,001) erreicht. Die Korrelation zwischen dem Fachwissen und der Fehlerdiagnosekompetenz fällt im Eingangstest (r_{ET} = 0,49, p <0,001) deutlich höher als im Abschlusstest aus (r_{AT} = 0,23).

In den einzelnen Schulungsgruppen ergeben sich mit einer Ausnahme (Schulungsgruppe 2) ebenfalls signifikante Effektstärken, die zum Teil über einer Standardabweichung liegen (Tab. 5.5). Auffällig ist die zweite Schulungsgruppe auch durch eine geringere Testmotivation; sie zeigt jedoch auch höhere Werte in der wahrgenommenen Überforderung und schreibt der Schulung eine geringere Relevanz zu.

5.2.4.3 Zuverlässigkeit der Selbst- und Fremdeinschätzungen im Bereich des Fachwissens

Wie oben bereits berichtet, erreichen die Reliabilitäten der Selbst- und Fremdeinschätzungen durchgängig gute bis sehr gute Werte. Offen ist die Frage, inwieweit die Selbst- und Fremdeinschätzungen mit den Testdaten und auch untereinander korrelieren. Vor dem Hintergrund, dass am ehesten bei Nutzung klarer Kriterien belastbare Aussagen zu erwarten sind, wurden die Selbst- und Fremdeinschätzungsfragebögen so gestaltet, dass die thematischen Anforderungen aller Aufgaben aus dem Fachwissenstest detailliert abgebildet werden (▶ Abschn. 5.2.1). Um eine Konfundierung der Teilnehmerurteile durch die wahrgenommene Leistung im Fachwissenstest zu minimieren, wurde der

Lebensphasenorientierte Förderung fachlicher und sozialer Kompetenzen ...

Tab. 5.5 Effektstärken in der Gesamtgruppe und den einzelnen Schulungsgruppen.

	Gesamt n = 71	Gruppe 1 n = 10	Gruppe 2 n = 13	Gruppe 3 n = 12	Gruppe 4 n = 18	Gruppe 5 n = 18
Cohens d	0,89***	1,23***	0,45	1,02**	0,63**	1,38***

Anmerkung: *p <0,05, **p <0,01, ***p <0,001

Tab. 5.6 Zusammenhänge zwischen Selbst- und Fremdzuschreibungen sowie testbezogenen Leistungsdaten

Objektiv	Subjektiv	r (einseitig)	n
–	Selbst- und Fremdeinschätzung	0,40**	52
Eingangstest	Selbsteinschätzung zu Beginn	0,46***	71
Abschlusstest	Selbsteinschätzung am Ende	0,26*	71
Eingangstest	Fremdeinschätzung	0,46***	52

Anmerkung: *p< 0,05, **p< 0,01, ***p <0,001

Selbsteinschätzungsfragebogen dabei unmittelbar vor den Fachwissenstests eingesetzt. Einen Überblick zu den Korrelationen gibt ■ Tab. 5.6.

Am höchsten liegen die Zusammenhänge zwischen den testbezogenen Leistungsdaten und den Selbst- und Fremdeinschätzungen zu Beginn der Schulung. Die abfallende Korrelation der Selbsteinschätzungen zwischen Eingangs- und Abschlusstest könnten sowohl durch Erfahrungen im Schulungskontext als auch durch die Testsituationen verursacht sein. Trotz der insgesamt eher hohen Korrelationen – im Mittel liegen die Korrelationen von Selbsteinschätzungen und Fremdeinschätzungen bzw. testbezogenen Leistungsdaten lediglich bei ca. 0,2 (Vollmers u. Kindervater, 2010) – wird deutlich, dass weder Selbst- noch Fremdeinschätzungen ausreichend verlässliche Abschätzungen der Kompetenzen bereitstellen.

5.3 Förderung der Perspektivenkoordination und ihre Effekte

Für Servicetechniker/-innen sind neben fachlichen auch soziale Kompetenzen in hohem Grade bedeutsam. Mit dem Konstrukt der sozialen Kompetenz werden in der Regel Fähigkeiten bzw. Verhaltenspotenziale bezeichnet, welche die Voraussetzung für eine situationsspezifisch herzustellende Balance zwischen Eigen- und Fremdansprüchen darstellen (z. B. Euler, 1998, S. 146; Kanning, 2005, S. 4). Das setzt u. a. die Fähigkeit der Selbstkontrolle und der Perspektivenkoordination voraus (Kanning, 2009; Reinders, 2008). Wichtig ist in diesem Zusammenhang auch der Hinweis auf die Situationsspezifik, da zu erwarten ist, dass bereichsspezifisch unterschiedliche Ausbalancierungsformen vorgenommen werden und diese beispielsweise in beruflichen und privaten Kontexten unterschiedlich ausfallen können. Um die spezifischen sozialen Anforderungen an Servicetechniker/-innen zu erfassen, wurden im Projekt multiple Zugänge genutzt (Zinn et al., 2016). Deutlich wurde daraus u. a., dass die Servicetechniker/-innen immer wieder konfligierenden Erwartungen ausgesetzt sind, die häufig nicht zugleich eingelöst werden können. Das heißt, Rollenkonflikte sind die Regel. Vor diesem

Hintergrund und angesichts der zentralen Rolle, die die Perspektivenkoordination letztlich bei allen sozialen Interaktionen einnimmt, wurde im Projekt die Entscheidung getroffen, die Perspektivenkoordination in den Mittelpunkt der Untersuchung zu stellen. Begünstigt wurde diese Entscheidung zusätzlich durch einschlägige Vorarbeiten, die in diesem Feld insbesondere zur Messung der Perspektivenkoordination bereits vorlagen. Vereinzelt lagen auch bereits Arbeiten zur Förderung der Perspektivenkoordination vor. So berichten z. B. Mischo et al. (2004) von einer wirksamen eintägigen Kurzintervention zur Förderung der sozialen Grundfähigkeit der Perspektivenkoordination bei Jugendlichen. Als besonders förderlich wird dabei „der Wechsel von Anleitung durch eine/n Erwachsene/n und Gruppendiskussionen der Jugendlichen untereinander" erachtet (Mischo et al., 2004, S. 159). Methodisch zeigte Mischo (2004) zur Förderung der Perspektivenkoordination, dass sich Dilemma-Diskussionen in Gruppen (zumindest in Bezug auf die beiden Informationsverarbeitungsschritte „Generierung und Implementierung einer Handlungsalternative") gut eignen. Gestützt wird dieser Befund zu positiven Effekten von Dilemmata auch durch die von Schlaefli et al. (1985) und Becker (2008) erarbeiteten Übersichten zu einschlägigen Förderansätzen und ihren Effekten (vgl. auch Güzel et al., 2016). Als eine der möglichen Optionen wird dieser Ansatz auch zur Förderung der moralischen Urteilsfähigkeit vorgeschlagen, die ebenfalls eine Perspektivenübernahme bzw. eine Perspektivenkoordination voraussetzt (vgl. Lempert, 1988, S. 83). Bezogen auf die Förderung der moralischen Urteilsfähigkeit liegen allerdings auch eher kritische Einschätzungen zur Möglichkeit vor, über Kurzinterventionen substanzielle Effekte zu erzielen (Oser, 1981). Das heißt, die Befundlage zu Erfolgen kurzzeitig angelegter Maßnahmen zur Förderung der moralischen Urteilsfähigkeit ist nicht eindeutig.

- **Zuschnitt der realisierten Schulung**

Im Vordergrund der Schulungsmaßnahme stand die Förderung der Perspektivenkoordination im Sinne von Selman et al. (1986). Ergänzend wurden auch Inhalte zur sozialen Rolle bzw. zu Rollenkonflikten, kommunikationstheoretische Aspekte sowie Stressmanagement angesprochen. Wie oben bereits angedeutet, kamen dazu Dilemmata-Diskussionen zum Einsatz (ausführlicher siehe dazu auch ▶ Abschn. 2.3, Modul 6, sowie Güzel et al., 2016). Genutzt wurden im Schulungskontext auch Videovignetten authentischer Dilemmata aus der Praxis von Servicetechnikern/-innen. Die Schulungsmaßnahme zur Perspektivenkoordination umfasste insgesamt eine zweitägige Präsenzschulung (16 Stunden) mit fünf Einheiten:

— Die erste Einheit bestand aus einer begrifflichen Orientierung zu sozialer Kompetenz und Reflexionen zu deren Bedeutung in der Tätigkeit von Servicetechnikern/-innen. Einleitend wurde auf Basis einer Videovignette eine alltägliche problemgeladene Szene einer servicetechnischen Fachkraft gezeigt und diskutiert. In Gruppenarbeit wurde daran anschließend eine Arbeitsdefinition zu sozialkompetentem Verhalten erarbeitet und speziell das Konstrukt der Perspektivenkoordination diskutiert.
— In der zweiten Einheit wurden theoretische Aspekte der Perspektivenkoordination vertieft und auf die Tätigkeitsanforderungen der Servicetechniker/-innen bezogen. Dazu bearbeiteten die Teilnehmenden in Einzel- und Gruppenarbeit verschiedene Videofälle, bewerteten Perspektivenniveaus der Fallbeteiligten (Kundschaft, Familienangehörige, Servicetechniker/-in u. a.) im Rahmen von Einzel- und Kleingruppenarbeit und diskutierten fremde und eigene Handlungsmodelle. Dabei wurde auch die Bedeutung der Perspektivenkoordination in kontextspezifischen Situationen von Servicetechnikern/-innen thematisiert.
— In der dritten Lerneinheit ging es um ein „angepasstes" Kommunikationsverhalten, das dem spezifischen betrieblichen Kontext und den beteiligten Interaktionspersonen

Rechnung trug. Zentrales Ziel dieser Einheit war es, dass die Schulungsteilnehmenden tätigkeitsspezifische Gespräche theoriegeleitet analysieren und dabei ihr Kommunikationsverhalten reflektieren.
– Ziel der vierten Einheit war, neben der Begriffsbestimmung und Erklärung der Entstehung von Stress, das Aufzeigen von praktischen Handlungsoptionen, die geeignet scheinen, Stress kurz- und langfristig proaktiv zu vermindern. Auch in dieser Sequenz wechselten instruktions- und handlungsorientierte Lernphasen ab.
– Ziel der fünften und letzten Einheit war die Unterstützung des adaptiven Umgangs mit Rollenkonflikten innerhalb beruflicher Alltagsszenarien. Im Anschluss an eine theoretische Einführung zur sozialen Rolle erfolgte die Konfrontation mit einer Problemsituation, durch die eine Auseinandersetzung mit problemhaltigen sozialkommunikativen Handlungsanforderungen im Kontext verschiedener Erwartungen an Servicetechniker/-innen angestoßen wurde. Auch in dieser Einheit wurden Videovignetten als Ausgangspunkte der Auseinandersetzung genutzt.

Abgeschlossen wurde die Lerneinheit durch eine leitfragengestützte Einzel- und Kleingruppenarbeit, die darauf ausgerichtet war, eigene und fremde Handlungsoptionen bezogen auf konflikthaltige Anforderungssituationen zu reflektieren, wobei zwar die Perspektivenkoordination im Vordergrund stand, jedoch auch Kommunikationsprozesse, der Umgang mit Rollenkonflikten und mit Stress thematisiert wurden.

5.3.1 Anlage der Untersuchung

Ähnlich wie bei der Erfassung der berufsfachlichen Kompetenz wurde die Perspektivenkoordination vor und nach der Schulung erhoben. Zudem wurden auch die Testmotivation, Relevanzzuschreibung und Überforderung in Anlehnung an Prenzel et al. (1996) jeweils nach den Tests erfasst. Vor den Tests wurde die Perspektivenkoordination nach Paulus (2009) gemessen, um ggf. Einflüsse der Schulung auf die selbst wahrgenommene Kompetenzentwicklung abbilden zu können. Die Fremdeinschätzungen der Praxisausbildenden wurden unmittelbar vor der Schulung eingeholt.

5.3.2 Instrument zur Erfassung der Perspektivenkoordination

Für die Erfassung der Perspektivenkoordination liegen sowohl offene als auch geschlossene Testformate vor (Dietzen et al., 2016; Mischo, 2003; Schultz et al., 1989). Daneben kommen in der Praxis auch Selbsteinschätzungsskalen zur Empathiefähigkeit zum Einsatz, die zwar in der Regel gute Reliabilitäten aufweisen, deren Objektivität und Reliabilität jedoch angesichts mittlerer Korrelationen von Selbsteinschätzungen und testbasierten Abschätzungen von ca. 0,2 (Vollmers u. Kindervater, 2010) infrage stehen. Mischo (2003) berichtet allerdings zumindest von positiven und signifikanten Korrelationen von Selbsteinschätzungen zur Konfliktempathie und der testbasierten Erfassung, wobei die Stärke des Zusammenhangs in ähnlicher Größenordnung liegt, wie von Vollmers und Kindervater (2010) berichtet. Für die Analyse der Daten bildete Mischo (2003, S. 193ff.) zwei Testwerte: Für einen der Testwerte (Stufenmittelwert für die höchste Präferenz) ergaben sich keinerlei Zusammenhänge mit den Selbsteinschätzungen und den vier Empathiekonstrukten Fantasie-, Konfliktempathie sowie der kognitiven und affektiven Empathie. Für den zweiten Messwert (Rangkorrelation der vom Teilnehmenden gebildeten Rangreihe mit der theoriekonformen Rangreihe) ergaben sich lediglich für die Konfliktempathie ein signifikanter Zusammenhang (r = 0,22, p< 0,05) (Mischo, 2004, S. 196f.). Dietzen et al. (2016) entwickelten für medizinische Fachangestellte ein Testelement zur Erfassung der Perspektivenkoordination, das auf einem videogestützten Situational-Judgment-Test basiert.

Für die Servicetechniker/-innen wurden ebenfalls spezifische Situationszuschnitte im Anschluss an eine systematische Feldexploration und angelehnt an das Instrument von Schultz et al. (1989) entwickelt, die allerdings – im Gegensatz zum Schulungskontext – im Test textbasiert eingebracht wurden. Gearbeitet wird dabei mit Dilemma-Situationen, die Gelegenheit geben, Erwartungen, Interessen und Handlungsvorstellungen und daran anschließende Bewertungen aus den unterschiedlichen Perspektiven der in die Situation involvierten Interaktionspersonen zu generieren und aufeinander zu beziehen. Unterstellt wurden wie bei Selman fünf **Entwicklungsstufen** mit den Niveaus 0–4 (Yeates u. Selman, 1989; Güzel et al., 2016):

- Eine egozentrische (Niveau 0) und eine „sozial-informationsbezogene" Perspektivenkoordination (Niveau 1), die gemeinsam haben, dass die unterschiedlichen Perspektiven (noch) nicht koordiniert werden (können) und entweder die eigene (Niveau 0) oder die Perspektive der Autorität (Niveau 1) als „richtig" gewählt wird.
- Niveau 2 bezeichnet eine „selbstreflexive Perspektivenkoordination", die durch die Fähigkeit gekennzeichnet ist,
  - a. zwischen unterschiedlichen Perspektiven zu unterscheiden,
  - b. das eigene Verhalten aus der Perspektive anderer zu beurteilen und
  - c. auf dieser Basis die Reaktionen anderer vorherzusehen.
- Niveau 3, als „wechselseitige Perspektivenkoordination" bezeichnet, schließt darüber hinaus die Fähigkeit ein, Interaktionskonstellationen distanziert aus der Perspektive einer dritten unparteiischen Person zu betrachten, womit die Basis für ein Verständnis kollektiver Regeln besteht.
- Niveau 4 schließt dann auch die Fähigkeit ein, eine von allen Mitgliedern geteilte Konstruktion konventioneller Perspektiven zur eigenen Perspektive in Beziehung zu setzen und zu reflektieren.

Der Aufbau des Instruments, das an Selmans Modell der zwischenmenschlichen Verhandlungsstrategien („interpersonal negotiation strategies", kurz: INS-Modell; Schultz et al., 1989) angelehnt ist, schließt die Niveaus 0–3 der **Verhandlungsstrategien** ein (Güzel et al., 2016):
1. Das Niveau 0, das durch Impulsivität und egozentrisches Denken gekennzeichnet ist
2. Das Niveau 1, das durch die Verfolgung einseitiger Strategien beschrieben wird, die einerseits durch Anpassung an die äußeren Anforderungen oder den Versuch gekennzeichnet ist, andere Personen im Sinne eigener Vorstellungen zu beeinflussen
3. Das Niveau 2, als wechselseitig charakterisiert, das durch das Bemühen gekennzeichnet werden kann, mehrere Perspektiven einnehmen zu können und sowohl Strategien einschließt, sich selbst an andere anzupassen oder auch andere zu veranlassen die fremde Perspektiven als Ausgangspunkt von Anpassungsprozessen zu nutzen
4. Das Niveau 3, welches als gemeinschaftlich beschrieben wird und das durch dialogisch generierte Konsensbildungsprozesse gekennzeichnet ist

Bestimmt wurden die Ausprägungen entlang der Bearbeitung der Dilemma-Situationen im Sinne einer Handlungssequenz mit folgenden Handlungsschritten (Güzel et al., 2016):
- Feststellung des Problems
- Entwicklung verschiedener Strategien zur Lösung des Problems

- Auswahl und Reflexion der Umsetzungsmodalitäten der gewählten Strategie
- Bewertung des Ergebnisses.

Zum Einsatz kamen zwei Dilemmata, das Kunden- und Familiendilemma (s. u.), mit geschlossenem Antwortformat, die von den Testpersonen (angehende und praktizierende Servicetechniker/-innen) sowohl bezogen auf die „Hineinversetzbarkeit" als auch die Realitätsnähe als gut bewertet wurden. Sowohl die Auszubildenden (N = 72) als auch die Servicetechniker/-innen (N = 55) beurteilten auf einer fünfstufigen Skala (1 = sehr schlecht, 5 = sehr gut) die Güte bezogen auf beide Beurteilungskriterien im Mittel zwischen 3,6 und 4,3.

Beispiel

Kundendilemma: Der Servicetechniker Fabian ist bei einem Kunden, Hr. Reher, wo er eine Maschine reparieren soll. Nach einer Analyse weiß Fabian, dass er einige Teile austauschen muss und bestellt diese. Die Ersatzteile kommen jedoch nicht wie geplant am nächsten Nachmittag, sondern erst eine Stunde vor Feierabend. Hr. Reher verlangt, dass die Maschine am nächsten Morgen wieder laufen soll. Fabian weiß, dass das ohne Überstunden nicht machbar ist. Zudem fühlt er sich sehr müde und erschöpft und weiß, dass er am nächsten Tag nach Hr. Reher unmittelbar zum nächsten Kunden fahren soll.

Familiendilemma: Der Servicetechniker Julian wird vom Einsatzplaner Jens gebeten, an einem Freitagabend noch zu einem Kunden zu fahren, der 500 km entfernt von seinem Wohnort liegt. Julian weiß, dass er dadurch erst am Samstagmorgen zu Hause sein wird. Er hat jedoch seiner Frau versprochen, mit ihr am Freitagabend zu einem Konzert zu gehen. Auf Rückfrage gibt Jens zu bedenken, dass gerade die Expertise von Julian gefragt ist. Zudem betreffe der Auftrag einen wichtigen Stammkunden.

Die Teilnehmenden wurden mit den entwickelten Dilemma-Situationen konfrontiert und bearbeiteten anschließend je Situation sieben Fragen zu den Informationsverarbeitungsschritten Problemdefinition, Strategieauswahl und Handlungsbewertung (der 2. Schritt „Generierung alternativer Handlungsstrategien" entfiel aufgrund des geschlossenen Antwortformats). Dazu wurden vier Antwortalternativen pro Frage vorgegeben, welche einer der vier theoretisch ausdifferenzierten Stufen der Perspektivenkoordination zugeordnet werden können. In Anlehnung an Mischo (2003) sollten die Teilnehmenden in einem zweiten Schritt die Antwortalternativen in eine Rangreihe bringen (◘ Abb. 5.3), welche ihre persönliche Präferenz widerspiegelt (mit Rang 1 die erste, mit

◘ Abb. 5.3 Beispielitem des geschlossenen Testformats zur Erfassung der sozialen Perspektivenkoordination

1. Was ist das Problem, und warum ist das ein Problem?	
Antwortalternativen	Rang
Julian möchte am Freitag seine Frau sehen, sein Einsatzplaner macht sich jedoch Sorgen wegen eines unerledigten Auftrags bei einem Kunden und möchte, dass Julian zu diesem fährt. Er weiß daher nicht, was er tun soll: Entweder enttäuscht er seine Frau oder Jens.	
Julian möchte am Freitag seine Frau sehen und mit ihr gemeinsam auf das Konzert gehen. Jens will hingegen, dass Julian sich um den Kunden kümmert. Julian wird also arbeiten müssen, da er ansonsten Probleme mit Jens bekommt.	
Jens muss Hilfe für einen Kunden finden, und Julian wäre der geeignete Mann dafür. Dieser hat aber seiner Frau versprochen, auf ein Konzert zu gehen. Beide stehen unter Druck und haben verständliche Bedürfnisse und Ziele, sie können das Problem nur gemeinsam lösen.	
Der Servicetechniker Julian möchte den Auftrag am Freitagabend nicht ausführen, da er zu dieser Zeit schon Feierabend hat. Insbesondere an einem Freitagabend möchte er nicht mehr so spät arbeiten.	

Rang 4 die letzte Präferenz). Auf Basis der von den Teilnehmenden präferierten Rangreihen und deren Abgleich mit der theoriekonformen Rangreihe wurde ein Messwert gebildet, die sogenannte „Absolutdifferenzsumme" (kurz ADS). Die ADS-Werte wurden schließlich wieder auf die Stufen (0–3) der Perspektivenkoordination nach Schultz et al. (1989) umgerechnet (ausführlicher siehe Güzel et al., 2016.). Je enger die von den Teilnehmenden vorgenommenen Präferenzen der theoretischen Reihung entsprechen, desto höhere Kompetenzausprägungen werden bescheinigt.

Diese Vorgehensweise entspricht prinzipiell jener von Schultz et al. (2003) bei der Auswertung des geschlossenen Testformats des Relationship Questionnaire (Rel-Q). In Abhängigkeit von der Fragestellung können schließlich die mittleren Stufenwerte der Teilnehmenden innerhalb der Informationsverarbeitungsschritte, situationsspezifisch oder über die beiden Dilemma-Situationen im Test gebildet werden (Schultz et al., 1989). Die erreichten Reliabilitäten sind bezogen auf den Gesamttest befriedigend (α_{ET} = 0,69 und α_{AT} = 0,75). Als Grundlage für die Berechnung von Cronbachs α dienten 67 Testpersonen im Eingangstest und 68 Testpersonen im Abschlusstest.

5.3.3 Selbst- und Fremdeinschätzung der Perspektivenkoordination

Für die Erfassung der Selbst- und Fremdeinschätzungsskalen der Perspektivenkoordination kam das Instrument von Paulus (2009) zur Messung unterschiedlicher Empathiekonstrukte zum Einsatz. Intendiert war damit die Prüfung, ob darüber eine Annäherung an die testbasierten Daten möglich ist und ob Selbst- und Fremdeinschätzungen zu ähnlichen Zuschreibungen führen. Um die hohen Testbelastungen in Grenzen zu halten, erfolgte eine Beschränkung auf die Facette „perspective taking", welche die Fähigkeit misst, eine Sache spontan aus der psychologischen Perspektive eines anderen sehen zu können (Paulus, 2009). Diese Skala lässt auch einen besonders hohen Zusammenhang mit der sozialen Perspektivenkoordination erwarten. Auf einer fünfstufigen Likert-Skala (1 = „Nie" bis 5 = „Immer") sollten die Teilnehmenden beispielsweise angeben, wie häufig sie sich bei einer Meinungsverschiedenheit in die Gedanken des anderen hineinversetzen (Beispielitem: „Ich versuche, bei einem Streit zuerst beide Seiten zu verstehen, bevor ich eine Entscheidung treffe"). Die Fremdeinschätzungsfragen wurden analog formuliert (Beispielitem: „Der Auszubildende versucht, bei einem Streit zuerst beide Seiten zu verstehen, bevor er eine Entscheidung trifft"). Die Fremdbeurteilungen wurden entweder von den zuständigen Ausbildenden oder von den direkten Vorgesetzten vorgenommen. In der Eingangsmessung war die Reliabilität der Selbsteinschätzung mit einem Cronbachs α von 0,55 noch unbefriedigend, in der Abschlusstestung wurde mit 0,74 ein befriedigender Wert erreicht, die Fremdeinschätzung war mit einem α von 0,89 hoch reliabel.

5.3.4 Ergebnisse zur sozialen Grundfähigkeit der Perspektivenkoordination

5.3.4.1 Effekte der Schulungen auf die Perspektivenkoordination für die Gesamtstichprobe

Die Stufenmittelwerte weisen eine schwache progressive Entwicklung (MW_{ET} = 2,06; MW_{AT} = 2,19) auf. Die Korrelation zwischen den Messwerten zu den beiden Zeitpunkten liegt bei r = 0,73 (p <0,01). Die Streuung der Merkmalsausprägungen bleiben über die

Lebensphasenorientierte Förderung fachlicher und sozialer Kompetenzen …

Tab. 5.7 Effektstärken für die Perspektivenkoordination in der Gesamtgruppe und den einzelnen Schulungsgruppen

	Gesamt n = 74	Gruppe 1 n = 10	Gruppe 2 n = 13	Gruppe 3 n = 16	Gruppe 4 n = 17	Gruppe 5 n = 18
Cohens d	0,38***	0,59*	0,17	0,53*	0,25	0,45**
Anmerkung: *p <0,05, **p <0,01, ***p <0,001						

beiden Messzeitpunkte weitgehend stabil (SD_{ET} = 0,36; SD_{AT} = 0,35). Insgesamt sprechen die Ergebnisse für eine relativ gut entwickelte Ausprägung der Perspektivenkoordination und eine relativ homogene Gruppenzusammensetzung.

Die Prüfung auf Signifikanz der Unterschiede in den Leistungen zum Eingangs- und Abschlusstest fällt hochsignifikant aus. Es ergibt sich dabei eine mittlere Effektstärke von 0,38 (p <0,001). Tab. 5.7 gibt einen Überblick zu den Effektstärken in der Gesamtgruppe und den einzelnen Schulungsgruppen. Daraus wird deutlich, dass in allen Schulungsgruppen erwartungskonform positive Effekte erzielt wurden, die allerdings in der Größenordnung deutlich variieren und in zwei Subgruppen (wohl auch aufgrund der geringen Fallzahlen) nicht signifikant werden. Die Effektstärken fallen deutlich schwächer aus als im Bereich der Fachkompetenzen, was ebenfalls erwartungskonform scheint. Damit erweist sich auch das Schulungskonzept zur Perspektivenkoordination als zielführend.

Offen bleibt die Frage, ob diese Effekte nachhaltig sind. In Vergleichsuntersuchungen zwischen den Auszubildenden am Ende der Ausbildung und den bereits länger im servicetechnischen Bereich tätigen Personen wurden signifikant geringere Ausprägungen der Perspektivenkoordination bei den erfahrenen Servicetechnikern/-innen dokumentiert (ausführlicher Treutlein et al., 2017). Wir vermuten, dass es sich dabei um ähnliche Regressionsprozesse handelt, wie sie von Beck et al. (2001) im Bereich der moralischen Urteilsfähigkeit dokumentiert wurden. Bemerkenswert scheint, dass diese Regressionen (unter Einbezug der Auszubildenden) mit dem Alter und der Tätigkeitsdauer als Servicetechniker/in positiv assoziiert sind, was vor dem Hintergrund der relativ kurzen Verweildauer von Servicetechnikern/-innen in ihrem Tätigkeitsbereich auch als Hinweis gedeutet werden könnte, dass die aus den Ausbalancierungsnotwendigkeiten resultierenden Belastungen von den meisten Servicetechnikern/-innen nicht dauerhaft (ohne Schaden) bewältigt werden können. Dies bedeutet, dass beispielsweise mit zunehmendem Alter und einem Anstieg der Tätigkeitsdauer im Serviceaußendienst häufiger die geringeren Niveaus im Test präferiert werden. Statistisch ergibt sich bezogen auf die Tätigkeitsdauer eine Tendenz.

Zieht man als Kriterium des Schulungserfolges die Selbsteinschätzungen der Perspektivenkoordination der Teilnehmenden heran, so bestätigen sich die positiven Effekte, der testbasiert erhobenen Daten, die Effektstärke wird mit d = 0,67 (p <0,001) allerdings deutlich größer.

5.3.4.2 Zusammenhänge zwischen den Erfassungsformen

Wie im Falle des Fachwissens erfolgte bezogen auf die Perspektivenkoordination die Prüfung, inwieweit die Selbst- und Fremdeinschätzungen sowie die testbasiert erhobenen Ausprägungen assoziiert sind. Zu erwarten waren auch hier eher geringe Korrelationen (vgl. Mischo, 2003). Einen Überblick zu den Ergebnissen gibt Tab. 5.8. Berücksichtigt

Tab. 5.8 Zusammenhänge zwischen Selbst- und Fremdeinschätzungen sowie testbasierten Abschätzungen der Perspektivenkoordination

		Auszubildende		Servicetechniker/-innen	
objektiv	subjektiv	r (einseitig)	N	r (einseitig)	N
–	Selbst- und Fremdeinschätzung	–0,05	51	0,05	38
Eingangstest	Selbsteinschätzung zu Beginn	0,15	72	0,06	59
Abschlusstest	Selbsteinschätzung am Ende	0,08	71	–	–
Eingangstest	Fremdeinschätzung	–0,20#	51	0,21	35

Anmerkung: # p<0,1, *p <0,05, **p <0,01, ***p <0,001

wurden dabei auch Servicetechniker/-innen, für die neben den Selbst- auch Fremdeinschätzungen der direkten Vorgesetzten und testbasierte Daten einmalig erhoben wurden.

Deutlich wird hier zunächst, dass zwischen den Selbst- und Fremdzuschreibungen bezogen auf beide Gruppen keine Korrelation beobachtet werden kann. Gemessen an den Testdaten erweisen sich die Selbsteinschätzungen als Repräsentanten eines anderen Konstruktes. Der maximale (positive) Zusammenhang ergibt sich mit r = 0,15 bei den Auszubildenden zum Zeitpunkt des Eingangstests, ansonsten liegen die Werte bei 0. Überraschend ist, dass im Falle der Auszubildenden auch die Fremdzuschreibungen mit den Testdaten nicht positiv assoziiert sind. Als erwartungskonform erweist sich lediglich die Korrelation der Fremdzuschreibungen und der testbasierten Daten im Falle der Servicetechniker/-innen. Insgesamt sprechen diese Ergebnisse dafür, dass die in der Praxis weitverbreiteten Kompetenzabschätzungen auf der Basis von Selbst- und Fremdzuschreibungen nicht verlässlich sind.

5.4 Erträge des lebensphasenbezogenen Entwicklungskonzeptes für (ausscheidende) Servicetechniker/-innen

Im Rahmen der lebensphasenorientierten Förderung konzentriert sich die Personalentwicklung bei TRUMPF gezielt auf die stellenbezogene Reifephase der Beschäftigten, um dadurch das Potenzial seiner älteren und erfahrenen Mitarbeitenden durch lebensphasenorientiertes Kompetenzmanagement und Arbeitsprozessgestaltung in industriellen Dienstleistungsprozessen zu sichern. Im Kern zielt dieses Entwicklungskonzept dabei darauf ab, den Servicetechnikern/-innen Entwicklungsoptionen im Anschluss oder auch parallel zu ihrer Servicetätigkeit zu eröffnen und für das Unternehmen die Wahrscheinlichkeit zu erhöhen, dass die Expertise der Servicetechniker/-innen auch nach deren Ausscheiden aus der Servicetätigkeit für das Unternehmen verfügbar bleibt. Dies hat daneben den Vorteil, den Wissenstransfer an jüngere, weniger erfahrene Mitarbeitende sicherzustellen.

Entwickelt wurden dazu verschiedene „Rollen", d. h. Anschlusstätigkeiten, in die die im Rahmen der Servicetätigkeit aufgebauten Kompetenzen fruchtbar eingebracht und weiterentwickelt werden können. Gegenwärtig handelt es sich bei diesen neuen Rollen bzw. Tätigkeitszuschnitten um Tätigkeiten in der Installationsleitung, Produktionsbegleitung/Applikationsberatung, Praxisausbildung und Training bei Kunden. Mit diesen neuen Rollen sind jeweils Erwartungen zu den wechselseitigen Erträgen verbunden. So wird z. B. bezogen auf den Einsatz der Servicetechniker/-innen als Installationsleitung erwartet, dass aufgrund ihrer umfangreichen Erfahrung Installationszeiten und die Notwendigkeit von Nachbesserungen reduziert und infolgedessen auch Schadenersatzansprüche, die ggf. aus einem verzögerten Produktionsanlauf resultieren, vermieden werden können. Bei der Tätigkeit als Produktionsbegleitung bzw. Applikationsberatung erwartet man aufgrund der umfangreichen Erfahrungen positive Auswirkungen auf die Beratungsqualität und ggf. zusätzliche Umsatzoptionen im Kontext von Funktionserweiterungen. Von Praxisausbildenden werden insbesondere Vorteile aus der erworbenen Expertise erwartet, die für die zu Schulenden zugänglich gemacht werden kann und im fachlichen Bereich auch zu einer Reduktion der Vorbereitungsaufwände des Ausbildungspersonals führen dürfte. Denkbar wären hier neben den aus den berufsfachlichen Kompetenzen erwartbaren Vorteilen auch Verwertungsmöglichkeiten der Erfahrungen im Umgang mit Rollenkonflikten oder den Problemen eine Ausbalancierung unterschiedlicher Perspektiven zu gewährleisten. Vom Einsatz der Servicetechniker/-innen im Training bei Kunden erhofft man sich für den Kunden eine optimale Nutzung der Firmenprodukte, die Vermeidung von Fehlbedienungen und damit verbunden positive Auswirkungen auf die Kundenbindung. Übergreifend werden letztlich ökonomische Vorteile für das Unternehmen erwartet, welchen zugleich Vorteile für die Servicemitarbeiter/-innen gegenüberstehen.

Das lebensphasenbezogene Entwicklungskonzept zeigt in der praktischen Umsetzung dabei bereits positive Effekte. Zu nennen sei hier allem voran die gestiegene Beschäftigungsfähigkeit der Servicetechniker/-innen, die aufgrund ihrer Teilnahme am Konzept deutlich länger im Betrieb verbleiben können. Dieser Aspekt ist zudem Bestandteil des deutlich positiven Business Case, welcher anhand der am Beispiel der Installationsleitung vorgenommenen Kostenabschätzung zu verzeichnen ist. Durchgeführt wurde diese Kostenabschätzung einerseits für ein konservatives Szenario, andererseits für ein optimistisches Szenario. Beide Szenarien zeigen dabei einen hohen jährlichen Kostenvorteil für das Unternehmen auf, wobei das optimistische Szenario das konservativ durchgeführte in seiner Summe um mehr als das Doppelte übertrifft. Die Unterschiede zwischen den beiden Szenarien bestanden in der Häufigkeit des Einsatzes (10 versus 20 Installationseinsätze/Jahr), einer ebenfalls aufgrund von Belastungsminderungen erzielten geringeren Ausfallzeit der Mitarbeitenden (2 versus 4 Arbeitstage) und jeweils als gleich angenommene Verkürzungen der Vorbereitungszeit (2 Tage je Installation), der Vermeidung typischer Nachbesserungen (2 Personentage je Installation) bei gleichem Schulungsaufwand. Monetär unberücksichtigt blieben die Vorteile, die sich aus einer größeren Kundenzufriedenheit, ggf. geringeren Schadensersatzforderungen und der größeren Mitarbeiterzufriedenheit ergeben könnten. Die bereits angesetzte Human-Resource-Linienüberführung des Entwicklungskonzeptes soll darüber hinaus schon in einer früheren Lebensphase der Mitarbeitenden ansetzen und die dadurch aufgezeigten Aspekte nochmals deutlich verstärken.

Vor diesem Hintergrund scheint das lebensphasenbezogene Entwicklungskonzept sowohl ökonomisch als auch humanitär ertragreich und das hierbei eingesetzte Kompetenzmodell praktikabel.

Fazit und Ausblick
Gemessen an den Ergebnissen der empirischen Untersuchung erweisen sich die Förderkonzepte zur Fach- und Sozialkompetenz als effektvoll. Die Effektstärken sind insbesondere im Bereich der Fehlerdiagnosekompetenz beachtlich und lassen auch ökonomische Erträge durch die Minderung von Stillstandszeiten erwarten. Bemerkenswert sind auch die Effekte der Förderung der Perspektivenkoordination und der Perspektivenkoordination, die sich trotz der kurzen Interventionszeit einstellen. Offen ist allerdings, ob diese Effekte nachhaltig bleiben. Deutlich wurde im Rahmen der Untersuchungen auch, dass die in der Praxis häufig genutzten Selbst- und Fremdzuschreibungen vor allem im Bereich der Sozialkompetenz zu fragwürdigen Ergebnissen führen. Wünschenswert wären vor diesem Hintergrund Entwicklungen von Messinstrumenten, die eine objektive, reliable, valide und zugleich aufwandsarme Erfassung in Aussicht stellen. Mit dem entwickelten Instrument zur Erfassung der Perspektivenkoordination scheint dies gelungen. Mit einem inzwischen verfügbaren Auswertungstool, das eine automatische Auswertung der eingegebenen Daten ermöglicht, scheint auch für Unternehmen ohne sozialwissenschaftliche Expertise ein Weg geschaffen, sich diesem Ziel anzunähern. Neben den Schulungskonzepten und den neuen diagnostischen Möglichkeiten erweist sich auch das lebensphasenbezogene Entwicklungskonzept für alle Seiten vorteilhaft und für Transferzwecke geeignet. Zu prüfen wäre in weiteren Studien, ob die für angehende Servicetechniker/-innen dokumentierten Effekte der Schulungen auch bei Servicetechnikern/-innen, die bereits länger in diesem Feld tätig sind, repliziert werden können. Offen sind auch Validierungsstudien zum Test für die Erfassung der Perspektivenkoordination. Der Test zur Erfassung der Fehlerdiagnosekompetenz wurde hingegen bereits erfolgreich validiert.

Literatur

Abele, S., Walker, F., & Nickolaus, R. (2014). Zeitökonomische und reliable Diagnostik beruflicher Problemlösekompetenzen bei Auszubildenden zum Kfz-Mechatroniker. *Zeitschrift für Pädagogische Psychologie* 4, 167–179.

Beck, K., Bienengräber, T., Mitulla, C., & Parche-Kawik, K., (2001). Progression, Stagnation, Regression - Zur Entwicklung der moralischen Urteilskompetenz während der kaufmännischen Berufsausbildung. In K. Beck, & V. Krumm (Hrsg.), *Lehren und Lernen in der beruflichen Erstausbildung. Grundlagen einer modernen kaufmännischen Berufsqualifizierung* (S. 139–161). Opladen: Leske + Budrich.

Becker, G. (2008). *Soziale, moralische und demokratische Kompetenzen fördern. Ein Überblick über schulische Förderkonzepte.* Weinheim, Basel: Beltz.

Bühner, M. (2006). *Einführung in die Test- und Fragebogenkonstruktion* (2. Aufl.). München: Pearson.

Cohen, J. (1988). *Statistical power analysis for the behavioral sciences* (2. ed.). Hillsdale, NJ: Erlbaum Associates.

Collins, A., Brown, J. S., & Newman, S. E. (1989). Cognitive apprenticeship: Teaching the craft of reading, writing and mathematics. In L. B. Resnick (Ed.), *Knowing, learning and instruction: Essays in honor of Robert Glaser* (pp. 453–494). Hillsdale, NJ: Erlbaum.

Dietzen, A., Tschöpe, T., Monnier, M., & Srebney, C. (2016). Berufsspezifische Messung sozialer Kompetenzen auf der Basis eines Situational-Judgment-Tests bei Medizinischen Fachangestellten. In K. Beck, M. Landenberger, & F. Oser. (Hrsg.), *Technologiebasierte Kompetenzmessung in der Beruflichen Bildung. Ergebnisse der BMBF-Förderinitiative ASCOT* (S. 225–241). Bielefeld: Bertelsmann.

Euler, D. (1998). Sozialkompetenz – Leerformel oder Kernelement einer handlungsorientierten Didaktik? In K.-H. Sommer (Hrsg.), *Didaktisch-organisatorische Gestaltungen vorberuflicher und beruflicher Bildung. Stuttgarter Beiträge zur Berufs- und Wirtschaftspädagogik* (Bd. 22, S. 142–163). Esslingen: Deugro.

Güzel, E., Nickolaus, R., Sari, D., Würmlin, J., & Zinn, B. (2016). Soziale Kompetenzen von angehenden Servicetechnikern – Relevanz, Förderung und Ausprägungen. *Zeitschrift für Berufs- und Wirtschaftspädagogik* 112(4), 555–583.

Kanning, U. P. (2005). *Soziale Kompetenzen. Entstehung, Diagnose und Förderung*. Göttingen: Hogrefe.

Kanning, U. P. (2009). *Diagnostik sozialer Kompetenzen*. Göttingen, Hogrefe.

Lempert, W. (1988). *Moralisches Denken: seine Entwicklung jenseits der Kindheit und seine Beeinflussbarkeit in der Sekundarstufe II*. Essen: Neue Deutsche Schule Verlagsgesellschaft mbH.

Mischo, C. (2003). Wie valide sind Selbsteinschätzungen der Empathie? *Gruppendynamik und Organisationsberatung* 34, 187–202.

Mischo, C. (2004). Fördert Gruppendiskussion die Perspektiven-Koordination? *Zeitschrift für Entwicklungspsychologie und Pädagogische Psychologie* 36(1), 30–37.

Mischo, C., Arnold, R., & Clausen, M. (2004). Förderung sozialer Kognitionen in der Schule: Zur Wirksamkeit einer Kurzintervention. *Psychologie in Erziehung und Unterricht* 2, 151–161.

Oser, F. (1981). Moralische Erziehung als Intervention. *Unterrichtswissenschaft* 3, 207–224.

Paulus, C. (2009). Der Saarbrücker Persönlichkeitsfragebogen SPF (IRI) zur Messung von Empathie: Psychometrische Evaluation der deutschen Version des Interpersonal Reactivity Index. http://hdl.handle.net/20.500.11780/3343. Zugegriffen: 20. September 2017.

Prenzel, M., Kirsten, A., Dengler, P., Ettle, R., & Beer, T. (1996). Selbstbestimmt motiviertes und interessiertes Lernen in der kaufmännischen Erstausbildung. *Zeitschrift für Berufs- und Wirtschaftspädagogik* 13, 108–127.

Reinders, H. (2008). The transformation of human services. *Journal of Intellectual Disability Research* 52(7), 564–572.

Schlaefli, A., Rest, J. R., & Thoma, S. J. (1985). Does moral education improve moral judgment? A meta-analysis of intervention studies using the Defining Issues Test. *Review of Educational Research* 55(3), 319–352.

Schultz, L. H., Yeates, K. O., & Selman, R. L. (1989). *The interpersonal negotiation strategies interview manual*. Cambridge, MA: Harvard University.

Schultz, L. H., Selman, R. L., & La Russo, M. D. (2003). The assessment of psychosocial maturity in children and adolescents: Implications for the evaluation of school-based character programs. *Journal of Research in Character Education* 1(2), 67–87.

Selman, R., Beardslee, W., Schultz, L., Krupa, M., & Podorefsky, D. (1986). Assessing adolescent interpersonal negotiation strategies: Toward the integration of structural and functional models. *Developmental Psychology* 22, 450–459.

Treutlein, A., Güzel, E., & Nickolaus, R. (2017). Perspektivenkoordination und interpersonale Aushandlungsstrategien bei angehenden und praktizierenden Servicetechnikern. [Eingereicht bei der *Zeitschrift für Erziehungswissenschaft*].

Vollmers, B., & Kindervater, A. (2010). Sozialkompetenzen in simulierten Berufssituationen von Auszubildenden mit Lernschwierigkeiten: Ein empirischer Vergleich von Beobachterurteilen und Selbsteinschätzungen im Modellversuch VAmB. *Zeitschrift für Berufs- und Wirtschaftspädagogik* 106(4), 517–533.

Walker, F. (2014). *Analytische Problemlösefähigkeit von Elektroniker/innen der Automatisierungstechnik und deren computerbasierte Erfassung*. Duisburg-Essen: ZeB-Forschungskolloquium, Zentrum für empirische Bildungsforschung Universität Duisburg-Essen.

Walker, F., Abele, S., & Nickolaus, R. (2014). Validitätsansprüche an die Messung der fachspezifischen Problemlösekompetenz in der Berufsbildung und ihre Einlösung in gewerblich-technischen Anforderungskontexten. 2. Tagung der Gesellschaft für Empirische Bildungsforschung (GEBF), Frankfurt.

Walker, F., Link, N., & Nickolaus, R. (2015). Berufsfachliche Kompetenzstrukturen bei Elektronikern für Automatisierungstechnik am Ende der Berufsausbildung. *Zeitschrift für Berufs- und Wirtschaftspädagogik* 1111(2), 222–241.

Yeates, K. O., & Selman, R. L. (1989). Social competence in the schools: Toward an integrative developmental model for intervention. *Developmental Review* 9, 64–100.

Zinn, B., Güzel, E., Walker, F., Nickolaus, R., Sari, D., & Hedrich, M. (2015). ServiceLernLab – Ein Lern- und Transferkonzept für (angehende) Servicetechniker im Maschinen- und Anlagenbau. *Journal of Technical Education (JOTED)* 3(2), 116–149.

Zinn, B., Nickolaus, R., Duffke, G., Güzel, E., Sawazki, J., & Würmlin, J. (2016). Belastungen von Servicetechnikern im Maschinen- und Anlagenbau im Bezugsfeld lebensphasenorientierten Kompetenzmanagements. In F. Frerichs (Hrsg.), *Altern in der Erwerbsarbeit – Perspektiven der Laufbahngestaltung. Vechtaer Beiträge zur Gerontologie*. Wiesbaden: VS Springer.

Die junge Ärztegeneration im Krankenhaus: Kompetenzbasierte Karrierepfade im Universitätsklinikum

Jürgen Hinkelmann, Thomas Volkert, Juliane Hecke und Maren Singer

6.1 Krankenhäuser zwischen Wirtschaftskraft und Ärztemangel – 94

6.2 Kampf um Talente – 96

6.3 Arbeitsbezogene Werte im Generationenvergleich – 98

6.4 Lebensarbeitsphasenorientierung als Ziel – 101

6.5 Mitarbeiterzufriedenheit in verschiedenen Phasen der beruflichen Entwicklung – 101

6.6 Instrumente zur Schaffung einer Lebensarbeitsperspektive und Erhöhung der Mitarbeiterbindung – 102
6.6.1 Mitarbeitergespräche/Mitarbeiterführung – 103
6.6.2 IT-Unterstützung bei der Personaleinsatzplanung – 104
6.6.3 Kompetenzbasierte Einsatzplanung – 104
6.6.4 Fellowship-Programme – 105
6.6.5 Arbeitszeitflexibilisierung – 105

Literatur – 107

© Springer-Verlag GmbH Deutschland 2018
J. Hasebrook et al. (Hrsg.), *Lebensphasen und Kompetenzmanagement*, Kompetenzmanagement in Organisationen, https://doi.org/10.1007/978-3-662-55158-5_6

Zusammenfassung

Universitätskliniken bilden das Rückgrat der medizinischen und wirtschaftlichen Leistung der stationären Krankenversorgung und arbeiten unter besonderen Rahmenbedingungen – denn sie haben einen dreifachen Auftrag: Sie qualifizieren Fachärzte/-innen, stellen medizinische Forschung sicher und erbringen eine hoch spezialisierte Maximalversorgung, die andere Krankenhäuser nicht übernehmen können. Dies alles muss bei zeitgleich wachsendem Facharztmangel bewältigt werden. Im Fokus des gemeinsamen Forschungsprojektes „FacharztPlus" vom Universitätsklinikum Münster (UKM) und der Managementberatung zeb stehen daher Maßnahmen, mit denen Fachärztinnen und -ärzte langfristig an Universitätskliniken gebunden werden können.

6.1 Krankenhäuser zwischen Wirtschaftskraft und Ärztemangel

Mit rund 11 % des Bruttosozialproduktes ist der Gesundheitssektor der bedeutendste Wirtschaftszweig in Deutschland, größter Arbeitgeber sind die ca. 2.000 Kliniken mit über 1 Million Beschäftigten, davon ca. 140.000 Ärzte/-innen. Derzeit begegnen Kliniken einer besonderen Herausforderung: Der demografische Wandel bringt immer aufwendigere Anforderungen an die zu leistende medizinische Versorgung mit sich. Er ist in den OECD-Ländern gezeichnet durch eine steigende Anzahl älterer Mitbürger bei gleichzeitiger Abnahme der Geburtenrate (OECD, 2011). Der durchschnittliche Anteil der über 65-jährigen in den OECD-Ländern stieg von 9 % im Jahr 1969 auf 15 % in 2010 und wird 2050 rund 27 % erreicht haben (OECD, 2013b). Diese demografische Entwicklung wird einen stark wachsenden Bedarf an medizinischer Versorgung von Langzeit- und chronisch Kranken sowie geriatrischer Medizin mit sich bringen. Für Deutschland zeigt die Bedarfsprognose bis zum Jahr 2030 eine Zunahme der Krankenhausfälle von 19,4 auf 22 Millionen pro Jahr und einen Anstieg des Anteils von Patienten im Alter von ≥60 Jahren von 51 % auf 61 % (Deloitte Deutschland, 2017; Statistisches Bundesamt, 2014). Gleichzeitig wird der Anteil der erwerbstätigen Bevölkerung abnehmen und damit die Finanzierung der Gesundheitssysteme zusätzlich erschweren (OECD, 2013b).

In den meisten OECD-Ländern ist die Zahl der Akutbetten in Krankenhäusern zurückgegangen, von im Durchschnitt 4,7 je 1.000 Einwohner im Jahr 1995 auf 3,8 je 1.000 Einwohner im Jahr 2007. Die Reduktion von Krankenhausbetten geht in vielen Ländern mit einem Rückgang der durchschnittlichen Verweildauer einher (OECD, 2013a). In fast allen OECD-Ländern stellt der Gesundheitssektor den größten Ausgabenposten dar, Kostendämpfungsmaßnahmen sind daher unabdingbar. Der Produktivitätsdruck fällt umso größer aus, je höher der Grad der Spezialisierung medizinischer Versorgung und die damit verbundenen Ausgabenerhöhungen sind (Albrecht et al., 2008).

Auch in Deutschland werden mehr Patienten in kürzerer Zeit und weniger Einrichtungen behandelt (Statistisches Bundesamt, 2015). Dem daraus erwachsenden wirtschaftlichen Druck halten viele Krankenhäuser nicht Stand:

Gut die Hälfte der deutschen Krankenhäuser erwirtschaftet Verluste und ist teils in ihrer Existenz gefährdet (Augurzky et al., 2008). Auch der Verband der Universitätsklinika Deutschlands e.V. (VUD) erwartet für rund 45 % der Universitätskliniken ein Defizit (BÄK, 2013b). In einer aktuellen Studie von Roland Berger rechnen 70 % der Krankenhausmanager/-innen mittelfristig mit einer Eintrübung der wirtschaftlichen Rahmenbedingungen für Krankenhäuser. Zu dem wachsenden Kostendruck kommt der Fachkräftemangel hinzu, der die wirtschaftliche Situation in deutschen Krankenhäusern weiter verschlechtert (Roland Berger Strategy Consultants, 2016).

In Deutschland stieg die Anzahl der Ärztinnen und Ärzte parallel zur Leistungsausweitung um etwa 20 %, wobei der Zuwachs an Teilzeitstellen nicht eingerechnet ist. Um den absoluten Anstieg der Ärztezahl zusammen mit den hinzukommenden bzw. abwandernden Kompetenzen bewerten zu können, wurde im Projekt „FacharztPlus" die Entwicklung der sogenannten „Erfahrungsjahre" analysiert. Dazu wurde jeweils sowohl für die ärztlichen Neueinstellungen der Klinik als auch für die Kündigungen zwischen 2009 und 2014 das mittlere (Median) „Approbationsalter" ausgewertet (◘ Abb. 6.1). Unter dem Approbationsalter ist die Anzahl der Jahre seit Erlangung der Approbation zu verstehen. Die ◘ Abb. 6.1 verdeutlicht den wahrgenommenen Trend zur steigenden Fluktuation und gibt ihm eine neue Dimension: Während 2009 Ärzte/-innen mit im Mittel 10-jähriger Erfahrung die Klinik verließen, blickten die Ärzte/-innen, die 2014 kündigten, nur auf knapp 6 Jahre klinische Tätigkeit nach der Approbation zurück. Das bedeutet, dass die meisten Abgänge bereits kurz nach Erreichen des Facharztstatus erfolgen. Die erreichten Kompetenzen dieser Fachärzte/-innen stehen somit der Klinik nicht länger zur Verfügung, und die Lücke kann auch durch Neueinstellungen nicht kompensiert werden, die über die untersuchten Perioden hinweg ein Approbationsalter von <1–2 Jahren aufweisen. Verschärft wird das Problem des Nettokompetenzverlusts durch den Anstieg der Dauer zur Neubesetzung von Stellen.

Legt man die Bedarfssteigerung gemessen an Fallzahl und -schwere bei weiterer Verkürzung der Liegedauer und weiterem Bettenabbau in den Krankenhäusern zugrunde, so errechnet sich bis 2030 ein Fehlen von 47.000 Vollzeitkräften im ärztlichen Dienst (Roland Berger Strategy Consultants, 2016). Hinzu kommt, dass bereits jetzt der Anteil der Teilzeitstellen steigt. Dieser Trend wird durch zunehmende Feminisierung im ärztlichen Dienst sowie veränderte Ansprüche an die Arbeitgeber/-innen zunehmen.

Das Personal für die zu besetzenden Stellen kann nicht einfach aus „stillen Reserven" am Arbeitsmarkt rekrutiert werden, da die Zahl arbeitsloser Ärzte/-innen sehr gering ist (Demary u. Koppel, 2013) und durch den erforderlichen Approbationshintergrund keine Quereinsteiger/-innen eingesetzt werden können. Fächerübergreifende Ausgleiche sind kaum möglich und stehen außerdem dem Bedarf zunehmender Spezialisierung entgegen.

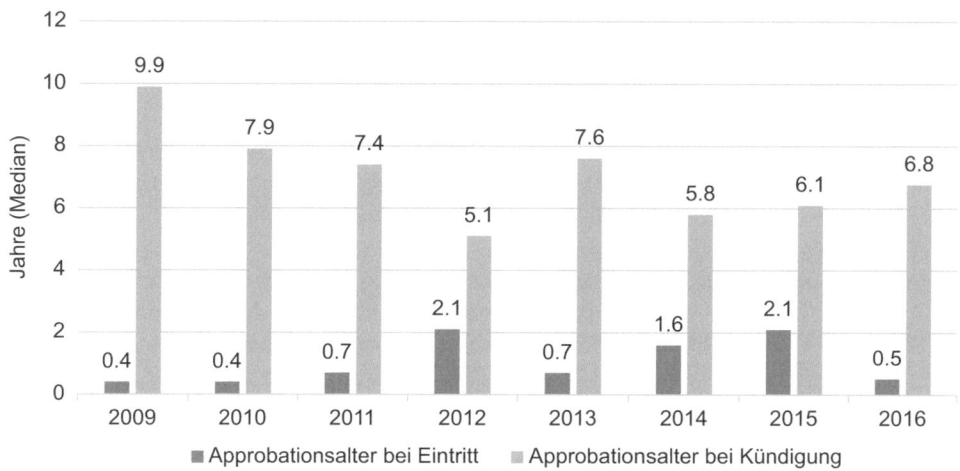

◘ Abb. 6.1 Approbationsalter der Zu- und Abgänge von Ärzten/-innen (Quelle: eigene Daten der Klinik)

Neben die Patientenversorgung treten in den Universitätskliniken die Forschung, studentische Lehre und Weiterbildung approbierter Ärzte/-innen zu Fachärzten/-innen (VUD, 2017). Universitätskliniken stehen an der Spitze der medizinischen Maximalversorgung und behandeln viele Patienten/-innen mit besonders komplexen Erkrankungen, deren Diagnose und Therapie eine aufwendige und teure Infrastruktur erfordert sowie eine besondere Expertise der behandelnden Ärzte/-innen. Eine Notfallversorgung wird rund um die Uhr in allen Fachgebieten sichergestellt. Ärztliche Weiterbildung erfordert die engmaschige Supervision durch erfahrene Fach- und Oberärzte/-innen. Es muss daher ein Gleichgewicht zwischen Ärzten/-innen in Weiterbildung und Supervision bestehen. Durch den frühen Weggang von Ärzten/-innen nach abgeschlossener Weiterbildung wird es daher zunehmend schwierig, die Qualität der Weiterbildung aufrechtzuhalten. Selbst bei guter Weiterbildungsqualität müssen angehende Fachärzte/-innen eigene Erfahrung sammeln, um das „Produktivitätslevel" der langjährig routinierten Kollegen/-innen zu erreichen.

Derzeit bewältigt kaum ein Universitätsklinikum die Kombination aus Versorgungs-, Weiterbildungs- und Forschungsauftrag wirtschaftlich erfolgreich (Crasselt et al., 2013). Um auch in Zukunft die verschiedenen Anforderungen zu erfüllen, ärztliche Versorgung auf höchstem Niveau gewährleisten zu können und dem immer größer werdenden „Ärztemangel" zu entkommen, müssen die vorhandenen Ressourcen effizienter und nachhaltiger genutzt werden.

6.2 Kampf um Talente

Der Begriff „war for talents" (Kampf um Talente) stammt aus einem McKinsey Report von 1998, der das Finden und Binden von Nachwuchstalenten zum Schlüssel für nachhaltigen Unternehmenserfolg erklärte (Chambers, 1998). Der Begriff fand schnell Eingang in die Managementliteratur und wurde zu einem der zentralen Begriffe in der Diskussion um Talentmanagement in Unternehmen. Krankenhäuser unterliegen als Arbeitgeber hinsichtlich der Gewinnung zukünftiger Mitarbeitender zum einen denselben Trends wie die Gesamtwirtschaft, zum anderen besonderen Faktoren, die sich aus der Auswahl und Ausbildung des medizinischen Nachwuchses ergeben:

- Die Altersstruktur der Bevölkerung in allen europäischen Ländern verändert sich und verringert zusammen mit der insgesamt schrumpfenden Bevölkerung das Potenzial an Erwerbstätigen in den kommenden Jahrzehnten drastisch. Das Institut für Arbeitsmarkt- und Berufsforschung (IAB) geht im ungünstigsten Fall von einem ungedeckten Bedarf von rund 6 Millionen Erwerbstätigen im Jahr 2020 aus (Schnur u. Zika, 2005). Wie bereits eingangs erwähnt, wird der Bedarf an hoch qualifizierten Fachärzten/-innen gleichzeitig steigen.
- Das Medizinstudium hat sich auch dank eines stetig steigenden Numerus Clausus (NC) den Ruf eines „Brotberufs der Begabten" (Hucklenbroich, 2011) erarbeitet. Seit Mitte der 1990er-Jahre hat sich die Anzahl der Bewerber für ein Medizinstudium fast verdreifacht, dadurch wird das Nadelöhr der Zulassung stetig enger (Hucklenbroich, 2011). Bernhard Marschall (2011), Studiendekan an der Medizinischen Fakultät der Westfälischen Wilhelms-Universität Münster, schreibt in der *Frankfurter Allgemeinen Zeitung* (FAZ) vom 22.09.2011, dass sich durch immer besser werdende Abiturdurchschnittsnoten und die Konzentration auf attraktive Studienorte bereits ein NC von 1,0 ergeben hat. Zusätzlich verzichten viele Universitäten auf die Möglichkeit,

Auswahlgespräche zu führen – mit denen der NC zumindest um ein paar Zehntel gedrückt werden könnte, da neben der Abiturnote nur vier weitere Kriterien zur Verfügung stehen und die Auswahlverfahren sehr aufwendig sind (Hucklenbroich, 2011; Marschall, 2011).
- Immer mehr Branchen fokussieren in ihrer Nachwuchssuche auf ganz ähnliche Bildungs- und Persönlichkeitsprofile und bemerken dadurch den Wandel vom „Arbeitgeber-" zum „Bewerbermarkt", auf dem Bewerber/-innen und nicht Arbeitgeber/-innen den Arbeitsmarkt bestimmen, immer stärker (Weitzel et al., 2017). Auch Marschall (2011, S. 2) greift diesen Wertewandel auf: „Während die Medizin früher als attraktiver Karriereberuf mit guten Verdienstmöglichkeiten angesehen wurde, stehen heute zumeist Jobgarantie, Vereinbarkeit von Beruf und Familie und das hohe soziale Ansehen im Vordergrund." Das gestiegene Selbstbewusstsein der Arbeitnehmer aufgrund des Generationenwandels verstärkt den Effekt.
- Der Wettbewerb um die Aufmerksamkeit und das Interesse junger Zielgruppen verschärft sich aufgrund der zunehmend komplexeren Medienvielfalt. Beispielsweise sind Nachwuchskräfte über die klassische Stellenanzeige in der Tageszeitung kaum noch zu erreichen. In Rankings unter Schul- und Hochschulabgängern/-innen zeichnet sich eine weiter steigende Konzentration auf wenige Studiengänge ab (Bosenius et al., 2004; Severing u. Teichler, 2013).
- Nicht zuletzt stehen zahlreiche Alternativen zur kurativen Tätigkeit in deutschen Kliniken zur Verfügung, die ebenfalls um die gut ausgebildeten Medizinstudierenden konkurrieren: das Gesundheitsmanagement mit seinen attraktiveren Arbeitsbedingungen, die Gutachtertätigkeit oder die kommerzielle Forschung. Auch die Betreuung der eigenen Kinder (BMGS, 2004) stellt einen Ausstiegsgrund dar. Rund 17.000 in Deutschland ausgebildete Ärztinnen und Ärzte arbeiten im Ausland, bis 2019 werden es knapp 30.000 sein. Auf diese Weise gehen nicht nur hoch qualifizierte Ärzte/-innen, sondern auch Bildungsinvestitionen von ca. 350.000 Euro pro Studienabsolvent/-in verloren (Blum u. Löffert, 2010; Kopetsch, 2010).

Der „Kampf um Talente", also die Gewinnung und Bindung hoch qualifizierter Mitarbeiter, wird zunehmend auch in Kliniken zum entscheidenden Teil der Personal- und Führungsstrategie und über den langfristigen wirtschaftlichen Erfolg mitentscheiden. Gewinnung und Bindung von „Talenten" kann nicht mehr nur in der herkömmlichen Form der ärztlichen Weiter- und Fortbildung betrieben werden. Talentmanagement bedeutet einen grundlegenden Wandel des bisherigen Personalmanagements: Der Schwerpunkt liegt dabei auf der Werte- und Leistungskultur und einem fortlaufenden Interessensausgleich von wirtschaftlichen und leistungsorientierten Ansprüchen der Krankenhäuser mit den individuellen Ansprüchen ihrer Mitarbeiterinnen und Mitarbeiter (Schiedeck et al., 2007). Armin Trost (2009) spricht in diesem Zusammenhang von einer „Demokratisierung des Talentmanagements", die an folgenden Tendenzen in der Personalentwicklung festzumachen ist:
- „Stellenprofile für Mitarbeiter/-innen" statt „Mitarbeiterprofile für Stellen": Bisher wurden auf Basis standardisierter Kompetenz- und Anforderungsprofile standardisierte Karriere- und Entwicklungswege abgeleitet. In Zukunft werden Arbeitszeiten, -modelle und -inhalte gesuchter Fachkräfte deren individuellen Ansprüchen und Anforderungen angepasst werden.
- „Eigenverantwortung" statt „Fremdbestimmung": Was zunächst als Forderung nach Erhalt an die eigene „Beschäftigungsfähigkeit" an die Arbeitnehmer/-innen gestellt wurde, ist nun eine Forderung der Mitarbeitenden. Sie wollen auf Basis transparenter

Leistungsanforderungen und -beurteilungen über ihre Karrieremöglichkeiten und Weiterbildung aktiv mitentscheiden.
- „Offene Kompetenzmärkte" statt „begrenzter Stellenausschreibungen": IT-gestütztes Kompetenz- und Bildungsmanagement löst starre Stellenzuordnungen und Qualifikationswege auf. Interne Stellenbesetzungs- und Tauschbörsen informieren, helfen eigene Kompetenzen einzuschätzen, sich auf Stellen und Projekte zu bewerben sowie individualisierte Bildungswege zu erstellen (Hasebrook u. Dohrn, 2007).
- „Unternehmensübergreifende Netzwerke" statt „interner Seilschaften": Interne und öffentliche Stellenmärkte sind im Wandel. Klassische Printmedien und Eigenwerbung der Unternehmen nehmen an Bedeutung ab, mobile und digitale Medien und Kontaktnetzwerke hingegen zu (Dohrn u. Hasebrook, 2007).

Daraus lässt sich auch für Krankenhäuser ableiten, dass individualisierte Stellenbeschreibungen und ein flexibles Kompetenzmanagement zu wichtigen Bausteinen der optimalen Nutzung personeller Ressourcen werden.

6.3 Arbeitsbezogene Werte im Generationenvergleich

Diese „Demokratisierung des Talentmanagements" ist in der veränderten Werthaltung der heute erwerbstätigen Generationen begründet (Voelpel et al., 2007):
- „Babyboomer" (Geburtsjahrgänge 1948–1962) sind durch die Durchsetzung in großen Geburtenjahrgängen konkurrenz- und konflikterprobt und weisen eine hohe Loyalität und ein großes Pflichtbewusstsein auf („leben, um zu arbeiten").
- Die „Generation X" (1963–1982) gilt als stressresistent und leistungsbereit sowie weiterbildungsfreudig und pragmatisch. Ihr ist die Vereinbarkeit von Privatleben, Familie und Beruf besonders wichtig („arbeiten, um zu leben").
- Die „Generation Y" (1983–1995) erwartet sowohl eine Leistungsorientierung als auch eine „Wohlfühlkultur". Ihr wird eine konsumorientierte Einstellung zur Arbeit und geringe Loyalität mit starkem Bedürfnis nach Selbstverwirklichung nachgesagt („leben auch beim Arbeiten").

Dieser eher grobe Orientierungsrahmen wird von vielen Führungskräften, Personalverantwortlichen und nicht zuletzt den Betroffenen selbst (z. B. in eigenen Umfragen unter Studierenden) bestätigt. Ein etwas differenzierteres Bild der unterschiedlichen Generationen zeichnet eine Studie des Instituts für Beschäftigung und Employability (IBE) von 2012 (Rump et al., 2012), das in der ◘ Abb. 6.2 wiedergegeben ist.

Aktuelle Forschung (Twenge u. Kasser, 2013) bestätigt dieses Bild weitgehend: „Jugendmaterialismus", d. h. das Verfügen über Geld und Statusgegenstände (z. B. Markenkleidung) bei Heranwachsenden, stieg über Jahrzehnte an, erreichte seinen Höhepunkt in der Generation X zu Beginn der 1990er-Jahre und verharrt nun bis in die Generation der nach der Jahrtausendwende Geborenen (sogenannte „Generation Me") auf hohem Niveau. Während diese materialistischen Werte zunahmen, nahm der beherrschende Wert der Arbeit („work centrality") weiter ab, was nach Twenge und Kasser (2013) auf eine wachsende Kluft zwischen materiellen Ansprüchen und der Bereitschaft, sich diese zu erarbeiten, hindeutet. Nicht zufällig also wurde der Begriff „Work-Life-Balance" in der Generation X erfunden, die ihren Namen durch das Buch *Generation X – Geschichten für eine immer schneller werdende Kultur* von Douglas Coupland erhielt (Rost, 2004).

Die junge Ärztegeneration im Krankenhaus: Kompetenzbasierte …

◘ Abb. 6.2 Generationsspezifische Entwicklung arbeitsbezogener Werte (modifiziert nach Rump et al., 2012)

Die zukünftigen Fach- und Führungskräfte gehören zur Generation Y. Diese Generation unterscheidet sich hinsichtlich ihrer Werthaltung deutlich von derzeitigen Mitarbeitenden. Viele leitende Ärzte/-innen erleben eine deutlich andere Situation als noch vor zehn Jahren: Die Krankenhäuser agierten damals auf einem „Arbeitgebermarkt", auf dem Personal nicht aktiv rekrutiert und gebunden werden musste und zur Verfügung stehende Stellen besetzt waren. Beim Berufseinstieg als „Arzt im Praktikum" (AiP) befanden sich die jungen Mediziner 18 Monate in Konkurrenz zu zeitgleich festangestellten Ärzten/-innen um eine Anschlussstelle als vollapprobierte Assistenzärzte/-innen. Der monatliche Verdienst betrug in dieser Zeit rund 900 Euro (1.800 DM) brutto, und eine hohe Anzahl von Überstunden wurde als Selbstverständlichkeit hingenommen. Hierarchische Strukturen und die herrschende Führungskultur wurden nicht kritisiert, um positiv aufzufallen und dadurch eine der begehrten Anschlussstellen als Assistenzarzt/-ärztin zu erreichen. Kurz: Es bestand kein Bedarf an Änderungen, da das System funktionierte, weil es mit Ärzten/-innen übersättigt war. Heute finden Krankenhäuser nicht nur einen „Bewerbermarkt" vor, sondern auch ein gewandeltes Verständnis von Arbeit und neue Anforderungen an Führung und Mitbestimmung. Diese sind insbesondere geprägt von einem höheren Wunsch nach einem wertschätzenden Führungsstil, wie die ◘ Abb. 6.3 zeigt.

Die Generation Y stellt nicht nur hohe Ansprüche an materielle Ausstattung und Flexibilität der Arbeit. Hinzu gekommen sind auch ein hoher Stellenwert der Familie und der wachsende Wunsch junger Männer, die klassische Rolle des „Ernährers" zu verlassen und ihre Vaterschaft zu erleben (Döge, 2007; Fthenakis et al., 2002). Doch nicht Männer, sondern Frauen stellen die Mehrheit des zukünftigen ärztlichen Personals. Der Anteil der Studienanfängerinnen im Fach Medizin ist über die Jahre kontinuierlich gestiegen und liegt nach dem aktuellen Bildungsbericht 2012 bei rund zwei Drittel – die Zukunft des Arztberufs ist demnach eindeutig weiblich (BMBF, 2012). Die Arbeitswelt ist derzeit aber noch weit von Idealvorstellungen dieser jungen Frauen entfernt (Beckmann, 2002), und auch das Familienleben ändert sich nur langsam in Richtung auf eine gleichmäßige Zeitaufteilung und Zeitbelastung von Frauen und Männern (Gille u. Marbach, 2004).

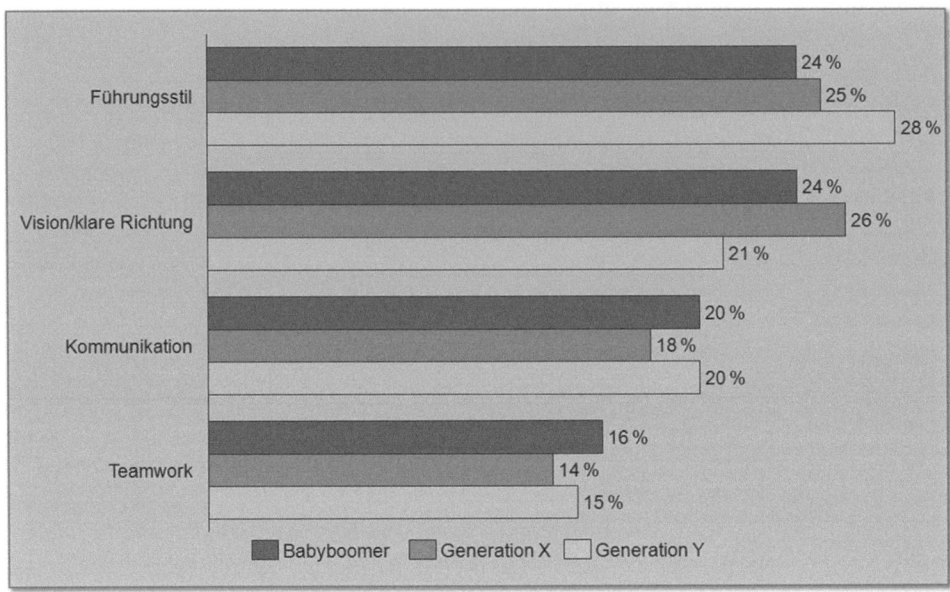

Abb. 6.3 Faktoren, die von verschiedenen Generationen als wichtig erachtet werden (Angaben in Prozent; modifiziert nach Kelly, 2011; Hatton, 2011)

Die Vereinbarkeit von Beruf und Familie hat für die Mitarbeiter der Generation Y beiderlei Geschlechts eine hohe Priorität. So soll beispielsweise eine Schwangerschaft während der Weiterbildung zur Fachärztin nicht zu Nachteilen führen. Die gesetzlich vorgegebene und mit dem Elterngeld finanziell unterstützte Möglichkeit, Elternzeit zu nehmen, stellt die Kliniken vor eine große organisatorische Aufgabe, da teilweise Kompensationen für kurze Zeiträume von wenigen Monaten notwendig sind, die zudem durch die Arbeitgeber/-innen zeitlich nicht steuerbar sind. Für die Zeit mit der Familie werden zuverlässige Arbeits- und Dienstzeiten gefordert. Flexible Arbeitszeiten sollen angeboten werden, um die Vereinbarkeit der meist jungen Familie mit dem Beruf zu ermöglichen.

Bei den ärztlichen und wirtschaftlichen Führungsebenen im Krankenhaus setzt sich die Erkenntnis jedoch nur langsam durch, dass sich die Arbeitswelt gerade im Hinblick auf die Beziehung und Interaktion von Führenden und Geführten („leadership member exchange") grundlegend ändert (Seibert et al., 2003). Leitende Ärzte/-innen und Manager/-innen im Krankenhaus bemerken, dass der Umgang mit jungen Ärzten/-innen und Berufseinsteigern/-innen wesentlich zeitintensiver und komplizierter wird, dass gewachsene Strukturen und die Organisation der Arbeit hinterfragt werden. Die Notwendigkeit von Überstunden, die Qualität der Weiterbildung und der Kommunikationsstil geraten in die Kritik. Die Unterschiede in den Werthaltungen führen zu gegenseitigem Unverständnis und Verärgerung – oder wie es die Wochenzeitung *Die Zeit* in einem Leitartikel am 07.03.2013 so schön formulierte: „Wollen die auch arbeiten? Junge Beschäftigte verlangen eine neue Arbeitswelt. Sonst ziehen sie weiter zum nächsten Job. Ihre Ansprüche verändern die gesamte Wirtschaft" (Bund et al., 2013). Der Wechsel von einem „Arbeitgebermarkt" hin zu einem „Bewerbermarkt" erfordert tief greifende Änderungen der Personalführung, auf die Kliniken derzeit oft nur unzureichend eingestellt sind.

Die bisher ergriffenen Maßnahmen sind aber aus Sicht der Autoren nicht ausreichend und nicht nachhaltig geeignet, die Probleme zu lösen, die sich aus dem demografischen Wandel und den sich verändernden Anforderungen neuer Mitarbeitergenerationen ergeben.

6.4 Lebensarbeitsphasenorientierung als Ziel

Ziel des vom BMBF geförderten Projektes „FacharztPlus" ist es, Maßnahmen zu entwickeln und in der Umsetzung zu testen, Fachärztinnen und -ärzten nach Abschluss der 5-jährigen Weiterbildung für einige weitere Jahre an das Krankenhaus zu binden. Der Fokus des Projektes liegt hierbei auf den Ärztinnen und Ärzten, die aktuell in den Krankenhäusern Facharztpositionen besetzen. Sie gehören zur „Generation X" und befinden sich in der „Rush-Hour-Phase" des Lebens. Dieser Begriff bezeichnet die Lebensphase zwischen dem 30. und 40. Lebensjahr, die durch Familiengründung, berufliche Etablierung und langfristige wirtschaftliche Absicherung, z. B. durch Erwerb von Immobilien, geprägt ist. Diese Phase hat sich in den letzten 20 Jahren immer mehr verkürzt und führt in ihrer Verdichtung zu einer Erhöhung der empfundenen Stressbelastung. Während in früheren Generationen deutlich jünger geheiratet und damit die familiäre von der beruflichen Entwicklung zeitlich entzerrt wurde, müssen heutzutage Lebensphasen immer mehr parallelisiert werden. Der Berufseinstieg von Männern und Frauen hat sich nach hinten verschoben, da der akademische Ausbildungsgrad zunimmt und die Familiengründung häufig erst nach Erreichen einer beruflich gesicherten Position stattfindet. Dies führt zu einem „Leben auf der Überholspur" (Amann u. Nienhaus, 2012).

6.5 Mitarbeiterzufriedenheit in verschiedenen Phasen der beruflichen Entwicklung

Im Rahmen des Projektes „FacharztPlus" wurden 182 Ärztinnen und Ärzte der Klinik für Anästhesiologie, operative Intensivmedizin und Schmerztherapie des UKM mithilfe des Net Promoter Scores (NPS) zu ihrer Zufriedenheit mit der Weiterbildung zum Facharzt/zur Fachärztin, der Arbeit als Arzt/Ärztin und der allgemeinen Bleibewahrscheinlichkeit am Klinikum befragt. Der NPS ist eine Befragungstechnik aus der Marktforschung. Die dahinterliegende Idee ist die Messung des Erfolges von Leistungsangeboten anhand der Wahrscheinlichkeit der Weiterempfehlung. Die Antwortskala reicht von 0 = „Weiterempfehlung sehr unwahrscheinlich" bis 10 = „Weiterempfehlung äußerst wahrscheinlich". Die Berechnung des NPS erfolgt, indem man die Befragten in die Gruppen Promotoren (Fürsprecher – Antwort: 9 oder 10), Passive (Unentschiedenen – Antwort: 7 oder 8) und Kritiker (Detractors – Antwort: 0 bis 6) aufteilt. Der NPS, der in Prozent angegeben wird, ergibt sich aus der Differenz der relativen Anteile von Promotoren und Kritikern. Es konnte ein Rücklauf von 72 ausgefüllten Bögen (40 %) erreicht werden.

In ◘ Abb. 6.4 ist zu sehen, dass sich die Beurteilung über die verschiedenen Phasen der beruflichen Entwicklung – Assistenz-, Fach- und Oberarzt/-ärztin – deutlich verändert.

Bei der Frage „Würden Sie die Weiterbildung zum Facharzt an der Klinik weiterempfehlen?" überwiegt durch umfassenden Lernzuwachs die positive Bewertung bis etwas zur Mitte der Facharztweiterbildung, wo sie sich zu neutralen Werten entwickelt. Zum Ende der Weiterbildung und als Facharzt/-ärztin kehrt sich die Bewertung ins Negative, und die

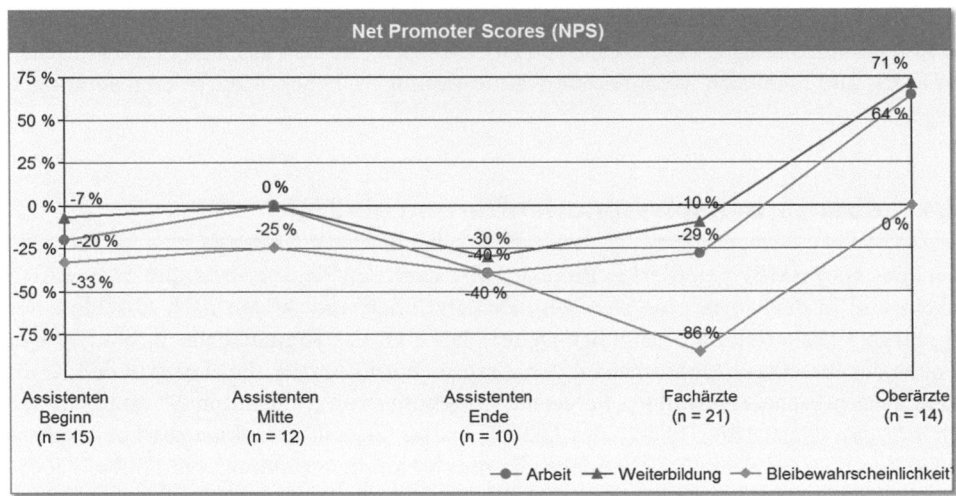

◘ Abb. 6.4 NPS im Karriereverlauf anhand der Erhebung des UKM

Situation wird kritisch gesehen. Durch die Oberärzte/-innen wird die Weiterbildung jedoch deutlich positiv gesehen. Bei der Weiterempfehlung der Arbeit als Arzt/Ärztin ergibt sich ein ähnliches Bild: Zu Beginn des Karriereverlaufs ist diese relativ neutral, im weiteren Verlauf wird sie dann deutlich negativer (z. B. wegen Dienstbelastung, geringer Planbarkeit von Einsätzen), und nur die Oberärzte/-innen empfehlen beinahe geschlossen die Arbeit als Facharzt/-ärztin aktiv weiter (Oberärzte/-innen wurden über die Situation der Fachärzte/-innen befragt).

Bei der Frage nach der Bleibewahrscheinlichkeit für die nächsten fünf Jahre wird der Handlungsbedarf deutlich. Die teilnehmenden Fachärztinnen und -ärzte erreichen hier einen NPS von −86 %. Demnach plant nicht einmal jeder siebte Facharzt, nach fünf Jahren noch in der Klinik tätig zu sein.

Auch ehemalige Fachärzte/-innen des UKM wurden in Telefoninterviews zu ihrer Zufriedenheit in der neuen Klinik befragt. Die Auswertung mit der NPS-Methodik zeigt bei den ehemaligen Fachärzten/-innen mehrheitlich eine höhere Zufriedenheit am neuen Arbeitsplatz und eine Erfüllung der Erwartungen an die neue Arbeitsstelle. Das durchschnittliche Gehalt an der neuen Arbeitsstelle liegt – auch durch die meist erfolgte Beförderung vom Fach- zum Oberarzt – um 23 % über dem Gehalt im UKM. Jedoch zeigt sich, dass trotz der höheren Zufriedenheit die Bleibeerwartung eher gering ist – so gaben knapp zwei Drittel der Befragten an, dass sie die Stelle in den kommenden fünf Jahren ggf. wechseln werden. Zufriedenheit am Arbeitsplatz führt demnach nicht automatisch zu einer höheren Bindung (◘ Abb. 6.5).

6.6 Instrumente zur Schaffung einer Lebensarbeitsperspektive und Erhöhung der Mitarbeiterbindung

Für die attraktive Gestaltung von Arbeits- und Karriereperspektiven sowohl an Universitätskliniken als auch in anderen Krankenhäusern wurden ausgehend von den Interviewergebnissen Handlungsfelder identifiziert und priorisiert. Es zeigte sich, dass

Die junge Ärztegeneration im Krankenhaus: Kompetenzbasierte …

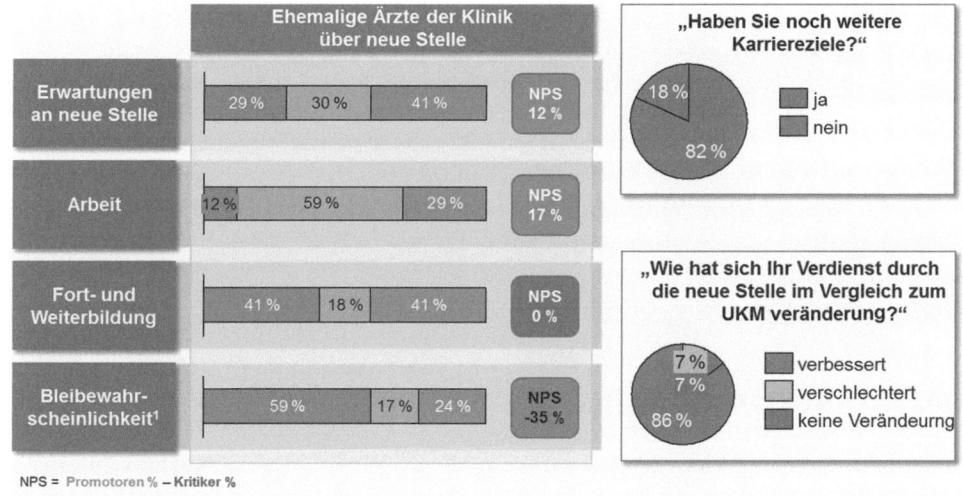

◘ Abb. 6.5   NPS ehemaliger Fachärzte/-innen des UKM (n = 17)

Fachärztinnen und -ärzte am meisten unter steigender Arbeitsbelastung und schwer planbaren Arbeitszeiten leiden. Es zeigte sich aber auch, dass die Interviewten sich am ehesten Verbesserungen bei der persönlichen Wertschätzung und der Anerkennung eigener Karriere- und Entwicklungsziele wünschen. Nach eingehenden Diskussionen und Vergleichen mit anderen Branchen und Best-Practice-Beispielen wurde ein Portfolio aus zunächst fünf Maßnahmenpaketen entwickelt, beschrieben und für die Pilotierung vorbereitet bzw. bereits umgesetzt.

6.6.1 Mitarbeitergespräche/Mitarbeiterführung

Eine Reihe von Verbesserungswünschen drehte sich in den Interviews um das Thema Wertschätzung, Führungssystematik und Mitarbeitergespräche. Insbesondere in der Anästhesie erfordert die große Mitarbeiterzahl ein geeignetes und skalierbares Modell, um den Ansprüchen an Mitarbeitergespräche gerecht werden zu können. In Arbeitsgruppen unter besonderer Beteiligung des Geschäftsbereichs Personal sowie im Rahmen von Projektveranstaltungen mit Referenten/-innen, die Erfahrungen über Führungsstrukturen anderer Länder oder Branchen mitbringen, wurden folgende Maßnahmenpakete diskutiert und entwickelt:
- Arten, Ziele und Anlässe von Mitarbeitergesprächen
- Führungs-/Gesprächsstruktur und Rahmenbedingungen zur Einführung von Facharztgesprächen
- Kompetenzmodell für Fachärzte/-innen
- Gesprächsleitfaden für jährliche Mitarbeitergespräche mit Fachärzten/-innen
- Gesprächsleitfaden für Rotationsgespräche
- Einsatzmöglichkeiten, Chancen und Grenzen von Anreizsystemen

Der erarbeitete Gesprächsleitfaden, dessen Konzept derzeit mit einigen Freiwilligen in der Klinik erprobt und simuliert wird, sieht als Inhalte des Mitarbeitergesprächs vor allem eine Wertschätzung der erreichten Leistungen, einen Austausch über die Arbeitssituation und Zusammenarbeit sowie eine Einschätzung der aktuellen Stärken, Schwächen und Entwicklungspotenziale vor. Dabei wird auch den Mitarbeiter/-innen Raum für die Äußerung von (Entwicklungs-)Wünschen und konstruktiver Kritik geboten. Auf diese Weise können Karrierewünsche, -möglichkeiten und individueller Fortbildungsbedarf frühzeitig und langfristig besprochen und abgeglichen werden.

Auch die Gespräche mit den Umsetzungspartnern, den Universitätskliniken in Rostock, Aachen und Greifswald, bestätigen ein großes Potenzial solcher strukturierter Gespräche. Insbesondere können sie dazu beitragen, die Zufriedenheit durch eine (Lebensarbeits-)Perspektive zu erhöhen.

6.6.2 IT-Unterstützung bei der Personaleinsatzplanung

Ein großes Augenmerk wurde auch auf die Potenziale einer Verbesserung und Automatisierung der Personaleinsatzplanung gelegt. In den Interviews wurde der Bedarf deutlich, die Planbarkeit, Verlässlichkeit und Handhabbarkeit der immer komplexer werdenden Einsatzplanung zu erhöhen.

Zusammen mit den Planungsgruppen im ärztlichen Dienst, Pflege- und Funktionsdienst sowie der Geschäftsbereiche Personal und IT-Abteilung wurden Anforderungen an eine flexible, individualisierte Personaleinsatzplanung sowie zu Möglichkeiten der IT-Unterstützung diskutiert. Daraufhin wurden auf Basis der erarbeiteten Anforderungsliste eine zweistufige Analyse über die am Markt bestehenden Anbieter/-innen von Personalsoftware durchgeführt und 17 Rückmeldungen ausgewertet.

Neben der Erstellung eines Katalogs mit 299 Anforderungen gab es weitere interessante Ergebnisse: Denkbare Funktionalitäten werden durch die Planungsgruppen zum Teil sehr unterschiedlich priorisiert, vor allem bezüglich der (automatisierten) Dienstplanung, Plausibilitätsprüfung und IT-Infrastruktur. Die ärztlichen Planer/-innen legen insbesondere Wert auf eine Berücksichtigung praxisrelevanter Kompetenzen im Planungsprozess. Die Marktanalyse zeigte jedoch, dass derzeit keine Anbieter/-innen am Markt im Rahmen eines umfassenden Personalverwaltungs- und Planungssystems eine IT-Unterstützung für die kompetenzbasierte Einsatzplanung bieten, die den Ansprüchen der Ärzte/-innen genügt.

6.6.3 Kompetenzbasierte Einsatzplanung

Die Personaleinsatzplanung erfolgt meist auf Basis von Karrierestufe (Assistent/-in, Facharzt/-ärztin, Oberarzt/-ärztin) und Anwesenheit bzw. Verfügbarkeit. Besondere Kompetenzen, wie sie z. B. bei Narkosen von Säuglingen erforderlich sind, werden auf diese Weise nicht systematisch geplant. Die Gelegenheit, Mitarbeiter/-innen kompetenzbasiert im Sinne der spezifischen Anforderungen auf Arbeitsplätzen einzusetzen und gleichzeitig deren Kompetenzen gezielt zu entwickeln, ist eher zufällig und folgt dem Prinzip der Verfügbarkeit.

Wünschenswert ist hingegen eine kompetenzbasierte Einsatzplanung, die auf der Erfassung von Kompetenzgruppen (z. B. Fort- und Weiterbildung, „operational expenditures" [OPEX], konkrete Parameter des Personaldisponenten,) und Kompetenzstufen (z. B. „supervidierend", „selbstständig", „unter Supervision", „Kenntnis") beruht, bestehende

Datenquellen nutzt und sich an vergleichbaren Modellen, z. B. aus der Produktionssteuerung, orientiert. Eine solche Einsatzplanung erlaubt nicht nur den optimalen Einsatz vorhandener Kompetenzen, sondern auch eine gezieltere Planung der Zusatzqualifizierung. Somit würden schon in der Planung Situationen berücksichtigt, in denen z. B. Fachärzte/-innen, die andere anleiten können, mit Kollegen/-innen zusammenarbeiten, die in einer bestimmten Situation noch Erfahrung sammeln müssen. Auch untertägige Vorschläge für die Besetzung von (Anästhesie-)Arbeitsplätzen anhand eines Kompetenzabgleichs sollte möglich gemacht werden. Wie in ▶ Abschn. 6.6.2 erwähnt, gibt es derzeit kein umfassendes Softwareprodukt am Markt, das eine kompetenzbasierte Einsatzplanung im eben beschriebenen Sinne beinhaltet.

Im Rahmen des Projektes „FacharztPlus" wurde eine Konzeption für eine solche kompetenzbasierte Einsatzplanung entwickelt und anschließend in einem Tool pilothaft umgesetzt und erprobt. Die Konzeption zieht unterschiedliche Quellen zur strukturierten Erfassung von Kompetenzen je Mitarbeiter/-in heran und greift darauf im Rahmen der Personaleinsatzplanung zu. Dazu gehören beispielsweise Anästhesieprotokolle, klinikspezifische Informationen über Kompetenzen (z. B. aus der Dienstgruppenzuordnung), Daten über Fort- und Weiterbildungen und Zusatzqualifikationen, CanMEDS-Rollen (Frank, 2005) und Kompetenzen aus KODE® (KOmpetenzDiagnostik und -Entwicklung; Heyse et al, 2007). Diese Informationen und Kompetenzen werden in einem geeigneten Datenmodell abgebildet und im Rahmen der Erstellung von Suchmasken so abgefragt, dass sie für die untertägige, kompetenzbasierte Einsatzplanung genutzt werden können. Die pilothafte Umsetzung hat gezeigt, dass die Planungslogik und der Kompetenzabgleich konzeptionell möglich sind. Die Ergebnisse können beispielsweise als Blaupause und Diskussionsgrundlage für mögliche Erweiterungsmodule mit Softwareanbietern/-innen herangezogen werden.

6.6.4 Fellowship-Programme

Um Fachärzten/-innen Möglichkeiten für hoch spezialisierte Zusatzqualifizierungen zu eröffnen und auch dadurch die Bindung der Ärzte/-innen an Universitätskliniken zu erhöhen, sind Fellowship- Programme für Anästhesisten entwickelt und von der Landesärztekammer Westfalen-Lippe zertifiziert worden. Erste Fach- und Oberärzte/-innen haben bereits die Fellowship-Programme „Spezielle Kinderanästhesie" und „Kardioanästhesie" durchlaufen. Weiterhin ist das Fellowship-Programm „Neuroanästhesie" konzipiert worden; erste Absolventen gab es im Jahr 2017.

Ein besonderer Aspekt dieser „Fellowships" besteht darin, dass die teilnehmenden Fach- und Oberärzte/-innen nicht nur spezielle Fachkompetenzen erwerben, sondern in die Gestaltung des Arbeitsumfelds und der Trainingsprogramme aktiv einbezogen werden und themenspezifische Fortbildungen für ihre eigenen Mitarbeiterinnen und Mitarbeiter organisieren. So werden die Teilnehmenden in den Fellowship-Programmen schrittweise in eine Bereichsverantwortung geführt.

6.6.5 Arbeitszeitflexibilisierung

Das Projekt „FacharztPlus" unterstützt die Zertifizierung „berufundfamilie" im Universitätsklinikum Münster in den Themenbereichen zeitliche, inhaltliche und organisatorische Flexibilität von Arbeitsorganisationsmodellen. Es werden u. a. die Themen „Anspruch und

Wirklichkeit von Führung" und „Möglichkeiten der Arbeitsflexibilisierung" beleuchtet. In den Diskussionen werden die Bedeutung sowie die Veränderung der Führungsrolle immer mehr ins Bewusstsein gerufen. Die Wünsche und Ansprüche der neuen Generation(en) an den Arbeitsplatz, insbesondere im Hinblick auf Flexibilität und passgenaue Weiterentwicklung, müssen in angemessenem Maße aufgenommen und Lösungen gefunden werden, welche häufig die gesamte Arbeitsorganisation tangieren. Hilfreich ist die Beachtung der Anforderungen und Maßnahmen im Kontext der Lebensphasen, sodass sich Führungsmethoden und Arbeitszeitmodelle mit den Lebensphasen der einzelnen Mitarbeiter/-innen mitentwickeln. Kurz: Es gibt keine Standardlösung („one fits all") – Motivation und Führung werden individueller, die Einsatzplanung wird komplexer. Hier sind ein kulturelles Umdenken sowie Führungskräfteschulungen notwendig, von denen beispielsweise im Rahmen des „Management für Medizin"-Programms am UKM immer mehr Mitarbeitende profitieren.

Fazit
Um die Qualität der medizinischen Versorgung bei steigender Morbidität (Krankheitshäufigkeit) der Bevölkerung und dem daraus resultierenden relativen Facharztmangel sicherzustellen, müssen Lösungen für eine Vielzahl, für Krankenhäuser völlig neuer Herausforderungen gefunden werden. Um einige dieser Herausforderungen zu identifizieren, Lösungsansätze aus anderen Branchen in die Krankenhauswelt zu übertragen und Maßnahmen zu entwickeln, wurde das Projekt „FacharztPlus" ins Leben gerufen.

Primäres Ziel des Projektes ist die Identifikation konkreter Maßnahmen zur Bindung und Weiterentwicklung von Fachkräften durch
- Wertschätzung,
- Verbindlichkeit,
- Verbindung von „Arbeiten, um zu leben" und Sicherstellung medizinscher Versorgung.

Diese Einflussfaktoren auf die Zufriedenheit der Ärzte/-innen können mit folgenden, im Projekt entwickelten Maßnahmenpaketen gesteuert werden:
- Neue Möglichkeiten zur Zusatzqualifikation, um sowohl vertikale als auch horizontale Karriereperspektiven anzubieten sowie Führungs- und Managementaufgaben zu professionalisieren
- Flexiblere – aber gleichzeitig planbare – Arbeitszeiten, welche die Lebensphase und Erwartungen jedes Einzelnen so weit wie möglich berücksichtigen, unterstützt und optimiert durch Personaleinsatzplanungssoftware
- Auf die Kompetenzen und Entwicklungsziele abgestimmte Arbeitsinhalte und -orte mithilfe einer kompetenzbasierten Einsatzplanung, welche gerade in großen Kliniken technischer Unterstützung bedarf
- Wertschätzende Führung und Kommunikation, die Karrierepfade aufzeigt und eine systematische Mitarbeiterentwicklung ermöglicht

Die Rückmeldungen der im Projekt involvierten Ärztinnen und Ärzte sowie der Umsetzungspartner/-innen deuten darauf hin, dass die Maßnahmen geeignet sind, die Zufriedenheit und Bindung der Ärzte/-innen zu erhöhen und damit die ungewollte Fluktuation zu senken.

> Höhere Arbeitsattraktivität kann somit, neben der Aufrechterhaltung von Humankapital, Wissen und Erfahrung, außerdem die Such-, Rekrutierungs- und Einarbeitungskosten für neue Mitarbeiter/-innen reduzieren.
>
> Der hohe Handlungsdruck durch den zunehmenden Fachärztemangel, die „Leuchtturmfunktion" des UKM mit der Einbindung weiterer Krankenhäuser und Verbände in den Projektablauf sowie die Ergebnisse und der Maßnahmenkatalog von „FacharztPlus" werden dazu führen, dass weitere Kliniken flexible Arbeits- und Karrieremodelle erproben. Dadurch wird die Übertragbarkeit der Vorgehensweisen und Maßnahmen von „FacharztPlus" auf andere Kliniken aufgezeigt und schrittweise verbessert.

Weiterführende Literatur und Links
- Informationen zum Projekt sind im Internet verfügbar unter: ▶ www.facharztplus.info.
- Einen guten Überblick über die Aspekte des Projektes gibt der Tagungsband *Rund auf eckig – die neue Ärztegeneration im Krankenhaus*, erschienen 2015 im medhochzwei-Verlag, herausgegeben von Klaus Hahnenkamp und Joachim Hasebrook.

Literatur

Albrecht, M., Freytag, A., Gottberg, A., & Storz, P. (2008): *Effiziente Strukturen ärztlicher Versorgung: Die Entwicklung fachärztlicher Leistungen im deutschen Gesundheitssystem.* Baden-Baden: Nomos.

Amann, M., & Nienhaus, L. (2012). Rushhour des Lebens: Zwischen 30 und 40 muss alles passieren. *Frankfurter Allgemeine Wirtschaft*. Artikel vom 22. September 2012. http://www.faz.net/aktuell/wirtschaft/rushhour-des-lebens-zwischen-30-und-40-muss-alles-passieren-11899589.html. Zugegriffen: 21. September 2017.

Augurzky, B., Budde, R., Krolop, S., Schmidt, C. M., Schmidt, H., Schmitz, H., Schwierz, C., & Terkatz, S. (2008). *Krankenhaus Rating Report 2008: Qualität und Wirtschaftlichkeit.* Essen: Rheinisch-Westfälisches Institut für Wirtschaftsforschung (RWI).

Beckmann, P. (2002). Zwischen Wunsch und Wirklichkeit tatsächliche und gewünschte Arbeitszeitmodelle von Frauen mit Kindern liegen immer noch weit auseinander. *IAB Werkstattbericht* 12, 1–17.

Blum, K., & Löffert, S. (2010). Ärztemangel im Krankenhaus. Forschungsgutachten im Auftrag der Deutschen Krankenhausgesellschaft. http://www.dkgev.de/media/file/8324.2010_10_11_Aerztemangel_Endbericht_1.pdf. Zugegriffen: 21. September 2017.

Bosenius, K., Michaelis, E., & Ritterhoff, C. (2004). *Studiengänge im Wettbewerb Hochschulranking nach Studienanfängerinnen in Naturwissenschaft und Technik.* Bielefeld: Kompetenzzentrum für Frauen in Informationsgesellschaft und Technologie, Frauen geben Technik neue Impulse e. V.

Bund, K., Heuser U. J., & Kunze A. (2013).Generation Y: Wollen die auch arbeiten? *Zeit Online*. Artikel vom 07. März 2013. http://www.zeit.de/2013/11/Generation-Y-Arbeitswelt. Zugegriffen: 21. September 2017.

Bundesärztekammer (BÄK). (2013a). Abbildung 1: Struktur der Ärzteschaft 2013 (Zahlen in Tausend). http://www.bundesaerztekammer.de/downloads/Stat13AbbTab.pdf. Zugegriffen: 21. September 2017.

Bundesärztekammer (BÄK). (2013b). Positionen der Bundesärztekammer zur Krankenhausfinanzierung. http://www.bundesaerztekammer.de/fileadmin/user_upload/downloads/Positionspapier_Krankenhausfinanzierung.pdf. Zugegriffen: 21. September 2017.

Bundesministeriums für Bildung und Forschung (BMBF). (2012).Bildung in Deutschland 2012. Ein indikatorengestützter Bericht mit einer Analyse zur kulturellen Bildung im Lebenslauf. http://www.bildungsbericht.de/de/bildungsberichte-seit-2006/bildungsbericht-2012. Zugegriffen: 21. September 2017.

Bundesministerium für Gesundheit und Soziale Sicherung (BMGS). (2004). Gutachten „Ausstieg aus der kurativen ärztlichen Tätigkeit in Deutschland". Abschlussbericht. http://www.ratgeber-versand.de/files/ratgeber/51/f-335_291_6513f4.pdf. Zugegriffen: 21. September 2017.

Chambers, E. G., Foulon, M., Hanfield-Jones, H., Hankin, S. M., & Michaels III, E. G. (1998). The war for talent. *The McKinsey Quarterly* 3, 44–57.

Crasselt, N., Heitmann, C., & Maier, B. (2013). Controlling im deutschen Krankenhaussektor – Studienergebnisse zum aktuellen Stand und zu Entwicklungstendenzen des Controllings in deutschen Krankenhäusern 2012. Münster: zeb.

Deloitte Deutschland. (2017). Health Care Analytics. Gesundheits-Versorgung 2030. https://www2.deloitte.com/de/de/pages/life-sciences-and-healthcare/articles/health-care-analytics-gesundheitsversorgung-2030.html. Zugegriffen: 21. September 2017.

Demary, V., & Koppel, O. (2013). Der Arbeitsmarkt für Humanmediziner und Ärzte in Deutschland – Zuwanderung verhindert Engpässe. *IW Trends* 3, 1–17.

Döge, P. (2007). Männer – auf dem Weg zu aktiver Vaterschaft? *Aus Politik und Zeitgeschichte* 7(12), 27–32.

Dohrn, S., & Hasebrook, J. (2007). Kompetenztransfer in Gründer- und Medienparks. In E. Barthel, J. Erpenbeck, J. Hasebrook, & O. Zwacki-Richter (Hrsg.), *Kompetenzkapital heute: Wege zum Integrierten Kompetenzmanagement* (S. 324–351) Frankfurt am Main: Frankfurt School Verlag.

Weitzel, T., Laumer, S., Maier, C., Oehlhorn, C., Wirth, J., Weinert, C., & Eckhardt, A.. (2017). *Employer Branding und Personalmarketing – Ausgewählte Ergebnisse der Recruiting Trends 2017 und der Bewerbungspraxis 2017. Research Report.* Bamaberg: Otto-Friedrich-Universität Bamberg.

Fthenakis, W. E., Kalicki, B., & Peitz, G. (2002). *Paare werden Eltern. Die Ergebnisse der LBS-Familien-Studie.* Opladen: Leske & Budrich.

Frank, J. R. (Ed.) (2005). The CanMEDS 2005 physician competency framework. Better standards. Better physicians. Better care. Ottawa: The Royal College of Physicians and Surgeons of Canada. http://www.ub.edu/medicina_unitateducaciomedica/documentos/CanMeds.pdf. Zugegriffen: 21. September 2017.

Gille, M., & Marbach, J. (2004). Arbeitsteilung von Paaren und ihre Belastung mit Zeitstress. In Statistisches Bundesamt (Hrsg.), *Alltag in Deutschland – Analysen zur Zeitverwendung* (Bd. 43, S. 86–113). Wiesbaden: Statistisches Bundesamt.

Hatton, E. (2011). *From Kelly Girls to permatemps. The temp economy.* Philadelphia: Temple University Press.

Heyse, V., & Erpenbeck, J. (Hrsg.) (2007). *KompetenzManagement. Methoden, Vorgehen, KODE® und KODE®X im Praxistest.* Münster: Waxmann Verlag GmbH.

Kelly (2011). Kelly Global Workforce Index, 2011. http://www.kellyservices.com/Global/Kelly-Global-Workforce-Index/. Zugegriffen: 22. November 2011.

Kopetsch, T. (2010). Arztzahlentwicklung: Mehr Ärzte – und trotzdem geringe Arbeitslosenquote. *Deutsches Ärzteblatt* 107(16), A-756/B-660/C-648.

Hasebrook, J., & Dohrn, S. (2007). Unternehmenslandkarte 2.0: Geschäftsdatenanalyse mit Social Software. In A. Back, N. Gronau, & K. Tochtermann (Hrsg.), *Web 2.0 in der Unternehmenspraxis: Grundlagen, Fallstudien und Trends zum Einsatz von Social Software* (S. 257–263). München: Oldenbourg Wissenschaftsverlag.

Hucklenbroich, C. (2011). Ärzte der Zukunft: Der Brotberuf der Begabten. Frankfurter Allgemeine Wissen. Artikel vom 03. Mai 2011. http://www.faz.net/aktuell/wissen/aerzte-der-zukunft-der-brotberuf-der-begabten-1635269.html. Zugegriffen: 21. September 2017.

Marschall, B. (2011). Medizinstudium: Die Inflation der Spitzenzeugnisse. Frankfurter Allgemeine Feuilleton. Artikel vom 22. September 2011. http://www.faz.net/aktuell/feuilleton/forschung-und-lehre/medizinstudium-die-inflation-der-spitzenzeugnisse-11336173.html. Zugegriffen: 21. September 2017.

Organisation for Economic Co-operation and Development (OECD). (2011). Society at a Glance 2011: OECD Social Indicators. http://www.oecd-ilibrary.org/social-issues-migration-health/society-at-a-glance-2011_soc_glance-2011-en. Zugegriffen: 21. September 2017.

Organisation for Economic Co-operation and Development (OECD). (2013a). Health at a Glance 2013: OECD Indicators. http://www.oecd-ilibrary.org/social-issues-migration-health/health-at-a-glance-2013_health_glance-2013-en. Zugegriffen: 21. September 2017.

Organisation for Economic Co-operation and Development (OECD). (2013b). Pensions at a Glance 2013: OECD and G20 Indicators, OECD Publishing. https://doi.org/10.1787/pension_glance-2013-en. Zugegriffen: 21. September 2017.

Roland Berger Strategy Consultants (2016). *Krankenhaus Restrukturierungsstudie 2016.* Berlin: Roland Berger Strategy Consultants.

Rost, H. (2004). *Work-Life-Balance. Neue Aufgaben für eine zukunftsorientierte Personalpolitik.* Opladen: Leske & Budrich.

Rump, J., Eilers, S., Schabel, F., & Möckel, K. (2012). *HR-Report 2012/2013 – Schwerpunkt Mitarbeiterbindung. Eine empirische Studie des Instituts für Beschäftigung und Employability IBE im Auftrag der Hays AG.* Ludwigshafen, Mannheim: Hays.

Schiedeck, B. A.., Wygoda, S., & Schwaderer, B. (2007). *Talentmanagement: Wie Unternehmen in dynamischen Umfeldern Talente fördern und nutzen*. Eschborn: Detecon International GmbH.

Schnur, P., & Zika, G. (2005). Projektion des Arbeitskräftebedarfs bis 2020. Nur zögerliche Besserung am deutschen Arbeitsmarkt. *IAB Kurzbericht* 12, 1–7.

Seibert, S. E., Sparrowe, R. T., & Liden, R. C. (2003). A group exchange structure approach to leadership in groups. In C. L. Pearce, & J. A. Conger (Eds.), *Shared leadership: Reframing the hows and whys of leadership* (pp. 173–249). Thousand Oaks, CA: Sage Publications.

Severing, E., & Teichler, U. (2013). *Akademisierung der Berufswelt?* Bielefeld: W. Bertelsmann.

Statistisches Bundesamt (2014). Krankenhauspatienten: Bundesländer, Jahre, Geschlecht, Altersgruppen, Hauptdiagnose ICD-10 (1-3-Steller Hierarchie). https://www.govdata.de/daten/-/details/destatis-service-23131-0011. Zugegriffen: 21. September 2017.

Statistisches Bundesamt (2015). Krankenhäuser: Krankenhausstatistik. https://www.destatis.de/DE/ZahlenFakten/GesellschaftStaat/Gesundheit/Krankenhaeuser/Krankenhaeuser.html. Zugegriffen: 21. September 2017.

Trost, A. (Hrsg.). (2009). *Employer Branding. Arbeitgeber positionieren und präsentieren*. Köln: Luchterhand.

Twenge, J. M., & Kasser, T. (2013). Generational changes in materialism and work centrality, 1976–2007: associations with temporal changes in societal insecurity and materialistic role modeling. *Personality and Social Psychology Bulletin* 39(7), 883–897.

Verband der Universitätsklinika Deutschlands e. V. (VUD). (2017). Sonderrolle der Universitätsklinika – acht Beispiele. http://www.uniklinika.de/vud.php/cat/4/aid/1626/title/Sonderrolle_der_Universitaetsklinika_-_acht_Beispiele. Zugegriffen: 21. September 2017.

Voelpel, S., Leibold, M., & Früchtenicht, J. (2007). *Herausforderung 50 plus: Konzepte zum Management der Aging Workforce: die Antwort auf das demographische Dilemma*. Erlangen, New York: Publicis, Wiley.

Benchmarking für ein lebensphasenorientiertes Kompetenzmanagement in der Informations- und Kommunikationsbranche

Melanie Baierl, Stefanie Brzoska, Simone Martinetz, Diane Robers, Alexander Schletz und Philipp Thiele

7.1 Neue Gestaltungsansätze und Lösungen für ein dynamisches Personal- und Kompetenzmanagement in der demografischen und digitalen Transformation – 112

7.2 Methodische Hintergründe und Ansatzpunkte eines Kompetenzbenchmarkings in der ITK-Branche – 116

7.3 Umsetzung und Nutzen des Kompetenzbenchmarkings – 121

7.4 Praxisbeispiel: neue Gestaltungsansätze für IT-Führungskräfte in der „Sandwichposition" und in hoch dynamischen Umfeldern – 124

Literatur – 129

© Springer-Verlag GmbH Deutschland 2018
J. Hasebrook et al. (Hrsg.), *Lebensphasen und Kompetenzmanagement*, Kompetenzmanagement in Organisationen, https://doi.org/10.1007/978-3-662-55158-5_7

Zusammenfassung

Die Partner des Projektes „FLIP – Flexibilisierung durch dynamisches Personal- und Kompetenzmanagement für wissensintensive Dienstleistungen" haben sich gemeinsam die Aufgabe gestellt, neue Konzepte für ein dynamisches und flexibilisiertes Kompetenzmanagement speziell für wissensintensive Unternehmen zu entwickeln, modellhaft zu erproben und zu evaluieren. Im Fokus stehen Unternehmen der Informations- und Telekommunikationstechnik (ITK), die in idealtypischer Form die Heraus- und Anforderungen wissensintensiver Dienstleistungsunternehmen repräsentieren. Somit wird eine Branche in den Blick genommen, die unter volkswirtschaftlichen und Innovationsgesichtspunkten von besonderer Bedeutung ist. Denn gerade im ITK-Bereich sind die Wechselwirkungen zwischen gesellschaftlichen und betrieblichen Innovationsprozessen besonders stark ausgeprägt, trägt diese Branche doch maßgeblich zur Beschleunigung des technologischen, ökonomischen und sozialen Wandels bei.

Exemplarisch werden im Projekt für die spezifischen Anforderungen von ITK-Unternehmen branchenspezifische Lösungen zum Kompetenzmanagement im demografischen Wandel erarbeitet und im Rahmen eines Benchmarkings zur Verfügung gestellt. Ein solcher branchenspezifischer Lösungsraum mit Fokus auf wissensintensive Tätigkeiten liegt bislang noch nicht vor. Des Weiteren findet eine Verknüpfung von mikropolitisch fundierten Ansätzen individualisierter und selbstorganisierter Lernprozesse mit Aspekten der organisationalen Entwicklung (z. B. Innovations- und Führungskultur) sowie Aspekten moderner Kommunikations- und Vernetzungsprozesse (z. B. Einsatz von kollegialer Beratung). Damit werden gezielt unterschiedliche Analyseebenen zueinander in Beziehung gesetzt. Im Vordergrund steht jedoch weniger eine kurzfristig ausgerichtete Effizienzsteigerung von Maßnahmen des Kompetenzmanagements als vielmehr eine Auseinandersetzung mit soziökonomischen Veränderungsprozessen, mit Konzepten und Maßnahmen, die am arbeitenden Menschen und seinen individuellen, sich wandelnden Bedürfnissen und Fähigkeiten über das gesamte Erwerbsleben hinweg orientiert sind.

7.1 Neue Gestaltungsansätze und Lösungen für ein dynamisches Personal- und Kompetenzmanagement in der demografischen und digitalen Transformation

Nichts verändert die Arbeitswelt derzeit so stark wie die Digitalisierung, die inzwischen in nahezu allen Branchen und auf allen Unternehmensebenen ankommen ist. Kein Bereich ist davon ausgenommen, sei es das Management, die Entwicklungsabteilungen oder der Vertrieb, der in seiner Bedeutung immer wieder erwähnte „Boden der Produktionshallen" oder die Filiale. In allen Unternehmensbereichen wird heute die rasante Verbreitung der Digitalisierung von der Fragestellung beherrscht, wie die Veränderungen und Anforderungen einer digitalisierten Arbeitswelt frühzeitig erkannt, begleitet und vor allem auch unter arbeitsorganisatorischen Gesichtspunkten mitgestaltet werden können (Verdi, 2015). Die Ausweitung der Digitalisierung führt auch dazu, dass sich die „physischen" Grenzen von Unternehmen zunehmend in virtuelle Räume verlagern und oft verschwimmen. Neue Formen mobiler Arbeit und der Wertschöpfung entstehen in Unternehmen und, nicht mehr zu übersehen, zunehmend mit und in der Crowd (Leimeister et al., 2016). Wissensintensive Arbeiten, die insbesondere in der ITK-Branche über Tätigkeiten wie Beratung und Verkauf von Produkten und Dienstleistungen weitverbreitet sind, werden zunehmend mobil an häufig wechselnden Einsatzorten erbracht. Von den Anforderungen mobiler

Arbeit sind insbesondere Führungskräfte der IT-Dienstleistungsbranche betroffen, daneben kundennahe Technikdienstleistungen und die Arbeit von Consultants (Roth, 2008).

Mit ca. 1.013.000 Beschäftigten ist die ITK-Branche heute für die Innovationskraft der Wirtschaft insgesamt von Bedeutung und steht zudem in exemplarischer Weise für Chancen und Herausforderungen wissensintensiver Dienstleistungsarbeit. Kaum ein anderer Weltmarkt verzeichnet ein solch solides Wachstum wie der Markt für Informations- und Telekommunikationstechnologie.

Während Chancen vor allem im Wachstum von qualifizierten IT-Dienstleistungen bestehen, zeichnen sich neue Herausforderungen für ITK-Unternehmen ab, die insbesondere im Bereich der Personal- und Kompetenzentwicklung liegen (Kleefeld, 2011). Studienergebnisse zeigen, dass ein Viertel der Unternehmen Aufträge ablehnen muss, weil die entsprechenden Personal- und Wissensressourcen nicht zur Verfügung stehen (Schnalzer et al., 2012). In einer vom Branchenverband Bitkom im Jahr 2011 durchgeführten Studie geben 59 % der befragten Unternehmen an, dass es ihnen an Fachkräften mangelt und sie ihre Geschäftsentwicklung durch den Expertenmangel gebremst sehen (Bitkom, 2012). Besonders gefragt sind Funktionen, die sich auf den IT-Support, die Administration komplexer IT-Systeme sowie auf die Beratung rund um Software-Programme beziehen. Auch Vertriebsspezialisten für IT-Lösungen und Softwareentwickler werden nach wie vor stark gesucht (Bitkom, 2015). Zu vergleichbaren Ergebnissen kommt eine aktuelle Studie. Die befragten ITK-Unternehmen gehen davon aus, dass jede zehnte Stelle aufgrund eines Mangels an geeigneten Kandidaten unbesetzt bleiben wird (Weitzel et al., 2014).

Zugleich müssen sich viele ITK-Unternehmen verstärkt mit Fragen der Kompetenzentwicklung und der Arbeitsgestaltung auseinandersetzen, weil selbst junge Unternehmen vom demografischen Wandel betroffen sind und eine Erfolg versprechende Personalentwicklung über Rekrutierung und Wachstum allein nicht mehr betrieben werden kann. Das junge New-Economy-Zeitalter in der IT-Wirtschaft verschiebt sich langsam, aber sicher aufgrund der demografischen Entwicklung, aber auch aufgrund des Fachkräftemangels und fehlender Hochschulabsolventen in Richtung eines höheren Durchschnittsalters der Belegschaften. In einer von Fraunhofer IAO durchgeführten Branchenanalyse (vgl. Schnalzer et al., 2012) zeigt sich diese Altersverschiebung deutlich: Während der Median der Beschäftigten im Jahr 2012 bei 36–40 Jahren lag, dürfte er in zehn Jahren bei 41–45 Jahren liegen. So muss der Fokus einer lebensphasenorientierten Personalentwicklung insbesondere auf jene Mitarbeiter/-innen gelegt werden, die das 40. Lebensjahr überschritten haben.

In der ITK-Branche zeichnet sich mithin ein erheblicher Bedarf an innovativen Ansätzen zum Kompetenzmanagement und neuen Konzepten zur Arbeitsgestaltung ab, wobei folgende Entwicklungen zu berücksichtigen sind:

- Durch den immer schnelleren Technologiewandel stehen die Unternehmen der Branche unter erhöhtem Weiterbildungsdruck bei gleichzeitigem Anstieg des Durchschnittsalters der Belegschaften. Es müssen junge und ältere Beschäftigte gleichzeitig qualifiziert werden, wobei ältere Mitarbeiter/-innen nicht schlechter, wohl aber anders lernen (Dworschak et al., 2010). Hinzu kommen Fragen des Diversity-Managements. Dies betrifft die Integration von Frauen sowie die Integration von qualifizierten Beschäftigten mit Migrationshintergrund, die in der IT-Wirtschaft vergleichsweise gute Beschäftigungsmöglichkeiten finden.
- Traditionell ist in der ITK-Wirtschaft die Praxis und Kultur des autodidaktischen Lernens weitverbreitet, insbesondere wenn es um die Aneignung fachlichen Wissens

geht. Es deutet jedoch vieles darauf hin, dass die Kultur des Selbstlernens an ihre Grenzen kommt, weil sie wenig auf die Vermittlung reflexiver Handlungsstrategien ausgerichtet ist (Argyris, 2008). Solche reflexiven Handlungsmuster gewinnen auch in der IT-Wirtschaft an Bedeutung, denn durch neue Geschäftsmodelle und eine stärkere Kunden- und Problemlösungsorientierung gerät die Relevanz extrafunktionaler Kompetenzen in den Blick der Personalentwicklung (Schneider, 2010). Die eigene berufliche Entwicklung immer wieder selbst zu überdenken und zu organisieren, auf eigene Talente und Fähigkeiten jenseits der Erstqualifikation zurückzugreifen und verstärkt gerade innerbetriebliche Kundenbeziehungen und unternehmensübergreifende Netzwerke zu verstehen, sind hier zu nennen. Personal- und Kompetenzentwicklung müssen demnach betrieblich professionell aufgesetzt werden, womit sich zugleich Fragen nach den Kosten und dem ökonomischen Nutzen dieser Maßnahmen stellen. Nicht zuletzt Off- und Nearshoring-Aktivitäten haben das Kostenbewusstsein der ITK-Unternehmen in den vergangenen Jahren drastisch geschärft und verschärfen für Beschäftigte in Unternehmen die Notwendigkeit, die eigene Kompetenzentwicklung immer wieder zu reflektieren und eigeninitiativ zu gestalten.

- Schließlich ist in der ITK-Wirtschaft die institutionelle Segmentierung in ein berufliches und akademisches Ausbildungswesen besonders stark verankert. Diese von Baethge (2006) auch als „Bildungs-Schisma" bezeichnete Zweiteilung der Wissens- und Kompetenzvermittlung zeigt sich darin, dass von den IT-Kernberufen ca. 48 % der Beschäftigten über eine duale und 51 % über eine akademische Ausbildung verfügen (Baethge, 2011). Hier treffen unterschiedliche Lern- und Kompetenzmuster aufeinander. Jedoch müssen auch innerhalb der Segmente neue Wege in der Vermittlung von Kompetenzen gefunden werden, weil nahezu alle IT-Tätigkeiten stärker dialogische und interaktive Arbeitsbestandteile aufweisen und darüber hinaus Methodenkompetenzen, Projektmanagement und Problemlösefähigkeiten wichtiger werden (Boes, 2013).

Das flexible Agieren von ITK-Unternehmen hängt stark davon ab, inwieweit es gelingt, ein lebenslanges und dynamisches Lernen als festen Bestandteil einer innovationsorientierten Personalentwicklung zu verankern und dies durch entsprechende arbeitsorganisatorische Maßnahmen, z. B. eine stärkere Berücksichtigung individueller und lebensphasenspezifischer Bedürfnisse und außerberuflich erworbener Kompetenzen, Arbeitszeitkonten, „zweite Karrieren" etc., zu flankieren. Dabei sind vor allem solche Ansätze Erfolg versprechend, die das individuelle Lern- und Arbeitsverhalten berücksichtigen und die auf einen informellen statt auf einen rein formal organisierten Wissensaustausch abzielen (Schnalzer et al., 2012), weil sie eher geeignet erscheinen, den schneller werdenden Veränderungs- und Innovationszyklen in Unternehmen zu entsprechen. Neben einem informellen, arbeitsprozessorientierten Lernen spielen neue und altersadäquate Formate des Lernens, der Wissensvermittlung und des Wissensaustausches, z. B. über computergestützte Selbstlernprogramme und Social Media, eine wichtige Rolle. Zugleich gilt es, transparente Bewertungsmethoden zu entwickeln (Loebe u. Severing, 2010), um Aufwand und Nutzen individueller Lern- und Qualifizierungsansätze für die Beteiligten in einem zunehmend kostensensiblen Umfeld darzustellen. Auch gilt es, Kompetenzen und Kompetenzentwicklung enger mit dem Aspekt von Führung zu verknüpfen und auch für diese Bereiche Gestaltungslösungen zu entwickeln, handelt es sich bei Kompetenzen doch in letzter Konsequenz um Selbstorganisationsfähigkeiten bzw. -dispositionen (Erpenbeck u. Rosenstiel, 2005), die Führungskräfte maßgeblich fördern oder eben durch eigenes Verhalten auch verhindern können.

Um das verfügbare Potenzial an Kompetenzen in ITK-Unternehmen in neuer Art und Weise zu kombinieren und dadurch einen Flexibilitätsgewinn zu erhalten, setzen die drei betrieblichen Partner/-innen des Verbundprojektes FLIP darauf, ihre Personalentwicklungsprogramme so weiterzuentwickeln, dass beispielsweise in gemischten Lernarrangements die Kompetenzentwicklung verbunden wird mit dem Zusammenführen unterschiedlicher Altersstrukturen, Qualifizierungen und betrieblichen Rollenprofilen. Vor diesem Hintergrund werden Führungskräfte, Betriebsräte und die Beschäftigten selbst als relevante Akteure und Multiplikatoren aktiv in das betriebliche Kompetenzmanagement einbezogen und erproben dabei neue Technologien und Formate der Kompetenz- und Wissensvermittlung. Die in den betrieblichen Partnerschaften entwickelten neuen Formate der Kompetenzentwicklung und -vermittlung werden in Bezug gesetzt zu neuen Kennzahlen und Kriterien für die Bewertung von Effektivität und Effizienz:

- Der Gestaltungsansatz für die betriebliche Funktionsgruppe „Mitarbeitende", der vorrangig durch den betriebliche Partner Fujitsu TDS GmbH umgesetzt wird, zielt auf eine Erprobung neuer Methoden der Kompetenzvermittlung u. a. durch den Einsatz von Lerntrios und neu zugeschnittener Onboarding-Konzepte für Berufsanfänger/-innen und Berufseinsteiger/-innen.
- Die QSC AG hingegen zielt mit ihren Gestaltungsansätzen auf die betriebliche Funktionsgruppe der Führungskräfte und einer verhaltensbezogenen Kompetenzvermittlung zur Steigerung der Veränderungs- und Innovationsfähigkeit, um die unternehmerische Flexibilität nicht zuletzt im Rahmen des demografischen Wandels nachhaltig zu steigern. Die QSC AG entwickelt u. a. ein Konzept für ein Leitbild „Smarte Führung für die ITK-Wirtschaft 2015".
- Konzeptionell wird der Kompetenzaufbau für die Funktionsgruppe „Betriebsräte", die von der Deutschen Telekom Kundenservice GmbH vorrangig in den Blick genommen wird, durch die Erarbeitung von Instrumenten, Maßnahmen und Vorgehensweisen unterstützt, welche die Betriebsräte befähigen, sich als aktive Gestalter und Begleiter von Personalentwicklungsprozessen in Unternehmen zu verankern.

Insgesamt entscheidend für den Erfolg neuer Ansätze eines flexibilisierten Personal- und Kompetenzmanagements sowie von dazu passenden und praxisorientierten Gestaltungslösungen scheint zu sein, dass der Begriff „Kompetenz" weiter gefasst wird, als dies allgemein der Fall ist. Das Verbundprojekt FLIP knüpft dabei an einem Kompetenzverständnis an, wie es vor allem von Erpenbeck (2010) eingeführt wurde. Des Weiteren werden aufseiten des Individuums Aspekte wie lebensphasenspezifisches Kompetenzmanagement sowie der Trend individualisierter Lern- und Kompetenzentwicklungsangebote in den Vordergrund gestellt. Hierbei stehen sowohl Aspekte individualisierter Kompetenzentwicklung, z. B. das Einbringen eigener Zielsetzungen von den Beschäftigten selbst sowie eine aktive Unterstützung durch das Unternehmen, als auch Maßnahmen, die selbstorganisiertes und individuelles Lernen befördern, im Fokus. Aus organisationaler Perspektive sind das bewusste Einbeziehen unterschiedlicher betrieblicher Funktionsgruppen wie Führungskräfte, Betriebsräte und Beschäftigte – wie oben beschrieben – sowie eine Verortung von Unternehmen hinsichtlich ihrer Kompetenzmanagementaktivitäten über ein Benchmarking vielversprechende Ansatzpunkte, die dazu beitragen, das betriebliche Kompetenzmanagement im demografischen und digitalen Wandel neu auszurichten und anzupassen.

Das im Projekt entwickelte Kompetenzbenchmarking zielt darauf ab, den Nutzen neuer Ansätze des Personal- und Kompetenzmanagements unter erhöhten Flexibilitätsanforderungen bewertbar zu machen, ohne dabei jedoch einseitig auf eine harte Messung betriebswirtschaftlicher Kennzahlen abzustellen. Vielmehr geht es darum, die Reflexionsfähigkeit betrieblicher Akteure zu erhöhen. Bisherige Betrachtungen des Nutzens personalwirtschaftlicher Maßnahmen und Instrumente des Kompetenzmanagements zielen vorrangig auf individuelle Maßnahmen und deren individuelle Wirkungen ab. Mit dem im Projekt verfolgten Ansatz werden ein Wechsel und eine Öffnung der Perspektiven auch auf externe Faktoren und kollektive und soziale Lernprozesse in Unternehmen adressiert. Diese erweiterte Betrachtungsweise erfasst u. a. auch Aspekte wie den Grad der beruflichen Nutzung und Entfaltung vorhandener berufsbiografisch erworbener Kompetenzen, unternehmens- und lernkulturelle Bedingungen sowie externe Faktoren mit Auswirkungen auf das Personal- und Kompetenzmanagement. Damit wird im Ansatz und für die Konzeption des Kompetenzbenchmarkings eine breitere, ganzheitlich ausgerichtete Betrachtungsweise eingenommen, wie sie u. a. von Seeber (2000) und Hartong (2015) vorgeschlagen wurde und die für die Dimension des „Value of Investment" betrieblicher Weiterbildungsmaßnahmen den Blick auch auf eine Erfassung von immateriellen und qualitativen Wertfaktoren von Weiterbildungen lenkt.

7.2 Methodische Hintergründe und Ansatzpunkte eines Kompetenzbenchmarkings in der ITK-Branche

Benchmarking in Unternehmen dient in erster Linie einer objektiven Bewertung sowie zum Vergleich der eigenen Leistung mit anderen Unternehmen und ist somit vorrangig ein Instrument der Wettbewerbsanalyse. Systematisches Benchmarking umfasst den kontinuierlichen Vergleich von Produkten, Dienstleistungen sowie Prozessen und Methoden mit anderen Unternehmen, um die Leistungslücke zum sogenannten Klassenbesten systematisch zu schließen. Die aus dem Benchmarking gewonnen Informationen können Erkenntnisse über die Performance der eigenen Unternehmensaktivitäten geben, indem sie mit den Praktiken anderer Unternehmen verglichen werden. In seiner generischen Form bildet der Benchmarkingprozess somit ein Anknüpfungspunkt zur Generierung von Verbesserungsmaßnahmen, die zur Implementierung von Best Practices aus der Unternehmenspraxis dienen. Anhand unterschiedlicher Benchmarking-Typen kann dieser Zweck jedoch auch auf andere Anwendungsfelder ausgeweitet werden. Das übergeordnete Ziel des Benchmarkings besteht somit in der Steigerung der Effektivität oder Effizienz einzelner Unternehmensbereiche, wodurch in weiterer Folge der Unternehmenserfolg gesteigert werden soll.

Ein Benchmarking-Prozess setzt sich üblicherweise aus fünf elementaren Phasen zusammen, die bei Bedarf um unternehmensspezifische Aspekte erweitert werden können:
1. In der ersten Phase ist zunächst eine genaue Zielsetzung wichtig, um verfälschte oder unbrauchbare Ergebnisse zu vermeiden, die durch eine unklare Zieldefinition entstehen können. Dabei sollte auch das Topmanagement eingebunden werden, da dessen sichtbare Unterstützung und aktive Begleitung die Erfolgswahrscheinlichkeit des Benchmarkings erhöht.
2. Um genauere Informationen über den Status quo zu erhalten, ist in einem weiteren zweiten Schritt eine interne Analyse notwendig. Sie ist sozusagen das Fundament für das weitere Vorgehen. Der Abschluss dieser Phase beinhaltet die Erstellung eines Fragenkataloges, der sich auf die Optimierungspotenziale des Benchmarking-Objektes sowie die dazu benötigten Messgrößen bezieht.

3. Die Vergleichsphase des Benchmarking-Prozesses setzt sich aus den Teilschritten der Auswahl und Untersuchung des Vergleichsunternehmens, Durchführung des Vergleichs, Bewertung der Ergebnisse und der Ermittlung der Ursachen für die Unterschiede zusammen.
4. Nach der Durchführung des eigentlichen Benchmarking-Vergleichs müssen die richtigen Schlussfolgerungen gezogen werden. Dies geschieht in der vierten Phase der Entwicklung von Maßnahmen, in der auch die in der ersten Phase generierten Ziele wieder herangezogen werden.
5. Abgeschlossen wird der Prozess mit der Umsetzungsphase, in der die in der vierten Phase erarbeiteten Maßnahmen implementiert werden. Dabei muss darauf geachtet werden, dass die gefundenen Lösungen nicht nur kopiert, sondern vorher an die jeweiligen Verhältnisse angepasst werden. Das Ziel besteht schließlich nicht nur im Erreichen, sondern im Übertreffen des Erfolges des Wettbewerbers.

In der Praxis werden vier verschiedene Benchmarking-Typen unterschieden. Diese Unterscheidung wird maßgeblich anhand des Detaillierungsgrades des Benchmarks getroffen. Die Typen werden als internes Benchmarking, Wettbewerbsbenchmarking, funktionales und generisches Benchmarking bezeichnet. Beim funktionalen Benchmarking wird ein Vergleich zwischen dem eigenen Unternehmen und branchenfremden Unternehmen angestrebt. Lerneffekte aus dem Benchmarking können vor allem zu einer Verbesserung einzelner Unternehmensbereiche führen. Beispielhaft sei hier der Vergleich der internen Abteilung des Supply-Chain-Managements einer Reederei und des Supply-Chain-Managements von Fahrzeugherstellern genannt. Diese Art des Benchmarkings hat typischerweise ein hohes Potenzial, um neue Ideen zu generieren.

Wie der Typ des funktionalen Benchmarkings verdeutlicht, kann das Konzept des Benchmarkings auch auf einzelne Funktionsbereiche wie das Personalmanagement bzw. die Personalentwicklung übertragen werden. Im Bereich der Personalentwicklung ist besonders darauf zu achten, dass die Benchmarking-Ergebnisse kritisch hinterfragt und an das eigene Unternehmen angepasst werden. Grund dafür ist die geringfügige Vergleichbarkeit von Aktivitäten im Personalentwicklungsbereich zwischen verschiedenen Unternehmen, da diese im unternehmensspezifischen Umfeld (z. B. Unternehmens- und Lernkultur, Führungsstil usw.) verschiedene Konsequenzen auf die individuellen Ziele der Organisation entfalten können. Dem kann entgegengewirkt werden, wenn der Benchmarking-Prozess mit hoher Gewissenhaftigkeit durchgeführt wird, um die einzelnen Anforderungen der Benchmarking-Phasen – von einer klaren Zieldefinition über die Hinterfragung und Adaption der Ergebnisse bis zur Implementierung – bestmöglich zu erreichen. Um einen optimalen Erfolg des Benchmarkings zu gewährleisten, ist es daher erforderlich, die zu vergleichenden Objekte in einem hohen Detaillierungsgrad zu bestimmen und genau zu definieren. Anschließend ist darauf zu achten, dass bei der Analyse der Daten zunächst nach Gründen für die beobachteten Unterschiede gesucht wird. Diese stehen oftmals im Zusammenhang mit der eigenen Struktur der Personalentwicklung und sollten deshalb unbedingt berücksichtigt werden. Zudem ist die Nutzung verschiedener Vergleichsgruppen beim Benchmarking der Personalentwicklung sinnvoll. So kann gewährleistet werden, dass bei qualitativen Benchmarks ein höherer Mehrwert durch vielfältigere Antworten verschiedener Vergleichsgruppen generiert wird.

Innovativer Ansatz und zugleich Zielsetzung des Projektes FLIP ist es, einen branchenspezifischen Lösungsraum mit Fokus auf wissensintensive Tätigkeiten exemplarisch für IKT-Unternehmen zur Verfügung zu stellen. Wie eingangs erwähnt, liegt ein solcher bislang noch nicht vor, worin die gestaltungsorientierte Innovation des Projektes liegt. Die Entwicklung des Kompetenzbenchmarkings erfolgte über mehrere Schritte hinweg. Zunächst wurde ein erster Entwurf eines Benchmarking-Konzeptes erstellt, indem die erforderlichen Elemente (z. B. Zugang, Hintergrundinformationen zum Benchmarking, Datenhaltung und -schutz etc.) sowie die zentralen Funktionsweisen (Selbstverortung, Vergleich mit den Besten, Rückmeldung von Gestaltungsempfehlungen zur Verbesserung des Kompetenzmanagements etc.) konzeptionell aufgenommen wurden. In einem weiteren Schritt wurden die oben genannten Elemente und Funktionsweisen u. a. in einer iterativen Vorgehensweise mit den betrieblichen Projektpartnern/-innen weiter ausgearbeitet und aufeinander abgestimmt, sodass diese schließlich in eine webbasierte Lösung mit hoher Relevanz für die Branche übertragen werden konnten.

Das Kompetenzbenchmarking adressiert in seiner aktuellen Version die vier Themenbereiche Maßnahmen der Kompetenzentwicklung, strategische Rolle der Personalentwicklung, Unternehmens- und Lernkultur sowie Führungskultur und -verhalten. Jedem Themenbereich ist ein Set an vertiefenden Fragestellungen zugeordnet, die über ein Online-Formular beantwortet werden. Der Aufbau eines initialen Datenpools für das Benchmarking-Tool erfolgte über die Durchführung einer Breitenerhebung, die sich weitestgehend an Unternehmen aller Größenklassen der IKT-Branche richtete, aber auch Unternehmen anderer wissensintensiver Branchen erreichte. Insgesamt haben sich während des Befragungszeitraums Dezember 2015 bis Februar 2016 Personalverantwortliche (N = 101) und Beschäftigte (N = 71) in Unternehmen beteiligt. Die Verteilung der Teilnehmenden deckte alle abgefragten Größenklassen hinreichend ab, sodass Aussagen zum Spektrum der ITK-Branche und weiterer wissensintensiver Branchen getroffen werden können. Die Ergebnisse der Online-Befragung stehen unter ▶ http://www.flip-projekt.de/ zum Download bereit und sind zudem in der Schusspublikation des Projektes zusammenfassend dargestellt (Schletz et al., 2017).

Wie stellen sich danach nun Unternehmen im demografischen und digitalen Wandel auf die erhöhten Flexibilitätsanforderungen ein? Welche Maßnahmen und Strategien wählen sie, und zeigen sich hierbei Unterschiede zwischen erfolgreichen und weniger erfolgreichen Unternehmen? Wobei der Unternehmenserfolg aus einem Index definiert wurde, der die Selbsteinschätzung der befragten Unternehmen hinsichtlich Wachstum, Innovativität und allgemeinem Erfolg zusammenfasste. Folgende Ergebnisse hinsichtlich der Maßnahmen und Strategien wurden ermittelt:

- **Personalentwicklung als starker Partner**

Erfolgreiche Unternehmen setzen im digitalen Wandel auf den Personalentwicklungsbereich als einen wichtigen strategischen Partner. Dies drückt sich nicht zuletzt durch eine Personalentwicklungsstrategie aus, die unternehmensweit bekannt ist und umgesetzt wird, sowie über ein abgestimmtes Zusammenspiel zwischen Personal- und Fachbereichen bei der Auswahl und Umsetzung passgenauer Maßnahmen zur Kompetenzentwicklung.

- **Zunahme der Bedeutung von Kompetenzentwicklungsmaßnahmen**

Sowohl Personalverantwortliche als auch Beschäftigte gehen davon aus, dass im Zuge des digitalen Wandels die Bedeutung von Kompetenzentwicklung deutlich zunehmen wird. Die Befragungsergebnisse unterstreichen zudem, dass Unternehmen hierbei insbesondere auch den sich zunehmend etablierenden Trend individualisierter Kompetenzentwicklung aufgreifen und über geeignete Maßnahmen der Kompetenzentwicklung (z. B. selbstgesteuertes Lernen mittels App, Tutorial, Blended Learning etc.) umsetzen sollten.

Mischung verschiedener Maßnahmen als entscheidender Faktor

Aktuell wie zukünftig werden klassische Maßnahmen der Kompetenzentwicklung, beispielsweise fachspezifische Seminare oder Einarbeitungsprogramme für neue Mitarbeiter/-innen, in Unternehmen am häufigsten eingesetzt. Um für die veränderten Anforderungen gewappnet zu sein, nutzen erfolgreiche Unternehmen aber schon heute eine ausgewogene Kompetenzentwicklung mit klassischen und vernetzten Maßnahmen. Damit wird beispielsweise digital gestützten Selbstlernprogrammen oder Lernnetzwerken ein neuer Stellenwert zugeschrieben. 29 % der befragten Unternehmen setzen bereits heute auf den Erfolg versprechenden Weg einer ausgewogenen Kompetenzentwicklung.

Führungskräfte als wichtige Wegbereiter für Kompetenzmanagement

Führungskräfte ermöglichen und unterstützen individualisiertes und selbstorganisiertes Lernen und Kompetenzentwicklung ihrer Beschäftigten. Dies setzt u. a. eine Vertrauens- und positive Fehlerkultur voraus sowie die Fähigkeit von Führungskräften zum Führen auf Distanz bzw. in virtuellen Teams.

Mit Blick auf den Themenbereich „Maßnahmen der Kompetenzentwicklung" der Befragung zeigen die Ergebnisse darüber hinaus, dass die erfolgreichsten Unternehmen aller Unternehmensgrößen durchschnittlich mehr Maßnahmen zur Kompetenzentwicklung anbieten und diese auch intensiver nutzen als die übrigen Unternehmen. Klassischen Maßnahmen der Kompetenzentwicklung wird dabei sowohl von den erfolgreichsten Unternehmen als auch von den restlichen Unternehmen eine besonders hohe Bedeutung zugeschrieben, wobei sich erstgenannte durch folgende Unterschiede auszeichnen:

- Besonders erfolgreiche Kleinunternehmen setzen insbesondere auf den Einsatz von fachspezifischen Seminaren, Einzeltraining/Coaching und Führungstrainings.
- Bei mittelständischen Unternehmen liegen die Nutzungsgrade von Maßnahmen der Kompetenzentwicklung relativ nahe beieinander. Ein Unterschied lässt sich lediglich für die Maßnahmen individueller Entwicklungspläne und prozessbegleitender Projektauswertung mit Kunden/-innen feststellen, welche von den erfolgreichen Unternehmen dieser Größenklasse eingesetzt werden.
- Erfolgreiche größere Unternehmen setzen überwiegend auf Kompetenzentwicklung am Arbeitsplatz und setzen überraschend wenig vernetzte Maßnahmen ein. Auffallend ist, dass die restlichen Unternehmen dieser Größenklasse deutlich mehr individuelle und digital gestützte Maßnahmen der Kompetenzentwicklung nutzen.
- Die Top-Performer großer Unternehmen setzen größenklassenübergreifend im Vergleich zu allen übrigen Unternehmen auf ein breiteres Angebot von Maßnahmen zur Kompetenzentwicklung und nutzen dieses auch intensiver. Weiterhin auffallend ist, dass sie neben klassischen auch deutlich mehr innovative Maßnahmen anbieten als alle anderen Unternehmen.

Um eine weitere Analyse und Interpretation der Befragungsergebnisse vorzunehmen wurde eine Typologie von Unternehmen hinsichtlich ihrer aktuell genutzten Maßnahmen zur Kompetenzentwicklung abgeleitet. Über eine Faktorenanalyse wurden zunächst möglichst aussagekräftige und trennscharfe Dimensionen der Kompetenzentwicklung identifiziert. Die Dimensionen erklären 40 % der Gesamtvarianz und sind hinreichend trennscharf. Die Korrelation der Dimensionen beträgt $r = 0{,}37$. Die erste Dimension „klassische Kompetenzentwicklung" setzt sich aus formalisierten und klassischen Maßnahmen der Kompetenzentwicklung zusammen, mit einem deutlichen Fokus der Förderung von Fach- und Führungskräften. Vernetztes Lernen, der Einsatz digitaler Medien und informelle Lernprozesse werden in der zweiten Dimension „vernetzte Kompetenzentwicklung" abgebildet. Hier geht es um das vernetzte Lernen, die Unterstützung durch digitale Medien und die Förderung informeller Lernprozesse. In der weiteren Typologieableitung wurden die Unternehmen, die an der Befragung teilgenommen haben, anhand ihrer Ausprägungen den beiden Dimensionen zugeordnet. Die Zuordnung der Unternehmen erfolgte mithilfe der hierarchischen Clusteranalyse nach der Ward-Methode (Ward, 1963). Dabei konnten vier Unternehmenscluster identifiziert werden, die jeweils für einen Kompetenzentwicklungstyp von Unternehmen stehen (◘ Abb. 7.1).

Die Auswertungen anhand der Typologie lassen die Schlussfolgerung zu, dass der Typ 3: **Hohe ausgewogene Kompetenzentwicklung** hinsichtlich zentraler Indikatoren am besten abschneidet. Sein Erfolg ist darin begründet, dass er innovativer, stärker gewachsen und finanziell erfolgreicher im Vergleich zu seinen Wettbewerbern ist. Weiterhin zeichnet er sich dadurch aus, dass er auf ein breites Spektrum sowohl klassischer als auch vernetzter Maßnahmen von Kompetenzentwicklung setzt und diese auch umfangreich nutzt. Kennzeichnend für diesen Typ sind darüber hinaus eine Führungskultur und ein Führungsverhalten, die eine positive Fehlerkultur und ein situatives Führungsverhalten begünstigen und den Fokus auf Führungskompetenz statt auf Fachkompetenz legen. Mit diesem Kompetenzentwicklungstyp gehen zudem ein hoher Einfluss des Personalbereichs sowie das überwiegende Vorhandensein einer Personalentwicklungsstrategie einher.

Die höhere Ausprägung auf der Dimension der klassischen Kompetenzentwicklung von Typ 1: **Dominante klassische Kompetenzentwicklung** geht mit der zweitstärksten Performance im Vergleich zu den anderen Typen einher. Allerdings ermöglicht die klassische Kompetenzentwicklung im Vergleich zur ausgewogenen und vernetzten Kompe-

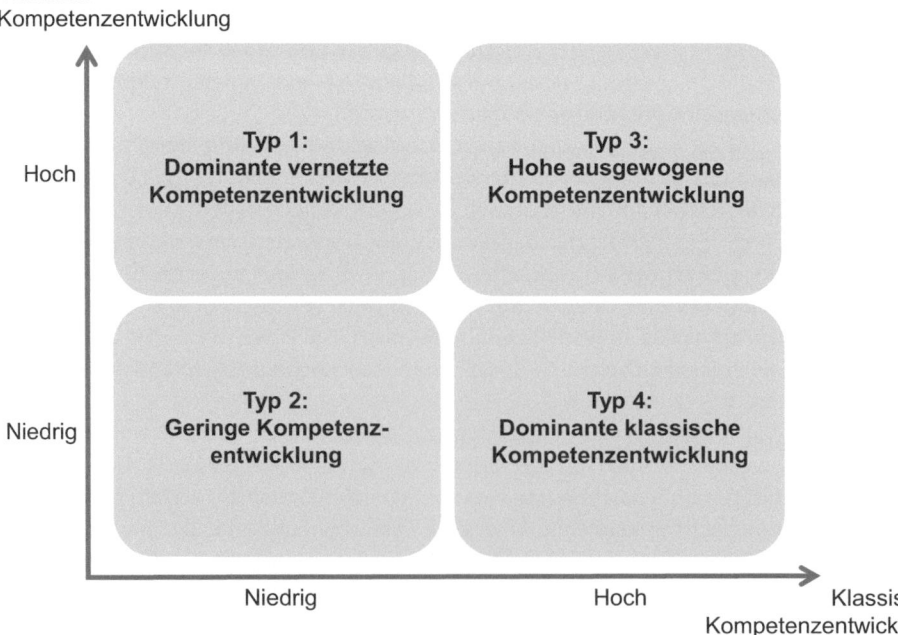

◘ Abb. 7.1 Kompetenzentwicklungstypen

Benchmarking für ein lebensphasenorientiertes Kompetenzmanagement ...

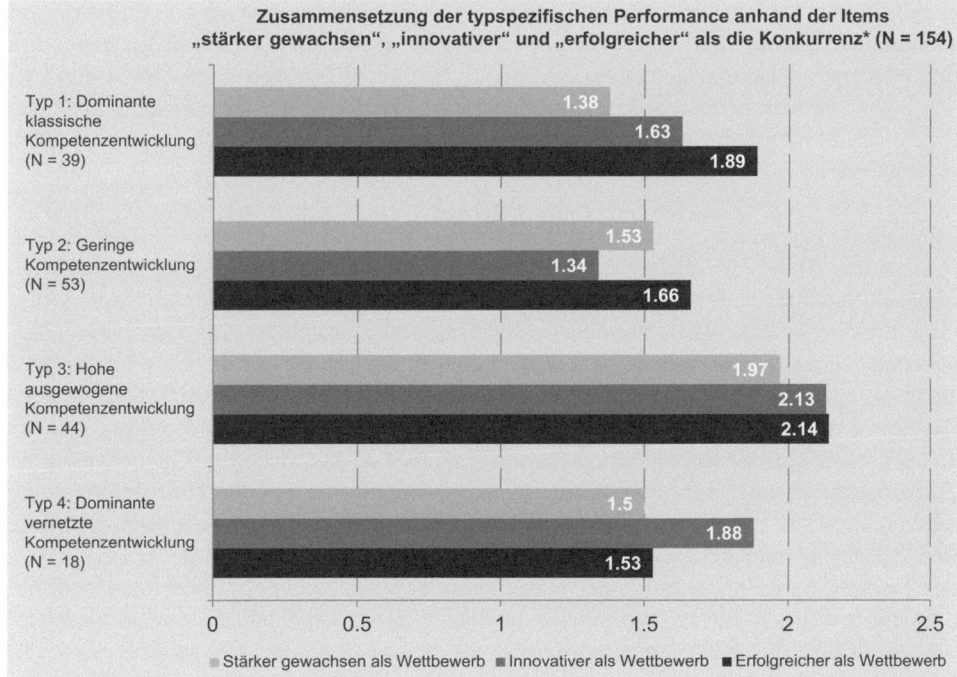

◘ **Abb. 7.2** Ergebnisse der Online-Befragung zu den Kompetenzentwicklungstypen im Vergleich. Die Skala aller drei Items umfasst die Werte 0 (–) und 3 (++). Es werden die Mittelwerte aller Typen dargestellt

tenzentwicklung ein geringeres Maß an Mitarbeiter- und Unternehmensflexibilität. In Bezug auf eine positive Fehlerkultur schneidet dieser Typ zudem am zweitbesten ab.

Im Gesamtvergleich belegt der Typ 4: **Dominante vernetzte Kompetenzentwicklung** den dritten Platz. Er zeichnet sich jedoch gleichzeitig durch eine besonders hohe Innovationsfähigkeit aus. Zudem weist dieser Typ eine hohe Ausprägung in den Bereichen der Unternehmens- und Mitarbeiterflexibilität auf. In den Bereichen Führungsverhalten- und Führungskultur besitzt dieser Typ allerdings noch Defizite im Vergleich zu den beiden anderen Typen der ausgewogenen und klassischen Kompetenzentwicklung.

Dass Kompetenzentwicklung für den Unternehmenserfolg relevant ist, wird bei der Betrachtung des Typ 2: **Geringe Kompetenzentwicklung** deutlich, welcher sowohl in der Nutzung der vernetzten als auch der klassischen Kompetenzentwicklung die geringsten Werte aufweist. Dies zeigt sich auch in allen Aspekten, mit denen Unternehmenserfolg operationalisiert wurde, da dieser Typ von Kompetenzentwicklung in Unternehmen hierbei deutlich schlechter abschneidet als alle anderen (◘ Abb. 7.2).

7.3 Umsetzung und Nutzen des Kompetenzbenchmarkings

Das im Projekt FLIP entwickelte Benchmarking-Tool ermöglicht es Unternehmen, das eigene Personal- und Kompetenzmanagement im Vergleich zu den sich selbst als am flexibelsten und erfolgreichsten einschätzenden Unternehmen ihrer Unternehmensgrößenklasse zu reflektieren. Dadurch können Anregungen gewonnen werden, wie die Konfiguration von Maßnahmen der Personal- und Kompetenzentwicklung ggf. so gestaltet werden kann, dass den erhöhten Flexibilitätsanforderungen besser Rechnung getragen wird. Durch die Auswertungen der dem Benchmarking-Tool zugrunde liegenden Erhebung stehen differenzierte Ergebnisse hinsichtlich der Flexibilität der Beschäftigten sowie der Unternehmensperformance in vier Größenklassen zur Verfügung.

Um am Kompetenzbenchmarking des FLIP-Projektes teilzunehmen, beantworten interessierte Personalverantwortliche zunächst insgesamt 29 vorgegebene Fragen aus vier inhaltlichen Themenbereichen zum Kompetenzmanagement und damit verbundenen Maßnahmen ihres Unternehmens und charakterisieren dieses anschließend. Danach wird ein individueller Benchmarkingreport erstellt und an die durch die Teilnehmenden angegebene E-Mail-Adresse verschickt. Dieser Report enthält auf neun Seiten zunächst eine Erläuterung, wie der Report zu lesen ist. Der Ergebnisteil beginnt mit zwei Überblicksdarstellungen zu den Ausprägungen der Top-Performer der jeweiligen Größenklasse von vier Kategorien erfolgsrelevanter Benchmarking-Kriterien. Dies sind Indizes folgender Felder: Führungskultur und -verhalten, Kompetenzentwicklung, strategische Rolle der Personalentwicklung sowie Unternehmens- und Lernkultur. Die erste Übersicht zeigt die Werte der Top-Performer in Bezug auf die Flexibilität der Beschäftigten und die zweiten Werte der Top-Performer hinsichtlich der Unternehmensperformance. In diesen ersten Abbildungen sind die Top-Performer-Werte als Fläche innerhalb eines „Spinnendiagramms" dargestellt, das durch die Werteachsen der vier genannten Kriterien gebildet wird. Die Werte des eigenen Unternehmens werden durch Punkte auf diesen Achsen symbolisiert.

Um einen detaillierteren Vergleich zwischen der eigenen Ausgestaltung des Personal- und Kompetenzmanagements mit dem der Top-Performer der eigenen Größenklasse zu ermöglichen, folgen in dem Report weitere Darstellungen zu einzelnen Maßnahmen und Ausprägungen, bei denen Balkendiagramme die eigene Ausprägung im Vergleich zu den Top-Performern, dem Mittelfeld und den Worst-Performern darstellen. Die Auswertung der aktuell vorliegenden Datenlage hat für einige dieser Benchmarking-Kriterien signifikante Zusammenhänge zur Performance ergeben. Diese Kriterien werden im Report zusätzlich aufgeführt, um Unternehmen statistisch fundierte Anregungen zur Reflexion und Anpassung des eigenen Personal- und Kompetenzmanagements bereitzustellen.

Die folgende Abbildung zeigt Ausschnitte eines Benchmarkingreports für ein kleines Unternehmen (◘ Abb. 7.3).

Die Benchmarkingreports stellen mit ihren detaillierten Auswertungen somit eine Grundlage für einen Vergleich mit „den Besten" der eigenen Größenklasse, der als Reflexionsinstrument für den Human-Resource-Bereich, aber auch für weitere Stakeholder im Unternehmen genutzt werden kann. Er kann die Ableitung von Gestaltungsmaßnahmen befördern, um den Flexibilitätsanforderungen besser gerecht werden zu können. Diese Flexibilitätsanforderungen betreffen die Ausgestaltung der Personal- und Kompetenzentwicklung in Unternehmen insbesondere vor dem Hintergrund, dass in Belegschaften auch der ITK-Branche zunehmend von einer höheren Altersheterogenität und der Notwendigkeit, die Kompetenzentwicklung auf die spezifischen Bedürfnisse der unterschiedlichen Altersgruppen hin abzustimmen, auszugehen ist.

Im weiteren Verlauf des Projektes FLIP wird auf der Grundlage einer anwachsenden Anzahl der sich am Benchmarking beteiligenden Unternehmen das Benchmarking-Tool sowohl inhaltlich als auch technisch weiter ausgebaut. Mit zunehmenden Fallzahlen wächst die Aussagekraft und Repräsentativität des Benchmarkings an. Rückmeldungen von Unternehmensvertretern/-innen zu den erhaltenen Reports werden genutzt, um die

7 Benchmarking für ein lebensphasenorientiertes Kompetenzmanagement …

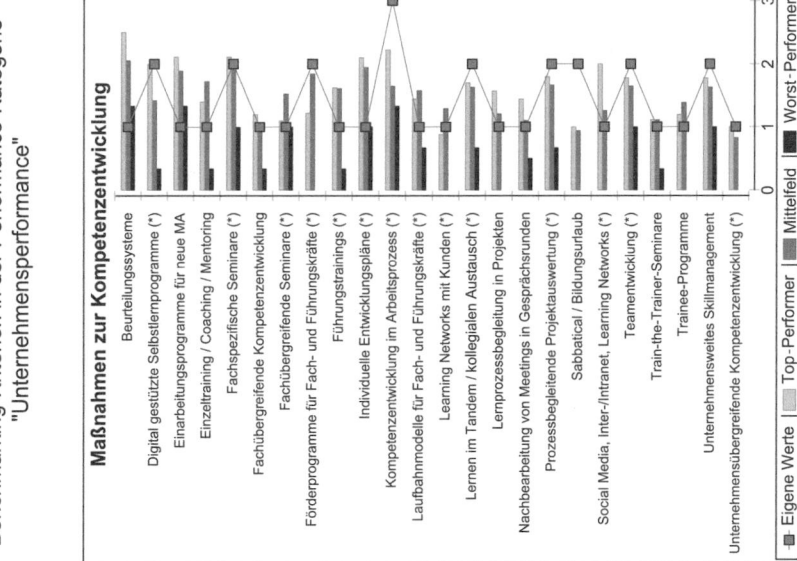

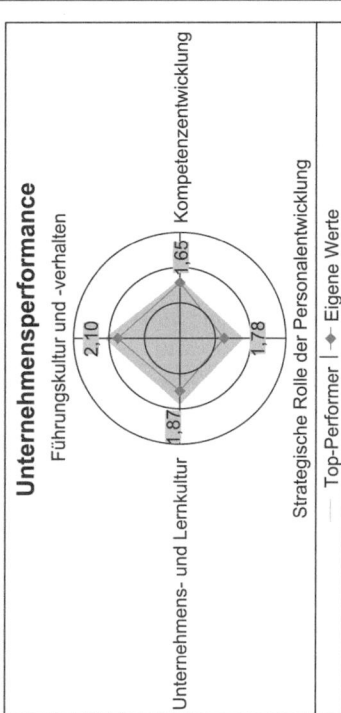

Abb. 7.3 Ausschnitt aus einem FLIP-Benchmarkingreport für ein Kleinunternehmen

Praxisrelevanz ggf. weiter zu erhöhen. Bereits angelegt, aber wegen zu geringer Fallzahlen noch nicht umgesetzt, sind Reports, die neben der eigenen Größenklasse die eigene Branche als Vergleichsbasis einbeziehen. Weiterhin wird das Benchmarking-Tool so erweitert, dass zeitliche Vergleiche der eigenen Personal- und Kompetenzentwicklung unterstützt werden. Es werden Reports angeboten, welche auf Grundlage mehrfacher Eingaben zu unterschiedlichen Zeitpunkten die Ergebnisse des eigenen Unternehmens im Verlauf darstellen.

Technisch wird die Erstellung der Reports weiter automatisiert, um eine schnellere Reaktionszeit für die teilnehmenden Unternehmen realisieren zu können. Dabei wird aber sichergestellt, dass die eingegebenen Informationen auf Plausibilität geprüft werden, um eine hohe Datenqualität und damit Relevanz für die Branche sicherstellen zu können.

Auch nach Ende des Projektes FLIP wird die Benchmarking-Lösung „Fit für den digitalen Wandel?" weiterbetrieben. Ab Oktober 2017 wird der Betrieb des Tools, wie unten beschrieben, beim Bitkom angesiedelt werden.

7.4 Praxisbeispiel: neue Gestaltungsansätze für IT-Führungskräfte in der „Sandwichposition" und in hoch dynamischen Umfeldern

Die QSC AG als eines von drei betrieblichen Partnerunternehmen im FLIP-Projekt versteht sich selbst als „der Digitalisierer für den deutschen Mittelstand". Mit Erfahrung und Kompetenz in den Bereichen Cloud, Internet der Dinge („Internet of Things"), Consulting und Telekommunikation bietet QSC hohe Schnelligkeit, Flexibilität und Verfügbarkeit aller Services. TÜV- und ISO-zertifizierte Rechenzentren in Deutschland und ein bundesweites All-IP-Netz bilden dabei die Grundlage für hohe Qualität und Sicherheit beim Datentransfer. Die Vermarktung erfolgt sowohl im Direktvertrieb als auch über Partnerunternehmen.

Im Rahmen des Forschungsprojektes legt die QSC AG den Fokus auf die Entwicklung praxisorientierter Gestaltungslösungen zum Kompetenzmanagement für Führungskräfte. Ziel ist es, Konzepte zu entwickeln, die Führungskräfte unter Bedingungen hoher Unsicherheit und einer starken räumlichen Entgrenzung dabei unterstützen, motivierend zu führen. Dazu zählt die Steigerung der Veränderungs- und Innovationsfähigkeit bei den Führungskräften selbst sowie in ihrer Vorgesetztenrolle gegenüber ihren Beschäftigten über alle Lebensphasen hinweg. Die Führungskräfte sollen lernen, konstruktiv mit Veränderungsprozessen umzugehen und ihre eigenen Kompetenzen situationsgerecht weiterzuentwickeln. Weiterhin besteht das Ziel, ein innovationsförderliches Leitbild für Führungskräfte zu entwickeln, welches über den Projektzeitraum hinaus weiterverfolgt und ausgebaut werden soll.

Im Rahmen dieser Zielsetzung wurde der Fokus des Projektes auf den Consultingbereich bei der QSC AG gelegt, der ein relativ stabiles Umfeld darstellt, in dem über den Projektzeitraum von drei Jahren Konzepte entwickelt und erprobt werden können. Weiterhin sind in diesem Bereich die Herausforderungen, die in ▶ Abschn. 7.1 aufgezeichnet sind, direkt nachvollziehbar. In diesem Marktumfeld nimmt die QSC AG einen starken „Arbeitnehmermarkt" wahr, was bedeutet, dass die Berater/-innen am Markt leicht alternative Beschäftigungsangebote finden und QSC eine attraktive Arbeitsumgebung schaffen muss, um neue Mitarbeiter/-innen zu rekrutieren und bereits beschäftigte Mitarbeiter/-innen in unterschiedlichen berufsbiografischen Phasen binden zu können. Weiterhin beschäftigt

Benchmarking für ein lebensphasenorientiertes Kompetenzmanagement ...

die QSC auch in diesem Umfeld der schnelle technologische Wandel sowie der Umstieg von Kunden/-innen auf agile Arbeitsweisen, was zu einem erhöhten Weiterbildungsdruck führt, der der zur Verfügung stehenden Arbeitszeit entgegensteht.

Dies führt vor allem auch auf der Führungsebene zu verstärkten Anforderungen. Die zu diesem Thema befragten Führungskräfte kämpfen zunehmend mit ihrer Rolle in einer „Sandwichposition": Einerseits wird von Ihnen verlangt, mit den technischen Anforderungen Schritt zu halten, Kundenprojekte zu leiten und administrative Aufgaben zu erledigen, andererseits wollen und müssen sie ihrer Führungsrolle gerecht werden, die einzelnen Mitarbeiter/-innen in ihrer Entwicklung unterstützen, zunehmend verteilte Teams managen, ausreichend und umfassend Informationen weitergeben und eine vertrauensvolle Arbeitsumgebung schaffen. Unterstützungskonzepte für Führungskräfte müssen somit leicht in den dynamischen Arbeitsalltag integrierbar und schnell umsetzbar sein.

Um die Themen anzugehen, ist das gesamte Führungsteam des Consultingbereichs in den Austausch getreten, um ein einheitliches Bild über die Herausforderungen zu bekommen und sich darüber abzustimmen, welche Leitlinien und Ansatzpunkte für den Bereich daraus entstehen. Die Themen Empathie und Wertschätzung, Transparenz und Orientierung, Fördern und Befähigen standen dabei stark im Fokus und gehen damit in eine ähnliche Richtung wie die Ergebnisse der Online-Befragung „Fit für den digitalen Wandel?" des Projektes FLIP zur Bedeutung von Führungskultur und -verhalten (◘ Abb. 7.4, ◘ Abb. 7.5).

Um dem Bedarf gerecht zu werden, wurde ein zweitägiges **Workshopformat** für Führungskräfte entwickelt, welches Methoden an die Hand gibt und – viel wichtiger – Raum für Austausch und Reflexion bietet. Ziele des Workshops waren, das eigene Führungshandeln zu reflektieren und im Rahmen der sogenannten kollegialen Beratung neue Sichtweisen zu erkennen und von den Erfahrungen anderer zu lernen. Statt starrer Führungsregeln wurde den Teilnehmenden ein flexibles Führungsmodell vorgestellt

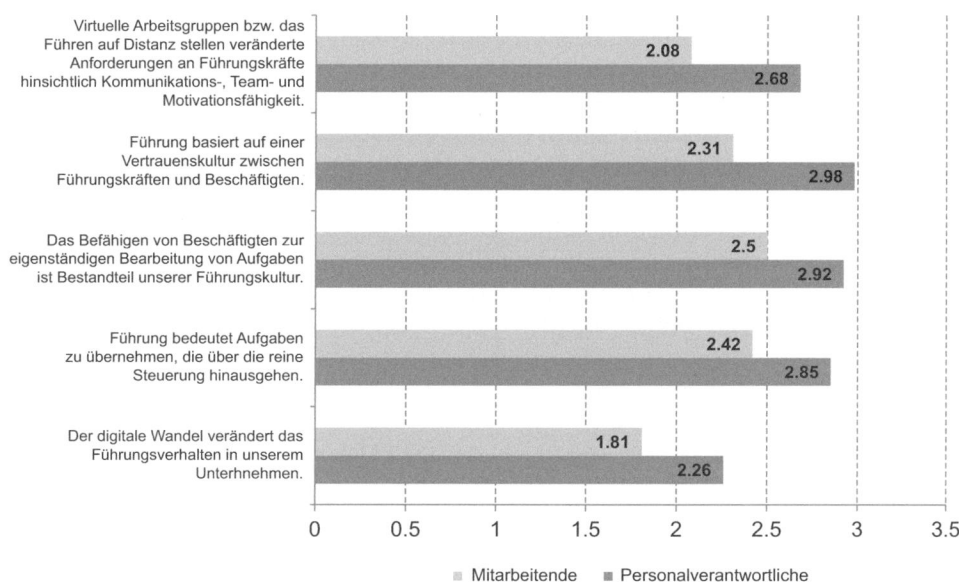

◘ **Abb. 7.4** Ergebnisse der Online-Befragung: Welche Bedeutung haben die folgenden Aspekte von Führungskultur und -verhalten heute? Die Skala umfasst die Werte 0 (keine Bedeutung) bis 4 (sehr hohe Bedeutung). Es werden die Mittelwerte dargestellt (N = 45)

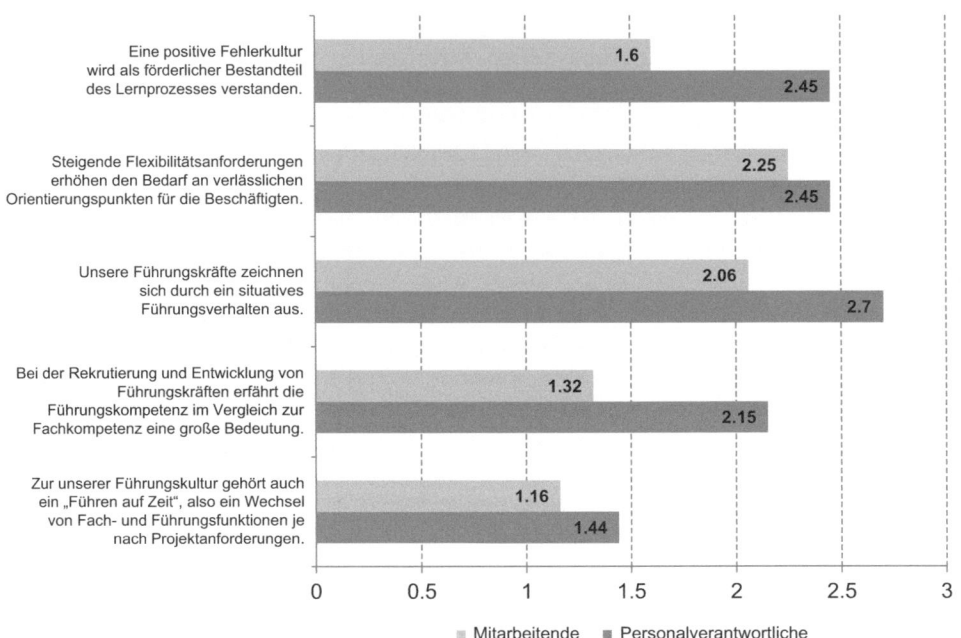

◘ Abb. 7.5 Ergebnisse der Online-Befragung: Welche Bedeutung haben die folgenden Aspekte von Führungskultur und -verhalten heute? Die Skala umfasst die Werte 0 (keine Bedeutung) bis 4 (sehr hohe Bedeutung). Es werden die Mittelwerte dargestellt (N = 145)

und vermittelt, welches sie in Wechselwirkung mit ihrer eigenen Führungskraft besprechen und ausgestalten können, um ihr Führungshandeln an die Anforderungen der spezifischen, oft altersheterogenen Teams anpassen zu können. In dem Modell wird die Führungskraft mit einem Jongleur verglichen, der gleichzeitig verschiedene Bälle in der Luft halten muss: Mitarbeitende führen, das Geschäft organisieren und die Zukunft gestalten. Das Jonglieren kann dadurch erschwert werden, dass verschiedene Rahmenbedingungen wie Krisen und Kostendruck die Beweglichkeit einschränken. Ausgleichen kann der Jongleur seinen Erfolg durch Fähigkeiten und Handwerkszeug, aber auch durch eine erhöhte Selbststeuerung sowie eine gute eigene Balance und Kenntnisse über seine Ressourcen, Präferenzen und Haltungen. Ziele des Dialogs über die Situation des Jongleurs sind somit die individuelle Klärung der eigenen Rolle, die Akzeptanz der hinderlichen Rahmenbedingungen und der Umgang mit dem eigenen Führungsanspruch, aber auch die Erhöhung der Selbststeuerungskompetenz und die Erkenntnis persönlicher Entwicklungsfelder.

Diese erkannten Entwicklungsfelder sowie erkannte Defizite bei der aktuellen „Gewichtung" der Jonglierbälle konnten in der **kollegialen Beratung** aufgegriffen werden. Dies ist eine Methode, in der sehr strukturiert ein Anliegen besprochen werden kann. Der Nutzen dieser Beratung ist vielfältig: Anhand eines Fallbeispiels werden im kollegialen Austausch unterschiedliche Sichtweisen auf ein Problem benannt und in einer Feedbackschleife individuell auf das Anliegen abgestimmte konkrete Lösungsempfehlungen erarbeitet. Das Format der kollegialen Beratung wurde beispielsweise für folgende aktuelle Führungsthemen durchgeführt: Wie kann ich meine Mitarbeiter/-innen im

Homeoffice oder an kleinen Standorten besser ins Team einbinden? Wie kann ich dafür sorgen, dass Wissen in meinem Team besser geteilt wird? Wie kann ich trotz der knappen Zeit eine bessere persönliche Beziehung zu meinen Mitarbeitern/-innen aufbauen? Ziel ist es, dass dieses Format in den Arbeitsalltag der Führungskräfte integriert wird, sodass bei Bedarf eine kollegiale Beratungsgruppe zusammenkommen kann und eine arbeitsplatznahe Unterstützung der Führungskräfte unabhängig von formellen Workshopformaten geschaffen wird.

Darüber hinaus werden im Anschluss an die zweitägige Einstiegsveranstaltung regelmäßig kurze Formate angeboten, in denen die Führungskräfte kurze Impulse zu aktuellen Führungsthemen erhalten. Auch hier ist die Integrierbarkeit in das dynamische Arbeitsumfeld ein wichtiges Ziel.

Neben der direkten Arbeit mit den Führungskräften waren im Teilprojekt der QSC AG zwei weitere Dinge wichtig: Die Beteiligung der Mitarbeiter/-innen und die Messbarkeit des Erfolges der entwickelten Konzepte. Aus diesem Grund wurde im Rahmen des Projektes FLIP vor der Durchführung der Maßnahmen eine Befragung aller Führungskräfte und Mitarbeiter/-innen des Consultingbereichs zum Thema Führungskultur durchgeführt. Mit den Ergebnissen konnten die Selbst- und die Fremdwahrnehmung der Führungskräfte verglichen werden. Dabei zeigte sich, dass Führungskräfte sich überwiegend positiver in Bezug auf Anerkennung von Leistungen, Weitergabe von Informationen oder Geben von konstruktivem Feedback einschätzten, als sie tatsächlich von ihren Mitarbeitern/-innen wahrgenommen werden. Darüber hinaus wurde abgefragt, wie die Consultants die Führungskultur in einem Wort beschreiben würden: Das Spektrum der Rückmeldungen reichte von „kollegial", „kooperativ" und „partnerschaftlich" bis „Elfenbeinturm", „uneinheitlich" und „veraltet". Insgesamt zeichnet sich ein heterogenes, tendenziell positives Bild der Führungskultur ab, wenngleich über Antworten wie „basta" oder „unklar" deutlich wird, dass über die geplanten Maßnahmen durchaus noch eine Verbesserung der Führungskultur erreicht werden kann und sollte.

Die Ergebnisse der Umfrage wurden zeitnah in einer sogenannten Auszeit mit dem gesamten Führungsteam reflektiert und diskutiert. Es wurde überlegt, inwieweit Maßnahmen angepasst werden müssen und welche Themen für die nächsten Impulsworkshops anstehen. Besonders spannend wird es sein, die gleiche Umfrage in ca. sechs Monaten, nachdem die Maßnahmen im Umsetzungsprozess sind, erneut zu stellen, um zu eruieren, inwieweit sich die Führungskultur verändert hat.

Im Rahmen des betrieblichen Teilprojektes schätzen das Projektteam der QSC AG sowie die wissenschaftliche Begleitung den Erfolg der Maßnahmen insofern optimistisch ein, als sie vom Topmanagement aktiv mitgetragen werden. Einerseits besteht die Beteiligung und Mitsteuerung der Maßnahmen durch die Führungskräfte selbst, aber es ist auch aufseiten der Mitarbeiter/-innen eine große Veränderungsbereitschaft erkennbar.

Ziel ist es, die Erkenntnisse aus dem Forschungsprojekt aus dem Consultingbereich auf andere Bereiche der QSC zu übertragen und auch die Ergebnisse der anderen betrieblichen und wissenschaftlichen Teilprojekte zu nutzen, um weiterhin nachhaltig an der Optimierung des Kompetenzmanagements für Führungskräfte und Mitarbeiter/-innen zu arbeiten. Eine sehr gute Hilfestellung wird auch in Zukunft das Tool zum Kompetenzbenchmarking sein. Damit kann die QSC AG ihren Fortschritt in Bezug auf das Personal- und Kompetenzmanagement im digitalen Wandel kontinuierlich verorten und Verbesserungsansätze ausarbeiten und umsetzen.

Fazit
Der demografische Wandel und die digitale Transformation stellen Unternehmen aller Branchen und Größenklassen vor hohe Anforderungen. Wie kann die Transformation gelingen? Vieles spricht dafür, bisherige Strategien und Vorgehensweisen auf den Prüfstand zu stellen und an die veränderten Anforderungen anzupassen. Aktuelle Studien und Best Practices von Unternehmen weisen darauf hin, dass hierbei das gesamte Unternehmen einschließlich seiner verschiedenen funktionalen und strategischen Bereiche sowie eine Vielzahl an Akteuren/-innen als aktive Gestalter und Multiplikatoren miteinzubeziehen sind. Die Erkenntnisse aus dem Verbundprojekt FLIP unterstreichen dies deutlich mit den bislang vorliegenden Ergebnissen. Die von den betrieblichen Partnern/-innen entwickelten und umgesetzten Gestaltungsansätze lassen die Schlussfolgerung zu, dass damit neue Lösungen für ein systematisches Kompetenzmanagement unter dynamischen Bedingungen geschaffen werden konnten, die sich von bisher dominierenden Personalentwicklungskonzepten deutlich unterscheiden. Dabei wurde das Potenzial, das aus Unterschieden im Hinblick auf Alter, Vorqualifizierung. Sozialstrukturen etc. seitens der Beschäftigten resultiert, gezielt zur Kompetenzentwicklung genutzt. Dies stellt eine Abkehr von etablierten Top-down-Konzepten der Kompetenzentwicklung dar, bei denen meist homogene Segmente von Beschäftigten gebildet und „von oben" mit Wissen versorgt werden. Die Ergebnisse des Projektes zu den empirisch abgeleiteten vier Typen von Kompetenzentwicklung bieten hierbei Unternehmen eine gute Vergleichbarkeit, ein gezielt auf sie zugeschnittenes Angebot an Maßnahmen zusammenzustellen, indem sie sich an den jeweils erfolgreichsten Unternehmen ihrer Größenklasse orientieren können.

Des Weiteren setzen erfolgreiche Unternehmen im digitalen Wandel u. a. auch auf den Personalbereich als wichtigen strategischen Partner. Sie verfolgen eine transparente Personalentwicklungsstrategie, deren Basis ein Zusammenspiel zwischen Personal- und Fachbereichen ist. Die Aufgabe von Personalverantwortlichen ist es, Führungskräfte und Mitarbeitende kontinuierlich zu motivieren und mit ausgewählten Maßnahmen in die Lage zu versetzen, die Veränderungsprozesse mitzugestalten. Das Benchmarking-Tool, das interessierten Unternehmen zur Verfügung steht, wirft aber nicht nur einen Blick auf Maßnahmen der Kompetenzentwicklung, sondern ermöglicht Unternehmen ebenso eine breitere Verortung im Hinblick auf die weiteren wichtigen und erfolgsrelevanten Bereiche des digitalen Wandels wie Unternehmens- und Lernkultur, Führungskultur und -verhalten, Ausrichtung an externen Faktoren etc. Auch wenn die hier vorgestellten Erkenntnisse und Ergebnisse exemplarisch für den IKT-Bereich und weitere wissensintensive Dienstleistungsbereiche erarbeitet wurden, so ist davon auszugehen, dass diese sehr gut auf weitere Branchen übertragbar sind. Zusammenfassen lassen sich die Erkenntnisse in folgendem Handlungsleitfaden („How-to"), mit dem Unternehmen dem digitalen Wandel begegnen können:

- Wichtig ist eine sorgfältige Auswahl und ausgewogene Mischung von unterschiedlichen Maßnahmen zur Kompetenzentwicklung.
- Sinnvoll ist es, das bisherige Angebot um Maßnahmen zu ergänzen, die den Anforderungen individualisierter Kompetenzentwicklung in der Digitalisierung in dem Unternehmen gerecht werden.
- Das Angebot zur Kompetenzentwicklung ist regelmäßig zu prüfen, um in dynamischen Unternehmensumfeldern Schritt halten zu können.

- Ein Vergleich mit den erfolgreichsten Unternehmen im Benchmarking kann und sollte Basis für neue Erkenntnisse und Lessons Learned sein.
- Eine Veränderung von Anforderungen an Personalentwicklung ist frühzeitig aufzugreifen, wobei über eine transparente Personalentwicklungsstrategie Mitarbeitende zu Partner/-innen der Kompetenzentwicklung werden.
- Veränderte Anforderungen an Führungskultur und -verhalten können unterstützt werden, indem die Rahmenbedingungen dafür auf den Prüfstand gestellt und erforderliche Anpassungen vorgenommen werden.

Literatur

Argyris, C. (2008). *Teaching smart people how to learn*. Brighton, Massachusetts: Harvard Business Press.

Baethge, M. (2006). Das deutsche Bildungs-Schisma: Welche Probleme ein vorindustrielles Bildungssystem in einer nachindustriellen Gesellschaft hat. (S. 13–27). In: SOFI-Mitteilungen N3. 34, 2006

Baethge, M. (2011). Qualifikation, Kompetenzentwicklung und Professionalisierung im Dienstleistungssektor. *WSI-Mitteilungen* 9, 447–455.

Boes, A., Grund, M., & Sanwald, C. (2013). Wie agile Softwareentwicklung ein Berufsbild verändert. Ende des Einzelkämpfers. *iX-Kompakt Beruf und Karriere: Erfolgreich arbeiten in IT* 2, 92–94.

Bundesverband Informationswirtschaft, Telekommunikation und neue Medien e. V. (Bitkom). (2012). Demografischer Wandel – Lösungsangebote der ITK-Industrie. Berlin: Bitkom.

Bundesverband Informationswirtschaft, Telekommunikation und neue Medien e. V. (Bitkom). (2015). 43.000 offene Stellen für IT-Spezialisten. https://www.Bitkom.org/Presse/Presseinformation/43000-offene-Stellen-fuer-IT-Spezialisten.html. Zugegriffen: 04. Oktober 2017.

Dworschak, B., Nübel, L., & Buck, H. (2010). Kompetenzentwicklung und Innovationsfähigkeit im demographischen Wandel. In E. Barthel, A. Hanft, & J. Hasebrook (Hrsg.), *Integriertes Kompetenzmanagement im Spannungsfeld von Innovation und Routine* (S. 83–107). Münster: Waxmann.

Erpenbeck, J. (2010). Kompetenz – eine begriffliche Klärung. In V. Heyse, J. Erpenbeck, & S. Ortmann (Hrsg.), *Grundstrukturen menschlicher Kompetenzen. Praxiserprobte Konzepte und Instrumente* (S. 13–19). Münster: Waxmann.

Erpenbeck, J., & Rosenstiel (2005). Kompetenz: Modische Worthülse oder innovatives Konzept? *Wirtschaftspsychologie aktuell* 3, 39–42.

Hartong, S. (2015). Ganzheitliche Bildungscontrolling Strategie für die betriebliche Weiterbildung. http://openjournal.uni-oldenburg.de/index.php/bildungsmanagement/article/view/13. Zugegriffen: 04. Oktober 2017.

Kleefeld, H. (2011). Demographischer Wandel und Innovationsfähigkeit in der IT-Branche. Dissertation, Universität Mannheim. Köln: Josef Eul.

Leimeister, M., Zogaj, S., Durward, D., & Blohm, I. (2016). Arbeit und IT: Crowdsourcing und Crowdwork als neue Arbeits- und Beschäftigungsformen. In Vereinte Dienstleistungsgewerkschaft (Verdi). (Hrsg.), *Gute Arbeit und Digitalisierung Prozessanalysen und Gestaltungsperspektiven für eine humane digitale Arbeitswelt* (S. 67–79). Berlin: Astov Vertriebsgesellschaft.

Loebe, A., & Severing, E. (Hrsg.). (2010). *Kompetenzpässe in der betrieblichen Praxis: Mitarbeiterkompetenzen mit Kompetenzpässen sichtbar machen*. Bielefeld: W. Bertelsmann.

Roth, I. (2013). Die Arbeitsbedingungen in der IT-Dienstleistungsbranche aus Sicht der Beschäftigten. Branchenbericht auf der Basis des DGB-Index Gute Arbeit 2012/13. https://innovation-gute-arbeit.verdi.de/++file++54071f216f68442f4c000546/download/verdi_studie_IT_RZ1-web.pdf. Zugegriffen: 04. Oktober 2017.

Schletz, A., Martinetz, S., Wilke, J., & Brozka, S.(2017). *Flexibilisierung von Personal- und Kompetenzmanagement im digitalen Wandel*. Stuttgart: Fraunhofer IRB.

Schnalzer, K., Schletz, A., Bienzeisler, B., & Raupach, A. (Hrsg.). (2012). *Fachkräftemangel und Know-how-Sicherung in der IT-Wirtschaft. Lösungsansätze und personalwirtschaftliche Instrumente*. Stuttgart: Fraunhofer IRB.

Schneider, B. (2010). Winning the service game. Revisiting the rules by which people co-create value. In P. Paul, C. Kieliszewski, J. Spohrer, & J. Maglio (Eds.), *Handbook of service science* (pp. 31–59). New York: Springer.

Seeber, S. (2000). Stand und Perspektiven von Bildungscontrolling. In S. Seeber, E.-M. Krekel, & J. von Buer (Hrsg.), *Bildungscontrolling. Ansätze und kritische Diskussionen zur Effizienzsteigerung von Bildungsarbeit* (S. 19–50). Frankfurt am Main: Peter Lang.

Vereinte Dienstleistungsgewerkschaft (Verdi). (2015). Gute Arbeit und Digitalisierung. Prozessanalysen und Gestaltungsperspektiven für eine humane digitale Arbeitswelt. Berlin: Astov Vertriebsgesellschaft.

Ward, J. H. Jr. (1963). Hierarchical grouping to optimize an objective function. *Journal of the American Statistical Association* 58(301), 236–244.

Weitzel, T., Eckart, A., Laumer, S., von Stetten, A., Meier, C., & Weinert, C. (2014). Recruiting Trends 2014. Eine empirische Untersuchung mit den Top-1.000-Unternehmen aus Deutschland sowie den Top-300-Unternehmen aus den Branchen Health Care, IT und Maschinenbau. https://www.uni-bamberg.de/fileadmin/uni/fakultaeten/wiai_lehrstuehle/isdl/RecruitingTrends_2014.pdf. Zugegriffen: 04. Oktober 2017.

Competence Screening – Instrument zur kompetenzbasierten und lebensphasenorientierten Prozessgestaltung

Marc Rusch und Ute David

8.1 Industrielle Dienstleistungen im Maschinen- und Anlagenbau – 132

8.2 Bedarf nach einem rollen- und demografieorientierten Kompetenzmanagement im industriellen Dienstleistungsbereich – 134

8.3 Competence Screening als innovatives Konzept für das Kompetenzmanagement – 136

8.4 Praxisbeispiel „Störung" bei der Werkzeugmaschinen GmbH – 141

Literatur – 146

© Springer-Verlag GmbH Deutschland 2018
J. Hasebrook et al. (Hrsg.), *Lebensphasen und Kompetenzmanagement*, Kompetenzmanagement in Organisationen, https://doi.org/10.1007/978-3-662-55158-5_8

Zusammenfassung

Mit dem Ausbau und der Professionalisierung von industriellen Dienstleistungen im Maschinen- und Anlagenbau entsteht ein Bedarf nach speziellen Kompetenzen, die neben fachlichen verstärkt methodische und soziale Kompetenzen einschließen. Gleichzeitig wirkt sich der demografische Wandel auf die Beschäftigungsstruktur aus und stellt damit große Herausforderungen für den personalintensiven Dienstleistungsbereich. Unternehmen stehen damit vor der Herausforderung, nicht nur die im Arbeitsleben erworbenen Kompetenzen des technischen Servicepersonals so lange wie möglich im Unternehmen aufrechtzuerhalten, sondern auch einen Kompetenztransfer auf jüngere Beschäftigte sicherzustellen. Vielmehr muss sich das Berufsbild des technischen Servicepersonals mit steigendem Alter an die demografischen Anforderungen anpassen, um das Personal so lange wie möglich im Unternehmen zu halten.

Bestehende Ansätze des Kompetenzmanagements von Maschinen- und Anlagenbauern werden den demografischen Anforderungen oftmals nicht gerecht. Dies führt zum einen dazu, dass die vorhandenen Kompetenzen des technischen Servicepersonals nicht ausgeschöpft werden. Zum anderen werden die Beschäftigten im Zeitverlauf zu hohen Mobilitäts- und Belastungsanforderungen gegenübergestellt, sodass diese in der Konsequenz frühzeitig das Unternehmen verlassen. Entsprechende Kompetenzentwicklungskonzepte müssen daher sowohl den lebensphasenspezifischen Bedürfnissen der Beschäftigten als auch den Unternehmenszielen Rechnung tragen. Hieraus wird ersichtlich, dass Maschinen- und Anlagenbauer eine Methode für das Kompetenzmanagement benötigen, mit der sich die Rolle des technischen Servicepersonals im Zeitverlauf unter Berücksichtigung der demografischen Anforderungen an ihre industriellen Dienstleistungen ändern kann. In diesem Beitrag wird eine Methode vorgestellt, die die Grundlage für ein rollen- und demografieorientiertes Kompetenzmanagement bildet.

Mit dem Competence Screening wird eine innovative Methode eingeführt, die die Grundlage für ein rollen- und demografieorientiertes Kompetenzmanagement im Maschinen- und Anlagenbau bildet. Die Durchführung des Competence Screening wird anhand eines Praxisbeispiels verdeutlicht.

Das in diesem Beitrag vorgestellte Competence Screening wurde im Rahmen des Verbundprojektes EPO-KAD und im zugehörigen Vorhaben vom International Performance Research Institute (IPRI), unter der Leitung von Prof. Dr. Mischa Seiter, entwickelt und validiert. Das Verbundprojekt EPO-KAD und das zugehörige Vorhaben von IPRI mit der Kennung 02L12A044 wurden durch das BMBF im Förderschwerpunkt „Betriebliches Kompetenzmanagement im demografischen Wandel" gefördert und vom Projektträger Karlsruhe – PTKA – am Karlsruher Institut für Technologie (KIT) betreut.

8.1 Industrielle Dienstleistungen im Maschinen- und Anlagenbau

Industrielle Dienstleistungen sind für den Maschinen- und Anlagenbau neben dem klassischen Produktgeschäft schon längst zu einem zweiten Standbein geworden. Eine Studie des Verbandes Deutscher Maschinen- und Anlagenbau e.V. (VDMA) und McKinsey (2014) klassifiziert den Ausbau und die Professionalisierung des Dienstleistungsgeschäfts als einen der Top Trends der Branche sowie als Chance, die nur geringe Profitabilität des Produktgeschäfts auszugleichen. Dominant sind in diesem Kontext insbesondere das Ersatzteilgeschäft mit 39 %, die Montage und Inbetriebnahme mit 18,1 % sowie die Wartung, Inspektion und Instandhaltung mit 16 % der erbrachten industriellen Dienstleistungen (Thomin, 2011).

Die steigende Relevanz **industrieller Dienstleistungen** für die Branche erscheint deutlich, so wird auch vermehrt der Wandel von klassischen Produktanbietern/-innen zu dienstleistungsorientierten Unternehmen diskutiert. Es erfolgt eine Transformation von Unternehmen, die Dienstleistungen lediglich auf Kundenwunsch hin ausführen, zu Unternehmen, die Produkte und industrielle Dienstleistungen zu kundenspezifischen Lösungen kombinieren (Horváth et al., 2010). Die Wertschöpfung findet im Falle solcher Lösungsanbieter/-innen gemeinsam mit den Kunden/-innen in einem wechselseitigen Prozess statt. Im Einklang mit der servicedominanten Logik lässt sich argumentieren, dass industrielle Dienstleistungen die Basis des ökonomischen Handels darstellen (Lusch u. Vargo, 2012, 2014).

Mit dem Ausbau und der Professionalisierung von industriellen Dienstleistungen entsteht ein Bedarf nach speziellen Kompetenzen, die neben fachlichen verstärkt methodische und soziale Kompetenzen einschließen (Rusch u. David, 2015). Gleichzeitig wirkt sich der demografische Wandel auf die Beschäftigungsstruktur aus und stellt damit große Herausforderungen für den personalintensiven Dienstleistungsbereich (Werkle et al., 2015). Das technische Servicepersonal kann oder will ab einem bestimmten Alter die hohen Mobilitäts- und Belastungsanforderungen nicht (mehr) erfüllen. Dies führt häufig zur Frühverrentung oder einem Wechsel in neue Arbeitsbereiche. In beiden Fällen gehen wertvolle Kompetenzen für den Servicebereich verloren. Der damit resultierende Handlungsbedarf, aus der bereits heute absehbaren Veränderung der Altersstruktur, wird durch den Arbeitskräftemangel noch verstärkt. Unternehmen stehen damit vor der Herausforderung, nicht nur die im Arbeitsleben erworbenen Kompetenzen des Servicepersonals so lange wie möglich im Unternehmen aufrechtzuerhalten, sondern auch einen Kompetenztransfer auf jüngere Beschäftigte sicherzustellen. Vielmehr muss sich das Berufsbild des technischen Servicepersonals mit steigendem Alter an die demografischen Anforderungen anpassen, um Beschäftigte so lange wie möglich im Unternehmen zu halten (Rusch u. David, 2015).

Bestehende Ansätze des Kompetenzmanagements von Maschinen- und Anlagenbauern werden den demografischen Anforderungen oftmals nicht gerecht. Dies führt zum einen dazu, dass die vorhandenen Kompetenzen des technischen Servicepersonals nicht ausgeschöpft werden. Zum anderen werden an die Beschäftigten im Zeitverlauf zu hohe Mobilitäts- und Belastungsanforderungen gestellt, sodass diese in der Konsequenz frühzeitig das Unternehmen verlassen. Entsprechende Kompetenzentwicklungskonzepte müssen daher sowohl den Bedürfnissen der Beschäftigten, als auch den Unternehmenszielen Rechnung tragen (Rusch u. David, 2015). Hieraus wird ersichtlich, dass Unternehmen des Maschinen- und Anlagenbaus eine Methode für das Kompetenzmanagement benötigen, mit der sich die Rolle des technischen Servicepersonals im Zeitverlauf unter Berücksichtigung der demografischen Anforderungen an ihre industriellen Dienstleistungen ändern kann. In diesem Beitrag wird eine Methode vorgestellt, die die Grundlage für ein **rollen- und demografieorientiertes Kompetenzmanagement** bildet.

Dieser Beitrag ist wie folgt aufgebaut: Zunächst wird der Bedarf für ein rollen- und demografieorientiertes Kompetenzmanagement im industriellen Dienstleistungsbereich diskutiert. Dabei werden bestehende Ansätze für das Kompetenzmanagement und insbesondere die Kompetenzprofilierung aufgezeigt. Im Anschluss wird das Competence Screening als innovative Methode eingeführt, die die Grundlage für ein rollen- und demografieorientiertes Kompetenzmanagement bildet. Die Durchführung des Competence Screening wird im Anschluss anhand eines Praxisbeispiels verdeutlicht. Abschließend folgt ein Fazit.

8.2 Bedarf nach einem rollen- und demografieorientierten Kompetenzmanagement im industriellen Dienstleistungsbereich

Die zunehmende Komplexität industrieller Dienstleistungen erfordert vermehrt das Management von Mitarbeiterkompetenzen sowie einen kompetenzbasierten Einsatz der Beschäftigten. Dies sollte insbesondere unter Berücksichtigung der Lebensphase der jeweiligen Mitarbeiter/-innen erfolgen. Das Kompetenzmanagement hat das Ziel, Kompetenzen besser zu erfassen, zu nutzen und zu entwickeln (Hartmann, 2016; Krickl, 2006). Hierbei werden unterschiedliche Nutzen deutlich. Zunächst ergibt sich ein Nutzen für die Beschäftigten, da sie Kompetenzen für ihren beruflichen Werdegang gezielt weiterentwickeln und einsetzen können (North et al., 2012). Ein klarer Nutzen ergibt sich zudem für die Personalentwicklung, die durch ein Kompetenzmanagement zum effektiven Umgang, zur Nutzung und zur Entwicklung von Mitarbeiterkompetenzen befähigt wird (North et al., 2012). Für die Personalentwicklung ergibt sich eine vereinfachte Qualifizierungsbedarfsanalyse und entsprechend eine verbesserte Strukturierung und Planung von Weiterbildungsmaßnahmen. Des Weiteren ergibt sich ein Nutzen für die strategische Unternehmensführung, die dazu befähigt wird, marktseitige Anforderungen auf Ebene der Beschäftigten zu identifizieren und umzusetzen (Moog, 2009; North et al., 2012; Rost, 2014). Insbesondere im industriellen Dienstleistungsbereich spielt die Befähigung des Personals zur Erfüllung marktseitiger Anforderungen eine entscheidende Rolle für den Unternehmenserfolg, da das technische Servicepersonal ständig im direkten Kundenkontakt steht und dadurch die Kundenzufriedenheit maßgeblich beeinflusst.

Zur Umsetzung eines Kompetenzmanagements in der betrieblichen Praxis werden unterschiedliche Vorgehensweisen vorgeschlagen. North et al. (2012) unterteilen ihr Vorgehensmodell in die Identifikationsphase, in der für ausgewählte Prozesse relevante Kompetenzfelder untersucht werden, die Validierungsphase, in der die identifizierten Soll-Kompetenzen mit den vorhandenen Ist-Kompetenzen der Beschäftigten abgeglichen werden, sowie die Transferphase, in der ein Kompetenztransfer zwischen den Beschäftigten stattfindet, um Lücken zwischen Soll- und Ist-Kompetenzen zu schließen. Das Vorgehensmodell bei Rost (2014) besteht aus sieben Phasen, die die Ausarbeitung von Zielen, die Ableitung von strategischen Kompetenzanforderungen, organisationsspezifische Kompetenzdefinitionen, die Definition von Soll-Kompetenzprofilen, die Selbst- und Fremdeinschätzung der Beschäftigten über ihre Kompetenzen, den Abgleich von Soll- und Ist-Kompetenzen sowie die Formulierung von Kompetenzentwicklungsmaßnahmen umfassen. Auch weitere Ansätze zur Umsetzung des Kompetenzmanagements, z.B. von Gröne et al. (2004), haben gemeinsam, dass zunächst der Kompetenzbedarf analysiert wird, daraus Soll-Kompetenzen abgeleitet werden, die im Anschluss mit den bestehenden Ist-Kompetenzen abgeglichen werden. Differenzen zwischen Soll- und Ist-Kompetenzen können durch Personalentwicklungsmaßnahmen reduziert werden.

Allen diesen Ansätzen fehlt jedoch die Berücksichtigung von rollen- und demografieorientierten Aspekten. Grundsätzlich muss im Rahmen des Kompetenzmanagements berücksichtigt werden, dass sich Anforderungen und Kompetenzen im beruflichen Lebenszyklus der Beschäftigten im technischen Service ändern.

Zur Entwicklung eines rollen- und demografieorientierten Kompetenzmanagements wird zunächst eine Basis benötigt, welche die Breite der relevanten Kompetenzen erfasst. Dies bedeutet, dass für die Ermittlung der Soll-Kompetenzen auf bestehende

Competence Screening – Instrument zur kompetenzbasierten und ...

Kompetenzmodelle zurückgegriffen werden kann. Kompetenzmodelle unterstellen in der Regel, dass alle Kompetenzen unabhängig voneinander und völlig überschneidungsfrei sind. Dies ist jedoch in der Realität nicht der Fall. Heyse und Erpenbeck (2009) entwickeln aus diesem Grund einen Kompetenzatlas (◘ Abb. 8.1), der eine Abhängigkeit von Kompetenzen zulässt.

Heyse und Erpenbeck (2009) identifizieren vier grundlegende **Basiskompetenzen**. Diese sind die personale, die aktivitäts- und umsetzungsorientierte, die fachlich-methodische und die sozial-kommunikative Kompetenz. Sie beschreiben die Fähigkeit, selbstorganisiert zu denken und zu handeln (Heyse, 2007):

- Die personale Kompetenz ist auf die Person selbst bezogen.
- Die aktivitäts- und umsetzungsorientierte Kompetenz bezieht sich auf den Antrieb, den eine Person besitzt, um Gewolltes in Handlungen umzusetzen.
- Die fachlich-methodische Kompetenz beschreibt, inwieweit Handlungen auf fachlich-methodisches Wissen, Erfahrungen und Expertise gestützt sind.
- Die sozial-kommunikative Kompetenz beschreibt Handeln unter Einsatz der eigenen kommunikativen und kooperativen Möglichkeiten.

Den vier Basiskompetenzen von Heyse und Erpenbeck (2009) sind jeweils Teilkompetenzen zugeordnet. So sind beispielsweise Loyalität, normativ-ethische Einstellung, Glaubwürdigkeit und Eigenverantwortung Teilaspekte der personalen Kompetenz. Aufgrund der umfassenden Beschreibung von Kompetenz unter Verwendung der vier Basiskompetenzen, die einander bedingen und fließend ineinander übergehen, ist dieser Ansatz der Realität sehr nah und kann daher als geeignet zur Beschreibung und Kategorisierung von

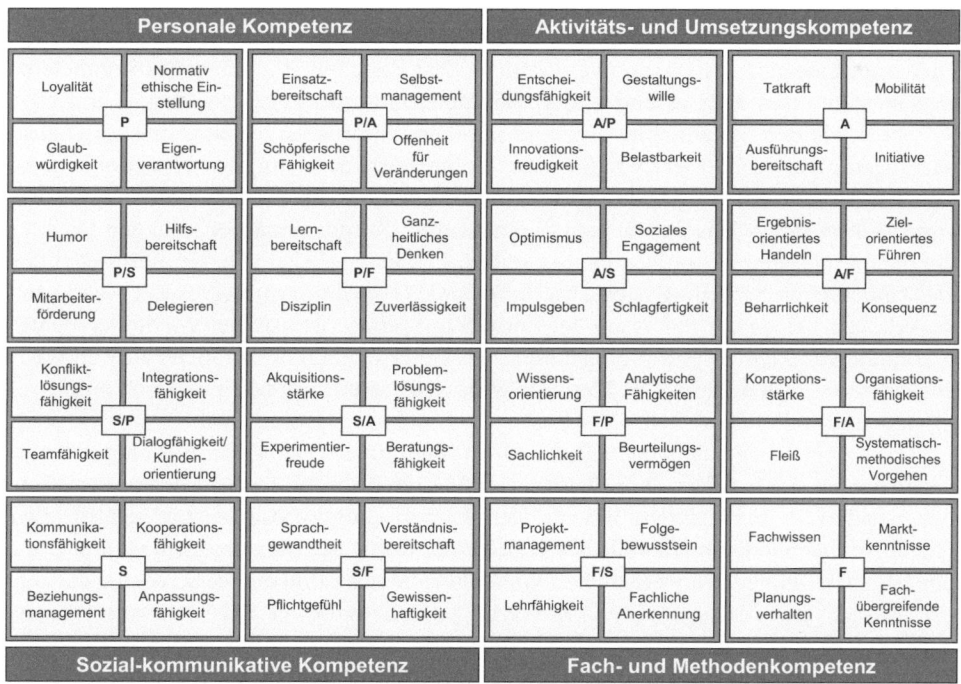

◘ **Abb. 8.1** Kompetenzatlas nach Heyse und Erpenbeck (2009)

Kompetenzen betrachtet werden. Diese Kompetenzen bilden die Grundlage für ein rollen- und demografieorientiertes Kompetenzmanagement.

Die Berücksichtigung von rollen- und demografiespezifischen Aspekten stellt dabei unterschiedliche Anforderungen an das Kompetenzmanagement. Einerseits müssen Kompetenzen prozessbasiert analysiert werden, da nur dies eine kompetenzbasierte Zuteilung des Personals auf bestimmte Prozesse sowie eine kompetenzbasierte Weiter- und Neuentwicklung von Prozessen ermöglicht (Rusch u. David, 2015). Durch eine kompetenzbasierte Gestaltung von Dienstleistungsprozessen können klare Aufgabenfelder definiert und entsprechende Rollen für die Beschäftigten abgeleitet werden. Des Weiteren muss das Kompetenzmanagement demografische Anforderungen berücksichtigen. Hierbei muss insbesondere auf die jeweilige Lebensphase der Beschäftigten eingegangen werden, um hieraus entsprechende Handlungsalternativen ableiten zu können. So ist es beispielsweise sinnvoll, ältere Mitarbeiter hinsichtlich schwerer körperlicher Arbeit und hohem Reiseaufkommen zu entlasten. Hierfür können Rollen definiert werden, die den demografischen Anforderungen der unterschiedlichen Lebensphasen gerecht werden, gleichzeitig aber auch die vorhandenen Kompetenzen in vollem Maß ausschöpfen. Zum Beispiel könnten Beschäftigte im technischen Service in späteren Lebensphasen vermehrt in beratende oder schulende Tätigkeiten überführt werden. Mit dem Competence Screening wird nachfolgend eine Methode vorgestellt, welches die bestehenden Ansätze des Kompetenzmanagements um die genannten Aspekte (insbesondere lebensphasenspezifische Anforderungen) erweitert.

8.3 Competence Screening als innovatives Konzept für das Kompetenzmanagement

Die vorangegangene Diskussion verdeutlicht, dass bestehende Ansätze des Kompetenzmanagements den sich verändernden Kompetenzanforderungen an den technischen Service sowie den zunehmenden demografischen Anforderungen industrieller Dienstleistungen nicht gerecht werden. Mit dem Competence Screening wird nachfolgend ein innovatives Konzept für das Kompetenzmanagement im Maschinen- und Anlagenbau vorgestellt, welches sowohl die sich verändernden Kompetenzanforderungen als auch die demografischen Anforderungen in unterschiedlichen Lebensphasen berücksichtigt. Das Competence Screening wurde im Rahmen des Forschungsprojektes EPO-KAD entwickelt. Hierbei lag der Fokus auf der Entwicklung einer praxisnahen Methode, die insbesondere von kleinen und mittelständischen Unternehmen der Branche aufwandsarm angewendet werden kann. Die Methode wurde in diesem Kontext mehrfach empirisch getestet und weiterentwickelt.

Das Competence Screening legt den Grundstein für ein erfolgreiches Kompetenzmanagement bei industriellen Dienstleistungen. Es kann dazu verwendet werden, den Kompetenzbedarf in bestehenden industriellen Dienstleistungsprozessen zu identifizieren. Hierauf aufbauend kann ein Soll-/Ist-Abgleich der Kompetenzen durchgeführt und Kompetenzdefizite aufgedeckt werden. Des Weiteren kann das Competence Screening verwendet werden, um demografische Anforderungen innerhalb der Dienstleistungsprozesse aufzudecken. Neben der Berücksichtigung der erforderlichen Kompetenzen ist die Erfüllung demografischer Anforderungen in unterschiedlichen Lebensphasen ein wesentlicher Faktor für die erfolgreiche Dienstleistungserbringung. Neben der Analyse bestehender industrieller Dienstleistungsprozesse kann das Competence Screening zudem im Rahmen des **Service Engineerings** verwendet werden. Insbesondere kann das Competence Screening bei der Entwicklung neuer und lebensphasenorientierter Rollen für Beschäftigte angewendet werden. Hierdurch können bereits während der Entwicklungsphase sowohl Kompetenzanforderungen als auch demografische Anforderungen an neue Rollen identifiziert werden.

Bei der Anwendung des Competence Screening wird ein sogenannter **Competence Screen** erstellt, der die für eine industrielle Dienstleistung erforderlichen Mitarbeiterkompetenzen und demografischen Anforderungen aufzeigt (Rusch u. David, 2015). Die Erstellung eines Competence Screens wird in fünf Schritten durchgeführt. Zunächst erfolgt eine Visualisierung der einzelnen Prozessschritte der industriellen Dienstleistung. Im Anschluss werden die Prozessschritte zu Aktionen aggregiert. Nachfolgend werden relevante Kompetenzbereiche definiert und den Aktionen die wesentlichen Kompetenzen zugeordnet. Im letzten Schritt erfolgt eine Analyse der demografischen Anforderungen in Hinblick auf unterschiedliche Lebensphasen des Personals. Jeder Schritt wird nachfolgend im Detail erläutert.

- **Schritt 1: Visualisierung des Dienstleistungsprozesses**

In diesem Schritt erfolgt eine detaillierte Visualisierung der einzelnen Prozessschritte einer industriellen Dienstleistung. Ein Instrument, das sich hierfür besonders eignet, ist das **Service-Blueprinting** (▶ Exkurs: Service-Blueprinting; Rusch, 2015). Mit dessen Hilfe können Dienstleistungsprozesse dargestellt, aber auch gestaltet und optimiert werden (Seiter, 2016). Es dient sowohl zur Visualisierung bestehender Dienstleistungsprozesse als auch zur Entwicklung neuer Dienstleistungsprozesse (Rusch, 2015). Die Visualisierung des Dienstleistungsprozesses dient als Grundlage für die Kompetenzprofilierung.

- **Schritt 2: Aggregation der visualisierten Prozessschritte zu Aktionen**

Eine Aggregation der einzelnen Prozessschritte ist nötig, um eine sinnvolle Zuordnung der relevanten Kompetenzen treffen zu können. Beispielsweise kann ein Beschäftigter im Service bei Kunden/-innen vor Ort nicht einfach Prozessschritte auslassen, weil er oder sie nicht die benötigten Kompetenzen zur Durchführung besitzt. Er oder sie benötigt alle Kompetenzen, die die Prozessschritte voraussetzen, die bei Kunden/-innen vor Ort durchgeführt werden sollen. Gleichermaßen benötigt das Personal in der Montage alle Kompetenzen, die für die Montage relevant sind. Aus dieser Argumentation lässt sich ableiten, dass die Aggregation der Prozessschritte zu Aktionen entsprechend vorhandener Schnittstellen oder Einzelfunktionen erfolgen muss (Rusch u. David, 2015).

- **Schritt 3: Definition von relevanten Kompetenzbereichen**

Wie zuvor diskutiert wurde, besteht in der Literatur eine große Fülle unterschiedlicher Kompetenzmodelle, die wiederum unterschiedliche Kompetenzen beinhalten. Das Ziel in diesem Schritt ist es, die Kompetenzbereiche zu identifizieren, die für das betrachtete Berufsbild grundsätzlich relevant sind, da eine Analyse jeder denkbaren Kompetenz mit hohem Aufwand verbunden und nicht zielführend wäre. Hierfür können beispielsweise bereits bestehende, generische **Kompetenzprofile** verwendet werden. Diese müssen jedoch im Anschluss auf die unternehmens- und rollenspezifischen Gegebenheiten angepasst werden. Das nachfolgende Beispiel kann als Grundlage zur Kompetenzprofilierung für den technischen Service im Maschinen- und Anlagenbau verwendet werden.

> **Beispiel**
> **Kompetenzprofil für das Personal im technischen Service des Maschinen- und Anlagenbaus**
> Das Servicepersonal hat die höchste Kontaktfrequenz mit den Kunden/-innen. Neben fachlichen Kompetenzen wird vor allem ein adäquater Umgang mit diesen erwartet. Bislang existiert kein allgemeingültiges Kompetenzprofil für den technischen Service im Maschinen- und Anlagenbau. Im Rahmen des Forschungsprojektes EPO-KAD wurden die Kompetenzen identifiziert, die für das Servicepersonal im Maschinen- und Anlagenbau die höchste Relevanz haben. Die identifizierten Kompetenzen basieren auf dem Kompetenzatlas von Heyse und Erpenbeck (2009). Insgesamt wurden 10 Kompetenzen identifiziert (Rusch u. Pütter, 2017). Diese werden nachfolgend im Kontext des technischen Service des Maschinen- und Anlagenbaus erläutert:
> - **Zuverlässigkeit:** Dies beinhaltet ein diszipliniertes Arbeiten und Erfüllen von Aufgaben in einer vorgegebenen Zeit. Da das technische Servicepersonal oftmals alleine bei Kunden/-innen vor Ort ist, ist Zuverlässigkeit sowohl aus Sicht des Unternehmens als auch aus Sicht der Kunden/-innen essenziell. Auch im internen Unternehmenskontext wird eine hohe Zuverlässigkeit vom Servicepersonal erwartet, beispielsweise bei der Erfüllung von Aufträgen oder der Erstellung der internen Dokumentation.
> - **Lernbereitschaft:** Eine grundsätzliche Bereitschaft zum Lernen ist besonders im Maschinen- und Anlagenbau wichtig, da die Branche durch neue Technologien getrieben wird und sich das Servicepersonal den neuen Gegebenheiten ständig anpassen muss.
> - **Dialogfähigkeit/Kundenorientierung:** Aufgrund der hohen Kontaktfrequenz zu Kunden/-innen muss das Servicepersonal Sachverhalte klar vermitteln. Dabei ist es besonders wichtig, dass die Beschäftigten im technischen Service auf die individuellen Kundenbedürfnisse eingehen. Eine klare Dialogfähigkeit ist auch bei der internen Kommunikation erforderlich, beispielsweise bei der Abstimmung mit direkten Vorgesetzten oder Kollegen/-innen aus dem eigenen Team.
> - **Problemlösefähigkeit:** Das technische Servicepersonal muss dazu in der Lage sein, kurzfristig und systematisch Problemlöseprozesse zu initiieren. Dabei können im Alltag des Servicepersonals unterschiedliche Probleme auftreten, beginnend bei Konflikten mit Kunden/-innen bis hin zu internen Konfliktsituationen, die durch eine Kollision von beruflichen und privaten Interessen entstehen.
> - **Eigenverantwortung:** Das Personal im technischen Service befindet sich oft in Situationen, in denen es eigenständig eine Entscheidung treffen muss. Gleichzeitig ist es wichtig, dass es für die eigenen Handlungen auch die Verantwortung übernimmt. Dies gilt einerseits bei Kunden/-innen vor Ort, wenn das Servicepersonal eigenverantwortlich Aufträge durchführt. Andererseits muss das Servicepersonal auch intern die Verantwortungen für Entscheidungen und Handlungen übernehmen.
> - **Einsatzbereitschaft:** Kunden/-innen von Maschinen- und Anlagenbauern sind in der Regel über große geografische Gebiete verteilt. Vom Personal im technischen Service wird hierdurch eine hohe Bereitschaft zum Reisen abverlangt. Insbesondere bei kurzfristigen Einsätzen muss das Servicepersonal stets abrufbar sein.
> - **Gewissenhaftigkeit:** Vom Servicepersonal wird erwartet, dass es mit höchster fachlicher und methodischer Genauigkeit und Sorgfalt arbeitet und seine Aufgaben stets nach bestem Wissen und Gewissen erledigt.
> - **Fachwissen:** Die grundlegende Kompetenz zur Durchführung von Arbeiten im technischen Service ist das Fachwissen. Fachwissen ist äußerst maschinenspezifisch und sollte laufend durch Weiterbildungen erneuert und aufgefrischt werden.

- **Ganzheitliches Denken:** Diese Kompetenz beinhaltet, dass das Personal im technischen Service über die jeweilige Problemstellung hinaus denkt. Servicebeschäftigte verdienen sich insbesondere bei Kunden/-innen Anerkennung, wenn sie beispielsweise nicht nur eine Maschine reparieren, sondern diese auch in den gesamten Fertigungsprozess der Kunden/-innen einordnen und Optimierungspotenziale erkennen können.
- **Selbstmanagement:** Das hohe Maß an Eigenständigkeit, welches in der Arbeit des Servicepersonals verankert ist, erfordert das Erkennen der eigenen Möglichkeiten und Begrenzungen, um Aufgaben selbstständig zu planen und zu erfüllen. Diese Kompetenz beruht auf Selbsterfahrung und Selbstkontrolle. Dies beinhaltet für die Beschäftigten im technischen Service auch, das eigene Handeln selbstkritisch zu hinterfragen.

- **Schritt 4: Kompetenzzuordnung**

Hierbei erfolgt eine Identifikation der wesentlichen Kompetenzen für die Aktionen. In diesem Schritt wird der eigentliche **Competence Screen** erstellt. Er besteht aus einer horizontalen Achsen, auf der die identifizierten Aktionen verzeichnet sind, sowie einer vertikalen Achse, auf der die Kompetenzen verzeichnet sind. Die entstehenden Felder werden als Load-Boxen bezeichnet (Rusch u. David, 2015). Wenn eine bestimmte Kompetenz für die Durchführung einer Aktivität benötigt wird, kann der Rahmen (Warum wird die Kompetenz benötigt?) und der Umfang (Wie ausgeprägt muss die Kompetenz sein?) in der Load-Box verzeichnet werden. Hieraus ergibt sich eine detaillierte Übersicht der erforderlichen Mitarbeiterkompetenzen für die Durchführung einer industriellen Dienstleistung.

- **Schritt 5: Analyse der demografischen Anforderungen der einzelnen Aktionen in den Kompetenzbereichen**

Dies erfolgt unter Berücksichtigung unterschiedlicher Lebensphasen. Hierzu wird im Competence Screen eine horizontale Ebene ergänzt, in der die für eine Aktion anfallenden demografischen Anforderungen in den Load Boxen vermerkt werden. Hiermit ist die Erstellung des lebensphasenorientierten Competence Screen vollendet.

Das Vorgehen zur Durchführung des Competence Screening in der betrieblichen Praxis erfordert die Expertise unterschiedlicher Mitarbeiter/-innen. Das Competence Screening sollte im Rahmen von Workshops angewendet werden. Die Teilnehmenden des Workshops sollten aus unterschiedlichen Abteilungen stammen, insbesondere aus der Personalentwicklung, dem Service und der Produktion. Nachfolgend wird die Durchführung des Competence Screening anhand eines Praxisbeispiels verdeutlicht.

Service-Blueprinting

Service-Blueprinting ist eine Methode zur Gestaltung und Optimierung von Dienstleistungen, die ursprünglich von Shostack (1982, 1984) entwickelt wurde.

Es bildet Prozessschritte auf einer horizontalen und einer vertikalen Achse ab. Die horizontale Achse repräsentiert chronologisch Aktivitäten, die von unterschiedlichen Akteuren durchgeführt werden. Die vertikale Achse unterscheidet dagegen zwischen verschiedenen sogenannten Aktionsbereichen. Diese Aktionsbereiche werden durch verschiedene Linien getrennt. Shostack (1982) führte in seinem ursprünglichen Entwurf nur zwei Aktionsbereiche auf, die durch die „line of visibility" getrennt werden. In einer späteren Fassung führte Shostack (1984) die „line of interaction" ein. Eine Weiterentwicklung erfolgte durch Kingman-Brundage (1989) mit den Trennlinien „line of internal interaction" und „line of implementation". Zusätzlich erfolgte durch Kleinaltenkamp (1999) mit der „line of penetration" eine weitere Ergänzung des

Konzepts. Die Aktionsbereiche sind in ◘ Abb. 8.2 dargestellt und werden nachfolgend erläutert.

Die „line of interaction" grenzt Kundenaktivitäten von Aktivitäten, die rein vom Dienstleistungsanbietenden ausgeführt werden, ab (Shostack, 1984). Oberhalb dieser Linie werden Handlungen, Entscheidungen und Interaktionen visualisiert, die rein durch Kunden/-innen ausgeführt werden. Ein Beispiel ist hierbei die Entscheidung von Kunden/-innen, eine telefonische Anfrage nach einer Dienstleistung zu stellen. Alle Aktivitäten unterhalb der Trennlinie bilden die Dienstleistungsqualität ab, die durch den Dienstleistenden geschaffen wird.

Die darunter liegende „line of visibility" differenziert die für die Kunden/-innen sichtbaren Prozessschritten von den Prozessschritten, die ebenfalls notwendig für die Dienstleistungserstellung sind, jedoch nicht von Kunden/-innen wahrgenommen werden (Shostack, 1982). Die Qualität der Dienstleistung wird unterhalb der Linie von den persönlichen Kompetenzen der Beschäftigten gebildet (Wissen, Fähigkeiten, Werkzeuge). Eine sichtbare Anbieteraktivität ist beispielsweise der Kundenbesuch durch den Dienstleistenden, während eine nicht sichtbare Aktivität die Aufnahme von Kundenangaben beim Telefongespräch zwischen Kunde/-in und Dienstleister/-in ist.

Die „line of internal interaction" grenzt Aktivitäten, die unmittelbar den Kunden/-innen dienen, von unterstützenden Unternehmensaktivitäten des Support-Teams ab, die nur mittelbar in Bezug zu Kunden/-innen stehen (Kingman-Brundage, 1989). Dies heißt, dass die Aktivitäten unterhalb der Linie von anderen Personen als dem Kundenkontaktpersonal durchgeführt werden (Fließ, 2001; Fließ u. Kleinaltenkamp, 2004). Unterstützende Anbieteraktivitäten zeigen sich beispielsweise in der Planung und Durchführung von Werbe- und Sales-Promotion-Aktivitäten, Rechnungsstellung, die Überprüfung des Zahlungseingangs oder die Durchführung von Kundenzufriedenheitsmessungen (Fließ, 2001; Kingman-Brundage, 1989).

Die „line of penetration" trennt kundeninduzierte von kundenunabhängigen Aktivitäten ab (Kleinaltenkamp, 1999). Während somit die Aktivitäten über der Linie kundeninduziert und abhängig von externen Produktionsfaktoren sind, sind Aktivitäten unterhalb der Linie unabhängig von bestimmten Kunden/-innen und abhängig von den internen Produktionsfaktoren der Dienstleistenden. Aktivitäten unterhalb der Linie sind z. B. die Einstellung und Einweisung von Beschäftigten.

Durch die „line of implementation" wird der kundenunabhängige Bereich weiter nach Supportaktivitäten und Managementaktivitäten systematisiert (Kingman-Brundage, 1989). Das Controlling lässt sich beispielsweise unterhalb der Linie ansiedeln.

Die einzelnen Prozessschritte werden in Form von Rechtecken dargestellt und chronologisch durch Pfeile verbunden. Die Durchführung des Service-Blueprintings erfolgt im Wesentlichen in drei Schritten (Rusch, 2015). Der erste Schritt ist die Definition des Prozessbeginns und des Prozessendes der jeweiligen Dienstleistung. In der Regel ist der Prozessbeginn eine Handlung der Kunden/-innen, beispielsweise der Einkauf einer bestimmten Dienstleistung. Der zweite Schritt umfasst die Identifikation aller relevanten Prozessschritte, z. B. durch Interviews mit Beschäftigten. Hierauf folgen die Identifikation der beteiligten Akteure/-innen sowie deren Zuordnung zu den einzelnen Prozessschritten. Basierend auf dieser Zuordnung können die einzelnen Prozessschritte den unterschiedlichen Ebenen des Service-Blueprintings zugeteilt werden. Abschließend werden die einzelnen Prozessschritte in chronologische Reihenfolge gebracht und innerhalb des Gesamtschemas mithilfe von Pfeilen miteinander verbunden.

◘ Abb. 8.3 zeigt die unterschiedlichen Elemente des Service-Blueprintings. In diesem Beispiel sind die Ebenen Kunde, Frontoffice, Backoffice, Support, Preparation und Facility aufgeführt. Die Prozessschritte werden den Ebenen zugeteilt und entsprechend dargestellt.

Das Service-Blueprinting ermöglicht eine Visualisierung des Dienstleistungsprozesses sowie dessen Gestaltung und Optimierung. Es können unterschiedliche Elemente abgebildet werden wie die Abbildung von Interaktionen unterschiedlicher Personen und Organisationseinheiten oder die Zuordnung von Prozessverantwortlichkeiten. Die Darstellung erlaubt eine Analyse von Schwachstellen und Verschwendungen im Dienstleistungsprozess und ermöglicht damit die Gestaltung optimierter Prozesse (Fließ u. Kleinaltenkamp, 2004; Rusch, 2015; Seiter, 2016).

Competence Screening – Instrument zur kompetenzbasierten und ...

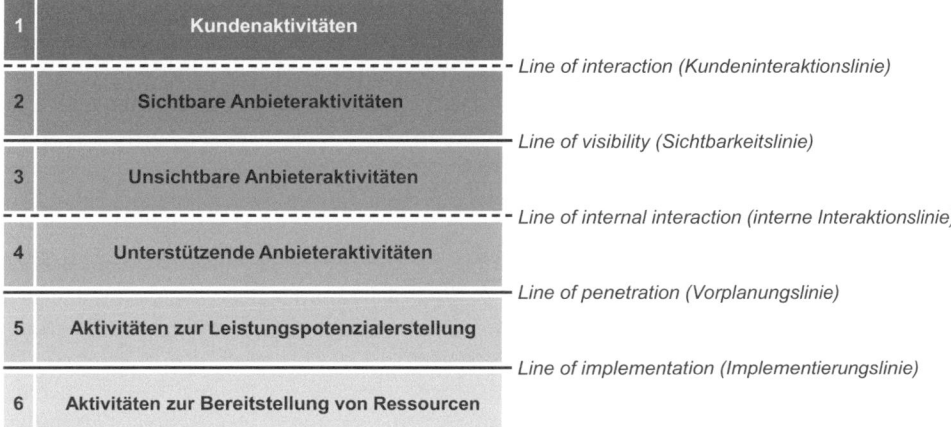

◘ **Abb. 8.2** Aktionsbereiche des Service-Blueprintings (in Anlehnung an Meier et al., 2013; Fließ, 2001)

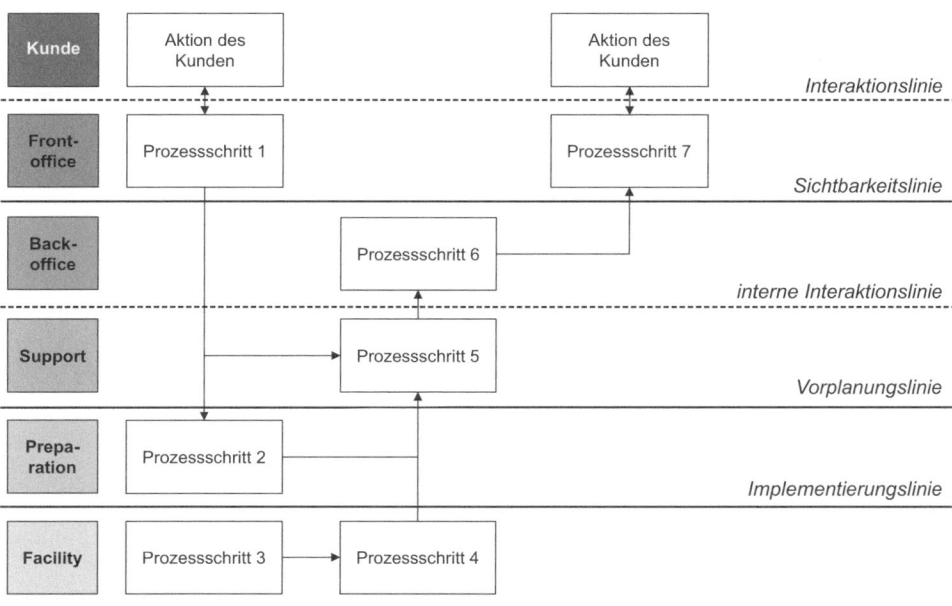

◘ **Abb. 8.3** Elemente des Service-Blueprintings

8.4 Praxisbeispiel „Störung" bei der Werkzeugmaschinen GmbH

Die Anwendung des Competence Screening wurde im Rahmen von sechs Fallstudien getestet und optimiert und wird nachfolgend anhand eines anonymisierten Beispiels der Werkzeugmaschinen GmbH verdeutlicht. Die Werkzeugmaschinen GmbH ist ein mittelständisches Unternehmen im Maschinenbau mit rund 180 Angestellten und einem Umsatz von ca. 35 Millionen Euro im Jahr. Das Unternehmen kämpft mit den Herausforderungen des demografischen Wandels, insbesondere der alternden Belegschaft. Gleichzeitig besteht bei den jüngeren Beschäftigten eine hohe Fluktuation. Die Werkzeugmaschinen GmbH möchte das vorhandene Personal möglichst effektiv einsetzen. Hierzu soll der Kompetenzbedarf im technischen Service ermittelt werden, damit die Beschäftigten entsprechend ihrer Kompetenzen eingesetzt werden können. Langfristig sollen diese in neue Mitarbeiterrollen geführt werden, die neben den klassischen Aufgaben des technischen Services auch weniger körperlich belastende Aufgaben enthalten wie Kundenberatung oder Durchführung von Trainings. Gleichzeitig soll die Ermittlung des Kompetenzbedarfs dazu führen, dass Stellenprofile besser ausgeschrieben werden können.

Das Unternehmen verwendet zur Ermittlung des Kompetenzbedarfs das Competence Screening. Hierzu wird eine „Störung" (Maschinendefekt) aufseiten von Kunden/-innen als Beispiel herangezogen. Die Kunden/-innen kontaktieren den Hersteller, also die Werkzeugmaschinen GmbH, die die Maschine repariert.

In Schritt 1 wird eine **Prozessaufnahme mithilfe des Service-Blueprintings** durchgeführt. In diesem Zuge wird festgelegt, wann der Prozess startet und wann dieser endet. Der Prozess der „Störung" beginnt, sobald ein Problem bei Kunden/-innen vorliegt und diese dementsprechend ein Bedürfnis aufweisen. Der Prozess endet, sobald die Werkzeugmaschinen GmbH die Rechnung an ihre Kunden/-innen stellt. Es werden weiterhin die einzelnen Prozessschritte identifiziert und den jeweiligen Akteuren/-innen zugeordnet. Die Kunden/-innen rufen in der Regel im Innendienst der Werkzeugmaschinen GmbH an. Hier wird der Anruf entgegengenommen, sodass die Kunden/-innen ihr Problem erklären können. Die jeweilige Ansprechperson im Innendienst beurteilt anschließend, ob das Problem am Telefon lösbar ist oder nicht. Wenn dies der Fall ist, wird das Kundenproblem mithilfe einer Fernwartung behoben und im Anschluss durch die zuständige Dienstleistungsgruppe abgerechnet.

Sollte das Kundenproblem nicht telefonisch gelöst werden können, wird ein Außendiensteinsatz eingeleitet. Das Außendienstpersonal plant den Einsatz und bestellt ggf. Ersatzteile beim Disponenten. Dieser wiederum liefert die Ersatzteile an das Außendienstpersonal, welches dann zu den Kunden/-innen reist und die Störung im Idealfall vor Ort behebt. Zur Nachverfolgung schreibt dieses einen Tätigkeitsbericht, welcher von den Kunden/-innen unterschrieben wird. Sobald der Tätigkeitsbericht bei der zuständigen Dienstleistungsgruppe eingegangen ist, stellt diese daraufhin eine Rechnung an die Kunden/-innen. Die identifizierten Prozessschritte werden nun chronologisch dargestellt und den genannten Akteuren/-innen in der Darstellung zugeordnet. Dabei werden die einzelnen Prozessschritte durch Pfeile verbunden. Der entstandene Service-Blueprint dient als Grundlage zur Analyse des Kompetenzbedarfs im **Gesamtprozess „Störung"**.

In Schritt 2 werden **Prozessschritte zu Aktionen aggregiert.** Wie zuvor beschrieben, sind Aktionen eine Kombination von Prozessschritten, die nicht separat durchgeführt werden können oder sollen – beispielsweise eine Reparatur bei Kunden/-innen vor Ort, die vom technischen Servicepersonal durchgeführt wird. Dies trifft vor allem auf Aktionen zu, die während des Kundenkontakts durchgeführt werden (ein Austausch eines Mitarbeiters oder einer Mitarbeiterin ist hier nicht möglich). Die Aktionen können direkt im Service-Blueprint gekennzeichnet und nummeriert werden. Die für die Störung identifizierten Aktionen sind in ◘ Abb. 8.4 dargestellt.

Im obigen Beispiel wurden fünf **Aktionen** identifiziert. Diese werden als (1) „Telefonat", (2) „TeleLösung", (3) „Ersatzteile", (4) „Reparatur" und (5) „Abschluss" bezeichnet. In der Aktion **„Telefonat"** erfolgt die Annahme des Anrufs der Kunden/-innen und ggf. die Weiterleitung an den entsprechenden Beschäftigten im Innendienst. Diese Aktion beinhaltet zudem die korrekte Einordnung des Kundenproblems. Dies kann durch einen

Competence Screening – Instrument zur kompetenzbasierten und ...

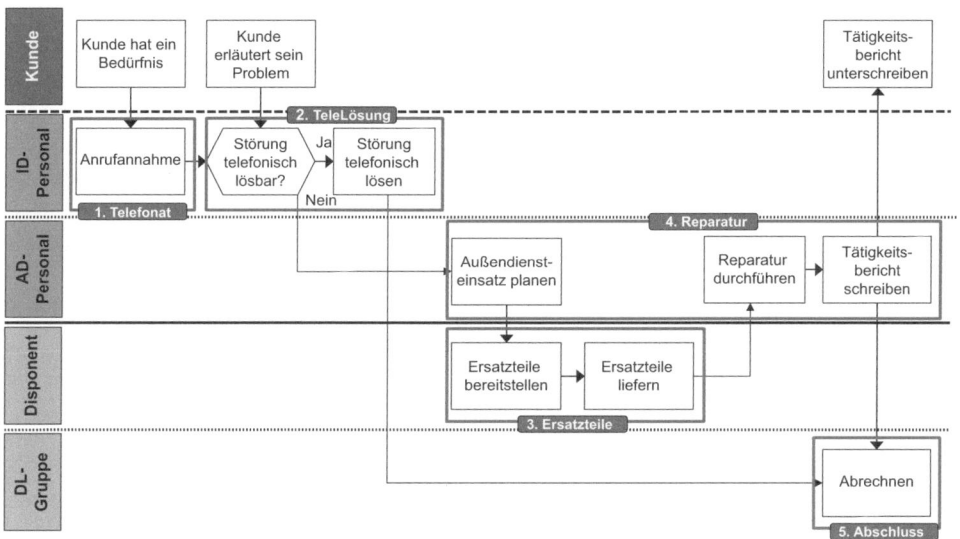

Abb. 8.4 Aggregation von Prozessschritten zu Aktionen. *AD* Außendienst, *ID* Innendienst, *DL* Dienstleistung

vom Innendienst separierten Unternehmensbereich durchgeführt werden. Grundsätzlich kann die Annahme des Kundenanrufs auch durch den Innendienst erfolgen. Dieser lässt sich das Problem erklären und entscheidet, ob er eine Lösung per Telefon anbietet oder das Problem an den Außendienst weitergibt. Diese Entscheidung wird in der Aktion „**TeleLösung**" zusammengefasst. Wenn ein Außendiensteinsatz erforderlich ist, muss der Disponent die benötigten Ersatzteile entsprechend bereitstellen. Die Aktion wird entsprechend als „**Ersatzteile**" betitelt. Wichtig ist hierbei insbesondere der adäquate Umgang mit verschiedenen Komponenten. Die Aufgaben des Außendienstes bestehen insbesondere in der Planung, Durchführung und Aufarbeitung des Auftrages. Diese drei Prozessschritte können nur sehr schwer voneinander getrennt werden und werden als die Aktion „**Reparatur**" zusammengefasst. Der „**Abschluss**", also die Abrechnung, kann auch durch den Außendienst erfolgen oder – wie in diesem Fall – durch eine weitere Instanz (Dienstleistungsgruppe).

In Schritt 3 werden **Kompetenzbereiche definiert**. Hierbei wird analysiert, welche Kompetenzen für die Durchführung der Aktionen benötigt werden. Das zuvor beschriebene Kompetenzprofil für Beschäftigte im technischen Service des Maschinen- und Anlagenbaus kann hierzu als Grundlage verwendet werden. Die Aktionen und Kompetenzen können an dieser Stelle in eine Darstellung gebracht werden, aus der in den nächsten Schritten der Competence Screen entwickelt werden kann. Hierzu werden die Aktionen auf eine horizontale und die Kompetenzebenen (oder Einzelkompetenzen) auf eine vertikale Achse gebracht. Hierbei ist anzumerken, dass der Detaillierungsgrad der Kompetenzen je nach Bedarf angepasst werden kann. Im nachfolgenden Schritt werden die Kompetenzen den Aktionen zugeordnet. Dies erfolgt in den Load-Boxen, die in der Darstellung den Schnittpunkt zwischen der jeweiligen Aktion und der jeweiligen Kompetenz bilden.

In Schritt 4 werden **jeder Aktion die wesentlichen Kompetenzen zugeordnet**, die zur Durchführung erforderlich sind. In den entsprechenden Load-Boxen wird erklärt, warum die jeweilige Kompetenz notwendig ist und wie ausgeprägt diese sein soll. In diesem Beispiel wird zwischen „nicht relevant", „grundlegend" und „ausgeprägt" unterschieden. Wichtig ist in diesem Kontext insbesondere, dass die Ausprägung der Kompetenz klar verständlich und erkennbar ist. Hierbei sollte sich folgende Frage gestellt werden: Was ist der Unterschied zwischen einer grundlegenden und einer ausgeprägten Kompetenz? Es ist dabei ratsam, Kompetenzausprägungen durch beobachtbares Verhalten zu definieren. Auf diesem Wege kann leichter beurteilt werden, inwieweit Beschäftigte eine bestimmte Kompetenz besitzen oder nicht.

Die Werkzeugmaschinen GmbH identifiziert der Reihe nach für jede Aktion, welche Kompetenz aus welchem Grund in welcher Ausprägung vorhanden sein sollte:

- Für die Aktion **„Telefonat"** beschränkt sich dies lediglich auf eine ausgeprägte Dialogfähigkeit/Kundenorientierung während des Telefonats sowie eine korrekte Einordnung des Problems, für die ein grundlegendes Fachwissen ausreicht.
- Für die Aktion **„TeleLösung"** werden wesentlich mehr Kompetenzen vorausgesetzt. Insbesondere ist hier eine ausgeprägte Dialogfähigkeit/Kundenorientierung sowie Problemlösefähigkeit notwendig, da das Servicepersonal das Problem durch zielführende Fragen erkennen muss. Grundvoraussetzung ist hier selbstverständlich ein ausgeprägtes Fachwissen über den jeweiligen Maschinen- und Fehlertyp sowie gleichzeitig eine ausgeprägte Lernbereitschaft, wenn neue Maschinen auf den Markt kommen. Des Weiteren werden eine grundlegende Eigenverantwortung, Einsatzbereitschaft, Gewissenhaftigkeit sowie ganzheitliches Denken vorausgesetzt.
- Bei der Durchführung der Aktion **„Ersatzteile"** wird ein grundlegendes Fachwissen über den Umgang mit Komponenten vorausgesetzt, speziell was die Lagerung und den Transport angeht. Damit Ersatzteile fristgerecht bereitgestellt werden können, werden eine gewisse Zuverlässigkeit sowie ganzheitliches Denken im Hinblick auf die Bedarfsplanung vorausgesetzt. Besonders wichtig sind die Dialogfähigkeit/Kundenorientierung und Problemlösefähigkeit bei der Abstimmung mit internen Beschäftigten, sprich dem Außendienstpersonal.
- Die Aktion **„Reparatur"** erfordert den höchsten Grad an Kompetenzen. Hier werden sowohl ein ausgeprägtes Fachwissen während der Reparatur vorausgesetzt als auch Dialogfähigkeit und Problemlösefähigkeit bei Kundenkonflikten. Letztlich ist das Außendienstpersonal im ständigen Kundenkontakt. Dies ermöglicht es dem Außendienstpersonal auch, die Kunden/-innen ausgiebig über Maschinen und Fertigungsprozesse zu beraten. Hierzu wird neben Fachwissen auch ein ausgeprägtes ganzheitliches Denken benötigt. Da das technische Servicepersonal die Reparatur oft alleine vor Ort durchführt, werden auch Eigenverantwortung, Gewissenhaftigkeit und Zuverlässigkeit erwartet. Die hohe Reisebelastung erfordert zudem ein ausgeprägtes Selbstmanagement sowie eine hohe Einsatzbereitschaft. Abschließend benötigt er ein hohes Maß an Lernbereitschaft, wenn beispielsweise neue Maschinen auf den Markt kommen.
- Die Aktion **„Abschluss"** beinhaltet lediglich die korrekte, fehlerfreie Abrechnung der Dienstleistung. Hier wird eine grundlegende Zuverlässigkeit erwartet.

Die Werkzeugmaschinen GmbH möchte nun zusätzlich zu den Kompetenzanforderungen die anfallenden demografischen Anforderungen analysieren.

In Schritt 5 werden die **demografischen Anforderungen** der jeweiligen industriellen Dienstleistung in Hinblick auf die Lebensphase der Beschäftigten **identifiziert**. Diese werden unterhalb der Kompetenzebenen als eigenständige Zeile eingefügt. Demografische Anforderungen, die an unterschiedliche Lebensphasen gestellt werden, werden in die jeweiligen Load-Boxen beschrieben. Im Rahmen der Fernwartung ist dies insbesondere

Competence Screening – Instrument zur kompetenzbasierten und ...

der Umgang mit der Fernwartungstechnologie. Im Rahmen des Außendiensteinsatzes sind dies insbesondere das hohe Reiseaufkommen sowie die schwere körperliche Arbeit während der Reparatur. Schritt 5 komplettiert damit die Entwicklung eines lebensphasenorientierten Competence Screen. Die ◘ Abb. 8.5 zeigt die Analyse der demografischen Anforderungen am Beispiel der „Störung" und damit einen fertiggestellten Competence Screen.

Die Werkzeugmaschinen GmbH kann den entwickelten Competence Screen als grundlegendes Werkzeug für das Kompetenzmanagement verwenden. Einerseits ermöglicht der Competence Screen, Stellenprofile adäquat auszuschreiben. Gleichzeitig kann er als Grundlage verwendet werden, um sowohl das vorhandene Personal kompetenz- und lebensphasenbasiert einzusetzen als auch Fortbildungsbedarfe bei vorhandenen Servicebeschäftigten zu identifizieren. In Hinblick auf Personal in hohem Alter kann der Competence Screen genutzt werden, bestehende Prozesse altersgerecht und damit lebensphasenorientiert zu gestalten. Wie dieses Beispiel verdeutlicht, bildet das Competence Screening die Grundlage für ein rollen- und demografieorientiertes Kompetenzmanagement unter der Berücksichtigung lebensphasenorientierter Anforderungen.

	1. Telefonat	2. TeleLösung	3. Ersatzteile	4. Reparatur	5. Abschluss
Zuverlässigkeit			Grundlegend: Ersatzteile bereitstellen und fristgerecht liefern	Ausgeprägt: Löst Aufgaben korrekt in vorgegebener Zeit	Grundlegend: Korrekte Abrechnung
Lernbereitschaft		Ausgeprägt: Bereitschaft neue Maschinen zu studieren		Ausgeprägt: Bereitschaft neue Maschinen zu studieren	
Dialogfähigkeit/ Kundenorientierung	Ausgeprägt: Adäquate Annahme des Kundenanrufs per Telefon	Ausgeprägt: Zielführende Fragen zum Verständnis über das Problem	Grundlegend: Gute Kommunikation mit internen Kunden	Ausgeprägt: Beratung des Kunden zur langfristigen Verbesserung	
Problemlösefähigkeit		Ausgeprägt: Finden von Lösungen bei Komplexen Problemen	Grundlegend: Solider Umgang bei Konflikten mit internen Kunden	Ausgeprägt: Finden von Lösungen bei komplexen Problemen und kritischen Kundensituationen	
Eigenverantwortung		Grundlegend: Trifft eigenständig Entscheidungen und verantwortet Konsequenz vor Kunden		Grundlegend: Trifft eigenständig Entscheidungen und verantwortet Konsequenz vor Kunden	
Einsatzbereitschaft		Grundlegend: Intrinsische Motivation, Kunden zu helfen		Ausgeprägt: Kurzfristige Bereitschaft auch bei internationalen Aufträgen	
Gewissenhaftigkeit		Grundlegend: Gewissenhaft auch bei komplexen Problemen		Ausgeprägt: Führt Aufgaben nach bestem Wissen aus	
Fachwissen	Grundlegend: Korrekte Einordnung des Problems	Ausgeprägt: Fachwissen über Maschine bei Fernwartung	Grundlegend: Verständnis über Umgang mit Komponenten	Ausgeprägt: Fachwissen über Maschine, Reparatur, Tätigkeitsbericht	
Ganzheitliches Denken		Grundlegend: Erkennen von Optimierungspotenzialen	Grundlegend: Langfristige Berücksichtigung von Bedarf	Ausgeprägt: Erkennen von Optimierungspotenzialen	
Selbstmanagement				Ausgeprägt: Adäquate Planung und Durchführung von Kundenaufträgen	
Demografische Anforderungen		Verständnis über Fernwartungsprogramm (PC)		Reisen, körperliche Belastung durch schwere Reparaturen	

◘ **Abb. 8.5** Competence Screen am Beispiel der „Störung"

Fazit
In diesem Beitrag wurde das Competence Screening als innovative Methode für ein rollen- und demografieorientiertes Kompetenzmanagement vorgestellt. Ein Competence Screen ist eine Darstellung der Kompetenzen, die zur Durchführung einer industriellen Dienstleistung benötigt werden. Dies ist notwendig, um das Kompetenzmanagement in Dienstleistungsbereichen zu optimieren und dabei Ineffizienzen und Schwachstellen aufzudecken. Die Methode kann einerseits bei der Entwicklung neuer industrieller Dienstleistungen, andererseits zur Bewertung bestehender industrieller Dienstleistungen in Bezug auf ihren Kompetenzbedarf und ihre Eignung für Personal in unterschiedlichen Lebensphasen verwendet werden.

Das Competence Screening besitzt Implikationen für die Theorie und Praxis. Die Methode basiert auf der Service-Dominanten-Logik, in der Ressourcen und Kompetenzen als Haupttreiber für den Erfolg industrieller Dienstleistungen angesehen werden. Die Methode ermöglicht eine Allokation von Ressourcen, um eine effiziente und qualitativ hochwertige Erbringung industrieller Dienstleistungen zu gewährleisten. Das Competence Screening erweitert die bestehende Literatur zu den Themen Dienstleistungs- und Kompetenzmanagement.

Das Competence Screening liefert einen Beitrag zu bestehenden Managementmethoden, insbesondere zur Prozessanalyse. Durch die Einführung rollen- und demografiespezifischer Aspekte füllt es eine Lücke, welche durch bestehende Konzepte wie das Service-Blueprinting nicht abgedeckt wurde. Es liefert zudem einen Beitrag zur bestehenden Literatur rund um das Thema Service Design. Durch die Verwendung dieser Methode können im Designprozess Kompetenzbedarfe und verfügbare Ressourcen besser berücksichtigt werden.

Für die Praxis, insbesondere für Unternehmen des Maschinen- und Anlagenbaus, eröffnet die vorgestellte Methode eine Möglichkeit, Personalmaßnahmen effizient und effektiv zu planen und damit zugleich eine effiziente und qualitativ hochwertige Erbringung industrieller Dienstleistungen zu gewährleisten. Die Methode zielt insbesondere auf Probleme im Zusammenhang mit komplexen industriellen Dienstleistung und dem verbundenen Kompetenzmanagement sowie dem demografischen Wandel ab.

Mithilfe des Competence Screening können Unternehmen des Maschinen- und Anlagenbaus Kompetenzbedarfe und die entsprechende Personalzuordnung strukturierter planen. Beschäftigte können den Aufgaben und Prozessen, die ihren Kompetenzen und jeweiligen Lebensphasen entsprechen, besser zugeteilt werden. Entsprechend können Weiterbildungsbedarfe und andere Personalmaßnahmen identifiziert werden. Zusätzlich befähigt das strukturierte Herangehen an den bestehenden Kompetenzbedarf Unternehmen dazu, Stellenprofile genauer auszuschreiben. Das Competence Screening ermöglicht demnach ein effizientes und effektives Kompetenzmanagement in industriellen Dienstleistungsbereichen unter Berücksichtigung rollen- und demografiespezifischer Aspekte in unterschiedlichen Lebensphasen.

Literatur

Fließ, S. (2001). *Die Steuerung von Kundenintegrationsprozessen – Effizienz in Dienstleistungsunternehmen*. Wiesbaden: Deutscher Universitätsverlag.

Fließ, S., & Kleinaltenkamp, M. (2004). Blueprinting the service company – Managing service processes efficiently. *Journal of Business Research* 57, 392–404.

Gröne, T., Bayer, M., Clemenz, J., Eberhardt, A., & Ostermaier, M. (2004). *Effizientes Kompetenzmanagement in Unternehmen – Ergebnisse einer Studie des Institutes für Europäische Wirtschaftsstudien IEWS Reutlingen inklusive Konzeption einer operativen Gestaltungsempfehlung. Schriftenreihe des ESB Research Institute* (Bd. 27). Stuttgart: Ibidem.

Hartmann, H. (2016). Kompetenzmanagement – Strategische Ausgangsbasis von Personalentwicklungsmaßnahmen. In D. Hellenkamp, & K. Fürderer (Hrsg.), *Handbuch Bankvertrieb – Theorie und Praxis im Zukunftsdialog* (S. 343–366). Wiesbaden: Springer Fachmedien.

Heyse, V. (2007). *Kompetenzmanagement*. Stuttgart: Waxmann.

Heyse, V., Erpenbeck, J. (2009) *Kompetenztraining, 64 Modulare Informations- und Trainingsprogramme* (2. Aufl.). Stuttgart: Schäffer-Poeschel.

Horváth, P., Seiter, M., & Gille, C. (2010). Das Stufenkonzept zum Lösungsanbieter – Ergebnisse einer empirischen Studie. In Horváth, P. (Hrsg.), *Vom Produkt- zum Lösungsanbieter – Erfolgreiche Konzepte und Praxisbeispiele der Entwicklungsschrittfolge* (S. 125–141). Bonn: Lemmens.

Kingman-Brundage, J. (1989). The ABC's of service system blueprinting. In M. J. Bitner, & L. A. Crosby (Eds.), *Designing a winning service strategy* (pp. 30–33). Chicago: American Marketing Association.

Kleinaltenkamp, M. (1999). Service-Blueprint – Nicht ohne einen Kunden. *Technischer Vertrieb*, 33–39.

Krickl, O. (2006). Kompetenzmanagement als Erfolgsfaktor für das Geschäftsprozessmanagement. In R. J. Zaugg (Hrsg.), *Handbuch Kompetenzmanagement – Durch Kompetenz nachhaltig Werte schaffen* (S. 147–154). Bern: Haupt-Verlag.

Lusch, R. F., & Vargo, S. L. (2012). Gaining competitive advantage with service-dominant logic. In G. L. Lilien, & R. Grewal (Eds.), *Handbook on business to business marketing* (pp. 109–124). Cheltenham: Edward Elgar Publishing.

Lusch, R. F., & Vargo, S. L. (2014). *Service-dominant logic: premises, perspectives, possibilities*. Cambridge: Cambridge University Press.

Meier, H., Morlock, F., & Lagemann, H. (2013). Service-Wertstromdesign – Integrativer Ansatz zur verschwendungsfreien Organisation der industriellen Dienstleistungserbringung. *wt Werkstattstechnik online* 103(7/8), 549–553.

Moog, T. (2009). *Strategisches Ressourcen-und Kompetenzmanagement industrieller Dienstleistungsunternehmen – Ein theoretischer und praktischer Erklärungsansatz*. Wiesbaden: Gabler.

North, K., Reinhardt, K., & Sieber-Suter, B. (2012). *Kompetenzmanagement in der Praxis: Mitarbeiterkompetenzen systematisch identifizieren, nutzen und entwickeln* (2. Aufl.). Wiesbaden: Springer Gabler.

Rost, M. (2014). *Kompetenzmanagement und Dynamic Capabilities: Eine empirische Fallstudie bei einem Unternehmen aus der Automobilzulieferindustrie*. Lohmar: Josef Eul.

Rusch, M. (2015). Service Blueprinting. *Controlling – Zeitschrift für erfolgsorientierte Unternehmensteuerung* 27(1), 60–61.

Rusch, M., & David, U. (2015). Competence screening: Introducing a concept for competence management in service divisions. In: *Proceedings of the 25th Annual RESER Conference*, September 10–12, 2015, Copenhagen, Denmark.

Rusch, M., & Pütter, J. M. (2017). Demografiefestes Kompetenzmanagement im technischen Service. *Personalwirtschaft* 8, 76–79.

Seiter, M. (2016). *Industrielle Dienstleistungen: Wie produzierende Unternehmen ihr Dienstleistungsgeschäft aufbauen und steuern* (2. Aufl.). Wiesbaden: Springer Gabler.

Shostack, G. L. (1982). How to design a service. *European Journal of Marketing* 16(1), 49–63.

Shostack, G. L. (1984). Designing Services that Deliver. *Harvard Business Review* 62, 133–139.

Thomin, P. (2011). Zukunftsträchtige investitionsgüternahe Dienstleistungen am Beispiel des Maschinen- und Anlagenbaus. In K. J. Zink, & J. Weingarten (Hrsg.), *Produktbegleitende Dienstleistungen – Erfolgschance auf globalisierten Märkten* (S. 45–55). Bad Kreuznach: Hilden.

Verband Deutscher Maschinen- und Anlagenbau e.V. (VDMA), McKinsey & Co. (McKinsey) (2014). *Zukunftsperspektive deutscher Maschinenbau – Erfolgreich in einem dynamischen Umfeld agieren*. Frankfurt am Main, Berlin: VDMA, McKinsey & Co.

Werkle, M., Hein, A., & Herrmann, K. (2015). Herausforderung Demografie – Erkenntnisse aus dem Forschungsprojekt EPO-KAD. St. Ingbert. https://www.festo-lernzentrum.de/company/docs/ForschungsprojektE.pdf. Zugegriffen: 22. September 2017.

Durchlässigkeitsmodelle für lebenslange Kompetenzentwicklung in den Pflegewissenschaften

Wolfgang Müskens, Manuel Karczmarzyk und Olaf Zawacki-Richter

9.1 Herausforderungen in der Pflegeausbildung – 150

9.2 Den Wandel gestalten: Aufbau berufsbegleitender Studiengänge in den Pflege- und Gesundheitswissenschaften (PuG) – 153

9.3 Kompetenzentwicklung in hybriden Bildungsangeboten – 155

9.4 Durchlässigkeitsmodelle für den Pflegebereich – 156

Literatur – 159

© Springer-Verlag GmbH Deutschland 2018
J. Hasebrook et al. (Hrsg.), *Lebensphasen und Kompetenzmanagement*, Kompetenzmanagement in Organisationen, https://doi.org/10.1007/978-3-662-55158-5_9

Zusammenfassung

Die Möglichkeit einer zumindest teilweisen Akademisierung der Pflegeausbildung in Deutschland wird seit einigen Jahren als eine mögliche Antwort auf die wachsenden Herausforderungen im Pflegebereich diskutiert. So forderte der Wissenschaftsrat im Jahr 2012 eine Steigerung des Anteils der Pflegenden mit Hochschulabschluss auf 10–20 %. Bei der kontroversen Frage der Akademisierung von Pflegekräften wird jedoch häufig lediglich auf die Möglichkeit eines Ersetzens beruflich qualifizierter durch (ausschließlich) hochschulisch qualifizierte Pflegekräfte fokussiert. Dementsprechend sieht das als Kabinettsentwurf vorliegende reformierte Pflegeberufsgesetz eine primärqualifizierende hochschulische Pflegeausbildung vor, die in alleiniger Verantwortung von den Hochschulen getragen wird und sich ausschließlich an Abiturientinnen und Abiturienten wendet. Als Alternative zu einer solchen ersetzenden Akademisierung werden in diesem Beitrag hybride Bildungsgänge vorgeschlagen, die die berufliche Pflegeaus- und -fortbildung mit Hochschulstudiengängen verzahnen. Hybride Studienangebote kombinieren die Stärken beruflicher und akademischer Bildung und erlauben durch flexible Zugangs- und Abschlussmöglichkeiten eine bessere Anpassung an individuelle Bildungsbiografien.

Im Rahmen des Projektes „Aufbau berufsbegleitender Studiengänge in Pflege- und Gesundheitswissenschaften (PuG)" wurde an der Carl von Ossietzky Universität Oldenburg ein hybrides Studiengangmodell für den Pflegebereich entwickelt, das die Anrechnungs- und Zugangsbeschlüsse der Kultusministerkonferenz seit 2002 umfassend nutzt, um eine weitreichende Durchlässigkeit zwischen beruflicher und hochschulischer Bildung im Pflegebereich zu realisieren.

9.1 Herausforderungen in der Pflegeausbildung

Vor der Betrachtung der Durchlässigkeitsmodelle in den Pflegewissenschaften steht der Blick auf die aktuelle Lage der Akademisierung der Pflegenden im Gesundheitswesen. Zudem gilt es, auch den Mehrwert eines Hochschulstudiums gegenüber der traditionellen Ausbildung zu betrachten, damit Akademisierung eben nicht eine „Weg-vom-Bett"-Qualifizierung mit hohen theoretischen, aber kaum praktischen Erfahrungen und Handlungskompetenzen bedeutet. Einen Einblick in den aktuellen Stand der kontroversen Debatte geben dazu unterschiedliche Perspektiven aus bildungspolitischer, wirtschaftlicher, inhaltlicher, finanzieller, struktureller und professionspolitischer Sicht.

Vor 20 Jahren wurde bildungspolitisch von den Universitäten in Deutschland in der Denkschrift „Pflege braucht Eliten" die Forderung nach einer universitären Verankerung der Pflegewissenschaft und Pflegeforschung erhoben (Robert Bosch Stiftung, 1992). So entwickelten sich bereits seit Mitte der 1980er-Jahre vereinzelt erste Diplomstudiengänge im Bereich der Pflege an deutschen Hochschulen. Im Jahr 1999 gab es dann eine konkrete Chance für die Pflege und deren Ausbildung durch den sogenannten „Bologna-Prozess". Er beförderte die Errichtung des europäischen Hochschulraumes mit dem zentralen Element der flächendeckenden Einführung von Bachelor- und Masterstudiengängen (BMBF, 1999) und die berufsbefähigende Gestaltung von Bachelorstudiengängen. In Kombination mit der Reform des Krankenpflegegesetzes 2004 (Einführung der Modellklausel) führte dies zum Aufbau und zur Akkreditierung von über 70 Pflegestudiengängen. Die Modellklausel ermöglicht es den Hochschulen, erstmals die Trägerschaft für die Ausbildung mit staatlich anerkanntem Berufsabschluss allein zu übernehmen (Billig, 2011, S. 31). Da Hochschulen bisher nicht die Berechtigung haben, die Berufsbezeichnung „Gesundheits-

und Krankenpfleger/-in" zu verleihen, setzen alle Nicht-Modellstudiengänge eine mit Erfolg abgeschlossene dreijährige fachschulische Krankenpflegeausbildung mit staatlichem Abschluss voraus. Im Fall der Modellstudiengänge müssen die Regelungen des Krankenpflegegesetzes (KrPflG), einschließlich der Ausbildungs- und Prüfungsverordnung (KrPflAPrV), bzw. das Altenpflegegesetz (AltPflG) mit der entsprechenden Ausbildungs- und Prüfungsverordnung (AltPflAPrV) berücksichtigt werden. Das Studiencurriculum beinhaltet somit angeleiteten theoretischen und fachpraktischen Unterricht – klinisch/stationär und ambulant, sodass die Hochschulen teilweise aufgrund ihrer personellen und sachlichen Ausstattung an Belastungsgrenzen kommen.

2012 gab dann der Wissenschaftsrat seine Empfehlungen zur Akademisierung der Gesundheitsberufe heraus, denen zufolge die Anzahl der Pflegenden mit Hochschulabschluss auf einen Anteil von 10–20 % der Absolventen/-innen von grundständigen Pflegestudiengängen, die unmittelbar die Versorgung von Patienten/-innen sowie Bewohnern/-innen übernehmen, ansteigen sollte (Wissenschaftsrat, 2012). Die Empfehlung schloss den Anteil an Beschäftigten im Pflegemanagement oder in der Pflegepädagogik aus (Reuschenbach, 2012, S. 16). Im März 2012 wurde die Diskussion über die akademische Ausgestaltung der Pflegeausbildung durch das Eckpunktepapier zur Vorbereitung eines neuen Pflegeberufegesetzes durch die Bund-Länder-Arbeitsgruppe „Weiterentwicklung der Pflegeberufe" (BLA, 2012) daraufhin neu ausgerichtet: Die politischen Akteure/-innen auf Bundes- und Landesebene legten eine von allen getragene Willensbekundung vor, die neben der generalisierten Pflegeausbildung eine akademische Erstausbildung in der Pflege etabliert (Recken, 2013, S. 1). Die Gewerkschaft Verdi (2013) indes befürchtet, dass die Verlagerung eines Teils der Pflegeausbildung an die Hochschulen eine Dequalifizierung in der Breite nach sich zieht und zu einer Spaltung in Pflegende erster und zweiter Klasse führt.

Demgegenüber machen es der demografische Wandel und die damit verbundene Alterung der Belegschaften, eine quantitative und qualitative Veränderung der Versorgungsbedarfe sowie steigende Wettbewerbsanforderungen in der praktischen Pflegearbeit schon heute in nahezu allen Feldern des Gesundheitswesens schwer bis unmöglich, die notwendige Zahl qualifizierter Mitarbeitender vorzuhalten. Unterstrichen wird dies durch Zahlen des Statistischen Bundesamtes, nach denen im Jahr 2025 rund 152.000 Beschäftigte in Krankenhäusern, ambulanten Diensten sowie teil- und vollstationären Pflegeeinrichtungen fehlen werden (Afentakis u. Maier, 2010). Diese existente Situation führte zu einer Diskussion, dass dem Fachkräftemangel und der zukünftigen massiven Nachfrage nach Pflegeleistungen entweder durch eine Akademisierung der Pflegeausbildung oder durch Laienpflegende zu befriedigen sei, auch wenn Letzteres eher unrealistisch scheint (DBfK, 2012, S. 2).

Einig sind sich die Experten vor allem darüber, dass auf die Fachkräfte neue zusätzliche Aufgaben zukommen werden: Anlernen und Delegieren, Beraten und Supervidieren, Kontrollieren und Dokumentieren werden zunehmend das Rollenmodell der Pflegekraft prägen und erweiterte Qualifikationen sowie Kompetenzen voraussetzen. Pflegefachkräfte werden vermehrt zugleich auch Führungskräfte mit Personalverantwortung sein. Dynamische fachliche Entwicklungen in der Medizin und Pflege machen es darüber hinaus notwendig, selbstständig immer wieder Neues zu lernen, eigenständig zu recherchieren und Weiterentwicklungen kritisch überprüfen zu können – Kompetenzen, die insbesondere in einem wissenschaftlichen Studium erworben werden. Insgesamt lassen sich durch die Akademisierung und durch die konsequente Konzeption der Studiengänge für nichttraditionelle Studierende neue Zielgruppen (vgl. Stöter et al., 2014) erreichen.

Eine solche Verwissenschaftlichung könnte hingegen das akute Problem der zu geringen Anzahl an Nachwuchs- und Fachkräften durch Abwanderung und Qualifizierung

„weg vom Bett" zusätzlich verschärfen. Wer ein Pflegestudium abschließe, strebe eine Beratungs-, Entwicklungs- oder Leitungsaufgabe an und habe nur eine geringe Affinität zu einer Tätigkeit in der direkten Pflege (Bollinger et al., 2006, S. 86). Zudem wird oftmals das zu geringe akademische Qualifikationsniveau für ein Studium der Pflegenden (Forschung & Lehre, 2012) bemängelt. Die Evangelische Heimstiftung (2012) argumentiert in dem Zuge, die knappe zur Verfügung stehende Zeit nicht mit der Aufwertung von bestehenden Berufsbildern zu verschwenden, sondern für die Suche nach neuen Zielgruppen zu nutzen, z. B. Hauptschüler/-innen, Quer- und Wiedereinsteiger/-innen, Menschen aus „bildungsfernen Schichten" oder aus osteuropäischen Ländern. Erheblich gegen die Akademisierung spricht auch der Anreiz am Arbeitsmarkt. Bisher lässt sich kein signifikanter Anstieg an Stellenangeboten für Hochschulabsolventen/-innen im Gesundheitsbereich identifizieren.

Die inhaltlichen Anforderungen an den Pflegeberuf werden vielfältiger und komplexer (Verdi, 2013; Wissenschaftsrat, 2012). Hierzu zählen die Übernahme bisher ärztlicher Tätigkeiten, die Organisation und Steuerung sektorenübergreifender und interdisziplinärer Versorgung, die Bedienung komplexer und komplizierter Apparate und die Reflexion und flexible Anpassung des pflegerischen Handelns aufgrund wissenschaftlicher Erkenntnisse (Wissenschaftsrat, 2012, S. 78). Die quantitative Ausweitung wie auch die qualitative Veränderung der Bedarfe in Gesundheit und Pflege erfordern eine sektoren-, setting- und berufsgruppenübergreifende Versorgung. Dafür bedarf es einer interdisziplinären, hierarchiefreien Zusammenarbeit aller Gesundheitsberufe, wie sie seit vielen Jahren als Voraussetzung einer umfassenden qualitativ hochwertigen Versorgung betrachtet wird (vgl. SVR, 2007, 2009, 2012; Wissenschaftsrat, 2012). Die BLA (2012, S. 3) nennt deshalb als zentrales Ziel der akademischen Ausbildung die Verbesserung des beruflichen Handelns und der gesundheitlichen und pflegerischen Versorgung von Menschen aller Altersgruppen. Der Hochschulverbund Gesundheitsfachberufe (HVG) fordert daher, dass eine moderne und qualitativ hochwertige Pflege eine wissenschaftliche Fundierung und Qualifizierung benötige; die bisherige berufsfachschulische Ausbildung reiche nicht aus, um die dafür erforderlichen Kompetenzen zu entwickeln und entsprechende Versorgungsleistungen zu erbringen (HVG, 2013, S. 1). Auch die Vielzahl internationaler Studien zeigt den positiven Einfluss durch das Handeln von Pflegeakademikern/-innen auf das „Patienten-Outcome" (Teigeler, 2010, S. 1023). Andererseits werden dafür keine akademischen Abschlüsse benötigt, sondern praxisnahe Weiterbildungen. Dies lässt sich durch die hohe Fortbildungsbereitschaft der Zielgruppe abdecken (Billig, 2011, S. 31).

Prekäre Arbeitsverhältnisse und geringe Vergütung im Bereich der Pflege führen zu dem Schluss, dass die Kosten für ein Studium nicht finanzierbar und auch nicht durch vermutlich höhere Vergütungen nach Abschluss refinanzierbar seien. Erste Absolventinnen und Absolventen treffen auf dem Arbeitsmarkt auf eine Praxis, in der wenig konkrete Vorstellungen über ihre Einsatzmöglichkeiten geäußert werden, sodass dementsprechend oft keine Vergütungsgruppe für Pflegekräfte existiert (Flaiz et al., 2014). Allerdings könnten mit zunehmender Höherqualifizierung auch das Selbstbewusstsein und der Mut wachsen, eine höhere Bezahlung einzufordern (Verdi, 2013). Gleichzeitig bedeutet eine akademische Qualifizierung einen finanziellen Mehraufwand an öffentlichen Mitteln, die für das Sozial- und Gesundheitssystem nicht finanzierbar sei (vgl. Pinsdorf, 2013, S. 12). Eine Ausbildung im Pflegebereich gilt als ein beruflicher Weg ohne größere Karrierechancen. Damit ist der Pflegeberuf für aufstiegsorientierte junge Menschen kaum interessant. Insbesondere aus diesem Grund sind Männer im Pflegebereich unterrepräsentiert. Eine Akademisierung der Pflege könnte ein höheres Sozialprestige und eine Attraktivitätsstei-

Durchlässigkeitsmodelle für lebenslange Kompetenzentwicklung in den ...

gerung des Berufes durch erweiterte Karrierechancen und Aufstiegsmöglichkeiten nach sich ziehen (Thielhorn, 2011; Verdi, 2013). So könnte es erleichtert werden, mehr Männer für den Beruf zu gewinnen (Reuschenbach, 2012, S. 16).

Seit Januar 2016 liegt nunmehr ein Kabinettsentwurf zur Reform des Pflegeberufegesetzes vor (BMG, 2016). Dieser umreißt ein „primärqualifizierendes Hochschulstudium", das in alleiniger Verantwortung der Hochschulen angeboten werden und „zur unmittelbaren Tätigkeit an zu pflegenden Menschen aller Altersstufen" befähigen soll. Anders als bereits bestehende Bachelorstudiengänge im Bereich der Pflege baut das geplante Studium weder auf der beruflichen Pflegeausbildung auf noch wird diese in das Studium integriert (duales Modell). Stattdessen wendet sich das primärqualifizierende Studium unmittelbar an Abiturienten/-innen und ersetzt für diese Zielgruppe die berufliche Pflegeausbildung.

9.2 Den Wandel gestalten: Aufbau berufsbegleitender Studiengänge in den Pflege- und Gesundheitswissenschaften (PuG)

Ungeachtet der Ausgangslage und kontroversen Debatte um die Akademisierung in den Pflege- und Gesundheitswissenschaften hat diese längst begonnen und scheint auch irreversibel zu sein. Mittlerweile gibt es mehr als 145 sehr unterschiedlich konzipierte Studiengänge im Pflegebereich in Deutschland, die sich teilweise inhaltlich trotz verschiedener Namen überschneiden. Bund und Länder haben zudem im Jahr 2008 die Qualifizierungsinitiative „Aufstieg durch Bildung" gestartet – mit dem Ziel, die Bildungschancen aller Bürgerinnen und Bürger zu steigern. Aus dem Grund wurde das Teilvorhaben „Offene Hochschule" in die Initiative integriert, und es wurden zwei Wettbewerbsrunden ausgeschrieben.

Insgesamt 96 deutsche Hochschulen sind dabei ausgewählt worden, innovative, nachfrageorientierte und nachhaltige Konzepte akademischer und beruflicher Bildung zu entwickeln, anzubieten und zu evaluieren (BMBF, 2016), um die Durchlässigkeit zwischen verschiedenen Bildungswegen zu erhöhen, Zugangsbarrieren zur wissenschaftlichen Bildung abzubauen und beruflich Qualifizierten akademische Bildungswege zu ermöglichen. Weitere Ziele bestehen darin, Konzepte für berufsbegleitendes Studieren und lebenslanges, wissenschaftliches Lernen besonders für Berufstätige, Personen mit Familienpflichten und Berufsrückkehrer/-innen zu fördern. Außerdem soll eine engere Verzahnung von beruflicher und akademischer Bildung erreicht und neues Wissen schnell in die Praxis integriert werden (BMBF, 2016). Dabei sollen zur Öffnung der Hochschulen und einem lebensbegleitenden Lernen u. a. Hochschulzugangsbarrieren abgebaut, Wege der Anerkennung und Anrechnung nicht-formaler und informeller Kompetenzen gefunden, Einstiegshilfen zum wissenschaftlichen Arbeiten angeboten, internetgestützte Lernkonzepte umgesetzt und außerhochschulische Lernorte etabliert werden.

Innerhalb dieses Wettbewerbs wird auch das Verbundvorhaben „Aufbau berufsbegleitender Studiengänge in Pflege- und Gesundheitswissenschaften (PuG)" unter Leitung der Carl von Ossietzky Universität Oldenburg seit 2014 in der zweiten Wettbewerbsrunde gefördert.

Das übergeordnete Ziel auf gesellschaftlicher Ebene besteht darin, dem sich abzeichnenden Fachkräftemangel in diesem Bereich entgegenzuwirken sowie die Versorgungsqualität der Patienten/-innen und Klienten/-innen zu erhöhen. Mit den kooperierenden Hochschulen Universität Oldenburg, Jade Hochschule Oldenburg, Hochschule für

Gesundheit Bochum und Ostfalia Hochschule für angewandte Wissenschaften Wolfsburg intendiert der Verbund, durch die Entwicklung und Umsetzung nachfrageorientierter bedarfsgerechter Studienformate zu einer hochwertigen Qualität und Kontinuität in der bundesdeutschen Gesundheitsversorgung beizutragen. Im Verbund werden zwei Bachelor- und fünf Masterstudiengänge als internetgestützte und berufsbegleitende (Weiterbildungs-)Studiengänge mit Selbst-, Online- und Präsenzphasen konzipiert, erprobt, (weiter-) entwickelt und nachhaltig implementiert. Dabei wird an den Erfahrungen sowie Vernetzungen im Bereich der Pflege- und Gesundheitswissenschaften der projektbeteiligten Hochschulen sowie an den Expertisen des Centers für lebenslanges Lernen (C3L) der Universität Oldenburg als einer der größten Weiterbildungseinrichtungen an deutschen Universitäten im Bereich weiterbildender und berufsbegleitender Studienangebote angeknüpft.

Für alle Angebote sollen gemeinsame, im Rahmen des Projektes zu konkretisierende, hochwertige **Standards** gelten:
a. Effiziente und effektive, an den Bedarfen der Zielgruppen ausgerichtete erwachsenengemäße Instruktionsdesigns mit Selbstlern-, Online- und Präsenzphasen sowie einer hohen vertikalen und horizontalen Durchlässigkeit unter Anrechnung von Kompetenzen
b. Didaktisch-methodisch auf erwachsene Lernende zugeschnittene Lernarrangements unter Nutzung internetgestützter Lerntechnologien sowie nach didaktischen Gesichtspunkten aufbereiteter Studien- und Lernmaterialien
c. Kundenorientierte Management- und Supportstrukturen, deren Standards in einem gemeinsamen Qualitätsmanagementsystem umzusetzen sind

Alle genannten Standards liegen im Verbund in der Verantwortung von Expertinnen und Experten in den drei Querschnittsbereichen „Instruktionsdesign und Bildungstechnologien", „Qualitätsmanagement und Zielgruppenorientierung" sowie „Kompetenzanrechnung und Durchlässigkeit".

Erste Ergebnisse von Zielgruppen-, Bedarfs- und Marktanalysen zeigen dabei, dass viele Studieninteressierte keineswegs eine Tätigkeit „weg vom Bett" anstreben oder Leitungs- und Koordinationsaufgaben übernehmen möchten, sondern an einer intensiveren, besseren und wissenschaftlich abgesicherten Patientenbetreuung interessiert sind und damit an einer evidenzbasierten Pflege.

Unsicherheit bereitet allerdings, dass für die betroffenen Studierenden sowie für die Gesundheitsanbieter/-innen auf absehbare Zeit unklar sein wird, auf welchen Stellen, mit welchen Befugnissen und zu welchen Bedingungen gearbeitet werden wird (Bräutigam et al., 2013, S. 8). Ein Schritt in Richtung Akademisierung aufseiten der Kliniken ist jedoch, dass vermehrt auf das Konzept der „Primary Nurse" (als fallverantwortliche Pflegekraft) gesetzt wird oder speziell akademisch ausgebildete Fachkräfte als Pflegeexpertinnen und -experten gesucht werden. Verstärkt könnte dieser Trend werden, wenn Pflegekräfte aufgrund des Ärztemangels zusätzliche Aufgaben übernehmen müssen. Das begründet auch aufseiten der Kliniken den Wunsch nach Ausbildung von Expertinnen und Experten in der Pflege auf Masterniveau. Ein weiterer Wunsch ist zudem, dass Pflegekräfte mit Hochschulabschluss auch eine Anerkennung der Fachquoten der Kostenträger erhalten. Das bedeutet eine Gleichstellung von akademischer Aus- und Weiterbildung und anerkannten Fachweiterbildungen.

In dieser Gesamtlage der Pflegeaus- und -weiterbildung kommt den Übergängen zwischen beruflicher und hochschulischer Bildung, vom Bachelor zum Master sowie zur Promotion, eine besondere Aufmerksamkeit zu, um die Durchlässigkeit des Ausbildungssystems zu gewährleisten, Studierbarkeit von neuen Studiengängen zu erhöhen, in diesem Sinne Anreize zu schaffen und Berufsperspektiven zu eröffnen. Aus dem Grund beschäftigt sich der Querschnittsbereich „Kompetenzanrechnung und Durchlässigkeit" im Projekt „PuG" mit der Verbesserung der Durchlässigkeit zwischen beruflicher und hochschulischer Bildung basierend auf qualitätsgesicherter Anrechnung.

9.3 Kompetenzentwicklung in hybriden Bildungsangeboten

Ein wesentliches Ergebnis der seit den 1990er-Jahren in Deutschland geführten Kompetenzdebatte (Erpenbeck u. Heyse, 1999; Klieme et al., 2008; Staudt u. Kriegesmann, 2002; Weinert, 2001) ist ein von vielen Autorinnen und Autoren geteiltes Verständnis von Kompetenz als komplexe Handlungsdisposition, die sich auf eine Vielzahl intraindividueller Ressourcen (wie Kenntnisse, Fertigkeiten, Fähigkeiten, Motive und Einstellungen) stützen kann. Performanz (insbesondere in neuartigen und komplexen Anforderungssituationen) wird nach dieser Vorstellung nicht lediglich durch eine Anwendung von Kenntnissen oder Fertigkeiten determiniert, sondern durch eine aktive Integration der vorhandenen Ressourcen, durch eine (Mit-)Gestaltung der Anforderung selbst sowie durch eine mögliche Erweiterung eigener (kognitiver) Ressourcen während der Anforderungsbewältigung (vgl. Müskens u. Lübben, 2015). Erpenbeck und Heyse (1999) bezeichnen solche Kompetenzen, die sich in vielfältiger Weise grundlegend von klassischen Fertigkeiten und Leistungsdispositionen unterscheiden als „Selbstorganisationsdispositionen".

Die berufliche Bildung und die Hochschulbildung in Deutschland unterscheiden sich grundsätzlich hinsichtlich ihrer Ausrichtung, d. h. hinsichtlich der jeweils vermittelten Kenntnisse, Fertigkeiten und Fähigkeiten. Aus kompetenztheoretischer Sicht lässt sich sagen, dass die beiden Bildungsbereiche unterschiedliche Ressourcen vermitteln, die vom lernenden Individuum bei der Entwicklung und Anwendung von Kompetenz genutzt werden können. Während in der beruflichen Bildung die Vermittlung unmittelbar beruflich verwendbarer Kenntnisse und Fertigkeiten im Vordergrund steht, zielt die Hochschulbildung eher auf die Vermittlung grundlegenden theoretischen Hintergrundwissens sowie wissenschaftsbezogener Methoden ab, die dem/der Lernenden in der konkreten beruflichen Handlungssituation eine eigene Wissenserschließung (z. B. über wissenschaftliche Literatur) ermöglichen.

Während das traditionelle Bildungsverständnis vorsah, dass Lernende sich zu Beginn ihrer beruflichen Qualifizierung für den beruflichen oder den akademischen Bildungsweg entscheiden und diesen Bildungspfad dann bis zum Ende ihrer beruflichen Karriere fortsetzen, lässt sich aus kompetenztheoretischer Sicht eine Überlegenheit der Kombination der beiden Bildungsbereiche postulieren. Lernende, die sich sowohl beruflich als auch akademisch qualifizieren, sollten über ein größeres Repertoire handlungsbezogener intraindividueller Ressourcen verfügen und damit in komplexen beruflichen Anforderungssituationen in der Lage sein, ein höheres Performanzniveau zu generieren. Wir nehmen also an, dass die Kombination von beruflicher und hochschulischer Bildung zu einem höheren Niveau der beruflichen Kompetenz führt als eine traditionelle Qualifizierung über einen der beiden Bildungsbereiche.

Tatsächlich finden sich empirische Belege für diese Annahme: So ergab sich in einer Studie von Diart et al. (2008) zur „Berufswertigkeit" von Führungskräften, die entweder beruflich oder hochschulisch qualifiziert waren, zwar kein wesentlicher Kompetenzunterschied zwischen denjenigen, die lediglich das berufliche oder das hochschulische Bildungssystem durchlaufen. Hingegen erreichten Führungskräfte, die sowohl einen Abschluss der beruflichen Bildung als auch den einer Hochschule besaßen, deutlich höhere Kompetenzwerte.

Vor dem Hintergrund aktueller Kompetenztheorien sollten Brüche und Übergänge im Lebenslauf daher nicht grundsätzlich als problematisch bewertet werden. Lernende, die im Rahmen ihrer biografischen Entwicklung sowohl an beruflicher als auch an hochschulischer Bildung teilnehmen und dort ggf. Abschlüsse oder Teilabschlüsse erwerben, können ein hohes Niveau beruflicher Handlungskompetenz erreichen. Ein solches Verständnis kann zum einen dazu beitragen, Brüche im Lebenslauf (wie einen Studienabbruch oder eine berufliche Umorientierung) neu zu bewerten, zum anderen kann die kompetenzförderliche Kombination beruflicher und akademischer Qualifizierung auch bereits bei der Gestaltung von Bildungsangeboten systematisch vorgesehen werden. Wir nennen solche Bildungsgänge, die Angebote der beruflichen Bildung systematisch mit einem Hochschulstudium verzahnen, „hybride Bildungsangebote".

Hybride Studienmodelle besitzen nicht nur im Hinblick auf den Erwerb kompetenzrelevanter Ressourcen eine Reihe von Vorteilen gegenüber einer rein akademischen Qualifizierung:

- Hybride Studienmodelle ermöglichen Lernenden, die sich in ihrer Bildungsbiografie auf unterschiedlichen Stufen befinden (nach der Ausbildung, nach einer Fachfortbildung), einen Einstieg in die akademische Bildung.
- Sie geben den beteiligten Bildungseinrichtungen (Pflegeschulen, Fachweiterbildungsanbieter/-innen, Hochschulen) die Möglichkeit, sich auf diejenigen Teile der Ausbildung zu konzentrieren, für die sie besondere Expertise besitzen.
- Lernende erhalten die Möglichkeit, auch dann eine Fachweiterbildung erfolgreich abzuschließen, wenn sie sich an einem bestimmten Punkt entschließen, das Bachelorstudium abzubrechen.

9.4 Durchlässigkeitsmodelle für den Pflegebereich

Die ◘ Abb. 9.1 zeigt ein im Rahmen des Projektes „PuG" geplantes Studienmodell im Bereich der Pflegewissenschaften, das systematisch Anteile der beruflichen Bildung mit einem Hochschulstudium verknüpft.

Möglich wird diese Verzahnung der beiden Bildungsbereiche durch einen Beschluss der Kultusministerkonferenz (KMK) aus dem Jahr 2002, der vorsieht, dass „außerhalb des Hochschulwesens erworbene Kenntnisse und Fähigkeiten […] auf ein Studium angerechnet werden [können], wenn […] sie nach Inhalt und Niveau dem Teil des Studiums gleichwertig sind, der ersetzt werden soll" (KMK, 2002, S. 2). Begrenzt ist diese Möglichkeit der Anrechnung auf maximal 50 % des Gesamtumfangs eines Hochschulstudiengangs. Der wegweisende Beschluss von 2002 wurde 2008 noch einmal von der KMK bestärkt und präzisiert (KMK, 2002) und 2009 durch eine deutliche Ausweitung der Möglichkeiten des Hochschulzugangs für beruflich Qualifizierte ohne schulische Hochschulzugangsberechtigung (KMK, 2002) ergänzt.

Das im Rahmen des Projektes „PuG" geplante Studiengangmodell macht umfassend Gebrauch von den durch die KMK-Beschlüsse geschaffenen Möglichkeiten der Öffnung von Hochschulstudiengängen:

- Beruflich Qualifizierte ohne schulische Hochschulzugangsberechtigung (Abitur, Fachabitur etc.) können aufgrund einer abgeschlossenen Fachweiterbildung zum Bachelorstudium zugelassen werden.

Durchlässigkeitsmodelle für lebenslange Kompetenzentwicklung in den ...

- Die Pflegeausbildung und die Fachweiterbildung werden auf die ersten drei Semester des Studiums angerechnet. Da alle Studierenden über diese beruflichen Qualifikationen verfügen, handelt es sich um eine „Verzahnung" zwischen beruflicher Bildung und Hochschulstudiengang bzw. um einen „verkürzten Studiengang" (Hanft et al., 2014).
- Die ersten beiden tatsächlichen Studiensemester beinhalten ein umfassendes Praxismodul. Teil des Praxismoduls ist eine Reflexion der eigenen berufsbezogenen Kompetenzen und deren Dokumentation in Form eines Portfolios. Die Dokumentation bezieht sich auch auf den Kompetenzerwerb vor dem Studienbeginn.
- Das Abschlusssemester des Bachelorstudiengangs und der anschließende Masterstudiengang können berufsbegleitend durchlaufen werden, sodass das Masterstudium auch nach einer individuell variablen Studienpause zu einem biografisch späteren Zeitpunkt aufgenommen werden kann.

Im Sinne von Moers et al. (2012), die unterschiedliche Modelle von Pflegestudiengängen betrachten, handelt es sich bei dem in ◘ Abb. 9.1 dargestellten Studiengang um ein **„Anerkennungsmodell"**, bei dem Teile der beruflichen Aus- und Fortbildung auf das Hochschulstudium angerechnet werden. Die Studieninhalte beziehen sich auf die Lernergebnisse der vorangegangenen beruflichen Abschlüsse und bauen auf diesen auf. Demgegenüber stellt das im Rahmen der Reform des Pflegeberufegesetzes geplante primärqualifizierende Studium nach Moers et al. (2012) ein „Ersetzungsmodell" dar, bei dem die berufliche Ausbildung vollständig durch ein Hochschulstudium ausgetauscht wird.

Durch eine Kooperation zwischen den Trägern der beruflichen Bildung und Hochschulen ist eine noch weitergehende Integration von Studium und beruflicher Fortbildung möglich. In einer Variante des oben angeführten Studiengangmodells soll es Lernenden, die eine Fachweiterbildung bei einem mit der Universität Oldenburg kooperierenden

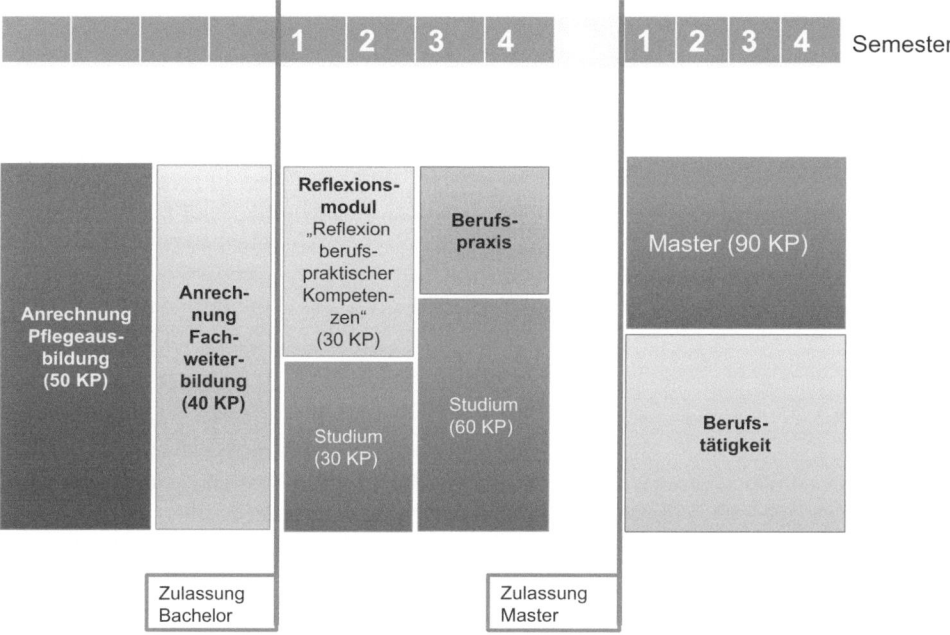

◘ Abb. 9.1 Durchlässigkeitsmodell für pflegewissenschaftliche Studiengänge (Anerkennungsmodell)

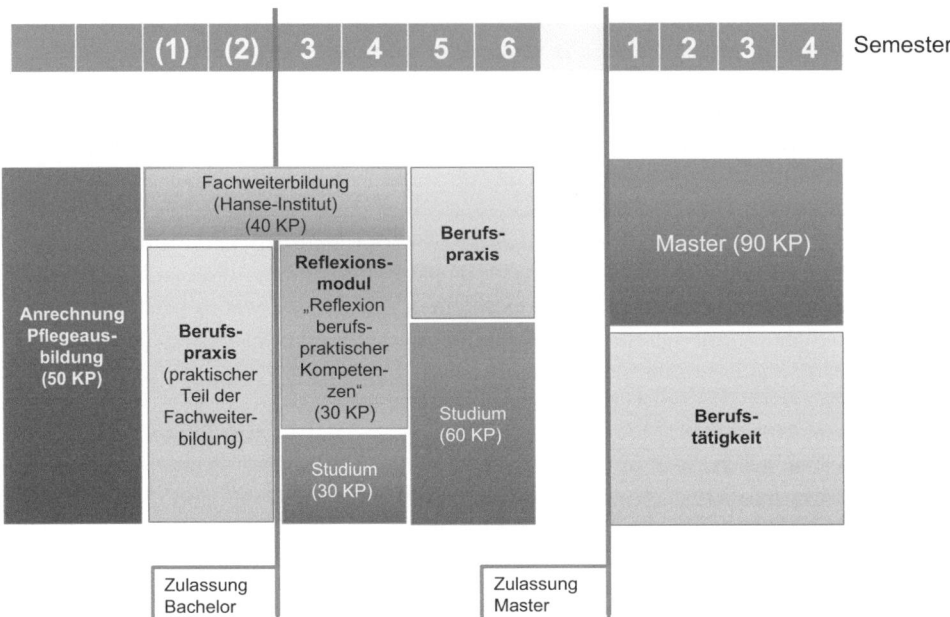

Abb. 9.2 Durchlässigkeitsmodell für pflegewissenschaftliche Studiengänge (Verschränkungsmodell)

Bildungsträger aufnehmen, ermöglicht werden, innerhalb von sechs Semestern sowohl einen Fachweiterbildungs- als auch einen Bachelorabschluss zu erwerben (◘ Abb. 9.2). Hierzu sollen die Fachweiterbildung und der Studiengang inhaltlich und zeitlich koordiniert werden. Erste Studienmodule können dann bereits parallel zum zweiten Jahr der Fachweiterbildung absolviert werden.

Moers et al. (2012) bezeichnen ein solches Studiengangmodell, bei dem berufliche und hochschulische Bildungsangebote aufeinander abgestimmt und miteinander verzahnt werden, als **„Verschränkungsmodell"**. Dieses Modell bietet den Lernenden ein aufeinander abgestimmtes bildungsbereichsübergreifendes Studienprogramm. Das gesamte Programm kann berufsbegleitend studiert werden. Im Rahmen dieses Programms erwerben die Lernenden sowohl einen anerkannten beruflichen Fachweiterbildungsabschluss als auch einen universitären Bachelorabschluss. Der Bachelorabschluss berechtigt zur Aufnahme des Masterstudiums „Advanced Nursing Practise", das gegenwärtig im Rahmen des PuG-Projektverbundes an der Carl von Ossietzky Universität Oldenburg vorbereitet wird.

> **Fazit**
> Die Diskussion um die Akademisierung der Pflegeberufe in Deutschland ist häufig von einer „Entweder-oder"-Sicht geprägt: Auf der einen Seite stehen die Befürworter des bestehenden beruflichen Qualifizierungswegs über berufliche Ausbildung und ggf. anschließende Fachweiterbildungen, auf der anderen Seite steht der Wunsch nach einer zumindest teilweisen Akademisierung der Pflege über ein primärqualifizierendes Bachelorstudium (nach dem Abitur) und ggf. ein daran anschließendes Masterstudium.
> Aus kompetenztheoretischer Sicht spricht jedoch vieles für ein „Sowohl-als-auch", d. h. für eine Verknüpfung des beruflichen mit dem hochschulischen Bildungsweg.

> Hybride Bildungsgänge kombinieren die Vermittlung akademischer und berufspraktischer Kenntnisse und Fähigkeiten und tragen damit in besonderer Weise zur beruflichen Kompetenzentwicklung von Lernenden bei.
> Statt strikt reglementierter Bildungsverläufe bieten hybride Bildungsgänge sowohl eine Vielzahl von Zugangsmöglichkeiten und -stufen als auch unterschiedliche Abschlussmöglichkeiten.
> Studienangebote, wie die im Rahmen des PuG-Verbundes entwickelten hybriden Bachelor- und Master-Studienprogramme, lassen sich auf unterschiedlichen Stufen in die persönliche (Bildungs-)Biografie einpassen und können dadurch die persönliche Kompetenzentwicklung von Pflegekräften in vielfältiger Weise unterstützen.

Literatur

Afentakis, A., & Maier, T. (2010), Projektion des Personalbedarfs und -angebots in Pflegeberufen bis 2025. *Statistisches Bundesamt, Wirtschaft und Statistik* 11, 990–1002.

Billig, M. (2011). Drang zu akademischer Ausbildung. Modellklauseln gestatten es den Bundesländern, die Gesundheitsberufe auf die akademische Ebene zu befördern und neue Ideen für die Ausbildung umzusetzen. *Deutsches Ärzteblatt*, 30–31.

Bollinger, H., Gerlach, A., & Grewe, A. (2006). Die Professionalisierung der Pflege zwischen Traum und Wirklichkeit. In J. Pundt (Hrsg.), *Professionalisierung im Gesundheitswesen: Positionen – Potenziale – Perspektiven* (S. 76–92), Bern: Hans Huber.

Bräutigam, C., Evans, M., & Hilbert, J. (2013). Berufsbilder im Gesundheitssektor: Vom „Berufebasteln" zur strategischen Berufsbildungspolitik. http://library.fes.de/pdf-files/wiso/10008.pdf. Zugegriffen: 22. September 2017.

Bund-Länder-Arbeitsgruppe Weiterentwicklung der Pflegeberufe (BLA). (2012). Eckpunkte zur Vorbereitung des Entwurfs eines neuen Pflegeberufegesetzes. https://www.bmfsfj.de/blob/77280/4dfe6afe4f76e0f29465b62548531fe8/eckpunkte-pflegeberufegesetz-data.pdf. Zugegriffen: 22. September 2017.

Bundesministerium für Bildung und Forschung (BMBF). (1999). Der Europäische Hochschulraum. Gemeinsame Erklärung der Europäischen Bildungsminister 19. Juni 1999. https://www.hrk.de/fileadmin/redaktion/hrk/02-Dokumente/02-03-Studium/02-03-01-Studium-Studienreform/Bologna_Dokumente/Bologna_1999.pdf. Zugegriffen: 22. September 2017.

Bundesministerium für Bildung und Forschung (BMBF). (2016). Offene Hochschule. https://www.bmbf.de/de/17592.php. Zugegriffen: 22. September 2017.

Bundesministerium für Gesundheit (BMG). (2016). Entwurf eines Gesetzes zur Reform der Pflegeberufe (Pflegeberufereformgesetz – PflBRefG) – Gesetzentwurf der Bundesregierung. https://www.bmfsfj.de/blob/jump/77270/entwurf-pflegeberufsgesetz-data.pdf. Zugegriffen: 22. September 2017.

Deutscher Berufsverband für Pflegeberufe (DBfK). (2012). Pflegebildung verstehen: Eine kurze Einführung. https://www.dbfk.de/media/docs/download/Allgemein/Pflegebildung_verstehen_2012.pdf. Zugegriffen: 22. September 2017.

Diart, M., Klumpp, M., Krins, C., & Schaumann, U. (2008). *Vergleich der Berufswertigkeit von beruflichen Weiterbildungsabschlüssen und hochschulischen Abschlüssen. Wissenschaftlicher Abschlussbericht.* Paderborn: Eusl Verlagsgesellschaft mbH.

Erpenbeck, J., & Heyse, V. (1999). *Die Kompetenzbiographie: Strategien der Kompetenzentwicklung durch selbstorganisiertes Lernen und multimediale Kommunikation.* Münster: Waxmann.

Evangelische Heimstiftung (2012). Akademisierung ist keine Lösung! Position der EHS zur Pflegeausbildung. http://www.dbva.de/docs/buendnis/Mai_2014/Presseinformation_Pflegeausbildung%20(2).pdf. Zugegriffen: 22. September 2017.

Flaiz, B., Klages, B., Kretschmer, S., Kriegel, M., Lorz, F., Lull, A., & Zieher, J.(2014). Handreichung Pflege und Gesundheit. Wissenschaftliche Begleitung des Bund-Länder-Wettbewerbs „Aufstieg durch Bildung: offene Hochschulen" (Hrsg.). https://de.offene-hochschulen.de/fyls/25/download_file. Zugegriffen: 22. September 2017.

Forschung & Lehre (2012). Nachrichten: Akademisierung der Gesundheitsfachberufe. Artikel vom 08. August 2012. http://www.forschung-und-lehre.de/wordpress/?p=11299. Zugegriffen: 22. September 2017.

Hanft, A., Brinkmann, K, Gierke, W. B., & Müskens, W. (2014). Anrechnung außerhochschulischer Kompetenzen in Studiengängen – Studie AnHoST „Anrechnungspraxis in Hochschulstudiengängen". Oldenburg: CvO Universität Oldenburg. http://www.uni-oldenburg.de/fileadmin/user_upload/anrechnungsprojekte/Anhost.pdf. Zugegriffen: 22. September 2017.

Hochschulverbund Gesundheitsfachberufe e.V. (HVG). (2013). Positionspapier des Hochschulverbundes Gesundheitsfachberufe (HVG) e.V. http://www.hv-gesundheitsfachberufe.de/dokumente/Positionspapier_des_HVG_zur_Akademisierung.pdf. Zugegriffen: 22. September 2017.

Klieme, E., Hartig, J., & Rauch, D. (2008) The concept of competence in educational contexts. In Hartig, J., Klieme, E., & Leutner D. (Eds.), *Assessment of competences in educational contexts* (pp. 3–22). Göttingen: Hogrefe.

Kultusministerkonferenz (KMK). (2002). Anrechnung von außerhalb des Hochschulwesens erworbenen Kenntnissen und Fähigkeiten auf ein Hochschulstudium (I). Beschluss der Kultusministerkonferenz vom 28.06.2002. http://www.kmk.org/fileadmin/Dateien/veroeffentlichungen_beschluesse/2002/2002_06_28-Anrechnung-Faehigkeiten-Studium-1.pdf. Zugegriffen: 22. September 2017.

Kultusministerkonferenz (KMK). (2008). Anrechnung von außerhalb des Hochschulwesens erworbenen Kenntnissen und Fähigkeiten auf ein Hochschulstudium (II). Beschluss der Kultusministerkonferenz vom 18.09.2008. http://www.kmk.org/fileadmin/Dateien/veroeffentlichungen_beschluesse/2008/2008_09_18-Anrechnung-Faehigkeiten-Studium-2.pdf. Zugegriffen: 22. September 2017.

Kultusministerkonferenz (KMK). (2009). Hochschulzugang für beruflich qualifizierte Bewerber ohne schulische Hochschulzugangsberechtigung. Beschluss der Kultusministerkonferenz vom 06.03.2009. http://www.kmk.org/fileadmin/Dateien/veroeffentlichungen_beschluesse/2009/2009_03_06-Hochschulzugang-erful-qualifizierte-Bewerber.pdf. Zugegriffen: 22. September 2017.

Moers, M., Schöninger U., & Böggemann, M. (2012). Duale Studiengänge – Chancen und Risiken für die Professionalisierung der Pflegeberufe und die Entwicklung der Pflegewissenschaft. *Pflege & Gesellschaft* 17(3), 232–248.

Müskens, W., & Lübben, S. (2015). Die Erfassung formell und informell erworbener Lehrkompetenzen in der wissenschaftlichen Weiterbildung. In O. Hartung, & M. Rumpf (Hrsg.), *Lehrkompetenzen in der wissenschaftlichen Weiterbildung – Konzepte, Forschungsansätze und Anwendungen* (S. 109–131). Wiesbaden: Springer VS.

Pinsdorf, S. (2013). *Akademisierung der Pflege*. München: Grin.

Recken, H. (2013). Stellungnahme zum Eckpunktepapier der „Bund-Länder-Arbeitsgruppe zur Weiterentwicklung der Pflegeberufe". In I. Darman-Hinck, & M. Hülsken-Giesler (Hrsg.), Hochschultage Berufliche Bildung 2013. *bwp@ Spezial*, 6. http://www.bwpat.de/ht2013/ft14/recken_ft14-ht2013.pdf. Zugegriffen: 22. September 2017.

Reuschenbach, B. (2012). Pflege dual – der Weg in die Akademisierung der Pflegeberufe. *Die Deutsche Schule*, 16–17.

Robert Bosch Stiftung. (1992). *Pflege braucht Eliten. Beiträge zur Gesundheitsökonomie 28*. Gerlingen: Bleicher.

Sachverständigenrat zur Begutachtung der Entwicklung im Gesundheitswesen (SVR) (2007). Kooperation und Verantwortung - Voraussetzungen einer zielorientierten Gesundheitsversorgung (Kurzfassung). http://www.svr-gesundheit.de/fileadmin/user_upload/Gutachten/2007/Kurzfassung_2007.pdf. Zugegriffen: 22. September 2017.

Sachverständigenrat zur Begutachtung der Entwicklung im Gesundheitswesen (SVR) (2009). Gesundheitsversorgung in einer Gesellschaft des längeren Lebens. Sondergutachten 2009 (Kurzfassung). http://www.svr-gesundheit.de/fileadmin/user_upload/Gutachten/2009/Kurzfassung-2009.pdf. Zugegriffen: 22. September 2017.

Sachverständigenrat zur Begutachtung der Entwicklung im Gesundheitswesen (SVR). (2012). Gesundheitsversorgung in einer Gesellschaft des längeren Lebens. Sondergutachten 2009 (Kurzfassung). http://www.svr-gesundheit.de/fileadmin/user_upload/Gutachten/2012/GA2012_Kurzfassung.pdf. Zugegriffen: 22. September 2017.

Staudt, E., & Kriegesmann, B. (2002). Zusammenhang von Kompetenz, Kompetenzentwicklung und Innovation. In E. Staudt, & B. Kriegesmann (Hrsg.), *Kompetenzentwicklung und Innovation: Die Rolle der Kompetenz bei Organisations-, Unternehmens- und Regionalentwicklung* (S. 15–70). Münster: Waxmann.

Stöter, J., Bullen, M., Zawacki-Richter, O., & von Prümmer, C. (2014). From the back door into the mainstream – the characteristics of lifelong learners. In O. Zawacki-Richter, & T. Anderson (Eds.), *Online distance education – Towards a research agenda* (S. 421–457). Athabasca, Edmonton, Canada: Athabasca University Press.

Teigeler, B. (2010). "Wir brauchen eine Vollakademisierung". Interview mit Professor Dr. Stefan Görres. *Die Schwester, Der Pfleger* 51, 1022–1025.
Thielhorn, U. (2011). Zukunftschancen durch Pflegestudiengänge. Neue Caritas, 1. http://www.caritas.de/neue-caritas/heftarchiv/jahrgang2011/artikel2011/zukunftschancendurchpflegestudiengaenge. Zugegriffen: 22. September 2017.
Vereinte Dienstleistungsgewerkschaft (Verdi). (2013). Akademisierung der Pflege – Mehr Anerkennung? *Verdi-Fachbereich drei. Gesundheits- und Sozialwesen*, 47.
Weinert, F. E. (2001). Leistungsmessung in Schulen – Eine umstrittene Selbstverständlichkeit. In F. E. Weinert (Hrsg.), *Leistungsmessung in Schulen* (S. 17–32). Weinheim: Beltz.
Wissenschaftsrat (2012). Empfehlungen zu hochschulischen Qualifikationen für das Gesundheitswesen. http://www.wissenschaftsrat.de/download/archiv/2411-12.pdf. Zugegriffen: 22. September 2017.

Auf dem Weg zum Kompetenzzentrum für Altersmedizin und Pflege: Qualitätsmanagement und lebensphasenorientiertes Human Resource Management als wesentliche Unterstützungsfaktoren

Kerstin Löffler, Judith Goldgruber und Gerd Hartinger

10.1 Der Gesundheitssektor im Wandel – 164

10.2 Kompetenzorientierung im Gesundheitswesen – 165
10.2.1 Kompetenzorientierter Personaleinsatz – 165
10.2.2 Kompetenzmanagement als Voraussetzung für Qualitätsmanagement – 168

10.3 Lebensphasenorientierte Personalentwicklung als Teil eines betrieblichen Gesundheitsmanagements – 169
10.3.1 Betriebliches Gesundheitsmanagement – 170
10.3.2 Gesundheitskompetenz von Patienten/-innen und Mitarbeitern/-innen als Qualitätskriterium – 172

Literatur – 174

© Springer-Verlag GmbH Deutschland 2018
J. Hasebrook et al. (Hrsg.), *Lebensphasen und Kompetenzmanagement*, Kompetenzmanagement in Organisationen, https://doi.org/10.1007/978-3-662-55158-5_10

Zusammenfassung

Veränderte Beschäftigungsmodelle, eine älter werdende Belegschaft und Ansprüche neuer Generationen fordern Gesundheitseinrichtungen heraus, neue Wege zu gehen. Besonders der Pflegebereich, die größte Berufsgruppe im Gesundheitswesen, bedarf besonderer Beachtung. Noch nie waren gut qualifizierte Mitarbeiter/-innen im Pflegebereich so gefragt wie heute.

Die Geriatrischen Gesundheitszentren der Stadt Graz (GGZ), ein großer regionaler Gesundheitsdienstleister mit mehr als 650 Mitarbeitern/-innen an fünf Standorten, beschäftigen sich seit Jahren intensiv mit der Thematik des Kompetenzmanagements, dem Ermöglichen von Fach- und Führungskarrieren in Pflegeberufen und dem richtigen Personaleinsatz entsprechend des Skill- und Grade-Mix in der Pflege. Neben Kompetenzmanagement dient Qualitätsmanagement als Voraussetzung für systematische Personalentwicklung. Am stringenten Weg des Qualitätsmanagements der GGZ zeigt sich seit mehr als 15 Jahren, dass die regelmäßige Auseinandersetzung mit Qualitätsmanagement-Systemen die kontinuierliche Weiterentwicklung des Human Resource Managements unterstützt und überdies wichtige Zertifizierungen und namhafte Preise nach sich zieht: Hierzu zählen KTQ (Kooperation für Transparenz und Qualität im Gesundheitswesen) 2010 und 2013, Staatspreis Unternehmensqualität (2014), EFQM (European Foundation for Quality Management) Europa 2015, Staatspreis Familienfreundlichster Betrieb Österreichs, 2. Platz (2014). Darüber hinaus wird der Wettbewerbsvorteil nachhaltig gesichert.

Um jedoch am Arbeitsmarkt wettbewerbsfähig zu bleiben und den erwähnten Anforderungen gerecht zu werden, dienen kompetenzorientierte Teamarbeit und Lebensphasenorientierung als Schlüssel zur Steigerung von Arbeits- und Lebenszufriedenheit der Mitarbeiter/-innen, insbesondere bei hohen psychischen und physischen Belastungen in Pflegeberufen. Das Ermöglichen von Fach- und Führungskarrieren und altersgerechte Arbeitsplätze in der Pflege sind wiederum Teil des ganzheitlichen betrieblichen Gesundheitsmanagements (BGM) des Unternehmens. In die Unternehmensstrategie integriertes BGM ermöglicht gesundheitsbezogene Managemententscheidungen. Die Verankerung von gesundheitsrelevanten Agenden in strategischen Steuerungsinstrumenten (z. B. Balanced Scorecard) wird durch die Prozesse von Qualitätsmanagementsystemen (z. B. EFQM) unterstützt. In den GGZ gilt die Steigerung der Gesundheitskompetenz der Bevölkerung – und somit auch die Steigerung der Gesundheitskompetenz der Patienten/-innen und Bewohner/-innen – als strategisches Unternehmensziel. Ein solches Empowerment von Patienten/-innen kann durch fachlich qualifizierte, emphatische Mitarbeiter/-innen mit hoher sozialer Kompetenz und ehrlichem Interesse am „alten Menschen" maßgeblich unterstützt werden; dies verdeutlicht die hohe Bedeutung von professionellem Human Resource Management.

10.1 Der Gesundheitssektor im Wandel

Die Arbeitswelt befindet sich in einer Phase tief greifenden Wandels (Europäisches Netzwerk für betriebliche Gesundheitsförderung, 2007): Mit diesen Worten beschrieben die Mitglieder des Europäischen Netzwerks für betriebliche Gesundheitsförderung in der Luxemburger Deklaration bereits vor zehn Jahren die noch immer gültigen Herausforderungen für Unternehmen innerhalb und außerhalb des Gesundheitssektors. Eine Vereinbarkeit der veränderten Anforderungen der Arbeitnehmer/-innen mit den Gegebenheiten des Gesundheitssektors stellt eine Aufgabe für sich dar. Veränderte

Beschäftigungsverhältnisse (insbesondere Teilzeitarbeit, Telearbeit), älter werdende Belegschaften, Ansprüche neuer Generationen, wachsende Bedeutung neuer Informationstechnologien und Qualitätsmanagement gilt es mit strukturellen Gegebenheiten des Gesundheits- und Sozialwesens zu vereinbaren. Der Bedarf an gut qualifizierten und spezialisierten Arbeitnehmern/-innen war noch nie so hoch wie in der heutigen Wissensgesellschaft (Grote et al., 2012). Speziell im Pflegebereich, der größten Berufsgruppe im Gesundheitswesen, werden diese Herausforderungen besonders tragend. In Hinblick darauf sind unterstützende Rahmenbedingungen gefordert, die einerseits die körperliche und geistige Arbeitsfähigkeit der Personen erhalten und anderseits den Prozess einer lebensphasenbegleitenden Kompetenzentwicklung fördern (Raddatz, 2012). Künftige Unternehmenserfolge hängen immer stärker vom Management der Kompetenzen und Qualifikationen von Mitarbeitern/-innen, ihrer Motivation und ihrer Identifikation mit dem Unternehmen ab. BGM spielt eine wesentliche Rolle in der Bewältigung der genannten Herausforderungen. Bei der Wahl geeigneter betrieblicher Gesundheitsförderungsmaßnahmen für unterschiedliche Typen von Organisationen ist der Einbezug der jeweiligen Unternehmenskultur entscheidend (Goldgruber, 2012; Kauffeld u. Frerichs, 2017). Das grundsätzliche Miteinbeziehen von Gesundheitsaspekten in Managemententscheidungen schafft besonders bei den herausfordernden Arbeitsbedingungen des Gesundheitswesens einen Wettbewerbsvorteil.

Ziel dieses Beitrags ist es, die mit einer älter werdenden Belegschaft in Pflegeberufen einhergehenden Herausforderungen und die Ansprüche neuer Generationen den Anforderungen im Gesundheitswesen gegenüberzustellen und innovative Wege und Lösungsansätze am Beispiel des Erfolgsweges eines großen Grazer Gesundheitsdienstleisters aufzuzeigen.

10.2 Kompetenzorientierung im Gesundheitswesen

Die GGZ beschäftigen sich mit der integrierten, abgestuften Versorgung alter Menschen, welche Bedarf an pflegerischen und medizinischen Leistungen haben. Als öffentliche Non-Profit-Organisation haben sie ihr Angebot für Menschen mit Pflegebedürftigkeit unterschiedlicher Intensität seit Anfang des 21. Jahrhunderts auf über 20 unterschiedliche Produkte in drei übergreifenden Bereichen ausgebaut: betreubare Wohnformen, Pflegewohnheime und teilstationäre Tagesbetreuung sowie stationäre klinische Versorgung. Auch im Bereich der Mitarbeiterentwicklung und -führung werden neue Wege gegangen. Hier wird speziell dem Pflegebereich, der größten Berufsgruppe mit ca. 400 Mitarbeitern/-innen, besondere Beachtung geschenkt. Es gilt dem Leitsatz „Bei uns sind Menschen in den besten Händen" nicht nur in Bezug auf Patienten/-innen und Bewohner/-innen gerecht zu werden, sondern auch den Mitarbeitern/-innen vielfältige Entfaltungsmöglichkeiten zu bieten.

10.2.1 Kompetenzorientierter Personaleinsatz

Im Sinne des Kompetenzmanagements gelten der systematische Umgang mit und die Entwicklung von Kompetenzen der Mitarbeiter/-innen, ausgerichtet an den Unternehmenszielen, als wesentliche Aufgabe (Kunzmann, 2007). Besonders im Gesundheitswesen bilden die Kompetenzen der Mitarbeiter/-innen eine zentrale Ressource. Leitbilder und

Unternehmensphilosophien beschäftigen sich mit dieser Ressource als zentrales Erfolgselement (Grote et al., 2012); so auch das Leitbild der GGZ. Hier ist verankert: „Wir begegnen einander mit Respekt und führen, fördern und fordern als Führungskräfte unsere Mitarbeiter/-innen nach gemeinsam getragenen Grundsätzen." Unter diesem Gesichtspunkt werden Mitarbeiter/-innen im Unternehmen nach ihren fachlichen Qualifikationen, ethischen Grundhaltungen und ihrer Bereitschaft zur interdisziplinären Zusammenarbeit beurteilt. Alle Mitarbeiter/-innen müssen zur Unternehmenskultur und ins jeweilige Team passen. Qualifikationen (Kenntnisse, Fähigkeiten, Fertigkeiten, Verhalten) werden mit der Kompetenz, sich in komplexen Situationen selbstorganisiert verhalten zu können, verknüpft betrachtet. So wird im Sinne des integrierten, abgestuften Versorgungsmodells der GGZ eine bedarfsgerechte Versorgung der Zielgruppe „alter Mensch" geschaffen. Durch die sorgfältige Beachtung des Skill- und Grade-Mix in der Pflege im Rahmen von Human Resource Management kommen Mitarbeiter/-innen dort zum Einsatz, wo es ihren Qualifikationen und Kompetenzen am besten entspricht: „Wir beschäftigen die richtige Person, zur richtigen Zeit, am richtigen Ort" (GGZ, 2016)

Beispiel
Kompetenzorientierte Personalentwicklung in der Pflege in den GGZ
Aufgrund der Ausbildungsnovelle und des Berufsgesetzes für Personen der Gesundheits- und Krankenpflege (Gesundheits- und Krankenpflegegesetz, GuKG – Novelle 2016) reagierten die GGZ bereits frühzeitig auf die Tätigkeitsverschiebung und -erweiterung durch die neue Gesetzgebung. Zusätzlich stellen auch junge Mitarbeiter/-innen, die der Generation Y zuzuordnen sind, neue Anforderungen. Seit Jahren wird an der Entwicklung des Kompetenz- und Fachkarrieremodells in der Pflege gearbeitet. Entsprechend dem Skill- und Grade-Mix in der Pflege gilt es, die Kompetenzen der Mitarbeiter/-innen gezielt einzusetzen. Das Kompetenzmodell für Pflege der GGZ, mit seinen drei Säulen, stellt die Antwort auf diese Herausforderungen dar. Neben Skill- und Grade-Mix gelten die Fachkarrieren, das Management und die Vertiefung in Wissenschaft, Forschung und Lehre als die zentralen Bestandteile des Modells (◘ Abb. 10.1; Haas-Wippel, 2016):
1. In Übereinstimmung der notwendigen Fachexpertise in der Betreuung geriatrischer Patienten/-innen mit den persönlichen Interessen der Mitarbeiter/-innen besteht in den GGZ bereits seit einiger Zeit die Möglichkeit, sich in einschlägigen Bereichen wie Hygiene, Wund- und Schmerzmanagement, basale Stimulation, Kinästhetik o. Ä. zu vertiefen. Nach abgeschlossener Ausbildung gelten die Absolventen/-innen als Multiplikatoren/-innen und Experten/-innen für den jeweiligen Fachbereich und werden auch monetär belohnt.
2. Die Karrieremodelle im Managementbereich reichen von der Stationsleitungsebene bis hin zur Pflegedienstleitung.
3. Darüber hinaus besteht die Möglichkeit zur Vertiefung im Bereich Wissenschaft und Lehre: Advanced Practice Nurse (APN), Evidence-based-Nursing-Beauftragte (EBN-Beauftragte), Studierendenbegleitung und Vortragstätigkeiten.

Zur Übereinstimmung des Anforderungs- und Stellenprofils dienen zum einen das strukturierte und objektivierte Recruiting, und zum anderen die regelmäßige Überprüfung der vorhandenen und notwendigen Kompetenzen. Jährlich finden in den GGZ strukturierte Jahreszielvereinbarungsgespräche mit Führungskräften und Mitarbeitergespräche statt. Gemeinsam werden in diesem Rahmen Mitarbeiterentwicklungsmaßnahmen erarbeitet. Die Ursache-Wirkungs-Zusammenhänge werden mittels einer Balanced Scorecard von

Auf dem Weg zum Kompetenzzentrum für Altersmedizin und Pflege: ...

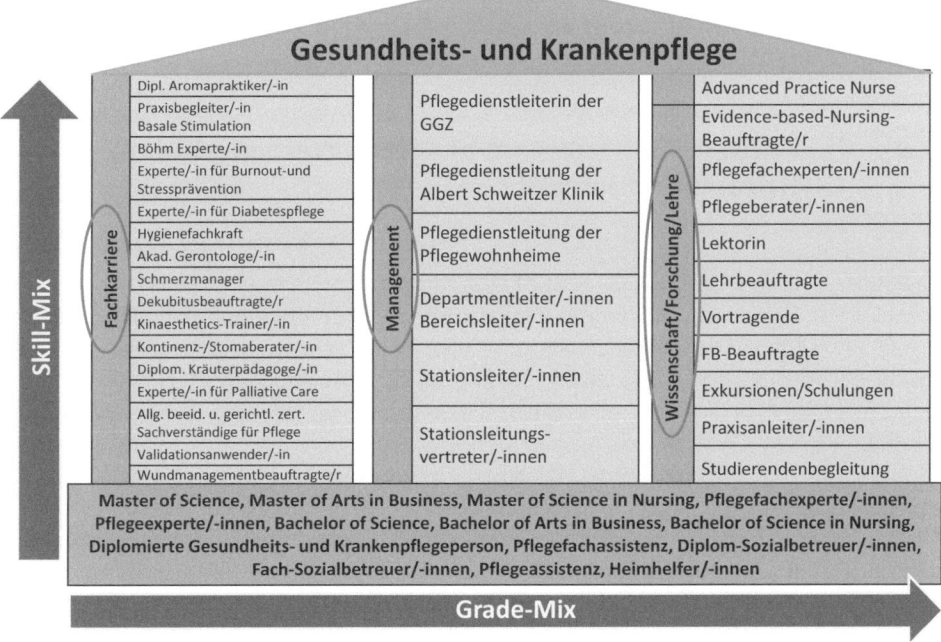

Abb. 10.1 Kompetenz- und Fachkarrierenmodell in der Pflege, GGZ (Haas-Wippel, 2016). Mit freundlicher Genehmigung von Waltraud Haas-Wippel

den übergeordneten Zielen bis hin zu den operativen Maßnahmen über alle Unternehmensebenen hergestellt. Die Führungskräfte spannen den Bogen vom Beitrag des Einzelnen zur Unternehmensstrategie und somit den Bottom-up-Innovationsaustausch. Die Mitarbeiter/-innen erkennen dadurch ihren Beitrag zum Ganzen und stehen im Austausch mit den Führungskräften. Die im Rahmen der Balanced Scorecard definierten Ziele und Maßnahmen sowie der Beitrag jedes Einzelnen zum Erreichen der strategischen Ziele werden in den Jahreszielvereinbarungsgesprächen besprochen und fixiert. Es gilt Leistungen und Erwartungen der Mitarbeiter/-innen und der Führungskräfte aneinander anzugleichen. Im Zuge der Gespräche wird sowohl auf die persönlichen Ziele der Mitarbeiter/-innen (z. B. Karriereentwicklung, Fort- und Weiterbildungen) als auch auf die Unternehmensziele eingegangen. Diese Gespräche leiten die Mitarbeiter/-innen zu Innovation, Kreativität und Beteiligung (Tscherne, 2016). Das Führen durch Zielvereinbarungen (Management by Objectives) ermöglicht die Identifikation und Übernahme von Verantwortung jedes einzelnen Beschäftigten an den Unternehmenszielen. An die Stelle einer Aufgabenorientierung tritt Zielorientierung, eine gemeinsame Aufgabe, Teamgeist (Bröckermann, 2012; Grote et al., 2012).

Auf Basis der Daten aus der Mitarbeiterbefragung der GGZ aus den Jahren 2010 und 2013 wurde gemeinsam mit dem Unternehmen pluswert und der Universität Göttingen eine Pfadanalyse entwickelt, die eine Wirkungskette der Befragungsdaten aufdeckt. Diese Wirkungskette lässt Zusammenhänge in der Organisation besser verstehen und dient als Basis für strategische Entscheidungen. Als zentraler Hebel wurde der „Patient-First"-Faktor ermittelt: Durch das Bewusstsein der Mitarbeiter/-innen, dass der Unternehmenszweck auf das Wohlergehen der zu betreuenden Menschen fokussiert, gelingt die Bindung an das Unternehmen und die Steigerung der Qualitätsmotivation der Mitarbeiter/-innen (Prettenhofer et al., 2016).

10.2.2 Kompetenzmanagement als Voraussetzung für Qualitätsmanagement

Mit einer zunehmenden Bedeutung an Qualitätsmanagement im Gesundheitswesen wie ISO 9001/2015, EN 15224, KTQ und EFQM wird die systematische Personalentwicklung immer notwendiger, um die Kompetenzen der Mitarbeiter/-innen gezielt zu steuern (Kunzmann, 2007). Qualitätsmanagementsysteme fordern diesen Schritt nicht nur, sie unterstützten die Personalentwicklung. Vielmehr noch geht Kompetenzmanagement häufig Hand in Hand mit Qualitätsmanagementsystemen. Die regelmäßige kritische Auseinandersetzung im Rahmen von Qualitätsmanagementzertifizierungen mit externen Assessoren/-innen gewährleistet eine kontinuierliche Weiterentwicklung der Human-Resource-Arbeit. Der Prozessansatz und die Ergebnisorientierung stehen im Vordergrund. Allerdings müssen Unternehmen innerhalb und außerhalb des Gesundheitswesens bei Einführung des passenden Qualitätsmanagementsystems entsprechend ihres Reifegrades wählen. Besonders der anfänglichen Auswahl eines Qualitätsmanagementsystems sollte ein langfristig geplanter und strukturierter Prozess vorausgehen (▶ Exkurs: Der Erfolgsweg der GGZ – Qualitätsmanagements als Basis).

Nur klar definierte Kernkompetenzen eines Unternehmens können dauerhafte Wettbewerbsfähigkeit gewährleisten. Es gilt systemspezifische Ressourcen zu entwickeln und zu nutzen (Grote et al., 2012). Durch eine langfristige und grundlegende Beschäftigung mit internen Prozessen und Kompetenzen auf der einen Seite und der kontinuierlichen Beobachtung von Markttrends und -entwicklungen auf der anderen Seite, identifizierten die GGZ eine Branchennische, die langfristig die Wettbewerbsfähigkeit sichert. Das Unternehmen konzentriert sich im Besonderen auf die folgenden Bereiche (Tscherne, 2016):
- Quantitative, qualitative, örtliche und zeitliche Verfügbarkeit von Mitarbeitern/-innen
- Entwicklung und Sicherung von Know-how (Wissensmanagement)
- Kontinuierliche Fort- und Weiterbildung der Mitarbeiter/-innen
- Interdisziplinärer Fortbildungskalender
- Wirtschaftlicher, optimaler Personaleinsatz
- Erhöhung der Flexibilität
- Gute Zusammenarbeit mit der Personalvertretung
- Kommunikation offener, klarer Prozesse, Einbeziehen der Bedürfnisse der Mitarbeiter/-innen unter besonderer Berücksichtigung der Diversität, der Vereinbarkeit von beruflichen und privaten Herausforderungen sowie von Gleichstellungsaspekten
- Alter(n)sgerechte Arbeitsplätze (Ausschreibungen/Versetzungen, Umschulungen, Arbeitserleichterung)
- Zurverfügungstellung eines angemessenen Budgets für BGM, inklusive der mehr als 30 Gesundheitsförderungsmaßnahmen für Mitarbeiter/-innen
- Jährliches Programm zur Steigerung der Fitness und Gesundheit
- Employer Branding als attraktive Dienstgeberin

> **Exkurs**
>
> **Der Erfolgsweg der GGZ – Qualitätsmanagements als Basis**
> In den GGZ begann dieser Prozess mit der Fragestellung: "Welches Qualitätsmanagementmodell erfüllt die Anforderungen der GGZ am besten?" Die Antwort lieferte eine Diplomarbeit, welche, entsprechend den unternehmensinternen Voraussetzungen, Qualitätsmanagementmodelle miteinander verglich und im Rahmen einer Nutzwertanalyse bewertete (Puhr, 2016). Da die deutsche Qualitätsmanagementzertifizierung KTQ als einzige eine vernetzte Verbundzertifizierung von Krankenhaus, Pflegeheim und betreutem Wohnen zuließ, wurde nach einem langen Selbstbewertungsprozess 2010 die erste von zwei Fremdbewertungen anhand des KTQ-Modells durchgeführt. Aufgrund der hervorragenden Ergebnisse im Jahr 2013 empfahlen Visitoren/-innen der KTQ, sich für den österreichischen Staatspreis für Unternehmensqualität (nach dem EFQM-Modell) zu bewerben. Durch die strukturierte und konsequente Auseinandersetzung mit dem Unternehmen, den Prozessen und Zielen im Rahmen von KTQ wurde ein Ergebnis erzielt, das es uns ermöglichte, 2014 als erstes Krankenhaus und erster Gemeindebetrieb Österreichs den Staatspreis Unternehmensqualität – die Auszeichnung für die erfolgreichsten und besten Unternehmen Österreichs – zu erhalten. "Die GGZ konnten nicht nur durch einen stringenten Strategieprozess überzeugen, sondern auch durch eine sehr gute internationale Reputation, gelebte Interdisziplinarität, eine offene Kommunikationsstruktur und einen sehr hohen Innovationsgrad in allen Bereichen", so die Quality Austria (2014). Als nächstes stellten wir uns 2015, auf Empfehlung der Quality Austria, der Champions League: dem EFQM Excellence Award auf europäischer Ebene. Mit der Verleihung des Finalistenpreises der EFQM dürfen wir uns nun in Europas beste Organisationen einreihen.
>
> In den vergangenen 15 Jahren gelang es uns also, einen Change-Management-Prozess auf den Weg zu bringen, der durch intensive Auseinandersetzung mit den eigenen Prozessen, durch mehr als 200 abgeschlossene Projekte und in ständiger Interaktion mit unserem Umfeld ein **Kompetenzzentrum für Altersmedizin und Pflege** entstehen ließ.

10.3 Lebensphasenorientierte Personalentwicklung als Teil eines betrieblichen Gesundheitsmanagements

Die aktuellen Prognosen bedürfen einer differenzierten Betrachtung im Human Resource Management. Die Generation Y erwartet sich andere Rahmenbedingungen als die Generation davor (Generation X, Babyboomer). Auf die lebensphasenorientierte Unternehmensführung muss daher besonderes Augenmerk gelegt werden. Als Schlüssel des Wettbewerbsvorteils werden kompetenz- und teambasierte Organisationsformen (z. B. funktionsübergreifende Teams) und eine kompetenzorientierte Mitarbeiterauswahl verstanden (Grote et al., 2012). Ziel ist es, bestehende Mitarbeiter/-innen zu halten, fachlich qualifizierte und empathische neue Mitarbeiter/-innen zu akquirieren, die Arbeits- und Lebenszufriedenheit der Mitarbeiter/-innen zu steigern und sie beim Verfolgen von Fach- und Führungskarrieren zu unterstützen. Das bedeutet Engagement auf vielen Ebenen:

- Sichtbarmachen der familienfreundlichen Rahmenbedingungen
- Strukturierte Vorgehensweisen im Umgang mit Problemsituationen
- Führungskräfteentwicklung
- Offene Gesprächs- und Feedbackkultur

Qualifizierte Mitarbeiter/-innen werden in den nächsten Jahren immer schwieriger zu finden sein; der Wettbewerb um exzellente Mitarbeiter/-innen steigt bereits heute deutlich an. Aus diesem Grund ist ein sorgfältig ausgearbeitetes Personalentwicklungskonzept von großer Bedeutung. Personalentwicklung muss sich als Orientierung der gesamten

Personalpolitik eines Unternehmens an den Bedürfnissen von gegenwärtigen und zukünftigen Mitarbeitern/-innen verstehen, mit dem Ziel, gegenwärtige Mitarbeiter/-innen zu motivieren und neue Mitarbeiter/-innen zu gewinnen (Tscherne, 2016).

Die Durchdringung einer lebensphasenorientierten Unternehmensführung bewirkt ein neues Denken und Handeln bei Führungskräften und führt zu positiver Einflussnahme auf die Arbeitsplatzkultur. Mitarbeiter/-innen werden mit ihren Potenzialen – differenziert nach ihrer jeweiligen Lebensphase – entsprechend ihrer individuellen Stärken und Bedürfnisse in den Unternehmensprozessen eingesetzt.

Im Sinne dieses Konzeptes gilt es zwei Maßnahmen der GGZ hervorzuheben, welche wesentlich als Erfolgsfaktor dienen und das Unternehmen als attraktiven Arbeitgeber positionieren:

- Um die **Vereinbarkeit von beruflichen und privaten Herausforderungen** zu ermöglichen, wurden in den GGZ unter dem Motto „berufundfamilie" in den letzten Jahren zahlreiche Maßnahmen konsequent umgesetzt. Innerhalb des Unternehmens existieren rund 180 verschiedene Dienstzeitmodelle (z. B. Dienstzeitmodelle mit Korridorzeiten im ärztlichen/therapeutischen Bereich) und die verschiedensten Teilzeitmodelle (z. B. Teilzeit für Führungskräfte, beginnend bei 5 Stunden/Woche, um jungen Müttern einen sanften Wiedereinstieg nach dem Mutterschutz zu ermöglichen). Zusätzlich werden bei Geburt eines Kindes der „Papa-Monat" und Väterkarenz aktiv gefördert. Darüber hinaus unterstützt das unternehmensinterne Kinderbetreuungszentrum mit angepassten Öffnungszeiten für den Schicht- und Wechseldienst.
- Um entsprechend der demografischen Entwicklung den **Erhalt der Arbeitsfähigkeit älterer Mitarbeiter/-innen** möglichst lange zu gewährleisten, wurden zielgruppenspezifische Maßnahmen entwickelt. Insbesondere in Pflegeberufen gilt das Schaffen altersgerechter Arbeitsplätze als zentraler Bestandteil (z. B. Umschulung von Pflegehelfern/-innen als Portier/-innen oder Seniorenbetreuer/-innen). Mit dem Rückgang der Erwerbsbevölkerung rücken ältere Arbeitnehmer/-innen mit ihren Kompetenzen (wieder) in den Vordergrund. Unternehmen heben sich dadurch von ihren Mitbewerbern/-innen ab, möglichst viele Generationen in intergenerativen und voneinander lernenden Teams einzusetzen (Grote et al., 2012).

10.3.1 Betriebliches Gesundheitsmanagement

Alle diese Aspekte einer lebensphasenorientierten Personalführung leisten wiederum ihren Beitrag zum ganzheitlichen Konzept des BGM. Wie bereits vor 30 Jahren in der Ottawa-Charta niedergeschrieben, sollte „die Art und Weise, wie eine Gesellschaft die Arbeit […] organisiert, eine Quelle der Gesundheit und nicht der Krankheit sein" (WHO, 1986, S. 3). Aspekte der Gesundheit müssen im Sinne des BGM fixer Bestandteil von Führungsentscheidungen sein. Veränderte betriebliche Bedarfslagen fordern dies immer stärker. Insbesondere im Dienstleistungssektor scheint der Aspekt unumgänglich.

In welchem Ausmaß betriebliche Gesundheitsförderung (BGF) in Managementkonzepte integriert ist, kann anhand verschiedener Modelle dargestellt werden (z. B. St. Galler Projekt). Experten/-innen weisen darauf hin, dass der Einsatz von Total-Quality-Management-Systemen (TQM-Systemen) sinnvoll zur Integration von BGM ist, da er kontinuierliche Verbesserungsmaßnahmen berücksichtigt (Ulich u. Wülser, 2015). Insbesondere der Prozessansatz des EFQM-Modells kann bei der Umsetzung von BGM unterstützen. Das Europäische Netzwerk für betriebliche Gesundheitsförderung entwickelte – in

Auf dem Weg zum Kompetenzzentrum für Altersmedizin und Pflege: …

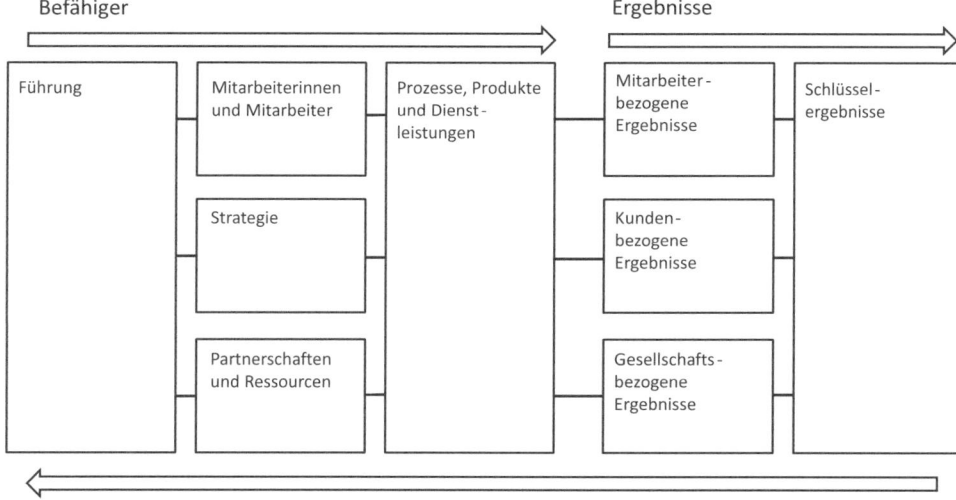

◘ Abb. 10.2 EFQM-Modell (in Anlehnung an EFQM, 2012)

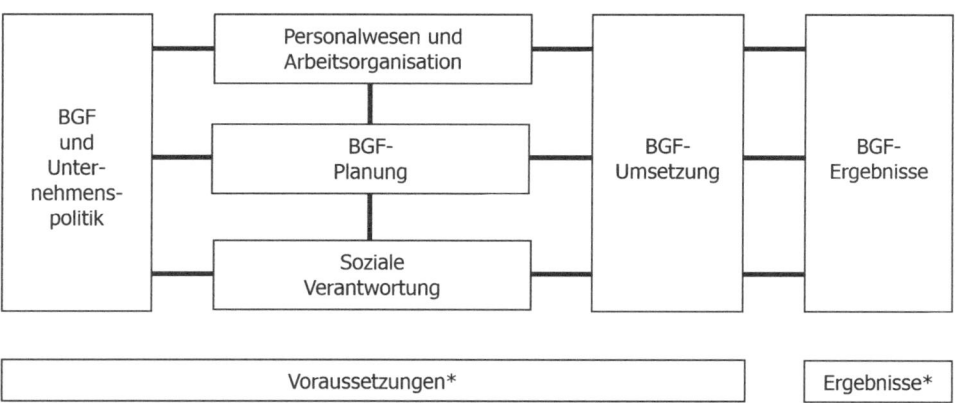

*Zu den Voraussetzungen zählen alle Verfahrensweisen und Strukturen, die eine gesundheitsfördernde Organisation benötigt. Diese führen zu entsprechenden Ergebnissen.

◘ Abb. 10.3 Evaluationsmodell für BGF in Anlehnung an EFQM (BKK Bundesverband, 1999). Mit freundlicher Genehmigung des BKK Bundesverbandes

Anlehnung an das EFQM-Modell – ein Evaluationsmodell für BGF, welches Strategien des BGM gebündelt nach Voraussetzungen (Befähigerkriterien) und Ergebnissen (Ergebniskriterien) bewerten lässt (◘ Abb. 10.2, ◘ Abb. 10.3; BKK Bundesverband, 1999).

Im Zuge langjähriger Auseinandersetzung mit Qualitätsmanagementsystemen können diese klar strukturierten Abläufe ausgezeichnet zur Implementierung von BGM genutzt werden. Eine solche Verknüpfung von Qualitäts- und Gesundheitsmanagement stärkt die Nachhaltigkeit und schafft Anschlussfähigkeit (Ulich u. Wülser, 2015). Die intensive Auseinandersetzung mit Qualitätsmanagement der GGZ unterstützte auch die systematische Umsetzung von BGM. Als Herausforderung gilt, die Erhöhung der Lebensaltersstruktur der Mitarbeiter/-innen mit den betriebswirtschaftlichen Erfordernissen in einem dynamischen Markt in Einklang zu bringen. Ziel des BGM in den GGZ ist es, einen Mix aus verhältnis- und verhaltensbezogenen Gesundheitsförderungsmaßnahmen anzubieten, d. h., gesundheitsförderliche Rahmenbedingungen zur Verfügung zu stellen und gleichzeitig die Eigenverantwortung jedes Einzelnen zu stärken. Integriert man die Interventionen in das Evaluierungsmodell für BGF nach EFQM, lassen sich folgende Aspekte den Befähiger- und den Ergebniskriterien zuordnen:

- **BGF und Unternehmenspolitik:** Seit 2004 wird das BGM in den GGZ kontinuierlich weiterentwickelt. Ausgehend von einzelnen Projekten ist BGM nun in der Balanced Scorecard verankert, in die Unternehmensstrategie implementiert, im Organigramm klar zugeordnet und mit einem angemessenen Budget ausgestattet. Darüber hinaus wird seit mehr als 10 Jahren bereits das Zertifikat des Österreichischen Netzwerks Gesundheitsfördernder Krankenhäuser und Gesundheitseinrichtungen (ONGKG) an die GGZ vergeben.
- **Personalwesen und Arbeitsorganisation:** Durch die lebensphasenorientierte Unternehmensführung und Miteinbeziehung der Mitarbeiter/-innen sowie durch die Anwendung des Management-by-Objectives-Ansatzes werden die Fähigkeiten und Interessen der Mitarbeiter/-innen gezielt genutzt.
- **BGF-Planung:** Mit dem klaren Konzept „gemeinsam Gesund in die Zukunft" werden im Zuge des PDCA-Zyklus (Plan-Do-Check-Act) Maßnahmen geplant, umgesetzt, evaluiert und überarbeitet. Die Planung von Indikatoren und Maßnahmen erfolgt im Rahmen der Erarbeitung der jährlichen Balanced Scorecard.
- **Soziale Verantwortung:** Die Verankerung einer gesellschaftlichen Verantwortung aller unternehmensinternen Handlungen wird u. a. ausgedrückt im strategischen Unternehmensziel „Stärkung der Gesundheitskompetenz durch Informationsweitergabe an die Bevölkerung" (z. B. Schulungsmodelle für pflegende Angehörige, Demenzlaienschulungen).
- **BGF-Umsetzung:** Die Maßnahmen werden auf Basis eines innerbetrieblichen Vorschlagswesens, von Ergebnissen aus Workshops und Gesundheitszirkeln und durch die alle drei Jahre stattfindenden Mitarbeiterbefragungen ausgewählt. Die – vorwiegend kostenlosen und großteils in der Dienstzeit stattfinden – BGM-Maßnahmen können von allen Mitarbeitenden in Anspruch genommen werden.
- **BGF-Ergebnisse:** Zur Überprüfung der Maßnahmen dienen in der Balanced Scorecard festgehaltene Messgrößen (z. B. Fluktuation, Krankenstandsquote, Ergebnisse aus der Mitarbeiterbefragung, durchschnittliche Fort-/Weiterbildungstage).

10.3.2 Gesundheitskompetenz von Patienten/-innen und Mitarbeitern/-innen als Qualitätskriterium

Durch die Verankerung der Gesundheitsbelange von Mitarbeitern/-innen in der Balanced Scorecard ergeben sich eine Orientierung an der Unternehmensstrategie und eine Umsetzungsorientierung im Unternehmen. Unterstützt durch ein Arbeiten mit Indikatoren entsteht eine direkte Verknüpfung zur Balanced-Scorecard-Perspektive des Lernens und Entwickelns von Mitarbeiterkompetenzen. Empowerment und Partizipation ermöglichen es den Mitarbeitern/-innen, sich aktiv an der Gestaltung der eigenen Gesundheit und des eigenen Lebensumfeldes zu beteiligen. Mehr noch, die Gesundheitskompetenz von Mitarbeitern/-innen im Unternehmen und das ehrliche Interesse am „alten Menschen" und allen seinen Ressourcen und Potenzialen werden in den GGZ als Schlüssel zur Stärkung der Gesundheitskompetenz von Patienten/-innen und Bewohnern/-innen betrachtet. Das übergeordnete Unternehmensziel „Patient First" rückt die Gesundheitskompetenz der Patienten/-innen ins Zentrum. Das Vermitteln von Kenntnissen unter Berücksichtigung der (noch) vorhandenen Ressourcen wird in den GGZ als wesentlicher Teil des Betreuungsprozesses verstanden. Im Sinne der personalisierten Medizin steht dabei die individuelle Zielsetzung des Patienten/der Patientin (bzw. ihrer Angehörigen) während des Aufenthalts in den GGZ im Fokus.

> **Beispiel**
> **Therapiemappe in den GGZ zur Steigerung der Nachhaltigkeit von therapeutischen Interventionen**
> Zur Verbesserung der Gesundheitskompetenz von Patienten/-innen kommen in unserem Haus individuelle Therapiekonzepte mit persönlichen Trainingsmappen auf Stationen der Akutgeriatrie/Remobilisation zum Einsatz. Grundidee ist die nachhaltige Verbesserung der Selbstständigkeit von Patienten/-innen nach einem Krankenhausaufenthalt. Dabei werden komplexe interdisziplinäre Therapie- und Schulungskonzepte angewendet. Patienten/-innen werden animiert, während und nach ihrem Aufenthalt auf einer Station der Akutgeriatrie/Remobilisation selbstständig Übungen durchzuführen, die zuvor gemeinsam mit Therapeuten/-innen trainiert wurden (Coaching). Die Personen bleiben derzeit etwa 18–20 Tage in Behandlung; dies stellt auch das Zeitfenster für den Gesundheitskompetenzerwerb und eine Verhaltensänderung dar.

Verschiedenste Erhebungen zu Kosten von begrenzter Gesundheitskompetenz zeigen, dass die Mehrausgaben für Gesundheitssysteme durch begrenzte Gesundheitskompetenz steigen (Kickbusch et al., 2013). Somit liegt Gesundheitskompetenz nicht nur in der Verantwortung des Einzelnen, sondern muss als gesamtgesellschaftliches Thema betrachtet werden. Sie ist Aufgabe von Entscheidungsträgern/-innen und Fachkräften im Gesundheitssektor. Im Sinne des Setting-Ansatzes muss sie Bestandteil des Unternehmensauftrages einer gesundheitskompetenten Organisation sein.

In den GGZ wurde Gesundheitskompetenz mit einem strategischen Ziel verankert. Die Beteiligung der Zielgruppe und die Berücksichtigung der Gesundheitskompetenz in Hochrisikosituationen sowie bei Versorgungsübergängen stehen im Zentrum. Dabei ist nicht nur die individuelle Kompetenz einer Person relevant, sondern auch ihre Interaktion mit dem Umfeld sowie die Möglichkeiten ihrer Einflussnahme auf dieses (Kickbusch et al., 2013). Zentrale Qualitätskriterien in der Stärkung der Gesundheitskompetenz sind die Kommunikation mit Patienten/-innen und Angehörigen in klar verständlicher Sprache sowie das nachhaltige Weiterführen von Maßnahmen zur Stärkung der Gesundheit auch nach dem Krankenhausaufenthalt o. Ä. Es geht im Kern somit um Wissensvermittlung und Kompetenzförderung zur Einflussnahme auf die eigene Gesundheit.

> **Fazit**
> Hoch qualifizierte, empathiefähige, sozial kompetente und kreative Mitarbeiter/-innen in Pflegeberufen erweisen sich als entscheidend in Bezug auf die Steigerung der Gesundheitskompetenz von Patienten/-innen. Die Auswahl geeigneter Mitarbeiter/-innen erfolgt sinnvollerweise durch strategisches Human Resource Management. Mitarbeiter/-innen in Pflegeberufen müssen entsprechend ihres Skill- und Grade-Mix eingesetzt

werden. Dabei fordern eine älter werdende Belegschaft und die Ansprüche neuer Generationen das Human Resource Management heraus. Das Ermöglichen von einschlägigen Fach- und Führungskarrieren bindet Mitarbeiter/-innen ans Unternehmen.

Am Beispiel der GGZ zeigt sich, dass eine konsequente Auseinandersetzung mit internen Prozessen im Rahmen von TQM-Systemen und professionelles Human Resource Management inklusive BGM wesentlich den Wettbewerbsvorteil sichern. Qualitätsmanagement unterstützt die Personalentwicklung bei der gezielten Steuerung der Kompetenzen von Mitarbeitern/-innen. Eine Orientierung der gesamten Personalentwicklung am Modell der lebensphasenorientierten Unternehmensführung ermöglicht die Vereinbarkeit von Beruf und Familie sowie den Erhalt der Arbeitsfähigkeit älterer Mitarbeiter/-innen, um nachhaltig die Arbeits- und Lebenszufriedenheit zu erhalten und zu steigern.

Literatur

Betriebskrankenkassen (BKK) Bundesverband – Europäisches Informationszentrum. (Hrsg.). (1999). *Qualitätskriterien für die betriebliche Gesundheitsförderung*. Essen: BKK Bundesverband.
Bröckermann, R. (2012). *Personalwirtschaft: Lehr- und Übungsbuch für Human Resource Management*. Stuttgart: Schäffer-Poeschel.
Europäisches Netzwerk für betriebliche Gesundheitsförderung. (2007). Luxemburger Deklaration zur betrieblichen Gesundheitsförderung in der Europäischen Union. http://www.netzwerk-unternehmen-fuer-gesundheit.de/fileadmin/rs-dokumente/dateien/Luxemburger_Deklaration_22_okt07.pdf. Zugegriffen: 23. September 2017.
European Foundation for Quality Management (EFQM). (2012). Das Kriterienmodell. http://www.efqm.ch/kriterienmodell.html. Zugegriffen: 23. September 2017.
Geriatrische Gesundheitszentren der Stadt Graz (GGZ). (2016). Geriatrische Gesundheitszentren: Leitbild. https://ggz.graz.at/de/Ueber-Uns/Leitbild-der-GGZ. Zugegriffen: 23. September 2017.
Goldgruber, J. (2012). *Organisationsvielfalt und betriebliche Gesundheitsförderung: Eine explorative Untersuchung*. Wiesbaden: Springer Gabler.
Kauffeld, S., & Frerichs, F. (2017). *Kompetenzmanagement in kleinen und mittelständischen Unternehmen: Eine Frage der Betriebskultur?* Berlin Heidelberg: Springer.
Grote, S., Kauffeld, S., & Frieling, E. (2012). *Vom Wettbewerb zur Kompetenz*. Stuttgart: Schäffer-Poeschel.
Haas-Wippel, W. (2016). Neue Organisationsform im Kontext der GuKG Novelle 2016 und im Rahmen des Kompetenzmodells. Vortrag vom 28.09.2016. Graz: GGZ.
Kickbusch, I., Pelikan, J. Apfel, F., & Tsouros, A. (Eds.). (2013). *Health literacy: The solid facts*. Copenhagen: WHO.
Kunzmann, C. (2007). Kompetenzorientierte Personalentwicklung. *Zeitschrift EPR Management* 3, 38–41.
Puhr, J. (2016). *Qualitätsmanagementsysteme im Gesundheitswesen: Auswahl eines Qualitätsmanagementsystems für die Geriatrischen Gesundheitszentren der Stadt Graz*. Saarbrücken: Akademiker Verlag.
Prettenhofer, A. Strack, M., & Hartinger, G. (2016). Personalbindung und Motivation über den Patient First - Mechanismus: Ein statistisches Pfadmodell in den Geriatrischen Gesundheitszentren der Stadt Graz. *Qualitas* 2, 4–7.
Quality Austria. (2014). Staatspreis Unternehmensqualität geht an die Geriatrischen Gesundheitszentren der Stadt Graz. https://www.qualityaustria.com/index.php?id=3888&L=0. Zugegriffen: 23. September 2017.
Raddatz, T. (2012). *Lebenslanges Lernen von Mitarbeitern in der Pflege. Lernmöglichkeiten und unterstützende Rahmenbedingungen*. Studienarbeit. München: Grin.
Tscherne, A. (2016). Culture Audit: Arbeitsvorlage zur Vorbereitung der Antworten Great Place to Work® Österreich 2016. Graz: GGZ.
Ulich, E., & Wülser, M. (2015). *Gesundheitsmanagement in Unternehmen: Arbeitspsychologische Perspektiven*. Wiesbaden: Springer Gabler.
Weltgesundheitsorganisation (WHO). (1986). Ottawa-Charta zur Gesundheitsförderung. http://www.euro.who.int/__data/assets/pdf_file/0006/129534/Ottawa_Charter_G.pdf. Zugegriffen: 23. September 2017.

Transfer von lebensphasenorientierten Branchenlösungen und Ausblick auf gemeinsame Herausforderungen

Inhaltsverzeichnis

Kapitel 11 Lebensphasen und internationale Karriere: Bildungswege und Arbeitsmigration Hochqualifizierter – 177
Gerold Muhr, Michael Lister und Joachim Hasebrook

Kapitel 12 Sektorübergreifender, lebensphasenorientierter Kompetenztransfer: Was Krankenhäuser von anderen Branchen lernen können – 189
Joachim Hasebrook, Jürgen Hinkelmann und Klaus Hahnenkamp

Lebensphasen und internationale Karriere: Bildungswege und Arbeitsmigration Hochqualifizierter

Gerold Muhr, Michael Lister und Joachim Hasebrook

11.1 Arbeitgebermarke und Karrierewege – 178

11.2 Braindrain durch Arbeitsmigration in Deutschland – 179

11.3 Internationale Karrieren in KMU – 180

11.4 Handlungsansätze für KMU – 183

11.5 Interkulturelle Bildung und internationale Karriere – 185

Literatur – 187

Zusammenfassung

Bereits 72 % der deutschen Unternehmen haben die Auslandsentsendung ihrer Mitarbeitenden ausgebaut, die Tendenz ist hier weiter steigend. Viele dieser Unternehmen setzen auf „Hauskarrieren" und verringern damit die Chancen für internationale Quereinsteiger/-innen. Hochschulabsolventen/-innen sind zunehmend an internationalen Karrieren interessiert und wählen daher Großunternehmen als Arbeitgeber, da ein Aufstieg dort wesentlich einfacher erscheint. Auslandsentsendungen nehmen zwar auch bei kleinen und mittleren Unternehmen (KMU) zu, werden aber aus Kostengründen immer fokussierter und kürzer.

Lebensphasen und Lebensalter haben deutlichen Einfluss auf Bildungs- und Migrationswege hoch qualifizierter Arbeitnehmern/-innen: Während kurze Auslandsaufenthalte die Karriere junger Arbeitnehmer/-innen fördern, werden diese bei älteren zum Hindernis. Dies gilt insbesondere für KMU, die Nachteile gegenüber Großunternehmen durch weniger Produktsparten, Standorte und Karrieremöglichkeiten aufweisen – und oft auch einen geringeren Gestaltungsspielraum bei wichtigen Rahmenbedingungen, z. B. Familienumzug, Entwicklung interkultureller Kompetenzen sowie Bindung und Nutzung langjähriger Auslandserfahrungen. Der Beitrag zeigt besondere Karrierepotenziale, die KMU gegenüber Großunternehmen durch lebensphasenorientierte, individuelle Karriereangebote und den gezielten Aufbau einer internationalen Arbeitgebermarke nutzen können.

11.1 Arbeitgebermarke und Karrierewege

Der demografische Wandel betrifft nicht nur die Veränderungen der Altersstruktur der Gesellschaft, sondern führt auch zu regionalen und sozialen Verschiebungen. Insbesondere sich verändernde gesellschaftliche Werte und Erwartungen von Arbeitnehmenden finden ihren Niederschlag in einer entsprechend daran angepassten Personalarbeit in Unternehmen.

Es ist innerhalb dieses demografischen Wandels insbesondere die Verschiebung der Altersstruktur, die den Wettbewerb um die Leistungsträger/-innen der Zukunft verschärft. In diesem gesteigerten Wettbewerb der Arbeitgeber/-innen gewinnen deren Attraktivitäts- und Alleinstellungsmerkmale stark an Bedeutung. Das Ausmaß der Attraktivität korreliert dabei beispielsweise mit Programmen zur Vereinbarkeit von Familie und Beruf (Work-Life-Balance) oder altersspezifisch angelegtem Personalmanagement (Kring u. Lister, 2012). Gerade für jüngere (>30 Jahre) und hoch qualifizierte Nachwuchskräfte gehören Möglichkeiten zur Arbeit in internationalen Projekten zur Karriereentwicklung unbedingt dazu (Kring u. Lister, 2014).

Es ist fast in keiner Branche mehr möglich, sich vor dem Hintergrund dieser neuen Herausforderungen weiter auf stabile Bewerberzahlen zu verlassen. Unternehmen müssen aktiv werden und mit strategischen Instrumenten dieser Entwicklung entgegensteuern. Einer der wesentlichen Handlungsansätze ist der systematische Aufbau einer attraktiven Arbeitgebermarke. Dieser in den späten 1990er-Jahren unter der Bezeichnung „Employer Branding" entwickelte Ansatz verfolgt das Ziel, die Attraktivität als Arbeitgeber/-in zu erhöhen und Mitarbeitende auch durch emotionale Bindung langfristig zu halten.

Teil von Employer-Branding-Kampagnen sind heute auch Maßnahmen, die flexible Karrierewege und Arbeitsmodelle ermöglichen – und am besten überregional bzw. international ausgerichtet sind. Jedoch können viele KMU derartige attraktive, internationale Karriere- und Arbeitsmöglichkeiten nur begrenzt anbieten. Sie müssen daher entsprechende Wettbewerbsnachteile gegenüber großen, oft internationalen Konzernen in Kauf nehmen. Als zusätzliche Herausforderung kommt hier hinzu, dass diese Karriere- und Arbeitsmöglichkeiten aus den oben ausgeführten demografischen Gründen nicht einer jüngeren Altersgruppe vorbehalten sein dürfen, sondern Teil eines ganzheitlichen altersspezifischen und lebensphasenorientierten Personalmanagements sein sollten.

11.2 Braindrain durch Arbeitsmigration in Deutschland

Bereits seit Jahren sind rund die Hälfte der Menschen, die Deutschland verlassen, um im Ausland zu arbeiten, Hochqualifizierte, die in Deutschland bereits als Wissenschaftler/-innen oder als Führungskraft gearbeitet haben (vgl. Abella u. Abrera-Mangahas, 1997; Giousmpasoglou et al., 2017; Hunger, 2003). In den letzten Jahren hinzugekommen ist vor allem eine Zuwanderung junger, gut gebildeter Hochschulabsolventen/-innen in attraktive europäische Länder wie Deutschland und Großbritannien aus geringer entwickelten und von Krisen erschütterten südeuropäischen Ländern (Giousmpasoglou et al., 2017). Als hoch qualifiziert gelten hier Wissenschaftler/-innen, Personen mit abgeschlossenem Hochschulstudium und Personen mit besonderen Fachkenntnissen und -fertigkeiten in herausgehobener Funktion.

Besonders im Bereich der Wissenschaft gibt es aktuell die Tendenz, dass sich der viel beklagte Braindrain der Vergangenheit, also die Auswanderung und der Verlust Hochqualifizierter, in eine „Brain Circulation" diversifiziert, also einen Wechsel von Aus- und Zuwanderung. Branchenübergreifend beschäftigt sich u. a. die im März 2015 veröffentlichte Studie „International Mobil. Motive, Rahmenbedingungen und Folgen der Aus- und Rückwanderung deutscher Staatsbürger" des Forschungsbereichs des Sachverständigenrat deutscher Stiftungen für Integration und Migration (SVR), des Bundesinstitutes für Bevölkerungsforschung (BiB) und der Universität Duisburg-Essen mit diesen Entwicklungen (Engler et al., 2015). Die Studie fragt auch nach den wesentlichen Motiven sowohl der Auswanderung wie auch der Rückwanderung. Die Ergebnisse der Studie werden in ◘ Tab. 11.1 zusammengefasst.

◘ Tab. 11.1 Zustimmung zu Auswanderungs- und Rückwanderungsmotiven (Angaben in Prozent; Engler et al., 2015)

Art des Motivs	Zustimmung für Auswanderung	Zustimmung für Rückwanderung
Befristetes Visum/Aufenthaltstitel	–	17 %
Ausbildung/Studium	18 %	22 %
Befristeter Auslandsaufenthalt	–	40 %
Unzufriedenheit mit Leben in Deutschland/im Ausland	42 %	40 %
Einkommen/Lebensstandard	48 %	29 %
Beruf	67 %	56 %
Wunsch, neue Erfahrungen zu machen	72 %	–

Während demnach Wissenschaftler/-innen im Sinne der „Brain Circulation" nach einigen Jahren im Ausland in der Regel wieder nach Deutschland zurückkehren, gilt dies nur für rund ein Drittel der länger im Ausland arbeitenden deutschen Führungskräfte. Die Konsequenz daraus ist ein beträchtlicher Kompetenzverlust als Braindrain (Brücker, 2010).

Diese internationale Arbeitsmobilität der Deutschen hat im Rahmen der Globalisierung deutlich zugenommen und sorgt seit 2004 für einen negativen Mobilitätssaldo von aktuell rund 20.000 Menschen pro Jahr. Im Durchschnitt sind diese „Arbeitsmigranten/-innen" rund 30 Jahre alt, haben einen Hochschulabschluss und wünschen sich eine internationale Karriere (Brücker, 2010). Einer der Hauptauslöser für die – zumindest zeitweilige – Auswanderung Berufstätiger sind die Unternehmen selbst: 72 % der deutschen Unternehmen haben ihre Mitarbeiterentsendung in den vergangenen Jahren ausgebaut, die Tendenz ist weiter steigend (DIA, 2017). Die aktuelle Forschung zeigt hier, dass sich internationale Ein- und Auswanderung bei Managern/-innen derzeit zwar noch weitgehend ausgleicht (Katseli et al., 2006). Da sich jedoch sowohl die Muster der Entsendung wie auch der Altersaufbau der arbeitenden Bevölkerung verändern, wird der Braindrain bei Hochqualifizierten in der Wirtschaft weiter zunehmen. Folgende Faktoren sind dabei wesentlich:

— Im Zuge des anhaltend zunehmenden Wettbewerbs sowie des damit einhergehenden Kosten- und Ertragsdrucks setzen vor allem internationale Firmen mehr als bisher auf „Hauskarrieren" und verringern damit die Chancen für internationale Quereinsteiger/-innen (Katseli et al., 2006).
— Gerade die besten Hochschulabsolventen/-innen sind zunehmend an internationalen Karrieren interessiert und wählen deshalb eher den Einstieg bei bekannten Marken und daher in ein Großunternehmen. Das am meisten zitierte Arbeitgeberranking unter Hochschulabsolventen der der Firma „Trendence" (jährlich veröffentlicht in der *Frankfurter Allgemeine Zeitung* und *Der Spiegel* und online unter: ▶ https://www.deutschlands100.de/) zeigt, dass KMU bereits bei Berufseinsteigern/-innen kaum einmal unter die ersten 100 beliebtesten Arbeitgeber/-innen kommen und im Vergleich zu großen Auto-, Industrie- und Beratungsmarken immer mehr ins Hintertreffen geraten. Verschärft wird diese Disposition von Absolventen/-innen durch den Umstand, dass Konzerne in der Regel auch über ein deutlich ausgebauteres Employer Branding verfügen (▶ Abschn. 11.1).
— Auslandsentsendungen nehmen zwar zu, werden aber aus Kostengründen immer fokussierter und kürzer (Grom u. Seidl, 2012). Während bei jungen Hochqualifizierten kurze Auslandsaufenthalte die Karriere fördern, führen sie bei älteren zur Stagnation (Brücker, 2010; Katseli et al., 2006): Hochqualifizierten, die ihre Hochschulbildung bereits einige Jahre abschlossen und vielfach bereits Familien gegründet haben, planen langfristiger (z. B. wegen ihrer Familie) und sehen weniger Chancen auf Karriereschritte bei ihrer Rückkehr (*Die Zeit* betitelt einen Artikel vom 05.12.2012 dazu: „Nach zwei Jahren wird man Zuhause vergessen"; Knauß, 2012, S. 2).

11.3 Internationale Karrieren in KMU

KMU müssen diese Probleme nachhaltig bewältigen. Sie können langfristig nur erfolgreich sein, wenn sie sowohl ihre Wirtschaftsaktivitäten als auch die Karrieren ihrer Mitarbeitenden internationalisieren. Dies wird jedoch durch die aktuellen Entwicklungen bei Auslandsentsendungen (▶ Abschn. 11.2) und durch den zunehmenden Wettbewerb um hoch qualifizierte Fachkräfte immer schwieriger. Bei der Internationalisierung deutscher Unternehmen steht vor allem China im Mittelpunkt: Deutschland ist mit Abstand Chinas größter europäischer

Handelspartner, und China ist Deutschlands wichtigster Handelspartner in der Region Asien/Pazifik und inzwischen drittgrößter deutscher Handelspartner weltweit. Im Jahr 2015 belief sich das bilaterale Handelsvolumen auf fast 163 Milliarden Euro. Das sind rund 30 % des gesamten chinesischen Handels mit der EU (Auswärtiges Amt, 2017). Beide Länder haben sich zum Ziel gesetzt, das Handelsvolumen weiter zu steigern (Engler et al., 2015). Im Zuge dieses kontinuierlichen Wachstums der bilateralen Wirtschaftsbeziehungen gehen immer mehr deutsche Unternehmen nach China, und diejenigen, die bereits dort sind, planen eine weitere Expansion (European Commission, 2010). Allein von 2006 bis 2016 ist die Zahl der Mitgliedsunternehmen in der Deutschen Außenhandelskammer in China von 1300 um 240 % auf 3.100 gestiegen. Jedes Jahr kommen durchschnittlich 200 deutsche Unternehmen neu nach China. Rund 60 % dieser Unternehmen sind KMU (Kjerfve u. McLean, 2010), 2010 waren es erst 41 % (German Chamber of Commerce in China, 2017).

KMU haben trotz der erläuterten Nachteile auch durchaus Vorteile gegenüber Großunternehmen: Geringere Fixkosten, größere Flexibilität in puncto Technik, Kundenservice und Lieferung sowie geringere Steuerbelastungen gehören zu diesen potenziellen Vorteilen (Dustmann et al., 2011). Das größte Potenzial bei KMU weisen jene Schlüsselindustrien auf, in denen Deutschland einen exzellenten Ruf genießt (Grom u. Seidl, 2012). Neben Maschinen- und Anlagenbau sind dies vor allem neue Technologien in den Bereichen Energieeinsparung, Gebäudedämmung, Recyclingwirtschaft und Medizintechnik. Der deutschen Automobilindustrie folgen Zuliefer- und Spezialbetriebe auch nach China (Grom u. Seidl, 2012). Viele deutsche Unternehmen, insbesondere KMU, scheitern jedoch in China laut der ehemaligen Daimler-Managerin und China-Expertin Marina Salland-Staib in rund zwei Drittel der Fälle an fehlerhafter Kommunikation (Schönfelder, 2011) und mangelnder Beachtung landesspezifischer Besonderheiten – also insgesamt an Defiziten im Bereich der **interkulturellen Kompetenz** (BMWi, 2013).

Es sind eher die internationalen Großunternehmen, die hier über langjährige Erfahrung bei der Vorbereitung und Betreuung von Mitarbeitern/-innen im Ausland („Expatriates") verfügen. KMU mit ihren teils fehlenden Erfahrungen und Strukturen werden bei rechtlichen, medizinischen und versicherungstechnischen Fragestellungen u. a. durch Netzwerke wie „Mia PP" (Mitarbeiter im Ausland Professional Partners; online unter: ▶ http://www.mia-pp.de/) unterstützt. Der dabei verfolgte Lösungsansatz ist allerdings nicht ausreichend für KMU, die mit zahlreichen weiteren Herausforderungen zurechtkommen müssen:

- Zunehmender Kosten- und Wettbewerbsdruck, den KMU mit nur wenigen Produktsparten und Standorten weniger gut ausgleichen können
- Weniger Karrieremöglichkeiten und folglich noch größere Gefahr der Stagnation und geringeren Attraktivität für Nachwuchskräfte
- Geringere Perspektiven für längerfristige Erwerbsbiografien durch immer kürzere und gezieltere Auslandseinsätze (zur Kostenersparnis)
- Strukturelle Nachteile bei der Auslandsentsendung, z. B. wenn für Familienmitglieder Arbeitsstellen und Schulen gesucht werden müssen, bei der Entwicklung interkultureller Kompetenz, wenn langjährige Erfahrungen fehlen und bei den langfristigen Karriereperspektiven – dadurch häufig wenig Aufstiegschancen der Entsandten nach Auslandseinsätzen

Diese Nachteile werden in Zukunft weiter zunehmen, weil KMU – im Vergleich zu Großunternehmen – nicht über ausreichende Ressourcen verfügen, um bei Entsendungsprogrammen und Karrieremöglichkeiten schnell aufzuholen. Gleichzeitig nehmen aber Auslandsentsendungen und die Anzahl von deutschen KMU, die sich im Ausland engagieren, weiter zu (Konrad-Adenauer-Stiftung, 2013).

Doch selbst wenn KMU die erfolgreichen Modelle von Großunternehmen an ihre Verhältnisse anpassen können, reicht dies nicht aus, um nachhaltige Karriereperspektiven zu sichern: Die Modelle der Großunternehmen beinhalten die Vorbereitung junger Mitarbeitender auch auf mögliche „Kulturschocks" im Ausland; ältere und erfahrene Mitarbeitende profitieren weniger davon. Das Phänomen des „Reverse Culture Shock" wird oft ganz außer Acht gelassen (IMPULS-Stiftung des VDMA u. Droege Group China, 2012): Rückkehrer/-innen sehen oft keine Möglichkeit, ihre im Ausland gewonnenen Erfahrungen und ihre ausgebauten Kompetenzen zum Nutzen der Firma weiterzugeben, verspüren einen Machtverlust in ihrer Firma und fühlen sich manchmal in der eigenen Heimat fremd. Die Zahl der Entsandten, die innerhalb des ersten Jahres nach Rückkehr aus dem Ausland bei ihrem Unternehmen die Kündigung einreichen, liegt zwischen 20 und 50 % und nimmt weiter zu (Singh, 2004). Nach Auskunft von Unternehmen, die diese Effekte seit Jahren beobachten, sind es auch hier ältere und erfahrene Manager/-innen, die nach der Rückkehr von einem längeren oder von mehreren Auslandseinsätzen die Kündigung einreichen.

Die ◘ Abb. 11.1 gibt einen schematischen Überblick über die Probleme, die sich aus einer eindimensionalen internationalen Karriereentwicklung ergeben können.

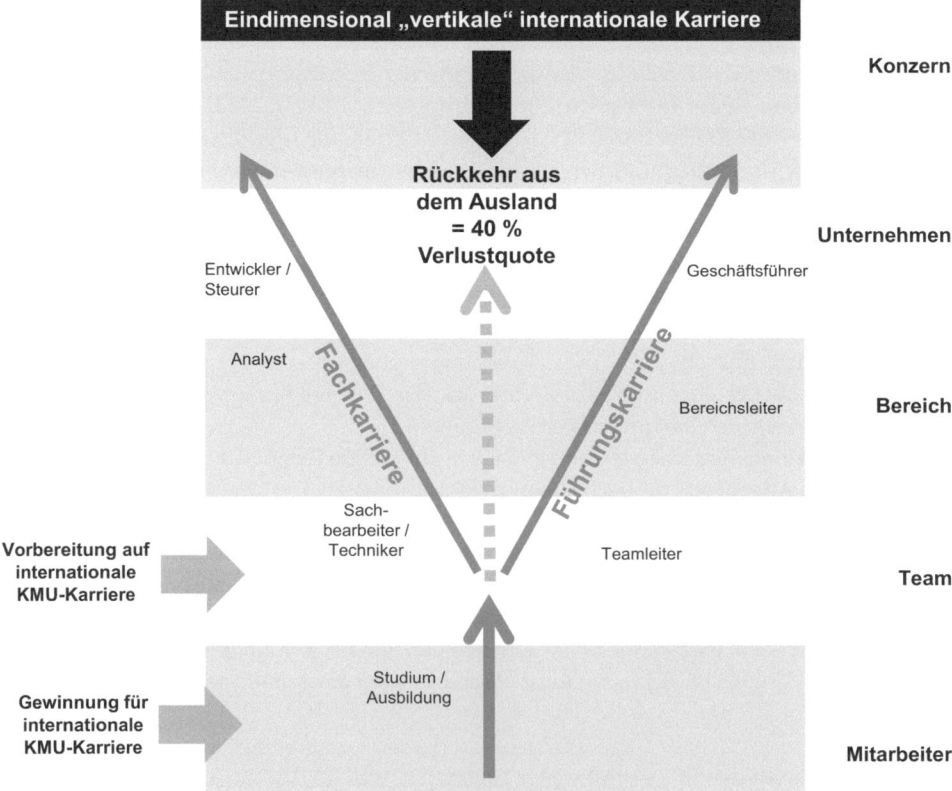

◘ Abb. 11.1 Probleme eindimensionaler Karrierewege für international tätige KMU

Lebensphasen und internationale Karriere: Bildungswege und ...

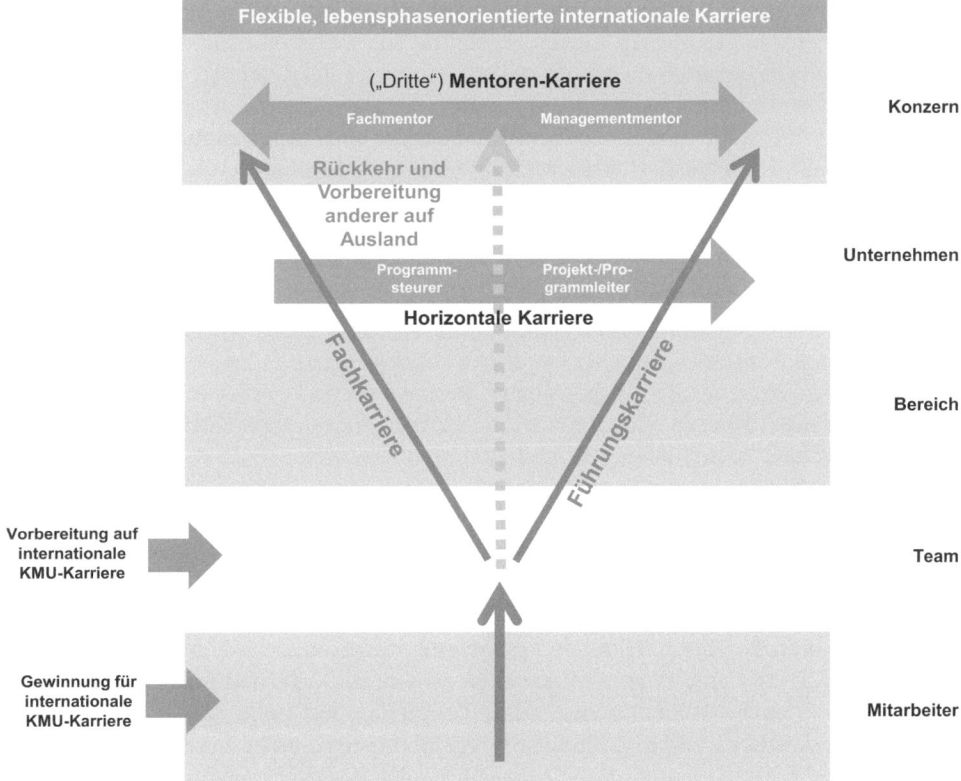

Abb. 11.2 Flexible, lebenphasenorientierte Karrierewege für international tätige KMU

Die KMU mit ihrer dünnen Personaldecke sind also in besonderer Weise vom Erhalt und von der Weitergabe von Wissen und Kompetenzen sowohl der Nachwuchskräfte wie auch der erfahrenen Führungskräfte abhängig. Zudem sind KMU viel stärker auf eine erfolgreiche Personalgewinnung und -entwicklung in Deutschland angewiesen als Großunternehmen, die eher zwischen Investitionen in die Personalentwicklung in Deutschland oder in Personaleinstellungen im Ausland abwägen können (DIW u. ITC, 1997). Bei sinkenden Bewerberzahlen und steigender Attraktivität internationaler Karrieren in Großunternehmen ist diese Aufgabe nur dann zu bewältigen, wenn KMU über attraktive Karrieremodelle und -netzwerke verfügen, dies beispielsweise im Rahmen eines Employer Branding auch deutlich in den Arbeitsmarkt kommunizieren und damit den jungen Fach- und Führungskräftenachwuchs anziehen und erfahrene Fach- und Führungskräfte während und nach Auslandseinsätzen an sich binden können (Abb. 11.2).

11.4 Handlungsansätze für KMU

KMU müssen ihre Karrieremöglichkeiten erweitern und langfristige Entwicklungsperspektiven bieten, um mit den Angeboten großer Unternehmen mithalten zu können. Mittel- bis langfristig können sie diese sogar übertreffen, wenn sie ihre typischen Stärken wie individuelle Gestaltungsspielräume, flache Hierarchien, Anpassungsfähigkeit und Innovationskraft einsetzen: Durch individuell zugeschnittene Karriereförderung über alle Lebensphasen hinweg sowie Vernetzung von Unternehmen vor, während und nach Auslandseinsätzen können KMU teils bessere und flexiblere Arbeitsbedingungen schaffen als Großunternehmen.

Ziel muss es sein, bestehende Karrieremodelle und Unternehmensnetzwerke so anzupassen und zu erweitern, dass KMU mit Großunternehmen vergleichbare Chancen bei der Mitarbeitergewinnung und -bindung für internationale Karrieren erhalten. Dazu können folgende Maßnahmen beitragen:

- „Best-of-Breed"-Talentmanagement für KMU statt nur „Best Practice"

Besonders erfolgreiche Vorbereitungsprogramme stammen meist aus Großunternehmen (Best Practice). Für KMU sind aber von ihnen selbst entwickelte, meist sehr individuelle Programme interessant, die mit begrenzten Ressourcen und großer individueller Nähe umgesetzt werden können. Das führt zu der Notwendigkeit, dass KMU in Netzwerken agieren bzw. dass auch bestehende Unternehmensnetzwerke und -verbände dafür als Informations- und Austauschbasis fungieren.

- „Behavioral Branding" (German Chamber of Commerce in China u. Euro Asia Consulting, 2008) zur Begleitung internationaler Karrieren in KMU

Entscheidend für den Aufbau nachhaltiger Wettbewerbsfähigkeit ist eine von den Mitarbeitern/-innen in ihrem Handeln umfassend umgesetzte und gelebte Unternehmensmarke. Diese hilft dabei, Mitarbeiter/-innen für internationale Karrieren zu gewinnen und auch nachhaltig zu binden. Eckpfeiler sind die individuelle Vorbereitung der Auslandsentsendung, ein enger, regelmäßiger Kontakt zur Heimat während des Aufenthalts und eine intensive Vorbereitung der Rückkehr nach Deutschland und in das Unternehmen.

- „International Career Branding" für KMU als Anbieter internationaler Karrieren

Neuartige, flexible Karrieremodelle geben KMU einen Wettbewerbsvorteil durch Individualisierung und Lebensphasenorientierung. Neben „vertikalen", am Aufstieg orientierten Karrieren entstehen „horizontale" Karrieren aus vielfältigen Fach-, Führungs- und Mentorenaufgaben im internationalen Umfeld. Erfahrene Mentoren/-innen sind bei der Gewinnung und Vorbereitung von Nachwuchskräften, bei der Weitergabe von Wissen und Kontakten im Ausland sowie bei der Rückkehr erfahrener Mitarbeiter/-innen der zentrale Erfolgsfaktor im betrieblichen Kompetenzmanagement. Auch hier ist es im Sinne arbeitnehmerbezogener Markenführung wieder zentral, dass die angebotenen Möglichkeiten gezielt und effektiv in den Arbeitsmarkt kommuniziert werden.

- „International Career Network" für Wissens- und Personalaustausch

Um Ressourcenengpässe bei KMU zu überwinden und den Erfahrungsaustausch zu verbessern, können bestehende Unternehmensnetzwerke genutzt werden. Dazu gehören Wirtschaftsverbände, Vereine zur Wirtschaftsförderung und Vereine und Nutzergruppen in sozialen Netzwerken. Auf diese Weise können „Stellenbörsen" für Mentoren- und Auslandseinsätze entwickelt werden – entweder durch direkten Kontakt oder in anonymisierten, standardisierten Personalaustauschverfahren, wie sie z. B. von international aktiven Zeitarbeitsfirmen eingesetzt werden (verwendet werden die HR Open Standards, online unter: ▶ http://hropenstandards.org/).

11.5 Interkulturelle Bildung und internationale Karriere

Im Zuge der fortschreitenden Globalisierung der Wirtschaftsbeziehungen sehen sich deutsche KMU auch immer größeren Herausforderungen beim interkulturell indizierten Management verschiedener Märkte in unterschiedlichen globalen Wirtschaftsregionen ausgesetzt. Die Wachstumsmärkte liegen hier meist außerhalb Deutschlands oder auch außerhalb Europas. In der Konsequenz müssen nicht nur die Entwicklung, Positionierung und nachhaltige Pflege der Produkte und Dienstleistungen interkulturell flexibel sein. Es muss auch eine ganzheitliche Markenführung erfolgen, die die Unternehmensmarke mit der Anbieter- und Arbeitgebermarke zusammenführt und interkulturell auf die jeweiligen Zielmärkte anpasst. Die teils sehr divergierenden Kulturen dieser Zielmärkte – mit entsprechenden Unterschieden in den Wertvorstellungen, Einstellungen, bei den Konsummotiven und dem Konsumveralten – erfordern von Managern/-innen ein entsprechendes Kompetenzportfolio. Es sind hier also sowohl Interkulturalität als auch Internationalität zentrale Erfolgstreiber. Dieser erfolgsrelevante Kompetenzrahmen wird am Beispiel des Masterstudienganges „International Brand Management" der Hamburger Brand Academy – University of Applied Sciences erläutert. Die Hochschule in privater Trägerschaft ist staatlich anerkannt und seit 2010 international aktiv. Der englischsprachige Studiengang steht jungen Nachwuchskräften am Anfang ihrer Karriere genauso offen wie berufserfahrenen Führungskräften, die ihre internationalen Karriereaussichten verbessern wollen.

Beispiel
Internationale Karriereentwicklung unterschiedlicher Zielgruppen: International Brand Management
Der Studiengang „International Brand Management" ist ein Masterstudiengang der in Voll- und Teilzeit studiert werden kann. Thematisch ist er fokussiert auf alle für die international ausgerichtete Markenführung relevanten Wissens- und Kompetenzbereiche. Strategische Leitlinien des Studienprofils sind neben der Internationalität auch die Interkulturalität. Beide Aspekte ziehen sich in Theorie und Praxis als rote Fäden durch den gesamten Studienverlauf. Dabei entwickeln Studierende als Handwerkszeug alle jene Kompetenzen, die hinsichtlich ihres späteren beruflichen Erfolges vor allem für internationale Karrieren von besonderer Relevanz sind. Entsprechend dieser internationalen sowie interkulturellen Ansprüche ist der Studiengang englischsprachig. Er richtet sich sowohl an eine deutsche wie auch an eine internationale Zielgruppe und bietet Studierenden die Gelegenheit, sich im Studienverlauf auf konkrete Zielmärkte und Wirtschaftsregionen zu konzentrieren, wobei der regionale Schwerpunkt auf Eurasien liegt und China einer der wesentlichen thematisierten Zielmärkte ist. Die berufsbegleitende Version dieses Studienganges mit großen E-Learning-Anteilen richtet sich entsprechend an Berufstätige aus aller Welt.

Anhand des für Unternehmen weltweit strategisch immer wichtigeren Bereichs der Markenführung lassen sich die hier erläuterten Herausforderungen für KMU gut erläutern: Manager/-innen von international geführten Marken benötigen auf fachlicher Ebene umfassende Kenntnisse über die Erfolgsfaktoren bei der Führung und Positionierung einer Marke in auch kulturell sehr verschiedenen Zielmärkten. Darüber hinaus benötigen sie auch und vor allem eine umfassende Kommunikationskompetenz, die sprachlich auf verhandlungssicheren Englischkenntnissen als „Zwischensprache" basiert. Sie brauchen zudem eine sehr hohe interkulturelle Kompetenz für das Verständnis unterschiedlicher Mentalitäts- und Wertekulturen von Gesellschaften und für die Handhabung kulturell verschiedener Arbeitsweisen, Managementkonzepte und Verhandlungstechniken. Das Verstehen von Differenz und Diversität ist beispielsweise für internationale Marktanalysen elementar. Die im Studiengang der Brand Academy interdisziplinär ausgebildeten internationalen Markenexperten/-innen verfügen daher bei ihrem Abschluss über eine entsprechend strukturierte Handlungskompetenz:

- **Fachwissen/Fachkompetenz:** Hier geht es um ein breites, detailliertes und kritisches Verständnis der Themen, Inhalte, Spezifika, Grenzen, Terminologien und wissenschaftlichen Konzepte aus den Fachbereichen des internationalen Brand Management. Das beinhaltet entsprechend tief gehende Fachkompetenz in allen themenrelevanten Bereichen.
- **Instrumentale Kompetenz:** Hier entwickeln Studierende im Studienverlauf für die Arbeit in ihren späteren Berufsfeldern die Fähigkeit, auch anspruchsvolle, multidisziplinäre und neue Problemstellungen in unvertrauten Situationen erfolgreich zu bearbeiten. Das beinhaltet die Kenntnis von Konzepten, Methoden und Instrumenten zur Problemlösung, die fallbezogen ausgewählt und integriert angewendet werden können.
- **Systemische Kompetenz:** Hier geht es darum, komplexe oder nicht vollständig erschließbare Handlungssituationen zu erfassen und auf die wesentlichen, entscheidungsrelevanten Faktoren reduzieren zu können. Durch vertiefte Kenntnisse kann notwendiges Wissen integriert werden, und es können fundierte Entscheidungen getroffen werden. Entsprechend der Erfordernisse geht es hier auch darum, ökonomische, gesellschaftliche, wissenschaftliche und ethische Aspekte gleichermaßen zu berücksichtigen und bei Bedarf neue Kenntnisse und Fähigkeiten zur Erhöhung der Effizienz und Effektivität ihres Handelns zu erwerben.
- **Kommunikative Kompetenz:** Hier geht es darum, sowohl gegenüber Fachexperten/-innen als auch Nichtexperten/-innen kontext- und anwendungsorientiert Ziele, Konzepte, Entscheidungen, Pläne, Strategien, Umsetzungen und Ergebnisse qualifiziert und verständlich kommunizieren zu können. Durch die Entwicklung hoher interkultureller und kommunikativer Kompetenz kann auch mit Kommunikationspartnern/-innen mit unterschiedlichen kulturellen Hintergründen einzeln und im Team verständlich und effektiv kommuniziert und kooperiert werden. In Arbeitsteams können herausgehobene Aufgaben übernommen werden. Man beherrscht die notwendigen Informations- und Kommunikationstechnologien und ihre kontextbezogene, interkulturelle Anwendung zur Erreichung von Projektzielen.

Das Studienangebot der Hochschule ist eine gezielte Antwort auf die Bedarfslage und die Herausforderungen vor allem von KMU sowohl in Bezug auf die internationalen Märkte, auf die damit zusammenhängenden interkulturellen Indikationen und auch auf die damit im Zusammenhang stehenden notwendigen Entwicklungen und Innovation im Bereich des Personalmanagements.

> **Fazit**
> Die Herausforderungen der Globalisierung und der damit einhergehenden Bedeutungssteigerung der Interkulturalität werden durch die rasante und umfassende Digitalisierung von Gesellschaft und Wirtschaft noch verstärkt. In Bezug auf diese technologisch basierten Veränderungen und deren Folgen mag es unklar sein, welche Effekte die digitale Transformation in der Personalarbeit auslöst bzw. wie die entsprechenden Möglichkeiten positiv genutzt werden können. Jedenfalls müssen die Folgen der Digitalisierung für das Personalmanagement mit höchster Priorität beobachtet werden.

Es erscheint heute mehr denn je unerlässlich, dass eine angemessene mediale Handlungskompetenz in Unternehmen aufgebaut wird, um diesem Trend erfolgreich zu begegnen.

Es geht jedoch nicht nur darum, den Herausforderungen von Digitalisierung und Globalisierung durch ausreichend entwickelte Mitarbeiterkompetenzen begegnen zu können. Mitarbeitergewinnung und -bindung hängen unmittelbar von der wahrgenommenen Attraktivität der Unternehmen als Arbeitgeber und der Arbeitgebermarke ab. Digitalisierung birgt Chancen, aber auch Risiken für Arbeitgebermarke und -attraktivität. Durch die Digitalisierung entsteht eine oft unfreiwillige Erhöhung der Transparenz ihres Handelns. Dies betrifft auch die gerade von jüngeren Generationen als wichtig empfundene ethische Perspektive. Instrumente wie die sogenannte „Corporate Social Responsibility" (oft als Teil der Markenkommunikation eines Unternehmens verstanden) sind eine Antwort auf die wachsenden Forderungen der Öffentlichkeit sowie der Kunden/-innen von Unternehmen nach ethischem bzw. nachhaltigem Verhalten von Unternehmen. Auf die Mitarbeiterführung wirken sich diese gesellschaftlichen Ansprüche ebenso aus. Die an Unternehmen gerichteten Erwartungen an eine ethische Geschäftspolitik schlagen sich so auch in einer an ethischen Maßstäben ausgerichteten Form der Mitarbeiterführung nieder. Zusammengefasst kann man festhalten:

- In Bezug auf die Wirkungen des demografischen Wandels, insbesondere im Hinblick auf dessen strategische Bedeutung, sind Programme zum Aufbau einer attraktiven Arbeitgebermarke, Maßnahmen zur besseren Vereinbarkeit von Familie und Beruf, ein altersgerechtes Personalmanagement und Möglichkeiten zur internationalen Karriereentwicklung erforderlich.
- Veränderungen arbeitsbezogener Werte sind zu identifizieren. Daraufhin sind Anpassungen im Personalmanagement vorzunehmen. Dabei kann eine verstärkte Orientierung an den Bedürfnissen der jüngeren Mitarbeitergenerationen hilfreich sein.
- Ein Trend zu einem „Personalmanagement 2.0", das neue soziale Medien vor allem in die Personalentwicklung und -gewinnung integriert, wäre wünschenswert, damit auch im Personalmanagement die digitale Transformation gelingen kann.

Angesichts veränderter gesellschaftlicher Erwartungen, Internationalisierung und Digitalisierung von Arbeitswelten muss ein an ethischen Maßstäben ausgerichtetes Management Werte und Prinzipien der Personalführung, der Ziel- und Anreizsysteme und Möglichkeiten zur Karriereförderung und Kompetenzentwicklung hinterfragt und nachhaltig verbessert werden. Individualisierung und Flexibilität von Stellenprofilen und Karrierewegen bieten KMU, die international tätig sein wollen, die Chance sich vorteilhaft von bürokratischeren Großunternehmen und Konzernen abzuheben.

Literatur

Abella, M. I., & Abrera-Mangahas, M. A. (1997). *Sending workers abroad: A manual for low- and middle-income countries*. Geneva: International Labour Office.

Auswärtiges Amt. (2017). China – Beziehungen zu Deutschland: Wirtschaft. Stand: April 2017. http://www.auswaertiges-amt.de/sid_4FE2B6B4071D596192E962974677BD47/DE/Aussenpolitik/Laender/Laenderinfos/China/Bilateral_node.html#doc334538bodyText3. Zugegriffen: 23. September 2017.

Brücker, A. (2010). Deutschland leidet unter einem Brain Drain. *Wirtschaftsdienst* 10, 1–3.

Bundesministerium für Wirtschaft und Technologie (BMWi). (2013). China – Wirtschaftliche Beziehungen. https://www.bmwi.de/Redaktion/DE/Artikel/Aussenwirtschaft/laendervermerk-china.html. Zugegriffen: 23. September 2017.

Deutsche im Ausland e. V. (DIA). (2017). Arbeiten bei deutschen Firmen weltweit: Entsendung deutscher Arbeitnehmer ins Ausland. http://www.deutsche-im-ausland.org/arbeiten-im-ausland/arbeiten-bei-deutschen-firmen-weltweit.html. Zugegriffen: 23. September 2017.

Deutsches Institut für Wirtschaftsforschung (DIW), & International Trade Centre (ITC) UNCTAD/WTO (1997). China als Handelspartner und Produktionsstandort für deutsche mittelständische Unternehmen. Forschungsvorhaben gefördert durch die Stiftung Industrieforschung, Köln. Dezember 1997. http://www.diw.de/sixcms/detail.php/38784. Zugegriffen: 23. September 2017.

Dustmann, C., Fadlon, I., & Weiss, Y. (2011). Return migration, human capital accumulation and the brain drain. *Journal of Development Economics* 95(1), 58–67.

Engler, M., Erlinghagen, M., Ette, A., Sauer, L., Scheller, F., Schneider, J., & Schultz, C. (2015). *International Mobil. Motive, Rahmenbedingungen und Folgen der Aus- und Rückwanderung deutscher Staatsbürger*. Berlin: Forschungsbereich beim Sachverständigenrat deutscher Stiftungen für Integration und Migration (SVR), Bundesinstitut für Bevölkerungsforschung (BiB) und Lehrstuhl für Empirische Sozialstrukturanalyse an der Universität Duisburg-Essen. https://www.svr-migration.de/publikationen/international-mobil/. Zugegriffen: 23. September 2017.

European Commission (2010). Demography report 2010. Older, more numerous and diverse Europeans: Commission staff working document. http://ec.europa.eu/social/BlobServlet?docId=6824. Zugegriffen: 23. September 2017.

German Chamber of Commerce in China (2017): 2016 Annual Report. http://china.ahk.de/fileadmin/ahk_china/Dokumente/Publications/AR_2016_NC.pdf. Zugegriffen: 10. Oktober 2017.

German Chamber of Commerce in China, Euro Asia Consulting (2008). German Business Expansion in China: 2008–2010 – Results of a Survey Conducted among German Operations in China Focusing on Market Potential, Barriers to Doing Business and Future Business Outlook. http://www2.china.ahk.de/download/pub/sample_GermanBusinessStudy.pdf. Zugegriffen: 23. September 2017.

Giousmpasoglou, C., Paliktzoglou, V., & Marinakou, E. (2017). *Brain drain in higher education: the case of the Southern European Countries and Ireland*. New York: Nova Science Publishers.

Grom, T., & Seidl, M. (2012). Zürich: Embedding the Brand – Zur globalen Operationalisierung von Markenwerten. In T. Tomczak, F.-R. Esch, J. Kernstock, & A. Herrmann (Hrsg.), *Behavioral Branding: Wie Mitarbeiterverhalten die Marke stärkt* (S. 181–193). Wiesbaden: Springer Gabler.

Hunger, U. (2003). Vom Brain Drain zum Brain Gain. Die Auswirkungen der Migration von Hochqualifizierten auf Abgabe- und Aufnahmeländer. Bonn: Friedrich-Ebert-Stiftung.

IMPULS-Stiftung des VDMA (Verband Deutscher Maschinen- und Anlagenbau e. V.), & Droege Group China (2012). Implications of the 12th five-year-plan for German machinery manufactures. http://www.vdma.org/documents/105628/214296/12-07-11%20China_Studie_5_Jahres_Plan_Inhalt_K2.pdf. Zugegriffen: 10. Oktober 2017.

Katseli, L. T., Lucas, R. E. B., & Xenogiani, T. (2006). *Effects on migration on sending countries: What do we know? Research programme on: Economic and Social Effects of Migration on Sending Countries. Working Paper No. 250*. Paris: OECD.

Kjerfve, T. N., & McLean, G. N. (2010). Repatriation of expatriate employees, knowledge transfer, and organizational learning: What do we know? Texas A&M University, USA. http://www.ufhrd.co.uk/wordpress/wp-content/uploads/2010/08/1_14.pdf. Zugegriffen: 23. September 2017

Knauß, F. (2012). Wann Auswandern der Karriere nützt. *Zeit Online*. Artikel vom 05.12.2012. http://www.zeit.de/karriere/beruf/2012-11/auswandern-rueckkehrer-arbeit. Zugegriffen: 23. September 2017.

Kring, T., & Lister, M. (2012). *Bankentrends 21 – Ergebnisse der ADG-Trendstudie 2012*. Wiesbaden: Deutscher Genossenschafts-Verlag eG.

Kring, T., & Lister, M. (2014). *Bankentrends 21 – Trendstudie 2014*. Montabaur: Akademie Deutscher Genossenschaften ADG.

Konrad-Adenauer-Stiftung (2013). *Breaking the bottleneck of small business financing*. Beijing: Konrad-Adenauer-Stiftung, China Office.

Schönfelder, S. (2011). Große Chancen für deutsche Firmen. Marina Salland-Staib über Chinas drei „K" – Kommunismus, Kapitalismus, Konfuzianismus. *Südwestpresse*. Artikel vom 18.03.2011. http://www.china-partners.de/tl_files/Download/Suedwestpresse-%20Interview.pdf. Zugegriffen: 23. September 2017.

Singh, J. (2004). *Innovation and knowledge diffusion in the global economy*. Cambridge, Massachusetts: Harvard University.

Sektorübergreifender, lebensphasenorientierter Kompetenztransfer: Was Krankenhäuser von anderen Branchen lernen können

Joachim Hasebrook, Jürgen Hinkelmann und Klaus Hahnenkamp

12.1 Gesundheit als Markt und Wirtschaftszweig – 190

12.2 Die hoch, aber nicht immer passend qualifizierte Branche – 191

12.3 Transfermöglichkeiten – 195
12.3.1 Vergleich zwischen deutschen Universitätskliniken – 195
12.3.2 Transfer zwischen Ländern und Systemen – 196

12.4 Translation statt Transfer – 196

Literatur – 199

© Springer-Verlag GmbH Deutschland 2018
J. Hasebrook et al. (Hrsg.), *Lebensphasen und Kompetenzmanagement*, Kompetenzmanagement in Organisationen, https://doi.org/10.1007/978-3-662-55158-5_12

Zusammenfassung

Trotz vieler wirtschaftlicher Anstrengungen ist die Investitionslücke in deutschen Krankenhäusern auf den Rekordwert von fast 27 Milliarden Euro gewachsen (Augurzky et al., 2008). Während Fallzahl und -schwere mit dem Durchschnittsalter der Patienten/-innen ansteigen, wird die Personallücke immer größer: Bis zu 400.000 Pflegekräfte fehlen bis 2030 (Kopetsch, 2010). Als Auswege werden wirtschaftlicheres Management, mehr Industrialisierung und Digitalisierung im Krankenhaus sowie Übernahme erfolgreicher Modelle aus den Niederlanden und den skandinavischen Ländern gefordert. Wie gehen andere Branchen erfolgreich mit Entwicklung und Sicherung von Kompetenzen über alle Lebensphasen hinweg vor? Lassen sich ihre Erfolgsmodelle auf deutsche Krankenhäuser übertragen? Und bedrohen am Ende mehr Wirtschaftlichkeit die Patientensicherheit und die Qualität der Versorgung? Das vom BMBF geförderte Projekt „FacharztPlus: Ärztliche Kompetenzkontinuität im Krankenhaus" geht diesen Fragen nach und hat dazu in anderen Branchen und Ländern nach Antworten gesucht.

12.1 Gesundheit als Markt und Wirtschaftszweig

Das deutsche Gesundheitswesen ist ein Wirtschaftsriese: 5,5 Millionen Menschen arbeiten dort, und mehr als 75 Milliarden Euro Umsatz werden erwirtschaftet. Um die wirtschaftliche Gesundheit des Riesen steht es allerdings schlecht: Nur die Hälfte der deutschen Krankenhäuser können die nötigen Investitionen aus eigenen Mitteln stemmen, rund ein Drittel ist defizitär, jedes Zehnte von Insolvenz bedroht (Augurzky et al., 2008). Dabei haben die Krankenhäuser ihre Produktivität deutlich erhöht: In den letzten beiden Jahrzehnten sind die Fallzahlen um 25 % gestiegen, die Liegezeiten haben sich fast halbiert und vor allem in der Pflege wurden rund ein Zehntel der Stellen abgebaut (Bundesverband Geriatrie e. V., 2010). Das heißt, es werden heute erheblich mehr Patienten in kürzerer Zeit von weniger Pflegekräften und in weniger Einrichtungen behandelt.

Absehbar ist, dass es auch um das Personal in deutschen Krankenhäusern zunehmend schlechter bestellt sein wird. Bis 2030 werden aktuellen Prognosen zufolge aufgrund des demografischen Wandels fast 130.000 Pflege- und Funktionsstellen in Krankenhäusern nicht besetzt werden können, im gesamten Pflegebereich sind es bis zu 400.000 unbesetzte Stellen (Koppert, 2010).

Die Darstellung in ◘ Abb. 12.1 macht die Entwicklung im Zusammenhang deutlich: Die Fallzahlen nehmen um rund 25 % zu, während Bettenanzahl, mittlere Verweildauer und Anzahl der Krankenhäuser teils um mehr als 40 % abnehmen.

Im Pflegebereich wurde seit 1999 parallel zum Bettenabbau trotz Anstieg der Fallzahlen und des Schweregrads der Symptomatik rund 10 % des Personals abgebaut. Legt man die Bedarfssteigerung gemessen an Fallzahl und -schwere bei weiterer Verkürzung der Liegedauer und Bettenabbau in den Krankenhäusern zugrunde, so errechnet sich bis 2030 ein Mangel an 126.000 Vollzeitkräften (VK) im Pflegedienst (Bundesverband Geriatrie e. V., 2010). Durch den demografischen Wandel, der aufseiten der Patienten mit steigender Anzahl und erhöhter Komorbidität einhergeht, wird es nicht nur einen Personal-, sondern vor allem einen Erfahrungs- und Kompetenzmangel dramatischen Ausmaßes geben. Diese Entwicklung hat bereits jetzt zur Folge, dass das in allen Krankenpflegeschulen vermittelte sowie in Teilen im Pflegegesetz

Sektorübergreifender, lebensphasenorientierter Kompetenztransfer: …

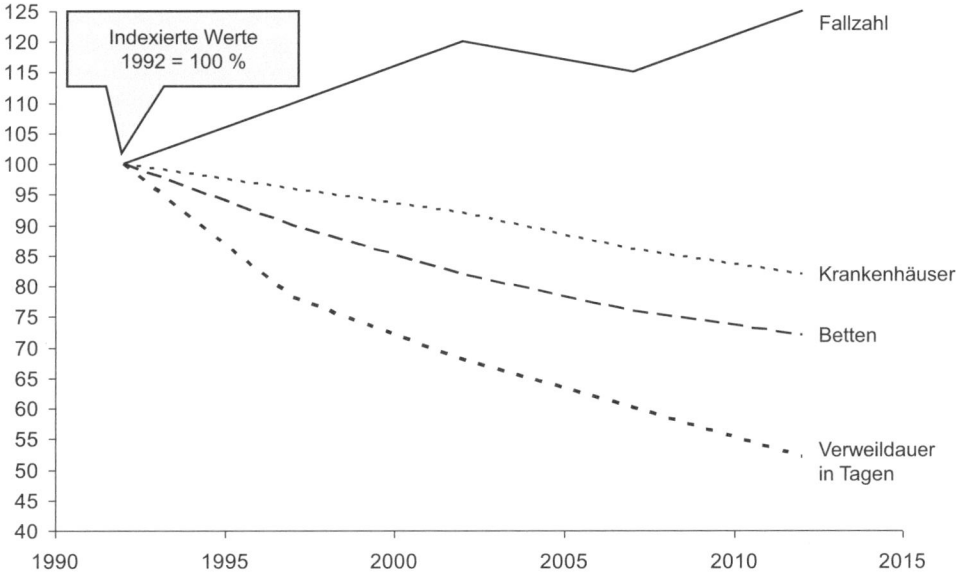

● **Abb. 12.1** Eckdaten der Entwicklung deutscher Krankenhäuser (nach Roland Berger Strategy Consultants, 2013; DKI, 2011)

festgelegte Modell der „Bezugspflege" nicht mehr haltbar ist: Die mittlere Verweildauer von Patienten im Krankenhaus ist von mehr als 12 Tagen (1992) auf rund 7 Tage (2012) gesunken und wird aufgrund des herrschenden Kostendrucks weiter sinken (Augurzky et al., 2008).

12.2 Die hoch, aber nicht immer passend qualifizierte Branche

Einen Anstoß für das Projekt „FacharztPlus" gab eine branchenvergleichende Studie, die bei über 500 Industrie-, Finanz- und Gesundheitsunternehmen durchgeführt wurde: Keine andere Branche hat einen so hohen Anteil hoch qualifizierter Mitarbeiter wie das Gesundheitswesen (● Abb. 12.2). Das gilt sowohl für die Akademikerquote als auch für die Berufsausbildung, auf die oft eine Reihe von Fortbildungen und für viele Beschäftigten verpflichtende Weiterbildungen folgen. Dies führt zu enormer Spezialisierung und wenig Austauschbarkeit: Im Operationssaal kann der Chirurg nicht den Platz des Anästhesisten einnehmen und umgekehrt. Selbst die verschiedenen „schneidenden Fächer" wie Allgemein-, Unfall-, Gefäß- oder Neurochirurgie können nicht einfach untereinander ausgetauscht werden.

Die Spezialisierung nimmt unter dem Druck steigender Qualitätsansprüche und Haftungsrisiken sogar noch zu. Modelle aus der Industrie wie die „vertikale Karriere" mit dem Wechsel auf unterschiedliche Arbeitsplätze mit planenden, kontrollierenden und ausführenden Tätigkeiten werden so fast unmöglich. Mit der hohen Qualifikation und Spezialisierung gehen auch unterschiedliche Gehalts- und Arbeitsmodelle einher: Es gibt unterschiedliche Tarife für kommunale, kirchliche und private Träger, für Akut- und Rehakrankenhäuser, für Ärzte/-innen und Pflegekräfte, für freie Beschäftigte und

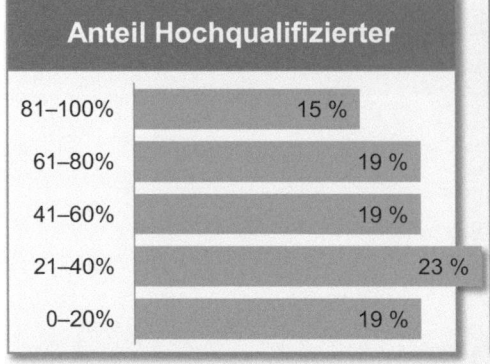
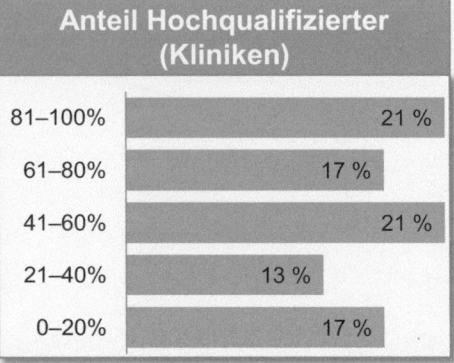
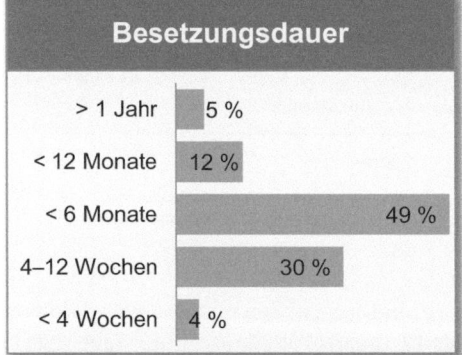
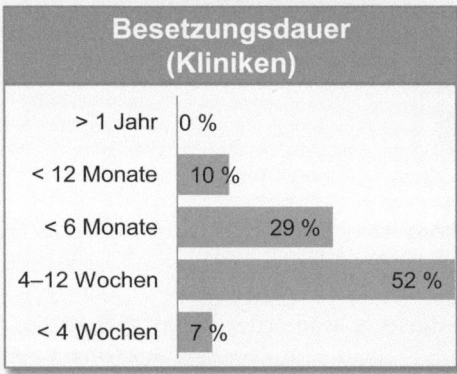
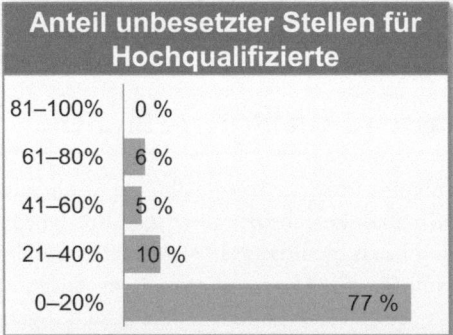
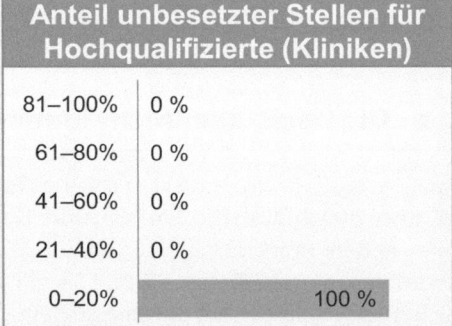
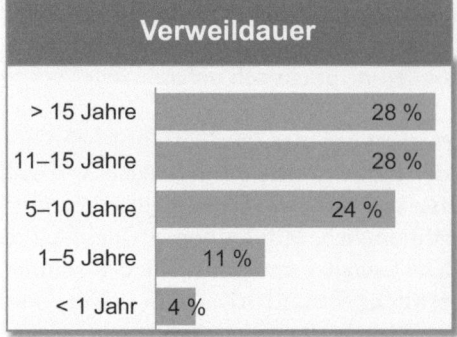
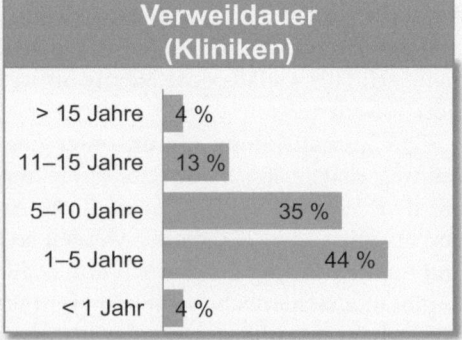

Abb. 12.2 Qualifikationsstatus verschiedener Branchen im Vergleich (nach Hasebrook et al., 2014)

Landesbedienstete und natürlich zahllose Haustarife. Hinzu kommt ein unübersichtliches System von Zuschlägen, Pauschalen und privaten Arzthonoraren. Von dieser Komplexität sind andere Branchen weit entfernt.

Diese mehrfache Spezialisierung von Qualifikation, Einkommens- und Karrieremöglichkeiten bringt besondere Probleme mit sich, weil in Zukunft vor allem ältere, mehrfach und chronisch Erkrankte behandelt werden müssen, was neben Spezialisierung vor allem mehr Generalisierung und Zusammenarbeit erfordert. Der Bundesverband Geriatrie e. V. (2010) prognostiziert bis 2020 einen Anstieg der stationären Geriatriepatientinnen und -patienten um 32 %. Für die Gesamtbevölkerung wird insgesamt ein Anstieg der Morbiditätsrate erwartet – dabei wird der Anteil der über 60-Jährigen überproportional ansteigen: Man geht davon aus, dass im Jahr 2020 zwei von drei Krankenhausbetten mit über 60-Jährigen belegt sein werden (Kohls, 2012). Eine fachübergreifende Zusammenarbeit ist angesichts vielfältiger (geriatrischer) Symptome unerlässlich. Studien zeigen, dass insbesondere Demenzkranke häufiger Infektionen, Frakturen und ernährungsbedingte Störungen erleiden, die zu Krankenhauseinweisungen und -aufenthalten führen, was bei frühzeitiger und bedarfsgerechter Versorgung oft vermeidbar gewesen wäre (Pinkert u. Holle, 2012). Menschen mit Demenz haben zudem ein besonders hohes Risiko während eines stationären Aufenthalts Komplikationen zu erleiden, weil Abläufe und Strukturen nicht auf ihre besondere Hilfebedürftigkeit abgestimmt sind (BMFSFJ, 2014). Nur ein umfassender, generalisierter Blick erlaubt bereits bei Aufnahme in ein Krankenhaus, das Umfeld für die Zeit nach der Krankenhausentlassung vorzubereiten und zu gestalten (Köller, 2014).

Damit ist bereits eine weitere Besonderheit der Arbeit im Krankenhauses benannt: die Notwendigkeit zur sektorübergreifenden Zusammenarbeit, die sich von üblichen Pre- und After-Sales-Prozessen deutlich unterscheidet, weil eben nicht Produkt- und Dienstleistungsbündel von einer Bearbeitungsstation zur nächsten gelangen, sondern Patientinnen und Patienten mit ihrer Lebens- und Krankengeschichte und ihrem sozialen Umfeld im Mittelpunkt stehen (sollten). Ein Beispiel dafür sind falsche oder verzögerte Behandlungen im Akutkrankenhaus mit teils gravierend negativen Auswirkungen auf Behandlungsergebnisse, wenn bei Aufnahme kognitive Beeinträchtigungen nicht erkannt werden (Griffiths et al., 2013). Doch es geht nicht allein um den Schutz von Patientinnen und Patienten: Auch für Pflegende sind solche Patientinnen und Patienten z. B. durch Weglauftendenzen, aggressives Verhalten oder Ablehnung von Maßnahmen wie Waschen oftmals eine Belastung (Isfort et al., 2014). Eine bessere Zusammenarbeit zwischen Hausarzt, Pflegeheim, Akut- und Rehakrankenhaus reduziert also Behandlungsfehler und Belastungen für kurativ Tätige (Angerhausen, 2009).

Die Ergebnisse des Pflege-Thermometers des Deutschen Instituts für Pflegeforschung zeigen aber, dass hier noch riesige Defizite bestehen: Drei Viertel der bundesweit über 1.800 befragten Stations- und Abteilungsleitungen geben an, dass sie eine Weiterbildung ihrer Mitarbeiter/-innen im Themenbereich Demenz für notwendig ansehen. Dies und weitere Ergebnisse des Pflege-Thermometers zeigen, dass Krankenhäuser auf steigende Zahlen und Anforderungen älterer Patienten/-innen konzeptionell unzureichend vorbereitet sind (Isfort et al., 2014). Erfahrungen bei Hospitationsprogrammen bei einem großen katholischen Krankenhausträger, dem St. Franziskus-Hospital Münster zeigen, dass Weiterbildung einer Berufsgruppe allein zu kurz greift: Nur durch Weiterentwicklung aller Berufsgruppen über Hierarchiegrenzen hinweg und durch gemeinsames Erarbeiten konkreter Lösungsmöglichkeiten ist am ehesten eine Chance zur Veränderung gegeben.

Beispiel

Im vom BMBF geförderten Projekt „FacharztPlus" wurden Tarifverträge unterschiedlicher Träger/-innen und Regionen sowie aktuelle Studien und Datenbanken, Gehaltsvergleiche und Auswertungen von Stellenanzeigen miteinander verglichen (Hasebrook et al., 2017). Gehaltsstudien, z. B. die regelmäßigen Untersuchungen der Ärztekammern und der Deutschen Krankenhausgesellschaft (DKG) nehmen dafür Prototypen zur Hilfe und geben jeweils den monatlichen Bruttoverdienst der Arbeitnehmerin bzw. des Arbeitnehmers an: Der ledige und kinderlose Assistenzarzt in Weiterbildung (z. B. 72.000 Euro), die verheiratete Fachärztin mit einem Kind (z. B. 86.000 Euro), der seit 5 Jahren am selben Krankenhaus tätige Oberarzt mit zwei schulpflichtigen Kindern (z. B. 105.000 Euro).

Die Personalkosten sind der größte und weitgehend fixe Kostenblock eines Krankenhauses und müssen refinanziert werden. Um eine Gegenüberstellung von Personalkosten und korrespondierenden Erlösen zu erreichen, müssen zunächst die Arbeitsaufwände, z. B. eines Geschäftsjahres, für alle Bereiche, in denen Ärzte/-innen tätig sind aufgeführt werden (Operationssaal, Station, Labor etc.). Dabei werden Dienst-, Einsatz-, Übergabe-, Rüst- und Besprechungszeiten auf den einzelnen Stellen zusammengerechnet und mit einem mittleren Stundenverrechnungssatz des eingesetzten Personals multipliziert. Eine solche Berechnung ließe sich auch in anderen Branchen mit im Schichtdienst beschäftigten Hochqualifizierten durchführen.

Anders sieht es bei den Erlösen aus, weil diese nach Krankenhausentgeltgesetz (KHEntgG) von Fallpauschalen abhängig sind – also nicht von der tatsächlichen Arbeit, sondern von dem jeweiligen Behandlungsfall (sogenannte Fallpauschale einer Diagnosis Related Group, DRG). Hinzu kommen Zusatzerlöse z. B. aus Privatliquidation und aus der Ambulanz. Dann arbeiten bei fast allen Fällen viele Fachdisziplinen zusammen, sodass die Erlöse fachgerecht aufgeteilt werden müssen.

Um nun die Kosten-Erlös-Relation eines Krankenhauses mit der anderer vergleichen zu können, kann ein Benchmarking wie in ◘ Abb. 12.3 dargestellt erfolgen. Dabei werden die Fallpauschalen mit sogenannten „Case-Mix"-Punkten verrechnet, weil alle Fallpauschalen einer bestimmten Punktzahl entsprechen, die als Grundlage der Abrechnung mit den Krankenkassen dienen. Setzt man einfach die Anzahl dieser „Case-Mix"-Punkte in der Anzahl der Vollzeitkräfte im ärztlichen Dienst in Relation, dann führt dies zu Fehlschlüssen, weil in den Punktwerten der Fallpauschalen auch Sachkosten eingeschlossen sind, die beispielsweise bei Prothesen besonders hoch sein können. Besser ist es, die durchschnittlichen Gehaltskosten pro Vollzeitkraft im ärztlichen Dienst (VK ÄD) einer Auswahl von Krankenhäusern etwa gleicher Größe und mit vergleichbarem medizinischem Leistungsportfolio gegenüberzustellen. Wie in ◘ Abb. 12.3 zu sehen, werden die Gehaltskosten in Beziehung gesetzt zur Anzahl der Fälle, die pro VK ÄD bearbeitet werden. Eine hohe Fallzahl kann nun auf viele Routineeingriffe, und eine geringe Fallzahl auf wenige, aber komplexe Fälle hinweisen. Darum werden die Vergleichshäuser mit Punkten dargestellt, die proportional zu ihrem Case Mix Index (CMI), also der durchschnittlichen wirtschaftlichen Fallschwere, eine unterschiedliche Größe aufweisen. Ein fairer Gehaltsvergleich entsteht in zwei Schritten:
1. Festlegung der Vergleichslinie für die durchschnittliche Fallzahl
2. Auswahl der mittleren Fallschwere anhand der Punktgröße

Auf der Y-Achse neben diesem Punkt befindet sich der Referenzwert für das eigene Haus.

Die Komplexität des Beispiels zeigt eines deutlich: Bis tief hinein in die wirtschaftliche Bewertung können Konzepte anderer Branche zwar als Ideengeber genutzt, in keinem Fall aber direkt oder auch nur weitgehend übernommen werden.

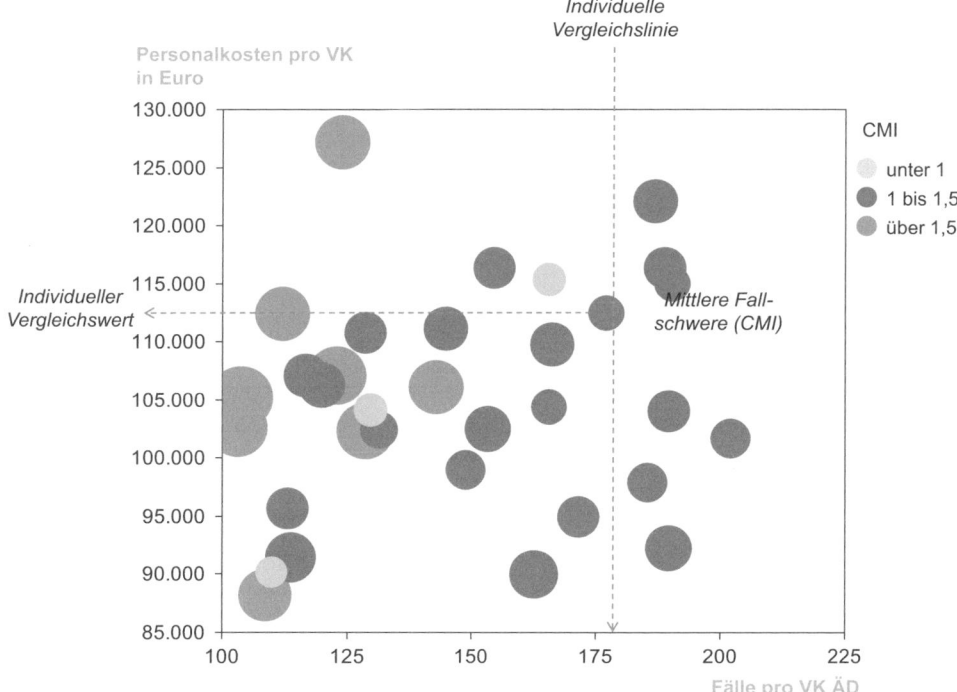

◘ **Abb. 12.3** Gehaltskosten pro Vollzeitkraft (VK) im ärztlichen Dienst (VK ÄD) pro Jahr in der allgemeinen Chirurgie im Vergleich zu Fällen pro VK ÄD und Case Mix Index (CMI) von Vergleichshäusern (Hasebrook et al., 2017)

12.3 Transfermöglichkeiten

Da der Transfer zwischen Branchen schwierig ist, bieten sich andere Transfermöglichkeiten an, insbesondere die zwischen deutschen Krankenhäusern und zwischen deutschen und Krankenhäusern im europäischen Ausland. Auf beide Möglichkeiten soll im Folgenden kurz eingegangen werden.

12.3.1 Vergleich zwischen deutschen Universitätskliniken

Im Rahmen des bereits zitierten BMBF-Projekts „FacharztPlus" wurden deutsche Universitätskliniken zu ihrer Personal- und Arbeitsstruktur befragt. Dabei wurden nur die jeweiligen Fachkliniken für Anästhesiologie befragt. Schon bei diesen liegen bemerkenswerte Unterschiede vor: Zwar weisen alle einen Leistungszuwachs von ca. 5 % Fällen und ca. 10 % Anästhesieleistungen auf, der aber an etwas mehr als 10 bis zu über 50 verschiedenen Arbeitsplätzen (z. B. Operationssälen) erbracht wird – eine riesige Spanne, die vor allem zeigt, wie stark deutsche Krankenhäuser baulich voneinander abweichen. Neuere Bauten bieten große Zentralbereiche und kurze Arbeitswege, ältere Bauten sind oft im ganzen Stadtgebiet verteilt mit entsprechend langen Arbeitswegen und Wechselzeiten. Die Anzahl der Anästhesien, die von einer Fachärztin bzw. einem Facharzt pro Jahr durchgeführt werden, schwanken zwischen 170 und 680 Fällen. Die Teilzeitquote (Anzahl der Teilzeitstellen zu allen Stellen) schwankt zwischen 3 und 40 %. Selbst innerhalb der relativ gut vergleichbaren deutschen Universitätskliniken gibt es also enorme Unterschiede, welche die einfache Übertragung von Maßnahmen von einem ins andere Krankenhaus erheblich erschweren.

12.3.2 Transfer zwischen Ländern und Systemen

In europäischen Vergleichen ist die Qualität der Gesundheitsversorgung in Deutschland überdurchschnittlich, liegt aber deutlich hinter den Spitzenreitern aus den Niederlanden, Schweden und Dänemark. Die Niederlande gelten als Vorbild durch die hohe Bedeutung von Prävention, Betonung ambulanter Betreuung zu Hause und exzellente medizinische Bildung. Die skandinavischen Ländern gelten als Vorreiter der Digitalisierung: In Aarhus entsteht ein voll digitalisiertes Krankenhaus, in Schweden werden erfolgreich selbstlernende Pflegeroboter in der ambulanten Betreuung alter Patienten eingesetzt.

Alle Vorschläge, die erfolgreichen Konzepte dieser Länder in Deutschland einzuführen, unterschätzen drastisch die Unterschiede in den nationalen Gesundheitssystemen. In Deutschland gibt es ca. 120 Krankenkassen, über 2.000 kommunale, kirchliche und private Krankenhäuser, 42.000 Medizinproduktehersteller und fast 75.000 Arztpraxen, die über 250 zertifizierte Praxisabrechnungssysteme nutzen können. In den Niederlanden setzen gerade einmal 40 Krankenkassen die Standards für die rund 100 Krankenhäuser. Eine freie Arzt- und Krankenhauswahl gibt es in den Niederlanden nicht. Krankenhäuser, die Medizinstudenten/-innen zu Fachärzten/-innen weiterbilden, haben nur für die Bildung zuständige Ärzte/-innen und erhalten pro Arzt/Ärztin in Weiterbildung 130.000 Euro jährlich. Deutsche Lehrkrankenhäuser und Universitätskliniken erhalten keinen Cent für die Weiterbildung und können sich daher auch keine Ärzte/-innen nur für die Bildungsarbeit leisten, dies geschieht zusätzlich und neben der Patientenversorgung. Dänemarks Krankenhäuser sind alle staatlich gesteuert, und es gibt auch nur eine staatliche Krankenversicherung. Zudem wird das „digitale Krankenhaus" in Aarhus von nur einer Softwarefirma beliefert.

12.4 Translation statt Transfer

Alle bisher aufgezählten Einschränkungen und Probleme machen deutlich, dass ein direkter „Branchentransfer" nicht möglich ist. Das bedeutet aber keineswegs, dass es gar keinen Transfer geben kann. Es bedeutet vielmehr, dass Ideen und Ansätze anderer Branchen ausführlich untersucht und schrittweise in die Arbeitswirklichkeit von Krankenhäusern „übersetzt" werden müssen – also eine Translation statt eines einfachen Transfers stattfindet. Auf diese Weise können viele Ideen aufgenommen und schrittweise umgesetzt werden: transparentere Urlaubsplanung mit „Jokertagen" für garantierten Urlaub, Wunscharbeitszeit für Mütter in der Wiedereinstiegsphase nach der Elternzeit, attraktive Fortbildungsmöglichkeiten für Fachärzte/-innen als „Fellowships", z. B. in der Kardio- und Neuroanästhesie, und nicht zuletzt bessere Aufenthaltsräume mit Versorgung auch bei kurzen Pausen im Zentral-Operationssaal.

Beispiel

Die Universitätsklinik Münster (UKM) und ihre Klinik für Anästhesiologie, operative Intensivmedizin und Schmerztherapie sind Arbeitgeberinnen, die viele Perspektiven und besondere Angebote bieten. Zu diesen Angeboten gehört ein bundesweit einmaliges, interdisziplinäres

Trainingszentrum, in dem an hoch modernen Patientensimulatoren situativ gelernt werden kann. Es gibt ein Studienhospital für die studentische Lehre und öffentlichkeitswirksame Aktionen (wie beispielsweise ► https://www.einlebenretten.de/) sowie zahlreiche Veränderungen der Arbeitsorganisation zur besseren Vereinbarkeit von Familie und Beruf, die größtenteils aus Vorbildern in anderen Branchen abgeleitet wurden. Dazu gehören Maßnahmen, die Mitarbeiterinnen und Mitarbeitern in allen Lebensphasen zugute kommen, aber auch spezifisch auf bestimmte Lebensereignisse zugeschnittene Maßnahmen:

- Allgemeine Maßnahmen:
  - Regelmäßig durchgeführte Mitarbeiterbefragung in der Klinik
  - Mittelfristige Einsatzplanung in Rücksprache mit den Mitarbeiterinnen und Mitarbeitern
  - Erhöhung Transparenz und Einführung klarer Regelungen bei der Urlaubsplanung, u. a. mit dem Ziel, täglich der gleichen Anzahl Mitarbeiter/-innen Urlaub zu gewähren
  - Einrichtung einer Mitarbeiterlounge in der Klinik und jährliche Mitarbeiterbefragung zur weiteren Verbesserung des Arbeitsklimas
- An Lebens- und Bildungsphasen orientierte Maßnahmen:
  - Insbesondere für Ärztinnen und Ärzte mit privaten Betreuungsaufgaben (kleine Kinder, alte Eltern etc.) Verdoppelung von Teilzeitstellen, auf Wunsch Auszahlung von Überstunden anstelle von Freizeitausgleich
  - Aufbau eines Trainings- und Simulationszentrums zur Verbesserung der Weiterbildung, das z. B. komplexe Simulatoren („künstliche Patienten") enthält, an denen medizinische Eingriffe gefahrlos und realitätsnah geübt werden können
  - Hauptsächlich von Medizinstudierenden und Assistenzärztinnen und -ärzten unterstützte öffentlichkeitswirksame Aktionen zum Training von Laien-Reanimation „Ein Leben retten. 100 Pro Reanimation", bei dem rund 12.000 Schülerinnen und Schüler auf dem Münsteraner Schlossplatz Herzdruckmassage üben und damit einen Weltrekord aufstellen (Bericht der Europäischen Stiftung für Patientensicherheit: ► http://www.kids-save-lives.eu/projekte/12-making-a-world-record-germany-is-a-lifesaver.html). Nachfolgende Untersuchungen zeigen, dass Laienschulungen die Hilfsraten und die Notfallversorgung deutlich verbessern (vgl. Bohn et al., 2012).
- An besonderen Lebensereignissen orientierte Maßnahmen:
  - Freigabe des Einsatzes von Schwangeren in der klinischen Anästhesie in Zusammenarbeit mit dem arbeitsmedizinischen Dienst
  - Wiedereingliederung junger Mütter, wenn möglich innerhalb des ersten Jahres nach einer Geburt, durch Flexibilisierung der Arbeitszeiten (Wuscharbeitszeit im ersten halben Jahr)

„FacharztPlus" hat Impulse aus anderen Branchen aufgenommen, aber nicht übernommen. Dazu gehört eine durchgreifende und an Kompetenzen orientierte Automatisierung der Personaleinsatzplanung im Operationssaal, die an Modelle des Stuttgarter Flughafens und eines Projektes zur besseren Schichtplanung in der Industrie 4.0 anknüpft (vgl. Gassner et al., 2012; Hämmerle u. Gerlach, 2015). Alle Ideen mussten für das Krankenhaus nicht nur angepasst, sondern neu entwickelt werden. Dabei wurden Branchen herangezogen, die wie die Gesundheitsbranche unter Fachkräftemangel leiden, sich in einem stark geregelten Umfeld bewegen und auf sich schnell wechselnde Anforderungen einstellen müssen. Zwei Unternehmensbereiche bieten dabei besonders viele Ansätze: Die hoch qualifizierte Arbeit an Großgeräten zur Be- und Entladung im Hafen und der Betrieb von Flughäfen, die den Personen- und Frachtverkehr bedienen.

An Containerterminals in den Häfen von Hamburg und Bremerhaven findet sich eine hoch flexible, kompetenzbasierte Arbeitsplanung. Auf Basis dieser Erfahrung wurden die Anforderungen an Personalplanungssoftware im Krankenhaus formuliert und eine Marktanalyse bei 217 europäischen Softwareanbietern durchgeführt. Es zeigte sich, dass nicht ein Softwareprodukt existiert, das die ärztliche Dienstplanung vollständig unterstützt. „FacharztPlus" hat daher zusätzlich zu bestehenden, meist aus der Industrie kommenden Personalplanungssystemen ein eigenes Modul für kompetenzbasierte Einsatzplanung entwickelt und mit Daten aus dem Krankenhaus getestet.

Der Flughafen Stuttgart gilt als Benchmark für flexiblen, IT-gestützten Personaleinsatz und dient in der Entwicklung der Industrie 4.0 als Vorbild. Beeindruckend waren nicht nur die flexible Schicht- und Aufgabenplanung, sondern auch, dass der Flughafen sich durch diese Personal- und Planungsflexibilität von einem defizitären Landesunternehmen zu einem wirtschaftlich gesunden Unternehmen entwickeln konnte. Um im Krankenhaus Flexibilität und Wirtschaftlichkeit miteinander verbinden zu können, mussten vorab Simulationsprogramme entwickelt werden. Diese errechnen für die zahlreichen und komplexen Behandlungsfälle, welche Teambesetzungen nach Fähigkeiten und Kosten optimal sind – und mit welchen Arbeits- und Organisationsformen die eingesetzten Personalkompetenzen und -kosten am besten genutzt werden können.

Fazit

„FacharztPlus" hat viele kleine Möglichkeiten gefunden und die Krankenhäuser, die an dem Projekt teilgenommen haben, um kleine Schritte vorangebracht. Von der großen Lösung ist das weit entfernt. Aber Lösungen lassen sich nicht aus angloamerikanischen Managementbüchern abschreiben, und sie liegen auch nicht in der Übertragung industrieller Standards auf das Krankenhaus: Patienten/-innen sind keine Autos, und „Produktionsfehler" haben fatale, manchmal letale Folgen. Patientenwohl und Fachkräftemangel schränken die Handlungsspielräume im Krankenhausmanagement immer weiter ein.

Wir glauben, dass dies nicht das Problem, sondern die Chance des „Systems Krankenhaus" ist: Das Behandlungsergebnis wird für Patienten/-innen vor allem durch leistungsfähiges, medizinisches Personal gesichert. Nichts steigert Patientenwohl und -sicherheit mehr als ausreichend kompetentes und motiviertes Fachpersonal. Der Schlüssel dazu ist ein an Lebensphasen und Lebensereignissen orientiertes Kompetenzmanagement. Kompetenzorientierte Einsatzplanung führt zu mehr Arbeitszufriedenheit und besseren Arbeitsergebnissen – und spart Kosten, weil genau die Kompetenzen dort eingesetzt werden, wo sie gebraucht werden. Vorausschauende Planung nicht nur beim Management von Versorgungs-, Gebäude- und Organisationsstrukturen, sondern auch von Karrierewegen und dem „Skill-Mix" der in der Patientenversorgung eingesetzten Teams verbessert die Qualität der Patientenversorgung und der Arbeit im Krankenhaus.

Um eine durchgreifende Verbesserung der Arbeitsbedingungen zu erreichen, ist noch viel zu tun – und viel von anderen Ländern und Branchen zu lernen: Die Universitätskliniken in den Niederlanden prüfen gerade anhand großer Patientendatenmengen, welche „Patientenpfade" – Behandlungsverläufe im Krankenhaus – zu den langfristig besten Behandlungsergebnissen führen, um dann die Prozesse im Krankenhaus entsprechend anzupassen. Pflegedienste im Schweden haben einen Roboter entwickelt, der den Grundriss von Wohnungen erlernt und so alten Menschen überall hin folgen und jederzeit eine Videoverbindung zu einem Arzt herstellen kann. Diese Möglichkeit nutzen auch entfernt lebende Verwandte, um mit den alten Menschen in Kontakt zu bleiben. Die Verbesserung sowohl der Versorgung der Patientinnen und Patienten wie auch der Arbeitssituation der Ärztinnen und Ärzte sowie aller kurativ Tätigen erfordert also vor allem, die zur Bewältigung der Lebensphasen und Lebensereignissen erforderlichen Kompetenzen rechtzeitig zu entwickeln, gezielt einzusetzen und auf hohem Niveau zu sichern.

Literatur

Angerhausen, S. (2009). *Projekt „Blickwechsel – Nebendiagnose Demenz".* Wuppertal: Gesellschaft für soziale Projekte mbH (GSP).
Augurzky, B., Budde, R., Krolop, S., Schmidt, C. M., Schmidt, H., Schmitz, H., Schwierz, C., & Terkatz, S. (2008). *Krankenhaus Rating Report 2008: Qualität und Wirtschaftlichkeit*. Essen: Rheinisch-Westfälisches Institut für Wirtschaftsforschung (RWI).
Bohn, A., Van Aken, H. K., Möllhoff, T., Wienzek, H., Kimmeyer, P., Wild, E., Döpker, S., Lukas, R. P., & Weber, T. P. (2012). Teaching resuscitation in schools: annual tuition by trained teachers is effective starting at age 10. A four-year prospective cohort study. *Resuscitation* 83, 619–625.
Bundesministerium für Familien, Senioren, Frauen und Jugend (BMFSFJ). (2014). Gemeinsam für Menschen mit Demenz. Die Handlungsfelder. https://www.bmfsfj.de/blob/77344/ee565e33c2c7f58583ed78e75165dd84/gemeinsam-fuer-menschen-mit-demenz-data.pdf. Zugegriffen: 24. September 2017.
Bundesverband Geriatrie e. V. (2010). *Weißbuch Geriatrie*. Stuttgart: Kohlhammer.
Deutsches Krankenhausinstitut (DKI). (2011). Krankenhaus Barometer 2011. http://www.dkgev.de/media/file/10655.Krankenhaus_Barometer_2011.pdf. Zugegriffen: 24. September 2017.
Gassner, M, Nägele, R., & Kicherer, F. (2012). Vertical take-off for aviation services lean processes, flexible resources, high profits. Frontiers in Service Conference 2012, June 14–17, College Park, Maryland (USA).
Griffiths, A., Knight, A., Harwood, R., & Gladman J. R. F. (2013). Preparation to care for confused older patients in general hospitals: a study of UK health professionals. *Age and Ageing* 43(4), 521–527.
Hämmerle, M., & Gerlach, S. (2015). KapaflexCy – Selbstorganisierte Kapazitätsflexibilität in Cyber-Physical-Systems. *IPL Magazin*, 30, Januar 2015. http://ipl-mag.de/ipl-magazin-rubriken/ipl-gastautor/388-kapaflexcy. Zugegriffen: 24. September 2017.
Hasebrook, J., Schirach, C., & Heitmann, C. (2014). Gesundheitswesen in der Demographiefalle: Was können Krankenhäuser von anderen Branchen lernen? *Das Krankenhaus* 106(6), 543–547.
Hasebrook, J., Singer, M., Hecke, J., & Volkert, T. (2017). Gehalts- und Erlösbenchmarking: Vom Wert der Ärzte. *f&w Führen und Wirtschaften im Krankenhaus* 5, 468–472.
Isfort, M., Klostermann, J., Gehlen, D., & Siegling, B. (2014). Pflegethermometer 2014. *Die Schwester Der Pfleger* 53, 741–749.
Kohls, M. (2012). *Pflegebedürftigkeit und Nachfrage nach Pflegeleistungen von Migrantinnen und Migranten im demographischen Wandel. Forschungsbericht 12*. Nürnberg: Bundesamt für Migration und Flüchtlinge.
Köller, M. (2014). Geriatrische Aspekte bei betagten Notfallpatienten. *Notfall + Rettungsmedizin* 17, 484–487.
Kopetsch, T. (2010). Arztzahlentwicklung: Mehr Ärzte – und trotzdem geringe Arbeitslosenquote. *Deutsches Ärzteblatt* 107(16), A-756/B-660/C-648.
Koppert, T. (2010). *Arztzahlstudie 2010. Daten, Fakten, Trends. Studie zur Altersstruktur- und Arztzahlentwicklung*. Berlin: Bundesärztekammer und Kassenärztliche Bundesvereinigung.
Pinkert, C., & Holle, B. (2012). Menschen mit Demenz im Akutkrankenhaus – Literaturübersicht zu Prävalenz und Einweisungsgründen. *Zeitschrift für Gerontologie und Geriatrie* 45, 728–734.
Roland Berger Strategy Consultants (2013). *Fachkräftemangel im Gesundheitswesen*. Berlin: Roland Berger Strategy Consultants.

If you have any concerns about our products,
you can contact us on
ProductSafety@springernature.com

In case Publisher is established outside the EU,
the EU authorized representative is:
**Springer Nature Customer Service Center GmbH
Europaplatz 3, 69115 Heidelberg, Germany**

Printed by Libri Plureos GmbH
in Hamburg, Germany